böhlau

Hans Seidel

Wirtschaft und Wirtschaftspolitik in der Kreisky-Ära

Herausgegeben von
Ewald Walterskirchen, Gunther Tichy, Nora Popp,
Michael H. Böheim

2017

BÖHLAU VERLAG WIEN KÖLN WEIMAR

Bibliografische Information der Deutschen Nationalbibliothek:
Die Deutsche Nationalbibliothek verzeichnet diese Publikation in der Deutschen Nationalbibliografie; detaillierte bibliografische Daten sind im Internet über http://dnb.d-nb.de abrufbar.

Korrektorat: Florentine Kastner, Wien
Satz: Michael Rauscher, Wien
Einbandgestaltung: Michael Haderer, Wien
Druck und Bindung: Prime Rate, Budapest
Gedruckt auf chlor- und säurefreiem Papier
Printed in the EU

ISBN 978-3-205-20625-5

Inhalt

Vorwort

Hans Seidel (1922–2015) hatte ein Buch über die »Wirtschaftspolitik der Kreisky-Ära« geplant. Es sollte sein umfangreiches Werk »Österreichs Wirtschaft und Wirtschaftspolitik nach dem Zweiten Weltkrieg« aus dem Jahre 2005 fortsetzen. An der Darstellung der Wirtschaftspolitik in den siebziger und achtziger Jahren des 20. Jahrhunderts war Hans Seidel besonders gelegen, weil er daran als Leiter des Österreichischen Instituts für Wirtschaftsforschung (WIFO), als Berater von Finanzminister Hannes Androsch, als Staatssekretär in der Regierung Kreisky und zuletzt als Direktor des Instituts für Höhere Studien (IHS) aktiv beteiligt war. Es war jene Zeit, in der die österreichische Wirtschaftspolitik wegen ihres Erfolges hohes internationales Ansehen genoss. Der wirtschaftliche Aufholprozess Österreichs war eklatant, und die Inflation konnte in turbulenten Zeiten in Grenzen gehalten werden. Die OECD und der Internationale Währungsfonds lobten den österreichischen Weg, der US-Kongress und ausländische Universitäten interessierten sich dafür. Hans Seidel prägte für die österreichische Wirtschaftspolitik den Begriff *Austro-Keynesianismus* und präsentierte dieses Konzept im In- und Ausland.

Seidel wollte in das Buch nicht bloß sein umfangreiches Wissen als Wirtschaftsforscher einbringen, er unternahm ergänzend auch ausgedehnte Recherchen im Österreichischen Staatsarchiv sowie in den Archiven der Oesterreichischen Nationalbank und der Bruno Kreisky Stiftung. Wie alle seine Arbeiten zeichnet sich auch dieses Buch durch die Verknüpfung von ökonomischer Theorie mit empirischen Daten und wirtschaftspolitischer Praxis auf der Grundlage akribischer Recherche aus.

Leider war es ihm nicht mehr vergönnt, dieses Werk selbst zu vollenden. Er hat jedoch eine Vielzahl von Text- und Datenfragmenten hinterlassen, die als Abschnitte bzw. Entwürfe des Buches geplant waren. Meist gibt es diese Kapitel in mehreren Varianten, von denen die Herausgeber jeweils die zuletzt bearbeitete Fassung ausgewählt haben. Manche Entwürfe (z.B. über Faktoreinsatz) waren allerdings noch so rudimentär, dass auf ihre Verwendung verzichtet werden musste. In anderen Teilen hat Seidel offenbar zunächst nur das Hintergrundmaterial zusammengestellt. Den genauen Aufbau des Buches gab es offenbar bloß in seinem Kopf. *Ewald Walterskirchen,* der das gesamte Material sichtete, konnte nichts Derartiges auffinden. Das Konzept lässt sich am ehesten aus der alphabetischen Bezeichnung der Textdateien erahnen. Dieser Logik folgt im Wesentlichen auch der Aufbau des Buches. Entsprechend seinem Arbeitsstil widmete sich Seidel zunächst den Abschnitten, die ihn besonders interessierten und für die er in den Archiven Material fand; sie waren noch nicht als Abschnitte des Buches geordnet, hatten jeweils eine gewisse Eigenständigkeit und wiesen Redundanzen auf.

Der Aufbau des Buches ist der Versuch der Herausgeber, Seidels Konzept *in seinem Sinne* zu rekonstruieren. Die Kombination der Textfragmente zu den Kapiteln 1 bis 3 erfolgte durch *Ewald Walterskirchen*, der Kapitel 4 bis 6 durch *Gunther Tichy*, der die Möglichkeit hatte, manche Manuskripte zur Geldpolitik während ihrer Entstehung mit Seidel zu diskutieren. Die Herausgeber haben sich bemüht, Seidels Text grundsätzlich nicht zu verändern, mussten aber zahlreiche Redundanzen streichen.

Der Schwerpunkt des Buches liegt auf dem Wandel der Wirtschaftspolitik in den siebziger und achtziger Jahren des 20. Jahrhunderts, jener Periode, die Hans Seidel am intensivsten erforscht und mitgestaltet hat. Sein Interesse galt insbesondere der Entwicklung der Wirtschaftspolitik vom »Golden Age« zu den turbulenten siebziger Jahren bis zur »neoliberalen Periode«. Eingehend widmet er sich dem Wandel der Währungs- und Geldpolitik. Auch der Austro-Keynesianismus und die Sozialpartnerschaft werden ausführlich dargestellt. Die Industrie- und Strukturpolitik wird dagegen nur am Rande gestreift. Es ist unklar, ob Hans Seidel das beabsichtigte, schrieb er doch bereits 1978 ein Buch über Österreichs Industrie. Auch die Fiskalpolitik wird nicht sehr detailliert behandelt, obwohl Hans Seidel zu diesem Thema zwei Finanzberichte verfasst hat. Die sogenannte *Seidel-Formel* ging von einem Budgetdefizit von 2½ % des BIP als Zielgröße aus. Einer Vollbeschäftigungspolitik um jeden Preis stand Seidel aber stets kritisch gegenüber.

Die Arbeiten Hans Seidels zu diesen und anderen Themen sind auf der WIFO-Homepage gesammelt verfügbar[1]. Auch viele Arbeiten des Beirats für Wirtschafts- und Sozialfragen aus dieser Zeit tragen seine Handschrift. Hans Seidel war ein sachkundiger und objektiver Mittler zwischen den Sozialpartnern, der eine wichtige Rolle in der »Wirtschaftspolitischen Aussprache« von Regierung und Sozialpartnern spielte. Weiters hat Hans Seidel unveröffentlichte Manuskripte – meist zu theoretischen Fragen – hinterlassen, die das WIFO der Öffentlichkeit auf der Homepage von Hans Seidel zur Verfügung stellt[2].

Dass aus den Text- und Datenfragmenten, die Hans Seidel hinterlassen hat, das vorliegende Buch entstehen konnte, ist der Zusammenarbeit eines Herausgeberteams von vier Personen zu verdanken. *Ewald Walterskirchen* und *Gunther Tichy* besorgten die wissenschaftliche Bearbeitung der Texte, während *Nora Popp* sich um die Aufbereitung der Übersichten und Abbildungen sowie das inhaltliche Lektorat kümmerte. *Michael Böheim* und *Nora Popp* waren für die organisatorische Abwicklung des Buchprojekts

1 http://www.wifo.ac.at/publikationen.

2 http://hans.seidel.wifo.ac.at/.

innerhalb des Österreichischen Instituts für Wirtschaftsforschung (WIFO) und die Zusammenarbeit mit dem Böhlau-Verlag verantwortlich.

Der ganz besondere Dank der Herausgeber gilt den beiden WIFO-Mitarbeiterinnen *Tamara Fellinger* und *Tatjana Weber*, die den Text einer technischen Redaktion unterzogen haben, sowie *Ursula Huber* und ihrem Team vom Böhlau-Verlag für die gute Zusammenarbeit.

Abschließend sei auch *Dr. Hannes Androsch*, der *MTB Beteiligungen AG* und der *Oesterreichischen Nationalbank* herzlich gedankt, die über eine immaterielle Unterstützung hinaus ihrer persönlichen Verbundenheit mit und Wertschätzung für Hans Seidel durch eine finanzielle Förderung dieses Projekts materiellen Ausdruck verliehen haben.

Die Herausgeber
Wien, im Mai 2017

1 Die Kreisky-Ära im Überblick

1.1 Einleitung

Die SPÖ mit Bundeskanzler Kreisky regierte von 1970 bis 1983. In diese Zeit fielen die beiden Ölpreisschocks, die »great inflation« der Industrieländer und der Paradigmenwechsel in Wirtschaftstheorie und -politik. Die Turbulenzen ließen kein »business as usual« zu. Gefordert waren vielmehr Entscheidungen in »real time« unter den gegebenen notwendigerweise unvollständigen Informationen und Einsichten[1].

Die Wirtschaftspolitik der Regierung Kreisky war im Ganzen gesehen erfolgreich, nicht ganz so erfolgreich wie die makroökonomischen Kriterien, an denen üblicherweise die Leistungen einer Volkswirtschaft gemessen werden, denn die Regierung Kreisky hinterließ mikro- und makroökonomische Ungleichgewichte, die von den nachfolgenden Regierungen beseitigt werden mussten. Aber das ökonomische Fundament erwies sich als tragfähig.

Die Wirtschaftspolitik der Regierung Kreisky setzte auf Kontinuität. Radikale Neuerungen unterblieben, darunter auch solche, die im Wirtschaftsprogramm der SPÖ vorgesehen waren, wie etwa die »planification« nach französischem Vorbild. Das hat mehrere Gründe: Zunächst galt es wirtschaftliche Kompetenz zu erwerben. In den großen Koalitionen der Nachkriegszeit waren die Wirtschaftsressorts, insbesondere das Finanzministerium und das Handelsministerium, von der ÖVP besetzt, und die Spitzenbeamten gehörten dieser Partei an. Die neuen sozialistischen Minister mussten lernen, mit einer nicht-sozialistischen Beamtenschaft umzugehen und das Vertrauen ihrer neuen Klientel zu gewinnen[2]. Dazu kam die politische Einsicht, Wählerstimmen aus der »Mitte« gewinnen zu müssen, um die absolute Mehrheit zu behalten.

Außerdem war es gerade in turbulenten Zeiten wichtig, das stabilisierende Element der Sozialpartnerschaft zu erhalten. Die Regierung Kreisky hat sich zwar aus der Bevormundung der Sozialpartner gelöst, aber sie war um einen möglichst breiten Konsens bemüht. Kontakteinrichtungen zur Sozialpartnerschaft, die in der Zeit der ÖVP-Alleinregierung geschaffen worden waren, wie die Wirtschaftspolitische Aussprache der Paritätischen Kommission oder das Verbändekomitee des Finanzminis-

1 Llewellyn (1983, S. 198): Policy responses »have been amongst the largest macroeconomic impulses the OECD has had to analyse over the last 15 years«.

2 Handelsminister Staribacher – er kam aus der Arbeiterkammer – erklärte, seine Entscheidungen nur im Einvernehmen mit den Sozialpartnern zu treffen. Finanzminister Androsch gelang es, die Beamtenschaft unabhängig von ihrer Parteizugehörigkeit zu motivieren.

teriums, wurden weiter gepflegt. Die Regierung musste handeln, auch wenn sich die Sozialpartner nicht einigten.

Der Wirtschaftsjournalist Horst Knapp fand, dass sich der wirtschaftspolitische Kurs der Regierung Kreisky nicht nennenswert von der einer bürgerlichen Regierung unterschied. Das war freilich überzogen. Eine bürgerliche Regierung wäre kaum bereit gewesen, für die Erhaltung der Vollbeschäftigung einen so hohen Preis zu bezahlen. Auch war damals die konservative Wende noch nicht bekannt, die Ende der 1970er-Jahre in den USA und Großbritannien begann. Aber extreme Reformen wurden nur behutsam angegangen[3]. Das hat freilich dem linken Flügel der Partei nicht gefallen.

Was die Regierung Kreisky von Anfang an auszeichnete, war die besondere Priorität, die sie der Vollbeschäftigung einräumte. Vollbeschäftigung war Anfang der 1970er-Jahre mit den traditionellen Instrumenten der Makropolitik erreichbar. Gegen Ende der Regierung Kreisky musste man jedoch zu Maßnahmen Zuflucht nehmen, die nur zeitweise angewandt werden konnten. Auf diese Weise konnte nicht nachhaltig Vollbeschäftigung gesichert werden. Schlimmer noch: Zum Teil führten sie zu Fehlentwicklungen, die in der Ära nach Kreisky schmerzhaft korrigiert werden mussten.

Vom Wirtschaftsprogramm, das die Sozialdemokraten in der Opposition verabschiedet hatten, wurde der besonders kontroverse Punkt, die Einführung einer indikativen Planung nach französischem Muster, nicht verwirklicht. Uher (1993) machte dafür den Finanzminister verantwortlich.

1.2 Das makro-ökonomische Leistungsbild

Das relativ gute Abschneiden der heimischen Wirtschaft lässt sich am Zielbündel der »magischen Vielecke« demonstrieren. Die Inflation konnte besser im Zaum gehalten werden als in den meisten anderen Industriestaaten und am Ende der Periode wieder auf den Stand der 1960er-Jahre zurückgeführt werden. Die Arbeitslosenquote blieb bis 1980 unter 2 % und stieg erst nach dem 2. Ölpreisschock auf 3,4 %.

3 Parallelen zur Regierung Helmut Schmidts in der BRD bieten sich an. Auch dort wurde mehr Planungskapazität versprochen, als in der praktischen Politik realisiert wurde. Die deutschen Planungsansätze bezogen sich im Land der sozialen Marktwirtschaft freilich nur auf die Infrastruktur.

Übersicht 1: Arbeitslosenquote und Inflationsrate im internationalen Vergleich

	Arbeitslosenquote		Inflationsrate		
	1969	1983	1969	Maximum	1983
Österreich	2,2	3,4	3,1	9,5	3,3
Industrieländer[1]	2,7	8,9	4,2	15,0	8,6
BRD	0,6	6,9	1,9	7,0	3,3
USA	3,5	9,6	5,5	13,5	3,2

Quelle: Europäische Kommission, IWF, WIFO-Datenbank

1 Arbeitslosenquote: EU 15; Inflationsrate: arithmetischer Durchschnitt von 18 Industrieländern (16 europäische plus USA und Japan)

Besonders beeindruckend war die Wachstumsdynamik. Bis Ende der 1960er-Jahre galt die österreichische Wirtschaft als Nachzügler im Geleitzug der europäischen Volkswirtschaften. In der Ära Kreisky machte sie einen kräftigen Sprung nach vorne. 1969 war das Pro-Kopf-Einkommen (zu Kaufkraftparitäten) noch um 4 % niedriger als in den 15 (alten) EU-Ländern, 1983 aber bereits um 10 % höher. Vorher und danach blieb das relative Einkommen annähernd konstant.

Man muss freilich eine wichtige Einschränkung machen: Der Verlauf der relativen Einkommen überzeichnet. In den 1960er-Jahren litt die heimische Wirtschaft unter der (zunehmenden) Diskriminierung auf den nahen EWG-Märkten. In den 1980er-Jahren mussten die makro- und mikroökonomischen Ungleichgewichte beseitigt werden, die die Wirtschaftspolitik der Regierung Kreisky hinterlassen hatte. Dennoch: Wie Lacina hervorhob, ergriff die Regierung Kreisky wichtige Maßnahmen, um eine leistungsfähige, moderne Wirtschaft aufzubauen – ein Umstand, der in der auf die Makropolitik fokussierten Diskussion über den Austro-Keynesianismus zu kurz kam.

Einen detaillierten länderübergreifenden Vergleich nicht nur der Ergebnisse, sondern auch der wirtschaftspolitischen Strategien unternahm Scharpf (1987). Von den vier Ländern mit sozialdemokratischen Regierungen (Großbritannien, BRD, Schweden und Österreich), die Vollbeschäftigung als deklariertes Ziel hatten und sich auf kooperative Gewerkschaften stützen konnten, schnitt Österreich am besten ab, wenn man ökonomische Kriterien zugrunde legt.

Gemessen am Wirtschaftswachstum waren die 1970er-Jahre sehr erfolgreich. Der Abstand im Pro-Kopf-Einkommen (zu Kaufkraftparitäten) gegenüber den USA konnte verringert, der Rückstand gegenüber der EU 15 konnte aufgeholt werden. Seit den frühen 1970er-Jahren liegt Österreich über dem EU-Durchschnitt.

Abbildung 1: Wohlstandsgefälle Österreich – USA
In %, gemessen am BIP pro Kopf in $ zu Kaufkraftparitäten 2000

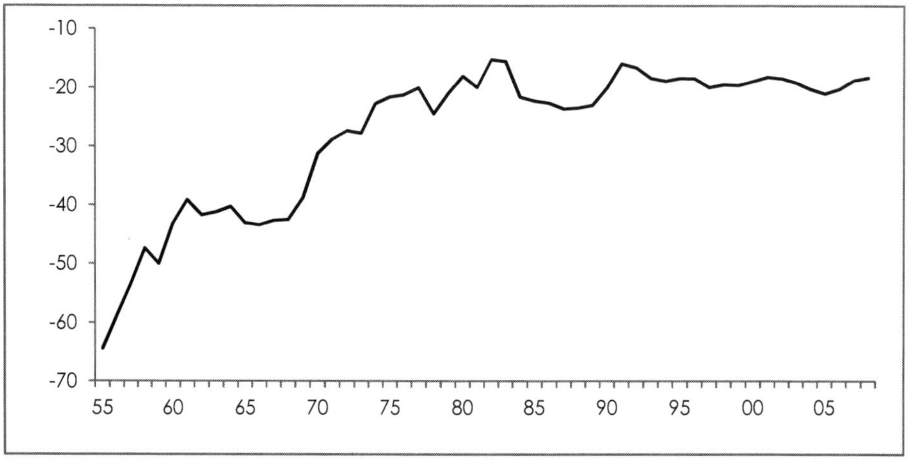

Quelle: WIFO-Datenbank

Abbildung 2: Wohlstandsdifferenz Österreich – EU 15
In %, gemessen am BIP pro Kopf in $ zu Kaufkraftparitäten 2000

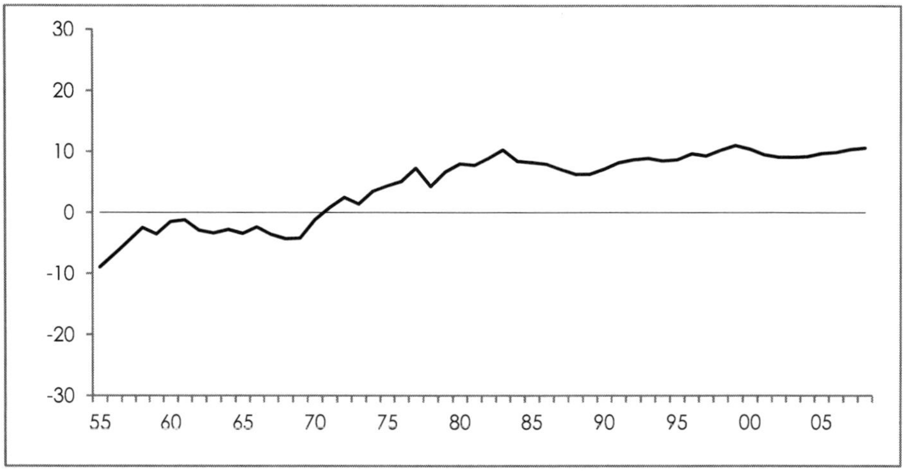

Quelle: WIFO-Datenbank

1.3 Der Boom 1970/1974

Die Entwicklung der österreichischen Wirtschaft in der Kreisky-Ära lässt sich deutlich in zwei Abschnitte teilen. In die Periode von Anfang der 1970er-Jahre bis 1974 und in die turbulenten Jahre nachher infolge der beiden Ölpreisschocks.

Die Regierung Kreisky fand günstige ökonomische Startbedingungen vor. Ab 1969 war ein Konjunkturaufschwung im Gange, der besonders kräftig zu werden versprach. Die drastischen Steuererhöhungen, die noch Finanzminister Koren verfügt hatte – Kritiker machten sie für die Wahlniederlage der ÖVP im Frühjahr 1970 mitverantwortlich –, und der kräftige Konjunkturaufschwung ließen die Steuereinnahmen kräftig sprudeln. Die notorischen Budgetprobleme, mit denen demokratische Regierungen zu kämpfen haben, blieben der Regierung Kreisky zunächst erspart.

Die Regierung Kreisky förderte den Aufschwung, indem sie ausländische Arbeitskräfte in großer Zahl zuließ und damit den Produktionsspielraum erweiterte. Und sie tolerierte, dass das verfügbare Produktionspotential voll ausgeschöpft und die Konjunktur überhitzt wurde. Die Auftriebskräfte waren so stark, dass eine leichte Delle der internationalen Konjunktur 1972 überspielt wurde.

Der Aufschwung 1969/1974 begann – wie auch frühere Aufschwünge – mit einer kräftigen Exportbelebung, dann folgten die Investitionen und schließlich der private Konsum. Der Aufschwung generierte eine Folge hoher Wachstumsraten. Das reale BIP wuchs zwischen 1970 und 1974 um mehr als 20 %[4].

Vom gesamten Wachstumsvorsprung, den Österreich in den drei Jahrzehnten von 1960 bis Ende 1980 erzielte, entfiel ein großer Teil auf den Boom Anfang der 1970er-Jahre. Die Investitionsquote erreichte in der ersten Hälfte der 1970er-Jahre Spitzenwerte. Nominell betrug sie 1972 30 %. Nach dem Schwenk zugunsten eines zahlungsbilanzorientierten Kurses sank sie auf 25 % und nach dem 2. Ölpreisschock auf 22 % im Jahre 1983.

4 In dieser Arbeit wurden durchwegs logarithmische Differenzen an Stelle der gebräuchlichen diskontinuierlichen Wachstumsraten oder Prozentveränderungen verwendet. Signifikante Unterschiede ergeben sich nur bei relativ hohen Wachstumsraten.

Übersicht 2: Wachstumsbeiträge zum realen BIP
In Prozentpunkten[1]

	Exporte	Lagerveränderung und statistische Differenz	Importe	Bruttoanlage-investitionen	Privater Konsum	Öffentlicher Konsum	Bruttoinlands-produkt
Ø 1960/69	+ 1,7	+ 0,2	+ 1,9	+ 1,5	+ 2,5	+ 0,6	+ 4,7
1969	+ 3,9	+ 0,8	+ 2,3	+ 1,2	+ 1,5	+ 0,4	+ 5,5
1970	+ 4,4	+ 1,2	+ 4,0	+ 2,4	+ 2,0	+ 0,6	+ 6,4
1971	+ 1,8	- 2,6	+ 1,7	+ 3,5	+ 3,6	+ 0,6	+ 5,1
1972	+ 2,9	- 0,6	+ 3,4	+ 3,3	+ 3,3	+ 0,7	+ 6,2
	Differenz der Beiträge gegenüber dem Durchschnitt 1960/1969						
1969	+ 2,2	+ 0,5	+ 0,4	- 0,3	- 0,9	- 0,2	+ 0,8
1970	+ 2,7	+ 1,0	+ 2,2	+ 0,9	- 0,5	+ 0,0	+ 1,7
1971	+ 0,1	- 2,8	- 0,2	+ 2,0	+ 1,2	+ 0,0	+ 0,4
1972	+ 1,2	- 0,8	+ 1,5	+ 1,8	+ 0,9	+ 0,1	+ 1,5

Quelle: WIFO-Datenbank

1 Die Summe der Beiträge 1960/1969 ist um 0,16 Prozentpunkte niedriger als die Wachstumsrate des BIP infolge von Verkettungsdifferenzen vor 1964.

Als Kreisky die Regierung übernahm, befand sich die österreichische Wirtschaft in einem ungewöhnlich kräftigen Aufschwung. Das kam deshalb überraschend, weil in den 1960er-Jahren vermutet wurde, dass Strukturschwächen die heimische Wirtschaft nur langsam wachsen ließen. (Der Koren-Plan und die im Parteiprogramm der SPÖ festgeschriebene Forderung nach einer »planification« entsprechend dem französischen Modell stützten sich auf diese Diagnose.) Finanzministerium und Notenbank ließen den Aufschwung ausschwingen, obschon sich der Preisauftrieb beschleunigte. Stabilisierungsprogramme, die gemeinsam mit den Sozialpartnern erstellt wurden, zeigten nur wenig Wirkung. Die Geldpolitik war im Großen und Ganzen akkommodierend: der kurzfristige Zinssatz lag entgegen der Taylor-Regel unter der Inflationsrate. Der Bundeshaushalt war ausgeglichen; die sogenannte inlandswirksame Gebarung wies einen gemessen an der Hochkonjunktur bescheidenen Überschuss auf. (Die automatischen Stabilisatoren und die noch von Finanzminister Koren 1969 eingeleiteten Steuererhöhungen hätten größere Überschüsse erwarten lassen.) Androsch berief sich darauf, dass die Wirtschaftsforscher Nemschak und Seidel für 1971 eine internationale

Abbildung 3: Bruttoanlageinvestitionen

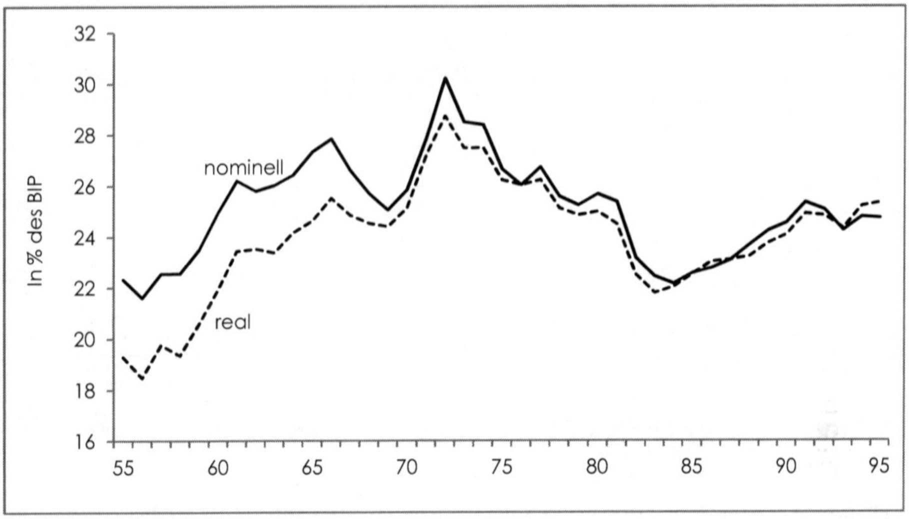

Quelle: WIFO-Datenbank

Konjunkturschwäche vorausgesagt hätten und deshalb auf eine stärkere Zügelung der Konjunktur verzichtet wurde. Aber die Deutsche Bundesbank zog in dieser Periode die Bremsen an, zu wenig, wie die »Hardliner« in der Bank später kritisierten.

Der Verzicht auf schärfere restriktive Maßnahmen brachte einen wichtigen Vorteil. Die Realwirtschaft machte einen kräftigen Sprung nach vorn. Von 1969 bis 1974 wuchs das reale BIP pro Kopf jährlich um 1½ Prozentpunkte stärker als in den 15 europäischen Staaten, die später die alte EU bildeten. Die Delle in der internationalen Konjunktur 1971 wirkte sich auf die heimische Wirtschaft kaum aus. Es schien, als wäre die heimische Wirtschaftspolitik Herr der Konjunktur und nicht Gefangene des internationalen Konjunkturgeschehens. Der Nachteil war eine Überhitzung der Konjunktur mit der üblichen Folge, dass das Verhalten der Wirtschaftsakteure von der Erwartung weiter steigender Preise geprägt wurde. Die heimische Wirtschaft erwies sich als nicht so »vollgasfest« wie vielfach angenommen. Als der 1. Ölpreisschub im Herbst 1973 ausbrach, betrug die Teuerungsrate auf der Verbraucherstufe bereits 7 %. Die Tariflöhne stiegen um 14 %, die Verdienste noch etwas stärker.

Die Inflationsraten zeigten von Mitte der 1950er-Jahre bis 1969 keine einheitliche Tendenz. Am ehesten hat sich der Preisauftrieb auf der Verbraucherstufe beschleunigt, doch hängt das größtenteils damit zusammen, dass die durchschnittlichen Mieten anzogen. Neue Wohnungen waren teurer anzumieten als alte, und die bei weitem nicht kostendeckenden Altmieten wurden schrittweise nachgezogen. Die durchschnittliche Teuerungsrate lag in den 1960er-Jahren zwischen 3 % und 3½ %. Damit schien sich die Wirtschaftspolitik abzufinden. Zwar hatte der Beirat für Wirtschafts- und Sozialfragen seine erste Arbeit 1963 dem Inflationsproblem gewidmet, doch verzichtete auch er auf die Festlegung eines Inflationszieles. (Dem Vorschlag eines Beiratsmitgliedes, 2 % als Ziel zu nennen, konnten sich die meisten anderen nicht anschließen.) Sorgen bereitete der Wirtschaftspolitik weniger die durchschnittliche Inflationsrate als vielmehr der Umstand, dass auch in der Rezession die Teuerung nicht zum Stillstand kam (»Stagflation«[5]).

Übersicht 3: Entwicklung der Preise
Wachstumsraten in %

	Ø 1956/1969	1970	1971	1972	1973	1974
BIP-Deflator	+ 3,4	+ 4,6	+ 6,0	+ 7,3	+ 7,8	+ 9,1
Verbraucherpreise	+ 3,0	+ 4,4	+ 4,7	+ 6,3	+ 7,6	+ 9,5
Exporte	+ 1,8	+ 4,7	+ 3,5	+ 3,3	+ 7,2	+ 10,6
Waren	+ 0,3	+ 9,4	+ 3,3	+ 1,4	+ 5,6	+ 15,4
Großhandelspreise	+ 1,6	+ 4,6	+ 5,1	+ 3,8	+ 12,8	+ 14,1
Importe	+ 0,7	+ 7,0	+ 4,5	+ 2,0	+ 4,0	+ 16,3
Waren	− 0,4	+ 6,3	+ 4,4	+ 0,3	+ 3,7	+ 17,6
Rohwarenpreise[1]						
Energie	− 0,2	+ 10,2	+ 7,3	+ 0,8	+ 4,1	+ 100,5
Sonstige	− 0,0	+ 4,4	− 5,6	+ 4,4	+ 30,8	+ 26,3

Quelle: WIFO-Datenbank
1 Auf Dollarbasis

Im stürmischen Konjunkturaufschwung beschleunigte sich der Preisauftrieb, und zwar noch bevor die dramatische Hausse auf den Märkten für Rohöl und sonstigen Rohwaren einsetzte. 1972, als die leichte internationale Konjunkturdämpfung überspielt wurde, war die Inflation mit 7,3 % (BIP-Deflator) und 6,3 % (VPI) um 3,9 und 3,3 Prozentpunkte höher als im Durchschnitt der Jahre 1956/1969.

5 Die »Stagflation« wurde zum Teil durch die amtliche Preisregelung verursacht. Amtlich geregelte Preise wurden vornehmlich dann kräftig erhöht, wenn der übrige Preisauftrieb schwach war.

Den inflatorischen Auftrieb dämpften in dieser Periode die Arbeitsmarktpolitik und die Wechselkurspolitik. Dank einer großzügigen Zulassungspraxis stieg die Zahl der beschäftigten Ausländer von 2,9 % des Arbeitskräfteangebots auf 7,2 % 1973. Der Arbeitsmarkt war trotzdem voll ausgeschöpft. Die Arbeitslosenquote sank auf einen seither nicht mehr erreichten Tiefstand. Graduelle Unterschiede in der Anspannung auf dem Arbeitsmarkt spiegelten sich nur noch in der Zahl der offenen Stellen.

Der kräftige Aufschwung schöpfte das Produktionspotential voll aus und warf die Frage auf, wie »vollgasfest« der Motor der heimischen Wirtschaft wäre. Die Anspannungen waren nicht zu übersehen:

Die 1970er-Jahre werden in der ökonomischen Literatur als die Periode der hohen Inflation bezeichnet. Zumindest in den Industrieländern gab es – von Kriegszeiten und ihren Nachwehen abgesehen – keine Periode mit ähnlich hohen Preissteigerungen.

Die Explosion der Preise war nicht vorausgesehen worden. Ein hoher Beschäftigungsgrad schien mit einer Inflationsrate vereinbar, die zwar über der vor dem Zweiten Weltkrieg üblichen lag, aber ziemlich stabil war und relativ harmlos wirkte. Im Übrigen schien die Wirtschaftspolitik die Dinge im Griff zu haben.

1.3.1 Akkommodierende Geldpolitik

Die Geld- und Fiskalpolitik ließ den Boom Anfang der 1970er-Jahre ausschwingen. Ökonomen der Notenbank argumentierten: Die Währungsbehörden sahen ihre primäre Aufgabe darin, den Bedarf der Wirtschaft an Basisgeld zu decken. Diese Aussage überzeichnet und lässt sich in dieser lapidaren Form nicht aufrechterhalten. Aber es gibt wichtige Elemente einer »akkommodierenden« Geldpolitik.

Die Entwicklung der monetären Aggregate wurde bis in die Mitte der 1970er-Jahre durch den stark schwankenden Zuwachs an Währungsreserven und damit durch die jeweiligen Überschüsse in der Zahlungsbilanz bestimmt. Die Währungsbehörden ließen ihre Devisenkäufe nicht voll auf das Basisgeld durchschlagen, und die Banken verwendeten einen Teil ihres Liquiditätszuwachses, um ihre freien Reserven aufzustocken. Zwischen der Auslandskomponente und der Inlandskomponente der Geldschöpfung bestand ein eindeutig negativer Zusammenhang. Der monetäre Mechanismus des Zahlungsbilanzausgleichs wurde nicht voll wirksam.

Die österreichische Wirtschaftspolitik strebte eine relative Konstanz der Geldzinssätze an. Das galt vornehmlich für den langfristigen Zinssatz, doch wurde damit auch der Beweglichkeit der kurzfristigen Zinssätze und damit der Geldpolitik Grenzen gesetzt. Im inflatorisch übersteigerten Boom Anfang der 1970er-Jahre wurde zwar der Diskontsatz zweimal hinaufgesetzt und die Geldmarktzinsen zogen an, die Verteuerung des Geldes blieb jedoch hinter der Verteuerung der Güter zurück: Die Realzinssätze sanken. (Nach der Taylor-Regel, die in der modernen Makroökonomie weitgehend akzeptiert wird, sollten die realen Zinssätze im Boom steigen.)

Übersicht 4: Kurzfristige Zinssätze in Österreich und der BRD 1969/1975[1]

	Österreich	BRD	Österreich	BRD
	Durchschnitt in %		Standardabweichung	
Taggeldsatz	5,6	6,8	1,20	2,97
Zinssatz für 3-Monatsgeld	7,0	7,9	1,12	2,86

Quelle: WIFO-Datenbank, Berechnungen des Autors

1 Die Zeitspanne (Monatswerte) umfasst den Beginn des Konjunkturaufschwungs bis zur Trendwende in der Zinsentwicklung als Folge der zahlungsbilanzorientierten Wirtschaftspolitik.

Die relative Starrheit der kurzfristigen Zinssätze lässt sich am besten verdeutlichen, indem man sie mit jener in der BRD vergleicht. Dieser Vergleich liegt umso näher, als später durch die strikte D-Mark-Bindung Zinsgleichschritt bewirkt wurde.

Das Angebot an Notenbankgeld wurde bis Mitte der 1970er-Jahre – von kurzfristigen Schwankungen abgesehen – von den Gold- und Devisenkäufen der Notenbank bestimmt. Da – ebenfalls auf Sicht gesehen – das Verhältnis von Notenbankgeld zur Geldmenge annähernd konstant blieb, war die Geldversorgung ein Spiegelbild der Zahlungsbilanz.

Die Gold- und Devisenkäufe schwankten kurzfristig sehr stark. Da sich der Geldbedarf der Wirtschaft nur langsam ändert, entstanden Spannungen auf dem Geldmarkt. Sie wurden größtenteils von den Kreditunternehmungen überbrückt. Die Kreditunternehmungen bauten bei reichlichem Angebot an Notenbankgeld ihre Notenbankverschuldung ab und stockten ihre Reserven auf. Umgekehrt verfuhren sie bei knappem Angebot an Notenbankgeld. Darüber hinaus intervenierte die Notenbank durch Offen-Markt-Käufe und Mindestreservevorschriften. Auf diese Weise wurden die kurzfristigen Schwankungen der Auslandskomponente durch gegenläufige Schwankungen der Inlandskomponente größtenteils neutralisiert. Die verbliebenen Restschwankungen wurden durch den Geldschöpfungs-Multiplikator gedämpft.

Der Einfluss der Währungsreserven auf die Geldschöpfung warf auf längere Sicht die Frage auf, wie eine ausreichende Geldversorgung gesichert werden kann, wenn die Zahlungsbilanz keine Überschüsse aufweist. Auf kurze Sicht war die Rolle der Währungsbehörden in der Konjunkturpolitik zu klären. Nach Untersuchungen des WIFO deckten sich die Geldzyklen nicht mit den Konjunkturzyklen. Konjunkturpolitik zu betreiben, wurde im Einklang mit der keynesianischen Sicht vorwiegend als Aufgabe der Fiskalpolitik angesehen. Die Problematik wurde dadurch entschärft, dass der Bund in Jahren schwacher Konjunktur relativ hohe Budgetdefizite einging und sie zu einem namhaften Teil mit Auslandskrediten finanzierte. Dadurch wurde das Angebot an Basisgeld sprunghaft ausgeweitet. Die solcherart geschaffene Liquidität reichte in der Regel für den Aufschwung.

Diese Merkmale blieben auch in den 1970er-Jahren erhalten. Mit zwei Ausnahmen: Zum einen wurden den Kreditunternehmungen Transaktionen mit dem Ausland erlaubt. Sie konnten daher ihre Liquidität über die ausländischen Geldmärkte steuern. Der Multiplikator verlief daher viel stetiger als in den 1970er-Jahren. Auch die internationalen Zinsen färbten auf die heimische Zinsentwicklung ab. Die Arbitrage war zunächst wegen unsicheren Wechselkurserwartungen und Marktunvollkommenheiten beschränkt. Die heimischen Geldmarktzinssätze wichen zum Teil beträchtlich von den ausländischen ab. Zum anderen nötigten die Leistungsbilanzdefizite in der zweiten Hälfte der 1970er-Jahre, die Geldschöpfung mittelfristig von der Auslands- auf die Inlandskomponente zu verlagern.

Der kräftige Konjunkturaufschwung, der 1968 begann, wurde in der ersten Phase vorwiegend aus den liquiden Mitteln der Nicht-Banken und aus den Reserven der Kreditunternehmungen gedeckt. Der Multiplikator und die Umlaufsgeschwindigkeit des Geldes stiegen. Die Taggeldsätze zogen nur mäßig (um etwa 1 Prozentpunkt) an.

Von Anfang 1971 bis Ende 1972 wurde jedoch das Geldangebot sprunghaft ausgeweitet. Seine Zuwachsrate stieg von 4,4 % im I. Quartal 1971 auf 16,8 % im III. Quartal 1972. Parallel hiezu wuchs die Geldmenge. Die Beschleunigung des Preisauftriebs wurde monetär alimentiert. Die starke Ausweitung der Auslandsaktiva (die Leistungsbilanz war leicht aktiv, und die Kreditunternehmungen nahmen kurzfristige Gelder im Ausland auf, vornehmlich um Termingeschäfte abzuschließen) wurde nur teilweise dadurch neutralisiert, dass der Bund seine Notenbankverschuldung abbaute und die Notenbank die Mindestreservensätze erhöhte.

Erst Ende 1972 – als wegen der Einführung der Mehrwertsteuer Käufe vorgezogen wurden – schalteten die Währungsbehörden auf Restriktionskurs. Von Ende 1972 bis Mitte 1974 wurde der restriktive Kurs beibehalten. Die Zuwächse an Basisgeld und an Geld der Nicht-Banken sanken von 16 % auf 5 %. Die monetäre Disinflation fand statt, als 1973 zunächst die Preise für sonstige Rohwaren und ab Mitte 1973 die Ölpreise sprunghaft anzogen. Man kann darin den Versuch sehen, den aus der Ölverteuerung resultierenden Preisschub durch Erschwerung der Finanzierungsbedingungen zu begrenzen. Er wurde aufgegeben, als Mitte 1974 die Wirtschaft in eine Rezession zu schlittern begann.

Das rasche Umschalten auf Expansionskurs war ein wichtiges Merkmal der wirtschaftspolitischen Linie nicht nur in Österreich, sondern auch in anderen Industriestaaten. Man kann jedoch vermuten, dass die Rezession 1974/75 nicht nur die unmittelbare Folge des Ölpreisschubs (der Verlagerung von Kaufkraft) war, sondern zumindest teilweise eine mittelbare Folge vorangegangener Restriktionspolitik.

1.3.2 Wechselkurspolitik

Die österreichische Wirtschaftspolitik stand vor dem Problem, sich in dieser turbulenten Weltwirtschaft zurechtzufinden.

Österreich hat die zweimalige Aufwertung der D-Mark in den 1960er-Jahren nicht mitgemacht. Das Nicht-Mitziehen mit der D-Mark im September 1969 wurde von der Regierung Kreisky als verständlich, aber inflationsfördernd betrachtet. Das Lohngefälle zwischen der BRD und Österreich verstärkte den Sog auf heimische Arbeitskräfte, insbesondere im grenznahen Innviertel. Als die Bindung des Dollar an das Gold aufgehoben wurde und damit das Bretton-Woods-Festkurssystem beendet wurde, trachteten die heimischen Währungsbehörden, den Abstand zur D-Mark nicht noch größer werden zu lassen.

Das Ausmaß der Turbulenzen in den 1970er-Jahren lässt sich verdeutlichen, wenn man die Schilling-Preise der ausländischen Währungen von 1969 (dem Jahr vor der D-Mark-Aufwertung) gleich 100 setzt und verfolgt, wie sich diese Währungsparitäten bis 1983 verändert haben.

Übersicht 5: Devisenmittelkurse
1969 = 100

Schilling-Notierungen 1983			
CHF	142,7	FIM	52,3
DEM	106,7	FRF	47,3
JPY	104,9	SEK	46,8
HUF	88,2	GBP	44,0
USD	69,5	IEP	36,1
BEF	68,2	PTE	33,9
NOK	68,0	ITL	28,7
CAD	60,7	GRD	23,7
DKK	57,1	ESP	18,0

Quelle: WIFO-Datenbank

Die zunehmende D-Mark-Orientierung erfolgte in Wellen. Anfang der 1970er-Jahre und 1976/77 gab der Schilling etwas nach, unmittelbar nach den beiden Ölpreisschüben wurde er auch gegenüber der D-Mark aufgewertet. Im Monatsdurchschnitt sank der D-Mark-Mittelkurs von April bis August 1974 um 4,6 %, und von Juni 1979 bis Oktober 1980 um 4,0 %.

Der Wechselkurs wurde augenscheinlich dazu benutzt, die Verteuerungen abzuschwächen, die von den beiden Ölpreisschüben ausgingen. Das war eine ungewöhnliche Strategie. Nach der »conventional wisdom« hätte der Wechselkurs nachgeben sollen, um die realen Schocks der Ölverteuerungen aufzufangen. (Im Goldwährungssystem hätte sich der Kurs vorübergehend dem oberen Goldpunkt genähert.) Die Wirtschaftspolitik entschied sich, den Wechselkurs kurzfristig nicht zur Stabilisierung der Zahlungsbilanz, sondern zur Dämpfung der Inflation einzusetzen. Diese Politik beruhte auf dem Vertrauen, dass die Einkommenspolitik die Vorleistungen der Wechselkurspolitik honorieren werde.

Das Auseinanderdriften der Wechselkurse hatte hohe Vermögensgewinne und -verluste zur Folge. Ihr Ausmaß wurde dadurch begrenzt, dass das Finanzvermögen in den meisten Industrieländern vorwiegend in heimischer Währung angelegt war.

Die Wechselkurspolitik stand 1973 mit dem Ende des Fixkurssystems von Bretton Woods vor einer schwierigen, in ihren Konsequenzen nur schwer abschätzbaren Entscheidung. Die Währungsbehörden entschieden sich – gegen den Widerstand der Unternehmervertreter und der Opposition[6] – den Kurs des Schilling an den der wertbeständigen Währungen zu orientieren. Das war ein strategisch wichtiger Schritt, denn die frei schwebenden Wechselkurse neigten zum Überschießen. Die Weichwährungsländer mussten reale Abwertungen hinnehmen, die es ihnen erschwerten, die von den Rohwarenmärkten ausgehenden Preisschocks zu absorbieren. Die Hartwährungsländer »erfuhren« eine reale Aufwertung, die den Preisauftrieb dämpfte. Der »Tugendkreis« einer harten Währung musste allerdings mit einer nur temporär akzeptablen Verschlechterung der internationalen Konkurrenzfähigkeit erkauft werden. Die Wechselkurspolitik erbrachte damit eine Vorleistung, die später von der Lohnpolitik honoriert werden musste. Unter welchen makroökonomischen Bedingungen dies geschehen könnte, blieb offen.

Die Grundsatzentscheidung in der Wechselkurspolitik fiel vor dem 1. Ölpreisschock. Sie wurde aber nachher akzentuiert, indem sich der Schilling zunehmend an der D-Mark orientierte. Nach den beiden Ölpreisschocks wurde der Schilling sogar gegenüber der D-Mark etwas aufgewertet.

6 Welche Wechselkurspolitik sich von Anfang an als konsensfähig erwiesen hätte, lässt sich im Nachhinein nicht feststellen. Offen bleibt auch die Frage, wie eine andere Regierung unter den gleichen institutionellen und psychologischen Voraussetzungen agiert hätte.

1.4 Der Wachstumsknick Mitte der 1970er-Jahre

1.4.1 Die Rohwarenhausse

Wenig beachtet wurde der Umstand, dass die Industrieländer von stabilen Preisen für Energie und sonstige Rohwaren auf den internationalen Märkten profitierten. Ihre Realpreise gingen bei mäßig steigenden Preisen für Industrieprodukte und erheblichen Verteuerungen von Dienstleistungen merklich zurück. Real (gemessen am Deflator des BIP) waren Energie und sonstige Rohwaren 1969 um 40 % billiger als 1955.

Abbildung 4: Entwicklung der Rohwarenpreise und des BIP-Deflators
1955 = 100, logarithmische Skala

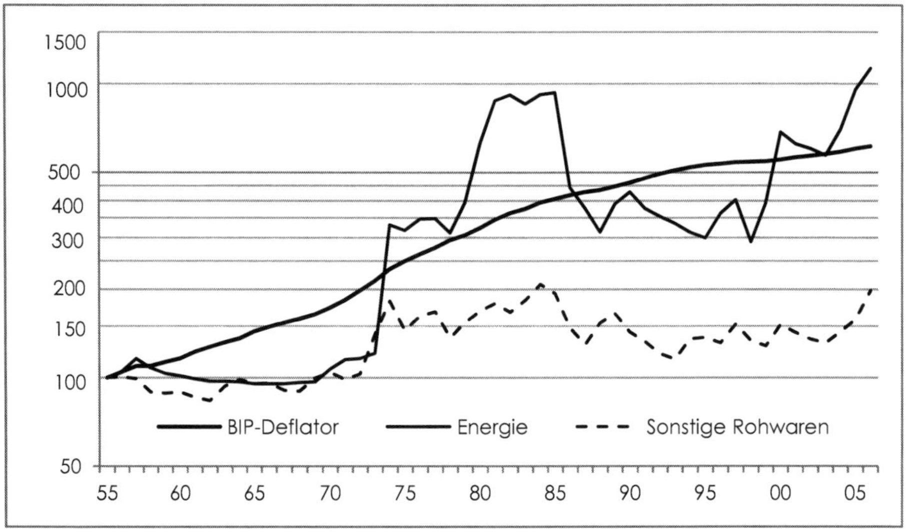

Quelle: WIFO-Datenbank

In den 1960er-Jahren blieben die Preise für Energie und für sonstige Rohwaren weitgehend stabil, wogegen das Preisniveau (gemessen am BIP-Deflator) und auch die Industriewarenpreise merklich anzogen.

Das änderte sich Anfang der 1970er-Jahre. Die Verteuerung von sonstigen Rohwaren 1969/70 und von Energie 1970/71 um 14,8 % und 17,5 % ließ sich noch als »normale« Reaktion der internationalen Rohwarenmärkte auf die lebhafte Konjunktur in den Industrieländern an der Schwelle zu den 1970er-Jahren interpretieren. Als die internationale Konjunktur 1971/72 vorübergehend etwas nachließ, entspannten sich auch die internationalen Rohwarenmärkte.

Im Laufe von 1973 explodierten jedoch zunächst die Preise sonstiger Rohwaren und im Herbst dieses Jahres auch die Energiepreise. Damit hatte sich die Hausse auf den sonstigen Rohwarenmärkten erschöpft – nicht jedoch auf den Energiemärkten. Dort kam es 1979/1982 zu einer neuen Preiswelle. Erst 1986 – nach einer mehrjährigen Wachstumspause in den Industrieländern – sanken die realen Energiepreise wieder auf das Niveau von 1969.

1.4.2 Das österreichische Modell

Die sprunghafte Verteuerung von Rohöl Ende 1973 gilt nach heutigem Verständnis als »Angebotsschock«. Nach der damaligen keynesianischen Tradition handelte es sich um eine brisante Mischung aus Nachfragedeflation und Kosteninflation. Eine Nachfragedeflation, denn die hohen Ölpreise banden Kaufkraft und schmälerten das für Käufe heimischer Güter verfügbare Einkommen. (Die erdölproduzierenden Länder gaben ihre zusätzlichen Erlöse zunächst nur teilweise für Güter der Industrieländer aus.) Die Sparneigung der Weltwirtschaft nahm zu und löste eine weltweite Rezession aus[7].

Da Rohöl ein wichtiger Inputfaktor ist, trieb seine Verteuerung die Preise auf breiter Front in die Höhe. Es gehört zu den wirtschaftspolitischen Paradigmen der keynesianischen Periode, dass eine Kosteninflation nicht durch Nachfragebeschränkungen bekämpft werden soll. Um dem doppelten Problem von Nachfragedeflation und Kosteninflation angemessen zu begegnen, schlug die heimische Wirtschaftspolitik eine Doppelstrategie ein: Dem Nachfrageausfall wurde durch eine expansive Budgetpolitik entgegengewirkt, und die Kosteninflation wurde durch die Hartwährungspolitik und eine mit ihr abgestimmte Einkommenspolitik im Zaum gehalten. Diese Strategie wurde als österreichischer Weg in der Wirtschaftspolitik oder als Austro-Keynesianismus bezeichnet. Scharpf (1987) bescheinigte der österreichischen Wirtschaftspolitik und ihren Beratern, dass sie die Problematik der damaligen Situation richtig erkannt und angemessen reagiert hat.

Die hier dargelegte Interpretation ist allerdings unvollständig. Sie muss im Lichte der späteren Erfahrungen ergänzt und modifiziert werden. Nach dem keynesianischen Rezept soll die effektive Nachfrage auf den Gütermärkten so hoch gehalten werden, dass das im Wesentlichen gegebene Angebot an Arbeitskräften voll beschäftigt werden kann. Der Nachfragesteuerung waren jedoch Grenzen gesetzt. Um dennoch die

---

7 Der deflatorische Effekt der Ölverteuerung wurde zunächst nicht erkannt. Die OECD nahm Ende 1973 an, dass die Ölverteuerung die Investitionen in andere Energiequellen stimulieren und damit die Kaufkraftlücke schließen werde.

Arbeitslosigkeit niedrig zu halten, wurde ergänzend das Angebot der Nachfrage angepasst.

1.4.3 Budgetpolitik

Als sich im Laufe von 1975 herausstellte, dass sich die heimische Wirtschaft in der schwersten Rezession seit dem Zweiten Weltkrieg befand (die Stabilisierungskrise 1952/53 ausgenommen), begann die Wirtschaftspolitik massiv gegenzusteuern. Die Budgetpolitik begnügte sich nicht damit, die automatischen Stabilisatoren wirken zu lassen. Mitte 1975 wurde ein umfassendes Beschäftigungsprogramm in die Wege geleitet, wobei man die Programme so implementierte, dass sie kurzfristig nachfragewirksam wurden. Anfang 1976 wurde noch ein Schäuferl nachgelegt. Kreisky stellte die expansive Budgetpolitik seines Kabinetts in einer Konferenz im Wiener Konzerthaus den Trägern der Wirtschaftspolitik und ausgewählten Professoren der Nationalökonomie vor. Die Konferenz wurde von kurzen Referaten eines Spitzenökonomen der OECD (sie war damals noch keynesianisch) sowie des WIFO-Leiters eingeleitet und damit die sachliche Fundierung des Regierungsprogramms dokumentiert.

Als Folge der expansiven Budgetpolitik stieg das Nettodefizit im Bundeshaushalt 1975 auf 5¼ % und 1976 auf 5¾ % des BIP. Damals begann die Periode permanent hoher Budgetdefizite, die die Staatsschuld innerhalb eines Jahrzehnts von 9 % auf 60 % steigen ließ. (Budgetdefizite in Phasen schwacher Konjunktur hatte es schon früher gegeben, doch wurde das Budget nur kurzfristig aufgemacht. Nach einem Jahr wurde auf Konsolidierungskurs geschaltet.)

1.4.4 Inflationsdifferenzen in den 1970er-Jahren

Der Stabilitätsimport trug zunächst keine Früchte. Preise und Kosten stiegen in Österreich nicht nur stärker als im Durchschnitt der Handelspartner, sondern auch stärker als im Ankerwährungsland Deutschland.

Für den Vergleich zwischen Österreich und Deutschland gilt: Die Verbraucherpreise stiegen in Österreich in den 1960er-Jahren durchschnittlich um 0,8 Prozentpunkte stärker als in der BRD. Die Inflationsdifferenz vergrößerte sich Mitte der 1970er-Jahre auf 2,7 Prozentpunkte. Die Differenz in den Stundenlöhnen der Industrie erhöhte sich von durchschnittlich 1 Prozentpunkt in den 1960er-Jahren auf 2,6 Prozentpunkte im Fünfjahresdurchschnitt 1973/1977.

Übersicht 6: Vergleich der Inflationsraten (VPI) von Österreich und der BRD
In %

	Inflationsraten	
	Österreich	Deutschland
1970	4,4	3,5
1971	4,7	5,2
1972	6,3	5,5
1973	7,6	7,0
1974	9,5	7,0
1975	8,4	5,9
1976	7,3	4,2
1977	5,5	3,7
1978	3,6	2,7
	Ø der jeweils letzten 5 Jahre	
1970	3,2	2,4
1977	7,4	5,4
1978	6,6	4,6

Quelle: WIFO-Datenbank

1.4.5 Der Policy-Mix

Die Diskussion über die Makropolitik der 1970er-Jahre konzentrierte sich – etwas einseitig – auf den 1. Ölpreisschock. Die heimische Wirtschaftspolitik begegnete diesem Schock, indem sie den Nachfrageausfall durch eine expansive Budgetpolitik begrenzte und den Kostenschub mit Hilfe einer gesamtwirtschaftlich orientierten Einkommenspolitik auffing. Die Mäßigung der Lohnpolitik wurde durch »Vorleistungen« der Wechselkurspolitik gefördert. Die kräftige nominelle Aufwertung des Schilling in den Jahren 1973 bis 1975 federte den von den Rohwarenmärkten ausgehenden Preisschock ab. Eine »weiche« Währung hätte die Einkommenspolitik überfordert, denn die frei schwebenden Wechselkurse neigten zum Überschießen.

Dieses makroökonomische Konzept – Tichy (1984) nannte es »successful experiments with unconventional assignment of instruments to goals« – wurde bereits unmittelbar nach dem 1. Ölpreisschock in der Wirtschaftspolitischen Aussprache der Paritätischen Kommission diskutiert. (Die Bezeichnung »Austro-Keynesianismus« entstand erst einige Jahre später.) Kreisky sprach im Parlament auf Grund eines kurzen Exposés, das ihm der Autor zur Verfügung gestellt hatte, von einem passenden »policy-mix«, was ihm den Zwischenruf oppositioneller Abgeordneter eintrug: »policy-mix – policy-nix«.

Auch andere Industrieländer reagierten auf die Rezession 1975 mit expansiven Maßnahmen. Die Weltkonjunktur erholte sich nicht zuletzt deswegen relativ rasch, doch beschleunigte sich mangels einer einkommenspolitischen Absicherung die Inflation. Das veranlasste viele Industrieländer, die Inflation letztlich ohne Rücksicht auf die realwirtschaftlichen Folgen zu bekämpfen.

1.5 Der Schwenk zur zahlungsbilanzorientierten Wirtschaftspolitik

Das Fatale an der Situation 1977 bestand darin, dass die Verschlechterung der preislichen Wettbewerbssituation bereits die befürchteten Folgen zu haben schien. Die laufende Zahlungsbilanz wurde 1976 stark passiv. Das ließ daran zweifeln, ob sich die österreichische Währung weiterhin an die D-Mark anhängen könnte. Kanzler Kreisky trat dafür ein, den Schilling abzuwerten. Er befand sich damit in guter Gesellschaft. Auch der IWF empfahl in seinen jährlichen Konsultationen eine Korrektur des Schillingkurses[8].

Der Finanzminister und das Direktorium der Notenbank (Koren wurde 1978 Präsident) behielten die Nerven. Die Wirtschaftspolitik vollzog einen Kurswechsel zugunsten einer zahlungsbilanzorientierten Wirtschaftspolitik.

Von 1977 bis 1981 stiegen Preise und Kosten von Jahr zu Jahr schwächer als der nominell-effektive Schillingkurs. Der Schilling wurde real abgewertet. Die Position von 1968 wurde zwar nicht wieder hergestellt, aber der Bann war gebrochen. Die Wechselkurspolitik wurde wieder glaubhaft.

1.5.1 Twin Deficit

Die Kombination von einem durch Budgetdefizite »weichen« Binnenmarkt mit einer durch die Wechselkurspolitik »harten« Außenwirtschaft belastete die Leistungsbilanz. Streissler brachte es auf den Punkt: Die heimische Wirtschaftspolitik habe demonstriert, dass Budgetdefizite Nachfrage schaffen, aber die zusätzliche Nachfrage käme ausländischen Produzenten zugute. Das war etwas überzogen. Ein Vergleich der Kon-

8 Diese Empfehlung wurde – soweit dem Autor bekannt – nicht publik. Der Präsident der Notenbank kassierte persönlich die schon an die Teilnehmer der Schlussbesprechung verteilte schriftliche Fassung der IWF-Empfehlung wieder ein.

junkturmuster von Bauwirtschaft und Industrie zeigt, dass die stark außenabhängige Industrie 1975 einen starken Konjunkturrückschlag erlitt, wogegen sich die mehrheitlich von öffentlichen Aufträgen abhängige Baukonjunktur relativ gut behauptete (besser jedenfalls als in anderen gesamtwirtschaftlich gesehen milderen Rezessionen).

Aber das Faktum besteht: Die starke Passivierung der Leistungsbilanz in den Jahren 1976 und 1977 schwächte die Nachfrageimpulse für die Wirtschaft. Gleichzeitig machte sie die Wechselkurspolitik unglaubwürdig. Eine Kurskorrektur war daher notwendig. Das aber bedeutete, dass das Rezept »Vollbeschäftigung durch Steuerung der heimischen Nachfrage« nicht mehr griff.

1.5.2 Verschlechterung der Leistungsbilanz

Die Verschlechterung der Leistungsbilanz hatte sowohl eine Preis- als auch eine Mengenkomponente.

Wie bereits dargelegt, führte die Wechselkurspolitik zunächst dazu, dass der Schilling aufgewertet wurde. Die Verschlechterung der preislichen Wettbewerbsfähigkeit belastete die Leistungsbilanz, sobald alte Kontrakte ausgeliefert waren und sich die Unternehmungen auf die neuen Marktverhältnisse einstellten.

Der Verzicht auf hart umkämpfte Auslandsmärkte fiel den Unternehmungen umso leichter, als der Binnenmarkt boomte. Die heimische Wirtschaftspolitik hatte Mitte 1975, als der Konjunkturrückschlag offenkundig wurde, das Budget »aufgemacht« und Anfang 1976 den expansiven Kurs der Budgetpolitik zusätzlich verstärkt. Die Frage, ob und unter welchen Begleitumständen Budgetdefizite auf die Leistungsbilanz durchschlagen, wird in der internationalen Literatur häufig gestellt. Der empirische Befund erhärtet die These vom »twin deficit«: Budgetdefizite führten mit einjähriger Verzögerung zu Leistungsbilanzdefiziten. Der statistisch signifikante Zusammenhang wurde nur Anfang der 1980er-Jahre unterbrochen, als extrem hohe Realzinssätze die heimischen Investitionen beeinträchtigten. Das deutet darauf hin, dass das »deficit spending« nachfragewirksam war, die zusätzliche Nachfrage aber zu einem Gutteil ausländischen Produzenten zugutekam.

Die Verschlechterung der Leistungsbilanz in den Jahren 1975/1977 mag aus heutiger Sicht nicht sehr dramatisch erscheinen, doch waren damals die internationalen Finanzmärkte nur wenig miteinander verflochten. Langfristiges Auslandskapital konnte bei Bedarf hauptsächlich vom Bund und einigen Großinvestoren mobilisiert werden. Der Schweizer Anleihemarkt wurde von heimischen Schuldnern überbeansprucht, sodass die Kontrollbank und später auch der Bund zu Swaptransaktionen Zuflucht nahmen. Und auf dem Yankeemarkt musste Österreich demonstrieren, dass sein Obligo begrenzt war. Auch die Optik spielte eine Rolle. Die OeNB wies bis gegen Ende der 1970er-Jahre die statistische Korrektur als Teil der Kapitalbilanz aus. Danach betrug das Leistungsbilanzdefizit 1977 6 % des BIP, statt 4 % nach Korrektur. Es war ein Verdienst des Beirats für Wirtschafts- und Sozialfragen, eine gründliche Revision der Zahlungsbilanzstatistik in die Wege geleitet zu haben, die eine zumindest grobe Aufteilung dieser Korrekturposten auf laufende und Kapitaltransaktionen ermöglichte.

Die Verschlechterung der Leistungsbilanz wurde als ein Symptom dafür interpretiert, dass die Wechselkurspolitik scheitern werde. Tatsächlich konnte die Parität zur D-Mark nur aufrechterhalten werden, indem die kurz- und die langfristigen Zinssätze weit über das deutsche Niveau angehoben wurden.

Ein deutscher Ministerialbeamter fragte in der jährlichen Besprechung zwischen den Finanzministern der BRD, der Schweiz und Österreichs, um wie viel die Geldmenge in Österreich im Jahresvergleich gestiegen wäre. Der Autor hatte die Zahl nicht parat, nannte aber nach Konsultation seiner Unterlagen eine Zahl über 10 %, worauf ihm erklärt wurde, unter diesen Umständen könnte die Schilling-D-Mark-Parität nicht gehalten werden.

1.5.3 Einkommenspolitik als Inflationsbremse

In Österreich hat der inflatorische Auftrieb auch die Erwartungen beeinflusst. In Schätzungen der Lohngleichungen ging die letzte Preissteigerungsrate mit einem Koeffizienten von Eins ein (früher war er niedriger).

Zum Grundkonsens der Sozialpartnerschaft gehörte: Statt sich über die Verteilung des Sozialprodukts zu streiten, wäre es besser, gemeinsam an seiner Vermehrung zu arbeiten. Die Lohnquote sollte annähernd konstant bleiben, es wurde aber nicht genau nachgerechnet, ob die Verteilungskonstanz tatsächlich zutrifft, und nicht erörtert, was zu tun wäre, wenn sie verletzt wird.

In der konzertierten Aktion in der Bundesrepublik Deutschland hingegen konkretisierte der Deutsche Gewerkschaftsbund im Oktober 1970 seine mittelfristigen Zielvorstellungen in Form einer volkswirtschaftlichen Gesamtrechnung. Danach sollte die Lohnquote von 65,4 % im Jahr 1969 auf 72,5 % im Jahr 1976 ansteigen[9].

1.5.4 Zahlungsbilanzorientierte Wirtschaftspolitik

Ab Mitte 1976 wurde die Leistungsbilanz passiv. Dazu trug Verschiedenes bei. Die hohen Budgetdefizite stimulierten die Importe. Ferner belastete das 1973 abgeschlossene Freihandelsabkommen mit der EWG die Leistungsbilanz, denn der Zollabbau

9 Jahresgutachten 1970/71, S. 73/74.

betraf nur die ohnehin schon stark passive Handelsbilanz, und die heimischen Zölle waren »treffsicherer« (hohe effektive Zollsätze). Dazu kam, dass mit der Einführung der Mehrwertsteuer die bis dahin üblichen Exportsubventionen wegfielen. Nicht zuletzt wirkten sich die realen Aufwertungen aus, auch wenn die Preiselastizitäten niedrig waren. Dornbusch (1983) zeigte an Hand lateinamerikanischer Beispiele, dass der Versuch, über den Wechselkurs Preisstabilität zu erreichen, dann scheitert, wenn die Lohnpolitik nicht mitspielt (genauer wenn sich die Lohnsteigerungen an der letztjährigen Inflationsrate orientieren). Die Leistungsbilanz wird dann zunehmend passiv und die Finanzmärkte beginnen zu zweifeln, ob der Wechselkurs gehalten werden kann.

Ähnliche Befürchtungen bestanden in Österreich. Koren berichtete, dass noch 1978 bei seinem Amtsantritt als Notenbankpräsident seine Fachkollegen den Schilling für überbewertet hielten. In dieser kritischen Situation entschloss sich die heimische Wirtschaftspolitik, an der Schilling-D-Mark-Parität festzuhalten. Nicht der Wechselkurs, sondern der Kurs der Wirtschaftspolitik sollte geändert werden. Scharpf (1987) bezeichnete den Schwenk zu einer zahlungsbilanzorientierten Wirtschaftspolitik als »kollektive Korrektur eines kollektiven Irrtums«.

Die Kurskorrektur wurde durch ein Bündel von Maßnahmen erreicht. Die Gewerkschaften erkannten und bekannten, dass die Lohnsteigerungsraten der letzten Jahre mit dem Wechselkursziel nicht vereinbar waren. Die Geldpolitik schaltete auf Restriktion und verteidigte den Schilling mit sehr hohen Geldmarktsätzen und einer aktivseitigen Kreditkontrolle. Die Steuerpolitik führte eine Luxussteuer ein, die hauptsächlich die Importe belastete (und sie im Vergleich zu lokalen Gütern verteuerte). Der Finanzminister begann das Budget zu sanieren und stilisierte den Vorschlag des Autors zur »Seidel-Formel« hoch. Insgesamt kann die Kurskorrektur als ein Beispiel für die Strategiefähigkeit der heimischen Wirtschaftspolitik gewertet werden. Die Lohnpolitik hatte die Vorleistungen der Wechselkurspolitik honoriert, und die Zahlungsbilanz kam wieder ins Gleichgewicht.

Übersicht 7: Wechselkurs, Verbraucherpreise und Arbeitskosten
Vergleich der 5-Jahreszuwächse in %

	Verbraucherpreise		Arbeitskosten		Wechselkurs
	Inland in S	Ausland[1] in S	Inland in S	Ausland[1] in S	Nominell
1973/1978	39,2	24,9	41,8	25,5	20,0
1978/1983	28,1	33,2	8,7	23,4	10,3

Quelle: WIFO-Datenbank, Berechnungen des Autors
1 Gewichteter Durchschnitt der Handelspartner

Als die Wirtschaft gerade wieder Tritt gefasst hatte, traf sie der Schock der 2. Ölpreishausse. Das während des 1. Ölpreisschubs bewährte Rezept konnte nur beschränkt angewandt werden, weil der grenzüberschreitende Kapitalverkehr keine Politik niedriger Zinssätze mehr gestattete und der kürzlich erreichte Zahlungsbilanzausgleich nicht gefährdet werden durfte. Auch wollte man die eben erst begonnene Budgetkonsolidierung nicht vorzeitig abbrechen.

Die Rückwirkungen des 2. Ölpreisschocks wurden dadurch gemildert, dass Deutschland unter internationalem Druck vorübergehend die Rolle einer »Konjunkturlokomotive« übernahm. Auch war die Lohnpolitik bereit, die aus der Verschlechterung der Austauschverhältnisse im Außenhandel resultierende Schmälerung der Realeinkommen hinzunehmen. Ganz verzichten wollte man jedoch auf nachfragestützende Maßnahmen nicht.

Abbildung 5: Taggeldsatz und Inflationsrate

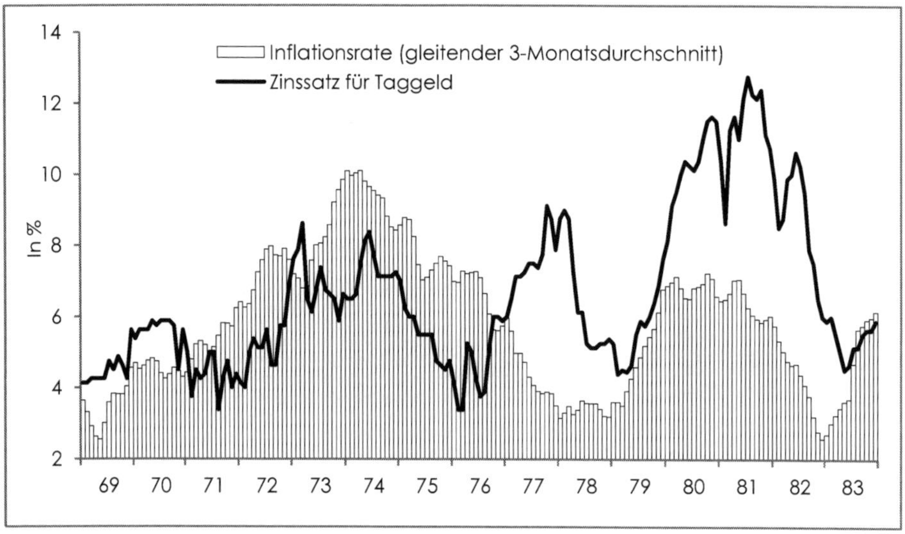

Quelle: WIFO-Datenbank

Die Funktion eines Konjunkturmotors übernahm die Exportförderung. Die Kontrollbank stellte billige langfristige Kredite für Exporte in Länder mit beschränkter Zahlungsfähigkeit zur Verfügung (und refinanzierte sich durch Kredite in harten Währungen). Dadurch wuchs unter anderem das Obligo der noch planwirtschaftlich organisierten osteuropäischen Staaten. Diese Form der Beschäftigungspolitik ließ sich begreiflicherweise nur beschränkt fortsetzen. Koren zog 1982 die Bremse, bevor die internationale Kreditwürdigkeit Österreichs Schaden litt. Aber für einige Jahre wurde der Absatz strukturschwacher Großunternehmungen gefördert. Die Industrie behauptete sich nach dem 2. Ölpreisschock besser als nach dem ersten (damals wurde über das Bundesbudget hauptsächlich die Bauwirtschaft gestützt).

Das Bundesbudget wurde erst 1983 aufgemacht, als die Rezession bereits in vollem Gang war. Das Defizit entstand hauptsächlich durch die automatischen Stabilisatoren. Zahlreiche »budgetschonende« Beschäftigungsprogramme verpufften.

Erklärungsbedürftig ist, wie trotz der Rezession 1975 und der Kurskorrektur 1977/78 die Vollbeschäftigung erhalten werden konnte. Butschek wies darauf hin, dass die Mannproduktivität nur verhältnismäßig langsam wuchs, weil 1975 die Arbeitszeit verkürzt wurde, die Dienstleistungszweige ihren während der Hochkonjunktur aufgestauten Bedarf decken konnten und die Verstaatlichte Industrie Arbeitskräfte hielt, die sie nicht ertragbringend beschäftigen konnte. Nach den Berechnungen des Autors wurde das Arbeitskräfteangebot durch Reduktion der ausländischen Arbeitskräfte und durch Frühpensionierungen dem Bedarf angepasst, und zwar stärker als in der BRD oder in der EU 15. Beide Faktoren konnten jedoch die Vollbeschäftigung nur sichern, weil die Arbeitnehmer ihre Ansprüche auf reale und nominelle Lohnzuwächse reduzierten, ohne hiezu durch eine hohe Arbeitslosigkeit genötigt zu sein.

1.5.5 Exportfinanzierung

Die Aufgabe, Nachfrage zu schaffen, wurde von der Budgetpolitik auf die Exportförderung verlagert. Vom Standpunkt des Bundesbudgets gesehen: Statt Finanzschulden einzugehen, übernahm der Bund zwischen 1979 und 1982 Haftungen mit einem hohen Risikogehalt.

Der harte Wechselkurs wurde für die Exportwirtschaft dadurch erträglicher gemacht, dass ihr die Möglichkeit geboten wurde, in Zielländer auszuweichen, die über keine konvertiblen Währungen verfügten und denen der Exporterlös gestundet werden musste. Das österreichische System der Exportförderung, das von der OeKB[10] entwickelt und exekutiert wurde, bestand aus der solidarischen Haftung der Exportwirtschaft für Erlösausfälle infolge zahlungsunfähiger Schuldner und aus Exportkrediten zu günstigen Konditionen.

10 Maßgeblichen Anteil an der Konzeption des Systems und ihrer Abwickelung hatte der innovative Generaldirektor der OeKB, Helmut Haschek. Bundeskanzler Vranitzky wollte ihn zum Präsidenten der Notenbank machen, doch scheiterte das am Übereinkommen der beiden Großparteien, wonach diese Position der ÖVP zustand.

Auf diese Weise konnte der Export in die Dritte Welt und vor allem nach Osteuropa ausgeweitet werden. In den meisten osteuropäischen Ländern zählte das kleine Österreich zu den großen ausländischen Gläubigerstaaten. Die These, dass es keine souveränen Risken gäbe – früher oder später würden auch säumige Schuldnerländer zahlen – wurde jedoch brüchig, als die große Schuldenkrise in dem genannten Länderbereich – beginnend mit Polen – begann. Um das Standing auf den internationalen Finanzmärkten zu bewahren[11], musste diese Form der Export- und Beschäftigungsförderung eingebremst werden. Das geschah 1982 über Initiative von Notenbankpräsident Koren.

1.5.6 Exportförderung und Luxussteuer

Die Österreichische Kontrollbank finanzierte ihre Exportförderungskredite hauptsächlich – 1980 und 1981 fast ausschließlich – über Auslandskredite, die in harten Währungen denominiert wurden, wobei der Bund das Wechselkursrisiko übernahm.

Der österreichische Kapitalmarkt war lange Zeit unterentwickelt; das Geldsparen nahm zwar ständig zu, doch wurden die Ersparnisse hauptsächlich kurzfristig auf Sparkonten gehalten. Die Fristentransformation fand zum guten Teil über die ausländischen Finanzmärkte statt. Österreichische Schuldner borgten langfristig im Ausland. Solange die laufende Zahlungsbilanz annähernd ausgeglichen war, schlugen sich langfristige Auslandskredite in den Devisenreserven der OeNB, also in kurzfristigen Auslandsforderungen der Währungsbehörden, nieder. Die Differenz zwischen kurz- und langfristigen Zinsen war der Preis, den Österreich für diese Form der Fristentransformation zahlte. Als die laufende Zahlungsbilanz in den 1970er-Jahren passiv wurde, finanzierten die langfristigen Kreditaufnahmen im Ausland das Defizit.

Langfristige Auslandskredite nahmen vorwiegend der Bund und die Österreichische Kontrollbank zwecks Exportfinanzierung auf. Beide verschuldeten sich überwiegend in harten Währungen, um die Zinskosten niedrig zu halten. Ende 1982 entfielen von 93,2 Mrd. S Fremdwährungsaufnahmen der OeKB 46,6 % auf Schweizer Franken und 35,1 % auf D-Mark. Ähnliches gilt für die Finanzschuld des Bundes.

11 Der Autor wurde in Gesprächen mit amerikanischen Experten stets mit der Frage konfrontiert, wie groß das Exportobligo der österreichischen Wirtschaft wäre. Die Antwort, dass auch andere Länder hohe Länderrisken eingegangen wären (die US-Banken z.B. in Südamerika) konnte die Gesprächspartner nur vorübergehend beruhigen. Österreich musste demonstrieren, dass es sein Ostobligo begrenzt. Das galt umso mehr, als Ostkredite auch aus politischen Gründen vom Westen als problematisch angesehen wurden. (Umgekehrt förderten die USA Umschuldungsabkommen und Kredithilfen an Jugoslawien, das aus dem von der Sowjetunion dominierten Ostblock ausgeschert war.)

Die Kreditaufnahmen der OeKB im Ausland nahmen ab Mitte der 1970er-Jahre sprunghaft zu. Damit sollte der Export hochwertiger Investitionsgüter gefördert und der Zutritt zu neuen Märkten erleichtert werden. Für die Industrie waren sie ein wichtiger arbeitschaffender Faktor, gerade zu einer Zeit, in der versucht wurde, das Budget zu konsolidieren. Die Schaffung von Arbeitsplätzen via Exportkredite war jedoch nicht unproblematisch: Schon Anfang der 1980er-Jahre tauchten Zweifel auf, ob die kommunistischen osteuropäischen Länder ihre wachsenden Auslandsschulden auch bedienen könnten. Österreich zählte jedoch zu den Hauptgläubigern osteuropäischer Staaten. Über Drängen der OeNB wurde daher schon 1982 das Auslandsobligo der OeKB zurückgenommen.

Österreichische Repräsentanten wurden bei Besuchen in den USA (z.B. Kanzler Kreisky anlässlich eines Staatsbesuchs 1983) stets gefragt, wie groß das Ostobligo Österreichs wäre.

Abbildung 6: Auslandsschuld des Bundes und der Oesterreichischen Kontrollbank

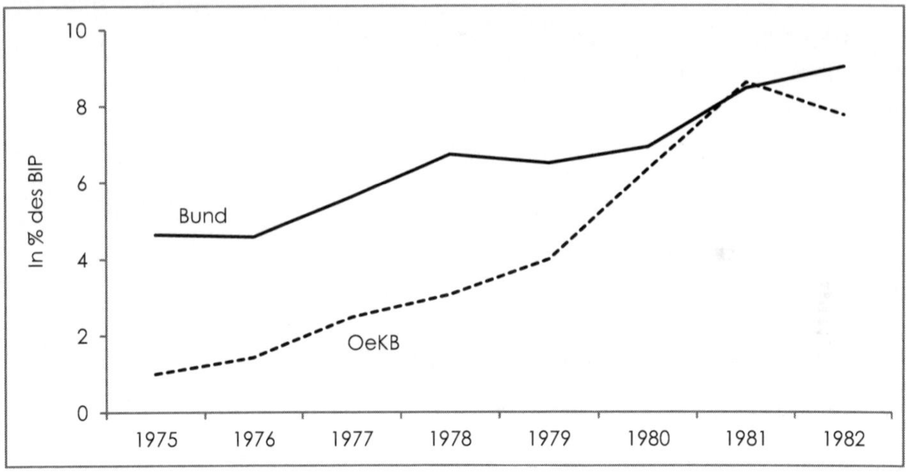

Quelle: WIFO-Datenbank

Die Auslandsschuld des Bundes und der OeKB zusammen stieg von etwas weniger als 6 % 1975 auf 17 % in den Jahren 1981/82. Das sind keine dramatischen Zahlen. Immerhin bedeuteten sie, dass der Bund erhebliche zusätzliche Belastungen im Falle einer Abwertung des Schilling in Kauf nehmen hätte müssen. (Jedenfalls wären die Zinszahlungen gestiegen und die Rückzahlungsquoten, sofern nicht ein Roll-over der alten Kredite möglich gewesen wäre.)

1.5.7 Kapitalimporte in harten Währungen verlangten Hartwährungspolitik

Österreich hatte einen chronischen Mangel an langfristigen Finanzierungsmitteln. Die Sparer hielten ihre Ersparnisse größtenteils auf Sparkonten, und die Kreditunternehmungen waren nur teilweise bereit, kurzfristige Gelder in langfristige Finanzierungstitel zu transformieren. Investoren deckten daher einen Teil ihres Bedarfs an längerfristigen Finanzierungsmitteln im Ausland und zwar unabhängig von der laufenden Zahlungsbilanz. In der zweiten Hälfte der 1970er-Jahre boten die Kreditaufnahmen des Bundes eine willkommene Deckung des Leistungsbilanzdefizits. Die Finanzoperationen der Kontrollbank (Exportkredite an »subprime«-Schuldner finanziert durch Verschuldung in harter Währung) ließen die Leistungsbilanz besser ausschauen, als sie war.

Österreich konnte Auslandskredite nur in ausländischer Währung erhalten. Der Bund und die OeKB nahmen Auslandskredite fast ausschließlich in harten Währungen (D-Mark, Schweizer Franken, Yen) auf. Der Schweizer Markt wurde zeitweise so stark beansprucht, dass österreichische Schuldner schlechtere Konditionen erhielten. Als Ausweg bot sich der Währungstausch mit Schuldnern an, die auf dem Schweizer Markt gute Konditionen erhielten aber den Yankee-Markt überbeansprucht hatten. Solche Swap-Operationen wurden zuerst von der Kontrollbank, später auch von der Republik Österreich durchgeführt. Man kann nicht behaupten, dass die Verschuldung in harten Währungen deshalb gewählt wurde, weil die Hartwährungspolitik bereits fest eingeplant war. Soviel zeitliche Konsistenz durfte man von der Wirtschaftspolitik nicht erwarten. Aber die Auslandsschuld in harten Währungen war zweifellos ein Argument für eine feste Relation des Schilling zur D-Mark.

1.6 Vollbeschäftigung in turbulenten Zeiten

1.6.1 Anhaltend niedrige Arbeitslosenquote

Das hervorragende Merkmal der Regierung Kreisky aus wirtschaftlicher Sicht war die Erhaltung der Vollbeschäftigung in turbulenten Zeiten. Die Arbeitslosenquote lag Ende der 1970er-Jahre mit 1,5 % nur wenig über jener zu Beginn der Dekade. Danach stieg sie zwar, doch war sie 1983 mit 3,3 % erheblich niedriger als in Europa und in den USA. Die Erhaltung eines extrem hohen Beschäftigungsgrads wurde allerdings zum Teil mit Methoden erkauft, die nur temporär zur Verfügung standen. Die mikro- und makroökonomischen Verwerfungen mussten von den nachfolgenden Regierungen korrigiert werden. Das kostete Wachstum und wohl auch Beschäftigung. Aber auch nach den Strukturbereinigungen der späten 1980er-Jahre blieb der Beschäftigungsgrad der heimischen Wirtschaft vergleichsweise hoch.

Abbildung 7: Arbeitslosenquote im internationalen Vergleich

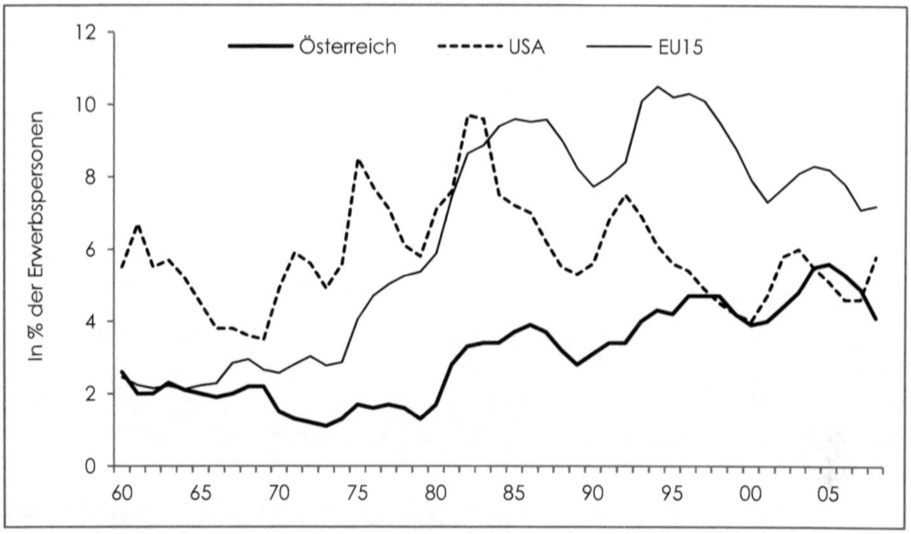

Quelle: WIFO-Datenbank; Verkettungen des Autors

Einen einfachen Zugang zu dem komplexen Problem Beschäftigungsgrad bietet ein Vergleich der Wachstumsraten des realen BIP und jenen der Mannproduktivität an. Die Entwicklung der Beschäftigung ist gleich der Differenz zwischen dem Beschäftigung schaffenden Wachstum des BIP und dem Arbeitskräfte frei setzenden Produktivitätsfortschritt. Nach der Keynesianischen Wachstumstheorie entwickelt sich die Differenz nicht automatisch so, dass Vollbeschäftigung gewahrt wird. Das war zumindest für die 1970er-Jahre ein empirisch relevanter Befund.

In den Hochkonjunkturjahren 1970/1974 wuchs die heimische Wirtschaft stärker als in den 1960er-Jahren. Das Wachstum war beschäftigungsintensiv: Der Produktivitätsfortschritt (gemessen an der Mannproduktivität) ließ bereits merklich nach. Dementsprechend nahm die Beschäftigung um mehr als 1 % pro Jahr zu. Die Mehrnachfrage nach Arbeitskräften wurde zum Teil dadurch gedeckt, dass geburtenstarke Jahrgänge ins Berufsleben traten. Vor allem aber wurden in steigendem Maße ausländische Arbeitskräfte herangezogen.

Mit der Rezession 1975 änderte sich das Bild. BIP und Arbeitsproduktivität verloren weiter an Tempo und näherten sich einander an: die Beschäftigung stagnierte. Da die Bevölkerung im erwerbsfähigen Alter weiter zunahm, sank der Beschäftigungsgrad (um ¾ % pro Jahr). Die Rückwirkungen auf den Arbeitsmarkt wurden dadurch gedämpft, dass ein Teil des überschüssigen Angebots aus dem Markt genommen wurde: Die Zahl der ausländischen Gastarbeiter wurde drastisch reduziert und die Frühpensionierung heimischer Arbeitskräfte forciert.

1.6.2 Rückgang der Arbeitsproduktivität und Reallohnflexibilität

Die Zerlegung des Produktionswachstums in eine Produktivitäts- und eine Beschäftigungskomponente lässt die kausale Beziehung zwischen diesen Größen offen. Wenn die Verlangsamung des Produktivitätsfortschritts das Produktionswachstum dämpft, kann der Nettoeffekt Null oder sogar negativ sein. Ein solcher negativer Effekt wird von der einschlägigen Literatur diagnostiziert (z.B. Blanchard, 2000). Er tritt dann ein, wenn die Gewerkschaften nur zeitlich verzögert auf eine Verlangsamung des Produktivitätsfortschritts reagieren und das Steigen der realen Arbeitskosten die Nachfrage nach Arbeitskräften dämpft. Manche Ökonomen meinen, für Großbritannien auch über lange Zeiträume eine negative Korrelation zwischen Produktivität und Arbeitslosigkeit feststellen zu können.

In den 1970er-Jahren wurde die Verlangsamung des Produktivitätsfortschritts von der Fachliteratur nicht erkannt[12]. Reallohneinbußen erklärte man als Folge der Ölverteuerung. Aber die Terms-of-Trade-Verluste waren viel geringer als die Verlangsamung des Produktivitätsfortschritts.

Aus dieser Sicht kam der Lohnpolitik zentrale Bedeutung zu. Im Zusammenhang mit der Hartwährungspolitik wurde argumentiert, dass die Lohnpolitik die Vorgaben der Wechselkurspolitik honorierte. Das sogenannte »skandinavische Modell« beschreibt jedoch nur das Verhalten der Geldlöhne. Es vernachlässigt, dass unter den Bedingungen der 1970er-Jahre eine hohe Flexibilität der Geldlöhne auch eine hohe Flexibilität der Reallöhne implizierte. Die hohe Flexibilität der Geld- und der Reallöhne ist umso bemerkenswerter, als die Gewerkschaften Anfang der 1970er-Jahre die »Benya«-Formel kreiert hatten, wonach sie jährliche Reallohnzuwächse von 3 % anstrebten.

1.6.3 Europäische Integrationspolitik

Österreich befand sich in den 1960er-Jahren in einer prekären außenwirtschaftlichen Lage. Es hatte in der Marshallplan-Zeit eine Schwerindustrie mit einer Produktionskapazität aufgebaut, die den heimischen Bedarf bei weitem überstieg und die nur kurze Absatzwege vertrug. Die Spaltung Europas in Handelsblöcke schnitt Öster-

12 Die weltweite Beschleunigung des Preisauftriebs nach Überwindung der Rezession 1975 wird von manchen Autoren darauf zurückgeführt, dass der Expansionsspielraum überschätzt wurde.

reich von seinen wichtigsten Absatzmärkten ab. Die Nachfolgestaaten der Monarchie standen unter kommunistischer Herrschaft. Der Handel mit diesen Ländern erreichte bloß einen Bruchteil der Vorkriegswerte und konnte nur durch zunehmend riskante Kreditgewährungen einigermaßen in Schwung gehalten werden. In der EWG wurde Österreich (als Mitglied der EFTA) durch den Abbau der Handelsschranken zwischen den Teilnehmerstaaten diskriminiert. Die EFTA bot schon auf Grund ihres geringen Umfangs und der räumlichen Entfernungen nur teilweise einen Ersatz. Gewiss, Österreich wäre »nicht verhungert«, wenn es Außenseiter der EWG geblieben wäre. Aber die industrielle Dynamik hat darunter merklich gelitten.

Das Freihandelsabkommen mit der EWG 1972 beseitigte die handelspolitische Diskriminierung auf den wichtigsten Absatzmärkten des Landes, dem deutschen und dem italienischen Markt. Die Orientierung des Schilling an der D-Mark reduzierte das Wechselkursrisiko und förderte zusätzlich den Handel zwischen Österreich und der BRD.

1.7 Die Wirtschaftspolitik der Regierung Kreisky: Zusammenfassung

Wirtschaftspolitische Entscheidungen mussten von der Regierung Kreisky unter bestimmten weltwirtschaftlichen Rahmenbedingungen getroffen werden. Das so genannte »Goldene Zeitalter« der Industrieländer, insbesondere der europäischen, endete in den 1970er-Jahren. Das Ende einer Epoche war von Turbulenzen begleitet, die mit den herkömmlichen Strategien der Wirtschaftspolitik nur schwer beherrscht werden konnten und die letztlich zu einem Paradigmenwechsel in Wirtschaftstheorie und -politik führten.

Gemessen an den Zielen der Makrowirtschaftspolitik – sie werden üblicherweise als »magische Vierecke oder auch Vielecke« bezeichnet – war die heimische Wirtschaftspolitik erfolgreich. Zwar war auch die österreichische Wirtschaft zwei Inflationsschüben ausgesetzt: Es gab zwei Rezessionen und der Produktivitätstrend wurde merklich flacher. Aber die österreichische Wirtschaft schnitt weit besser ab als jene der meisten anderen Industrieländer. Dank dem kräftigen Wirtschaftswachstum in der ersten Hälfte der 1970er-Jahre konnte das lang ersehnte Ziel der Europareife erreicht werden. 1969 war das Pro-Kopf-Einkommen zu Kaufkraftparitäten noch um 4 % niedriger, 1983 aber bereits um 10 % höher als im Durchschnitt der westeuropäischen Länder. Die Inflation konnte nur in der BRD und in der Schweiz in engeren Grenzen gehalten werden. Und was besonders ins Gewicht fiel: Bis Anfang der 1980er-Jahre konnte Vollbeschäftigung im buchstäblichen Sinne gehalten werden.

Die »magischen Vielecke« stellten die damalige Situation zu positiv dar, da die Lösung makro- und mikroökonomischer Strukturprobleme aufgeschoben wurde. Die Konsolidierung des Bundesbudgets und die Sanierung der Verstaatlichen Industrie musste von den nachfolgenden Regierungen angegangen werden. Wäre das nicht oder nur unter erheblichen Opfern gelungen: Das Urteil über die Regierung Kreisky wäre weniger positiv ausgefallen.

Scharpf bescheinigte in einem lesenswerten Buch, dass von vier sozialdemokratischen Regierungen in Europa die österreichische am besten abgeschnitten hat. Er und andere führen das auf die Strategiefähigkeit der heimischen Wirtschaftspolitik zurück. Wirtschaftspolitik aus einem Guss ist in pluralistischen Gesellschaften auch von Einparteienregierungen nur beschränkt möglich.

Die 1970er-Jahre gingen in die ökonomische Literatur als das Jahrzehnt der »great inflation« ein. Die Industrieländer mussten erfahren, dass man mit mehr Inflation nicht mehr Beschäftigung erkaufen kann. Arbeitslosigkeit und Inflation erschienen als Zwillinge. Die österreichische Wirtschaftspolitik hat über den Wechselkurs Stabilität importiert. Als 1973 das Weltwährungssystem von Bretton Woods aufgegeben wurde und jedes Land seine Wechselkurspolitik selbst bestimmen konnte, entschied sich die heimische Wirtschaftspolitik, den Außenwert des Schilling an der D-Mark zu orientieren. Die damit verknüpfte reale Aufwertung dämpfte den Inflationsschock, der von den internationalen Rohwaren und ab Herbst von der Vervierfachung der Erdölpreise ausging.

Den Wechselkurs als Inflationsregulator zu verwenden, ist kein Allheilmittel. Der Anker kann sich als Mühlstein erweisen. Als 1977/78 die österreichische Leistungsbilanz – fast möchte man sagen »erwartungsgemäß« – ins Defizit geriet, empfahl der Internationale Währungsfonds, den Schilling abzuwerten. Die Währungsbehörden entschieden sich, am harten Schilling festzuhalten.

Damit das möglich wurde, schwenkte die Wirtschaftspolitik auf einen zahlungsbilanzorientierten Kurs um. In den Begriffen der Makroökonomie: Die Inlandsnachfrage musste zurückgenommen und der Auslandsabsatz (netto) gesteigert werden. Das wurde durch ein Bündel von Maßnahmen erreicht. Hohe kurzfristige Zinssätze wirkten spekulativen Kapitalbewegungen entgegen, bis tiefergreifende Maßnahmen wirkten. Um die heimische Nachfrage zu begrenzen, wurde die Konsolidierung des Bundesbudgets vorangetrieben, zum Teil allerdings mit Maßnahmen, die zu Kritik Anlass gaben, wie z.B. das zweite Abgabenänderungsgesetz. Um die Zahlungsbilanz zu entlasten, wurde eine Luxussteuer eingeführt, die hauptsächlich ausländische dauerhafte Konsumgüter betraf (besonders Autos). Die guten Beziehungen von Kreisky zur arabischen Welt förderten die Ausweitung des Exports in die erdölproduzierenden Länder des Nahen Ostens. Eine aggressive Exportfinanzierung sicherte den Export in zahlungsschwache Länder und erschloss neue Märkte.

Den entscheidenden Beitrag zur Absicherung der harten Währung leistete die Lohnpolitik. Die Gewerkschaften reduzierten ihre Lohnforderungen so weit, dass die Arbeitskosten je Produktionseinheit schwächer stiegen als bei den Handelspartnern und damit die reale Aufwertung der Vorjahre wieder rückgängig gemacht wurde. Da gleichzeitig die Produktivitätszuwächse merklich geringer wurden, sanken die Reallohnzuwächse gegen Null (Anfang der 1970er-Jahre waren noch Steigerungen um 4 % bis 5 % üblich).

Die Mäßigung der Lohnpolitik wurde erreicht, ohne dass die Arbeitnehmer durch eine hohe Arbeitslosigkeit diszipliniert werden mussten. Die Arbeitslosenquote konnte bis 1980 unter 2 % gehalten werden. Eine hohe Auslastung der verfügbaren Ressourcen wird im Allgemeinen dadurch erreicht, dass die effektive Nachfrage das kurzfristig als gegeben angenommene Produktionspotential ausschöpft. In Österreich wurde zumindest auch der umgekehrte Weg eingeschlagen: Statt die Nachfrage dem Produktionspotential anzupassen, wurde das Produktionspotential der Nachfrage angepasst. In der Hochkonjunktur der ersten Hälfte der 1970er-Jahre holte man in großem Umfang ausländische Arbeitskräfte nach Österreich. In der Rezession 1975 wurde die Ausländerbeschäftigung reduziert. Das war möglich, weil die Gastarbeiter nur Arbeitsbewilligungen für eine Saison hatten und es noch keine Familienzusammenführung gab. Später wurde die Verstaatlichte Industrie angehalten, nicht benötigte Arbeitskräfte weiter zu beschäftigen. Und Anfang der 1980er-Jahre wurde der Arbeitsmarkt durch zwangsweise Frühpensionierungen entlastet.

Nur am Rande sei erwähnt: Auch die Wirtschaftsforscher wurden in das strategische Konzept einbezogen. Der Autor durfte auf einer Tagung des Gewerkschaftsbundes die Notwendigkeit eines zahlungsbilanzorientierten Kurses erklären. Der Finanzminister stilisierte die Empfehlung des Autors, das Budgetdefizit des Bundes mittelfristig auf 2½ % des BIP zu reduzieren, zur »Seidel-Formel« hoch.

Schließlich noch einige kurze Bemerkungen zu den nationalen und internationalen Rahmenbedingungen. Als Kreisky die Regierung übernahm, musste sie Kompetenz in Wirtschaftsfragen demonstrieren. In der Vergangenheit waren die Wirtschaftsressorts mit Ausnahme des Infrastrukturbereichs von der ÖVP besetzt worden, und die Spitzenbeamten gehörten ihr an oder standen ihr nahe. Den Sozialdemokraten billigte man eher soziale Kompetenz zu.

Den Kontakt mit der Wirtschaft pflegte die Regierung Kreisky unter anderem dadurch, dass sie die Sozialpartner soweit als möglich in die wirtschaftspolitischen Entscheidungen einband. Die von der ÖVP-Alleinregierung etablierte Wirtschaftspolitische Aussprache fand bis Anfang der 1980er-Jahre regelmäßig alle Vierteljahre statt. Darin erklärten der Präsident der Notenbank und der Finanzminister, wie sie die

Wirtschaftslage einschätzten und stellten die von ihnen beabsichtigten oder bereits getroffenen Maßnahmen zur Diskussion.

Die weltwirtschaftlichen Turbulenzen der 1970er-Jahre führten zu einem Paradigmenwechsel in Wirtschaftstheorie und -politik. Stark vereinfacht ausgedrückt: Der bis dahin dominante Keynesianismus wurde von der Neoklassik abgelöst. Die OECD etwa hatte in den 1970er-Jahren der österreichischen Wirtschaftspolitik durchwegs gute Zensuren ausgeteilt. Anfang der 1980er-Jahre, nachdem dort der Schwenk zur Neoklassik vollzogen worden war, geriet Österreich ins Kreuzfeuer der Kritik.

2 Internationale Entwicklung

2.1 Überblick

In den 1970er-Jahren geriet die Industriegesellschaft in Turbulenzen, die weder vorausgesehen wurden noch mit den herkömmlichen Rezepten zu beherrschen waren. Wirtschaftspolitik und Wirtschaftstheorie befanden sich im Umbruch. Der Wandel in der Wirtschaftspolitik wichtiger Industrieländer wird in »Why Economic Policies Change Course« (OECD, 1988) beschrieben. Für den Wandel in der Wirtschaftstheorie war Robert Lucas (»Macroeconomics after Keynes«) beispielgebend.

Die Wirtschaftspolitik eines kleinen Landes tat sich besonders schwer. Sie musste nicht nur entscheiden, was der heimischen Wirtschaft gut tut und unter den gegebenen innenpolitischen Verhältnissen machbar ist. Sie musste auch den internationalen Trend berücksichtigen. Was in einem bestimmten internationalen Umfeld richtig ist, konnte sich unter anderen Bedingungen als falsch erweisen. Das ist zu berücksichtigen, wenn die österreichische Wirtschaftspolitik am Ende des »Golden Age« auf den Prüfstand gestellt wird.

Die wirtschaftlichen Turbulenzen der 1970er-Jahre wurden durch Änderungen in den gesellschaftlichen Wertvorstellungen beeinflusst. Das Rostow'sche antimarxistische Konzept – Materieller Wohlstand (symbolisiert durch dauerhafte Konsumgüter) für alle dank eines anhaltenden Wirtschaftswachstums – schien wichtigen Gruppen der Gesellschaft nicht mehr attraktiv genug.

- Die 68er Generation rebellierte gegen die gesellschaftlichen Machtverhältnisse und gegen konservative Wertvorstellungen.
- Der Club of Rome propagierte die Vorstellung, dass die Ressourcen der Erde beschränkt sind und durch »ungezügeltes« Wirtschaftswachstum zunehmend erschöpft werden (das Glas ist halb voll).
- Die USA, die führende Macht unter den Industrieländern, erlitt in Vietnam eine bittere Niederlage. Das Zeitalter der politischen, militärischen und wirtschaftlichen Hegemonie schien zu Ende zu gehen. Die Studenten an den österreichischen Hochschulen skandierten »Ho Chi Minh«.

Im engeren Bereich der Wirtschaftspolitik zeichneten sich folgende Problemfelder ab: Vollbeschäftigung und ein hohes Maß an Preisstabilität schien in marktwirtschaftlichen Systemen vereinbar. Bemühungen, den Trade-off zwischen Arbeitslosigkeit und Preisstabilität zu verbessern, konzentrierten sich vor allem auf den Fixpreissektor der

Wirtschaft, den nicht-landwirtschaftlichen Bereich. Hier waren die Preise »träge«. Auf Nachfrageschwankungen reagierten zunächst hauptsächlich die Mengen und nur zeitlich verzögert und allmählich die Preise. Tatsächlich gingen die Inflationsimpulse hauptsächlich von den Flexpreisen, den internationalen Rohwarenpreisen (vor allem von den Kartellpreisen der OPEC für Rohöl), aus.

Die Ziele der Makrowirtschaftspolitik wurden als »magische Vielecke« formuliert. Es galt innere und äußere finanzielle Stabilität zu wahren, einen hohen Beschäftigungsgrad zu sichern und ein angemessenes Wirtschaftswachstum zu erreichen. Die Wertigkeit dieser Ziele wurde nicht präzisiert, ebenso wenig die Trade-offs zwischen den einzelnen Zielen. Das makroökonomische Nachfragemanagement agierte »populistisch«. Wenn in einer Rezession Arbeitslosigkeit entstand, stießen expansive Maßnahmen auf breite Zustimmung. Wenn im darauf folgenden Aufschwung die Preise anzogen, erschienen preisstabilisierende Maßnahmen opportun, und zwar auch dann, wenn der Konjunkturhöhepunkt bereits überschritten war. Dass diese »stop-go-policy« die Konjunkturschwankungen nicht mildert, sondern eher verstärkt, konnte man noch hinnehmen. Fatal war, dass zumindest in den USA die Preisberuhigung in den Rezessionsphasen immer geringer und der Preisauftrieb in den Boomjahren immer stärker wurde (Stagflation). Von Zyklus zu Zyklus wurden daher die Inflationsraten und die Arbeitslosigkeit höher. Die NAIRU – die Arbeitslosenquote, die gerade ausreicht, die gegebene Inflationsrate stabil zu halten – nahm zu.

Abbildung 8: Mittlere Inflationsrate der Industriestaaten

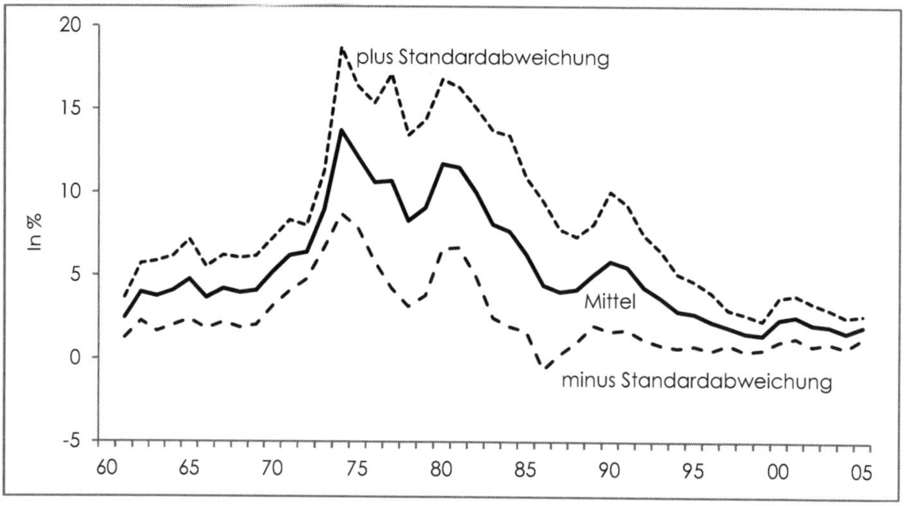

Quelle: Berechnungen des Autors

Die beiden Ölpreisschocks destabilisierten eine Weltwirtschaft, die bereits sehr labil und störungsanfällig war. Die Anpassung der Wirtschaftsstruktur der Industrieländer an die hohen Ölpreise erfordert Zeit. Kurzfristig müssen die Ölverteuerungen hingenommen werden. Das bedeutet: Sie müssen finanziert werden, und die aus der Verschlechterung der Terms-of-Trade resultierenden Einbußen an Realeinkommen müssen akzeptiert werden.

Die Mehrausgaben für importiertes Öl und daraus hergestellte Produkte schmälern das für heimische Produkte verfügbare Einkommen. Um den Nachfrageausfall zu kompensieren und einen hohen Beschäftigungsgrad zu sichern, bietet sich eine expansive Wirtschaftspolitik an. Am einfachsten schien es, die Lücke in der privaten Nachfrage durch Defizite in den öffentlichen Haushalten zu schließen. Die Mehrausgaben für importiertes Öl belasteten die Zahlungsbilanz. Um die zusätzlichen Devisenanforderungen zu finanzieren, boten sich kompensatorische Kreditaufnahmen im Ausland an. Finanztechnisch wurde die Lösung durch das Recycling der Petro-Dollar gefunden.

Die Konzentration der Wirtschaftspolitik auf Beschäftigungssicherung ließ die Frage offen, wie der Kostenschub, den die Ölverteuerung ausgelöst hatte, aufgefangen werden kann. Viele westeuropäische Länder setzten auf die Einkommenspolitik oder hofften, dass die Folgen des Ölpreisschocks allmählich auslaufen werden, ähnlich wie die Welle im Wasser nach einem Steinwurf. Diese Hoffnungen wurden jedoch enttäuscht. Die Inflation beschleunigte sich. Vor allem Länder mit frei schwankenden Wechselkursen gerieten in den Teufelskreis von Inflation – Abwertungen – Inflation, die Inflationserwartungen verfestigten sich. Und was die Optionen der Wirtschaftspolitik zusätzlich einengte: Parallel mit der Inflation stieg auch die Arbeitslosigkeit.

Es ist nicht ohne weiteres verständlich, warum die Ölverteuerung so heftige Reaktionen auslöste. Eine teilweise Erklärung bietet der Umstand, dass nicht nur die Verschlechterung der Terms-of-Trade, sondern auch die dramatische Verlangsamung des Produktivitätsfortschritts den Reallohn schmälerten. Das kräftige Wirtschaftswachstum im »Golden Age« hatte die Erwartung stetig steigender Reallöhne ausgelöst. Diese Erwartungen wurden enttäuscht. Dazu kam, dass in vielen Ländern Indexklauseln die Lohnempfänger vor Inflation schützten.

Die Inflation im Inneren und/oder übermäßige Leistungsbilanzdefizite veranlassten viele Länder schon nach dem 1. Ölpreisschock zu restriktiven Maßnahmen (in Österreich unter dem Titel »zahlungsbilanzorientierte Wirtschaftspolitik«). Vollends zu einem Schwenk der Wirtschaftspolitik kam es nach dem 2. Ölpreisschock. Nicht mehr finanzieren, sondern anpassen hieß nunmehr dic Parole. Statt »Nachfragemanagement« stand nunmehr »Preisstabilität« im Vordergrund.

Der Schwenk in der Wirtschaftspolitik war nicht bloß situationsbedingt. Die Turbulenzen der 1970er-Jahre veranlassten vielmehr einen Paradigmenwechsel. Der

Keynesianismus wurde von der Neoklassik abgelöst. In der Theorie hatte sich der Paradigmenwechsel schon früher abgezeichnet. Mitte der 1970er-Jahre waren monetaristische und neoklassische Ideen schon im Vormarsch. Die neue Politik beschränkte das Ziel der Makropolitik auf Preisstabilisierung. Arbeitslosigkeit wurde nicht mehr als Folge eines globalen Nachfragedefizits auf den Gütermärkten, sondern als Folge von mikroökonomischen Starrheiten und Verwerfungen interpretiert.

Die neue Weltwirtschaftspolitik präjudizierte die Wirtschaftspolitik der einzelnen Industriestaaten. Versuche einzelner Länder, wie etwa Frankreich oder Schweden, gegen den Strom zu schwimmen, mussten aufgegeben werden. Der Austro-Keynesianismus wurde stillschweigend zu Grabe getragen.

2.2 Das Ende des »Golden Age«

Das »Golden Age« unterscheidet sich nicht nur vorteilhaft von der Zeit zwischen den beiden Weltkriegen, sondern auch vom Kapitalismus vor 1914. Verständlich, dass Ökonomen und Wirtschaftspolitiker glaubten, sozioökonomische Prozesse besser steuern zu können als je zuvor. »Feinsteuerung« des Wirtschaftsablaufs und der Wirtschaftsstrukturen galt als erreichbares wirtschaftspolitisches Ziel.

Die Arbeitslosenquoten im »Post-Golden Age« näherten sich in manchen europäischen Ländern denen in der Depression der 1930er-Jahre, auch wenn die wirtschaftliche Lage der Arbeitslosen viel besser war als damals. (Der Ansturm von Arbeitslosen zum Schneeschaufeln, wenn in Wien Schnee gefallen war, gehört zu den Jugenderinnerungen des Autors.)

Die Wirtschaft Westeuropas (in politischer Abgrenzung) erholte sich nach dem Zweiten Weltkrieg erstaunlich rasch von den schweren Kriegsschäden. Der Wiederaufbau war im Großen und Ganzen Anfang der 1950er-Jahre abgeschlossen[13], Nachzügler wie Österreich brauchten etwas länger. Der Schwung der Wiederaufbauperiode wurde in die Friedenswirtschaft mitgenommen. Über zwei Jahrzehnte lang wuchs die westeuropäische Wirtschaft rascher als je zuvor seit Beginn der industriellen Revolution[14]. Der Vorsprung der amerikanischen Wirtschaft wurde merklich geringer.

In dieser Wachstumsphase wurden die verfügbaren primären Produktionsfaktoren – sowohl die Arbeitskräfte wie auch die Sachkapazitäten – voll genutzt. In den Begriffen

13 Für langlebige Güter und Finanzaktiva dauerte es länger.

14 Die gigantischen Wachstumsraten der asiatischen Tigerstaaten und zuletzt Chinas wurden freilich nicht erreicht, doch sind die unterschiedlichen Ausgangsniveaus zu berücksichtigen.

der keynesianischen Wachstumstheorie ausgedrückt: Die natürliche und die erforderliche Wachstumsrate stimmten überein. Es bestand ein »Golden Age ».

Das »Golden Age« der westeuropäischen Wirtschaft endete in den 1970er-Jahren. Seit etwa Mitte dieses Jahrzehnts ist das Wirtschaftswachstum nur etwa halb so hoch wie in den 25 Jahren vorher. Auch in den USA kam es zu einem Wachstumsknick, er war jedoch viel schwächer als in Europa. Das hatte zur Konsequenz, dass die europäische Wirtschaft in den letzten 30 Jahren nicht mehr weiter aufholte und nach manchen Indikatoren zurückfiel.

Gemessen am realen BIP pro Kopf (zu Kaufkraftparitäten) war im »Golden Age« (1955/1973) das Wirtschaftswachstum in den Ländern der alten Europäischen Union (EU 15) mit 3,9 % durchschnittlich um 1,2 Prozentpunkte höher als in den USA, bis zur Finanzkrise mit 1,9 % nur annähernd gleich hoch wie in den USA (2,0 %). Der Aufholprozess Europas hörte auf, bevor das amerikanische Niveau erreicht wurde. Der Unterschied im Pro-Kopf-Einkommen zwischen beiden verglichenen Regionen betrug seit dem Ende des »Golden Age« durchschnittlich 30 %.

Übersicht 8: Trend-Wachstumsraten[1] des realen BIP pro Kopf[2]
In % pro Jahr

	Österreich	EG 12	EU 15	USA
1955/1973	+ 4,2	+ 3,6	+ 3,9	+ 2,7
1973/2006	+ 2,1	+ 1,9	+ 1,9	+ 2,0
1955/1980	+ 4,0	+ 3,3	+ 3,5	+ 2,5
1980/2006	+ 2,0	+ 1,8	+ 1,9	+ 2,0
1995/2008	+ 1,8	+ 1,7	+ 1,9	+ 1,9

Quelle: WIFO-Datenbank, Berechnungen des Autors
1 Berechnet durch Regression auf die Zeit
2 In $, zu Kaufkraftparitäten 2000

Einen ersten Hinweis auf die Ursachen liefert ein Vergleich der Arbeitsproduktivität. Die Mannproduktivität stieg in der EU 15 bis Mitte der 1990er-Jahre stärker als in den USA (erst seither kam es zu einer Trendwende): In einigen europäischen Ländern übertraf sie das amerikanische Niveau, darunter auffallender Weise in Frankreich und Italien. Wenn dennoch die relativen Pro-Kopf-Einkommen stabil blieben, so lag das daran, dass in Europa »weniger gearbeitet« wurde.

Übersicht 9: Trend-Wachstumsraten[1] der Mannproduktivität[2]
In % pro Jahr

	Österreich	EG 12	EU 15	USA
1960/1973	+ 5,2	+ 4,2	+ 4,5	+ 2,2
1973/2006	+ 2,0	+ 1,7	+ 1,7	+ 1,5
1960/1980	+ 4,5	+ 3,5	+ 3,7	+ 1,5
1980/2006	+ 1,9	+ 1,6	+ 1,6	+ 1,6
1995/2008	+ 1,7	+ 1,1	+ 1,0	+ 1,8

Quelle: WIFO-Datenbank, Berechnungen des Autors
1 Berechnet durch Regression auf die Zeit
2 In $, zu Kaufkraftparitäten 2000

Um 1970 entsprach der Unterschied in der Arbeitsproduktivität etwa jenem im Pro-Kopf-Einkommen. Dann stieg in Europa lange Zeit die Stundenproduktivität rascher als in den USA, aber bei abnehmendem Arbeitseinsatz: Um 2000 war die Arbeitsproduktivität nur noch um 10 % niedriger, gleichzeitig wurden aber pro Beschäftigten um 15 % weniger Arbeitsstunden geleistet, und der Anteil der Beschäftigten an der Zahl der erwerbsfähigen Personen sank um 13 % unter das US-Niveau.

Das warf die Frage auf, ob die Europäer weniger arbeiten wollten oder ob Europa die Arbeit ausging. Heute scheint die zweite Auffassung zu überwiegen. Die geringe Stundenzahl z.B. geht hauptsächlich darauf zurück, dass 16,3 % der Beschäftigten Teilzeitarbeit leisteten gegenüber 12,8 % in den USA. Nur 8 % der Teilzeitbeschäftigten in den USA, aber 20 % in Europa gaben an, dass sie lieber einen Vollzeitarbeitsplatz hätten. Die geringere Erwerbsbeteiligung in Europa erstreckte sich ausschließlich auf Jugendliche und ältere Arbeitskräfte. Von den männlichen Arbeitskräften im Haupterwerbsalter waren im Jahr 2000 sowohl in den USA als auch in Europa 88 % beschäftigt.

Der Vergleich zwischen Europa und den USA verdeckt die Unterschiede innerhalb der europäischen Länder. Im »Golden Age« wuchs die Wirtschaft in den sechs Gründerstaaten der EWG rascher als im übrigen Europa, insbesondere in den entwickelten Industriestaaten der Europäischen Freihandelszone EFTA. (Das war einer der Gründe, warum viele Ökonomen in den 1960er-Jahren für eine möglichst volle Teilnahme am Binnenmarkt der EWG plädierten.) Danach hat sich das Wachstum zur Peripherie verschoben, und zwar auch zugunsten der entwickelten Industriestaaten wie insbesondere Großbritannien und Irland.

2.2.1 *Österreich auf der Überholspur*

Österreich konnte im europäischen Wachstums- und Konvergenzklub nicht nur mithalten, sondern sich allmählich nach vorn arbeiten. Das lässt sich am Einfachsten mit Hilfe eines Niveauvergleichs demonstrieren. 1955, zu Beginn des »Golden Age», lag das reale Pro-Kopf-Einkommen Österreichs noch um zwei Drittel unter dem der USA und um fast 10 % unter dem der EU 15. Seither hat sich der Abstand zu den USA auf 20 % verringert, das westeuropäische Niveau wird um etwa 10 % übertroffen (siehe Abbildungen 1 und 2). Bemerkenswert ist: Der Aufhol- bzw. der Überholprozess konzentrierte sich im hier betrachteten Zeitrahmen auf zwei Perioden: die späten 1950er- und die 1970er-Jahre. In den 1960er- und 1980er-Jahren verlor die heimische Wirtschaft etwas an Terrain. Seit Beginn der 1990er-Jahre verschoben sich die Positionen nur wenig. Der Aufholprozess der 1970er-Jahre fiel größtenteils in die Regierung Kreiskys. Es wird später argumentiert, dass gegen Ende der Ära Kreisky fällige mikro- und makroökonomische Anpassungen aufgeschoben wurden, die in den 1980er-Jahren nachgeholt werden mussten. Aber selbst wenn man die 1970er- und 1980er-Jahre zusammenfasst, bleibt die Aussage: Die österreichische Wirtschaft hat die Turbulenzen, die den Wachstumsknick begleiteten, relativ gut überstanden.

2.2.2 *Turbulenzen und Paradigmenwechsel*

Der Wachstumsknick in den 1970er-Jahren war von heftigen Turbulenzen in der Weltwirtschaft begleitet. Die noch vor Kriegsende geschaffene Weltwährungsordnung von Bretton Woods löste sich auf. Die nicht mehr an eine Leitwährung gebundenen Wechselkurse begannen extrem zu schwanken. Trotzdem (oder gerade deshalb?) schlitterten viele Staaten in Währungskrisen. Die Vollbeschäftigungsära nach dem Zweiten Weltkrieg war von einer mäßigen Inflation begleitet. Diese erschien Zeitgenossen als »harmlos« und daher als ein angemessener Preis für die Erhaltung der Vollbeschäftigung. Schon im Laufe der 1960er-Jahre begann sich jedoch die Inflation zu beschleunigen. Preisstabilität konnte auch in Rezessionsjahren nicht erreicht werden (Stagflation). Als sich Ende der 1960er-Jahre die Weltkonjunktur kräftig belebte, kam es zu einer Hausse auf den Rohwarenmärkten. Sie war noch kaum abgeklungen, als Mitte 1973 der 1. Ölpreisschock die Weltwirtschaft erschütterte. Ihm folgte Mitte 1979 ein zweiter, nicht minder schwerer Schock. Die Rohölpreise waren Anfang der 1980er-Jahre – in Dollar ausgedrückt – sechsmal so hoch wie Anfang der 1970er-Jahre.

2.2.3 Neoklassik im Aufwind

In den Reaktionen der Zeitgenossen und den wirtschaftspolitischen Darstellungen werden die Turbulenzen der 1970er-Jahre hauptsächlich auf die beiden Ölpreisschocks zurückgeführt. Das ist zu einseitig. Die Verteuerung von Öl bedeutete, dass die Industrieländer mehr Industriegüter für eine bestimmte Menge von Rohöl hergeben mussten. Die Verschlechterung der Terms-of-Trade schmälerte das Realeinkommen. Aber die dadurch bewirkten Realeinkommenseinbußen hielten sich in Grenzen. Sie waren jedenfalls viel geringer als die Verlangsamung des Produktivitätsfortschritts, die sich in den 1970er-Jahren aus bisher noch ungeklärten Gründen weltweit anbahnte.

Die Turbulenzen der 1970er-Jahre förderten die Einsicht, dass man die Probleme mit den bisherigen Methoden nicht meistern könne. Die Systemkritik kam nicht nur von konservativer Seite. Auch Joan Robinson, die dem linken Rand der Keynesianer zuzurechnen ist, gab dem Keynesianismus, wie er praktiziert wurde – sie nannte ihn »Bastard-Keynesianimus« – die Schuld für Fehlentwicklungen. Ihr Rezept, die Gewerkschaften mitregieren zu lassen und ihnen dafür Lohnmäßigung abzuverlangen, fand freilich wenig Gehör. In der westlichen Welt vollzog sich ein Paradigmenwechsel, den man vereinfachend als den Übergang vom Keynesianismus zur Neoklassik bezeichnen kann. Das neue Konzept lässt sich mit den Schlagworten »stabilize, privatize and liberalize« charakterisieren (Washington-Konsens).

Die Neoklassik geht von einer funktionsfähigen Marktwirtschaft aus, in der rationale Konsumenten vorausschauend Entscheidungen treffen, die über Märkte mit flexiblen Preisen koordiniert werden. Nur unter bestimmten Bedingungen und kurzfristig schlagen sich nominelle Impulse in realen Größen nieder. Das hat zur Folge, dass Mehrbeschäftigung nur vorübergehend mit etwas mehr Inflation erkauft werden kann. »Stabilize first« lautete daher eine wichtige wirtschaftspolitische Zielvorgabe. Dem Einwand, dass eine radikale Disinflationspolitik Produktion und Beschäftigung beeinträchtige, wurde entgegengehalten, dass es hiezu keine brauchbare Alternative gibt (»TINA« – there is no alternative« gehörte zu den Schlagworten Margaret Thatchers). Im Übrigen könnten die realen Einbußen in Grenzen gehalten werden, wenn eine Deflationspolitik »glaubhaft« gemacht werden kann, d. h. wenn es ihr gelingt, die Erwartungen der Wirtschaftssubjekte zu beeinflussen.

Stabilität zu sichern, ist Aufgabe der Notenbank. Sie kann diese Funktion am besten erfüllen, wenn sie unabhängig und daher imstande ist, nötigenfalls Entscheidungen zu treffen, die von den Regierungen und den Interessenvertretungen nicht gebilligt werden.

Der Keynesianismus sah im nationalen Staat den Problemlöser, der immer dann gefordert wurde, wenn der Markt versagt. Nach neoklassischer Auffassung wurden damit

Bürokratie und Politik überfordert. Sie versprechen mehr als sie halten können (»time inconsistence«). Die smarten Bürger erkennen das und verhalten sich dementsprechend. Um glaubwürdig zu werden, empfiehlt die Neoklassik dem Staat, feste Regeln aufzustellen und sich strikte daran zu halten: »rules rather than discretion«. Dass der Staat ein schlechter Unternehmer ist und selbst Infrastruktureinrichtungen privatisiert werden sollen, verstand sich von selbst.

Der Keynesianismus sah einen Konflikt zwischen binnen- und außenwirtschaftlichen Zielen. Die internationale Währungsordnung von Bretton Woods versuchte einen Kompromiss, indem zwar laufende Transaktionen, nicht aber der Kapitalverkehr frei von Devisenbeschränkungen und behördlichen Genehmigungen sein sollten. Die vorgesehene Stufenflexibilität sollte vermeiden, dass Länder, die unter Zahlungsbilanzschwierigkeiten leiden, zu einer Deflationspolitik genötigt werden. Selbst diese Bestimmungen erschienen dem linken Flügel der Keynesianer als zu weitgehend. Nicht zuletzt deshalb zögerten die europäischen Länder, gleichzeitig mit der Binnenwirtschaft auch die Außenwirtschaft zu liberalisieren. Die Neoklassik hingegen forderte die volle Liberalisierung der außenwirtschaftlichen Transaktionen und damit auch die Freiheit für internationale Kapitaltransaktionen. Sie förderte damit die Entwicklung des Finanzkapitalismus und eine internationale Diversifikation der Finanzaktiva, die dem Keynesianismus fremd war. (Tobin verlangte bekanntlich eine Steuer auf internationale Kapitaltransaktionen.) Neuere Darstellungen der internationalen Wirtschaft suchen ihre empirischen Belege aus der Zeit des Goldstandards im 19. Jahrhundert, als der internationale Kapitalverkehr ebenfalls frei war.

Die keynesianische Makropolitik ging von der Vorstellung eines bestimmten Marktversagens aus, von der Vorstellung nämlich, dass der Markt nicht ausreicht, Vollbeschäftigung zu erhalten. Lässt man diese Annahme fallen, beschränkt sich die Makropolitik auf Preisstabilisierungspolitik. Unter diesen Umständen verlagert sich das Schwergewicht der Forschung und der Politik auf die Mikroökonomie, auf die Frage, wie Märkte funktionieren und wie ihre Funktionsweise verbessert werden kann. Arbeitslosigkeit erscheint aus dieser Sicht nicht wie im Keynesianismus hauptsächlich als Folge einer unzureichenden Nachfrage auf den Gütermärkten, sondern als die Folge von Rigiditäten auf dem Arbeitsmarkt, die durch staatliche Regelungen gefördert werden.

2.2.4 Gruppenmacht und Inflation

Bei einem hohen Beschäftigungsgrad neigen die sozialen Gruppen dazu, ihre Marktmacht auszunutzen. Das aggressive Verhalten führt jedoch nicht zum angestrebten Erfolg (einer Verbesserung der realen Position), sondern löst Gegenreaktionen anderer sozialer Gruppen aus. Auf diese Weise entsteht ein Inflationskarussell – wer nicht mitmacht, zahlt drauf. Die Neigung zu aggressivem Verhalten wird dadurch verstärkt, dass die Geld- und Fiskalpolitik die Inflation alimentiert. Die sozialen Gruppen riskieren zwar, dass ihre Strategien, weil nur die Inflation anheizend, nicht zielführend sind. Aber sie riskieren nicht, dass der Markt ihre nominellen Forderungen nicht honoriert. Charakteristisch für das Inflationskarussell sind gegenseitige Schuldzuweisungen, gelegentliche Stillhalteabkommen (Lohnerhöhungen bringen nichts) und Appelle der staatlichen Wirtschaftspolitik zum Maßhalten. Dieses makroökonomische System wurde von Hicks »Lohnstandard« genannt. Die Sozialpartner bestimmten das Preis-Lohn-Niveau, und die Geld- und Fiskalpolitik schafft die dazu passende nominelle Nachfrage und sorgt damit für Vollbeschäftigung. Aus dieser Sicht ist die schleichende Inflation ein psychologisches und gesellschaftliches Phänomen, das mit dem »methodologischen Individualismus« der Ökonomen nicht oder nur schwer zu fassen ist (Streissler, 1973).

Für die Wirtschaftspolitik vieler Industrieländer erschien die schleichende Inflation ein angemessener Preis für die Erhaltung eines hohen Beschäftigungsgrads. Handlungsbedarf entstand jedoch, als sich der Trade-off zwischen Arbeitslosigkeit und Inflation als nicht stabil erwies. Arbeitslosigkeit und Inflation stiegen unisono.

Um die Preis-Lohn-Entwicklung unter Kontrolle zu bringen, boten sich zwei verschiedene Strategien an:

- Die Keynesianer im anglo-sächsischen Raum plädierten dafür, die Ansprüche der sozialen Gruppen mit Hilfe einer »Einkommenspolitik« auf ein mit Preisstabilität annähernd verträgliches Maß zurückzuschrauben. Sie waren gegen eine restriktive Geld- und Fiskalpolitik, weil sie befürchteten, dass dadurch Arbeitslosigkeit entstünde. Tobin (1980, S. 67/68) zitiert ein Modell, wonach die Rückführung der Inflationsrate von 10 % 1980 auf null Mitte der 1990er-Jahre mittels nachfragedämpfender Maßnahmen die Arbeitslosenquote über viele Jahre auf etwa 10 % steigen lasse.
- Die Gegenposition der Neoklassik lautete: Inflation ist auf mittlere Sicht ein monetäres Phänomen. Die sozialen Gruppen können sich nur deshalb inflationäre Verteilungskämpfe leisten, weil sie wissen, dass die Währungsbehörden die »Kosteninflation« alimentieren. Wenn die Notenbank einen glaubhaften Antiinflationskurs steuert, werden »vorausschauende« Wirtschaftssubjekte ihr Verhalten darauf einstellen.

Der Unterschied zwischen beiden Thesen lässt sich an der Standardlohnformel festmachen, wonach die Lohnsteigerungsrate von der erwarteten Inflationsrate und der Anspannung auf dem Arbeitsmarkt abhängt. Wenn die Arbeitnehmer »Abgeltung«

der letzten Inflationsrate fordern (adaptive Erwartungen) und durch Arbeitslosigkeit nicht zu Lohnmäßigung veranlasst werden (z.B. wegen der Insider-Outsider-Problematik), führt eine monetäre Deflation zu erheblicher Arbeitslosigkeit.

2.2.5 Flacherer Wachstumstrend

Das WIFO veranstaltete 1977 ein Symposion mit dem Titel »Die Rezession 1974/75 – ein Wendepunkt in der weltwirtschaftlichen Entwicklung?« Schon einige Jahre später wurde die mögliche Perspektive zur Gewissheit: Der Motor der Weltwirtschaft lief auf niedrigeren Touren als vorher und begann – um im Bild zu bleiben – gelegentlich zu stottern.

Die Wende spiegelte sich vor allem darin, dass der Wachstumstrend merklich flacher wurde. Eine einfache Methode ihn zu messen, besteht darin, den Logarithmus des realen BIP pro Kopf über genügend lange Zeitspannen auf den Zeittrend zu regressieren[15]. Als Zeitrahmen für die quantitative Darstellung dieses Abschnitts wurden die Jahre 1955 bis 2008 (einschließlich der Ende Mai 2008 verfügbaren Prognosen) verwendet. Die Einbeziehung der rezenten Daten hat auf die hier interessierenden Ergebnisse keinen (oder nur marginalen) Einfluss. Sie sichert jedoch die Darstellung gegen den möglichen Einwand ab, bereits erkennbare neue Trends vernachlässigt zu haben.

Die auf die beschriebene Weise ermittelten Wachstumstrends weisen in den 1970er-Jahren einen deutlichen Bruch auf. Man kann ihn mit einfachen statistischen Methoden lokalisieren. Für den Wachstumstrend der EU 15 erreichte der F-Test auf Strukturbrüche im Jahre 1973, also im Jahr des 1. Ölpreisschocks, seinen maximalen Wert. Das rechtfertigt es, primär den Wachstumstrend bis 1973 mit dem nachher zu vergleichen. (In Österreich wurde nach dem gleichen statistischen Verfahren der Trendbruch 1976 diagnostiziert. Soweit wichtige statistische Reihen andere Bruchstellen aufweisen, wurden diese durch ergänzende Periodisierung berücksichtigt.)

Die Aussage eines gleich bleibenden oder sogar leicht größer werdenden Abstands zwischen USA und Europa bezieht sich auf den Trend. Auf kurze Sicht bestehen schon deshalb größere Abweichungen, weil die Konjunkturen hüben und drüben des Atlantik nicht synchron verlaufen. Auch mittelfristige Schwankungen um den Trend lassen sich ausmachen. Zwischen 1995 und 2005 z.B. wuchs die amerikanische Wirt-

15 Andere Methoden, insbesondere Zeitreihenfilter, werden an anderer Stelle verwendet. Die Regression auf die Zeit vermeidet die Wahl willkürlicher Anfangs- und Endpunkte. Die Regressionskoeffizienten entsprechen kontinuierlichen Wachstumsraten oder Differenzen von Logarithmen.

schaft stärker als die europäische, was renommierte Kommentatoren zu der Schlagzeile veranlasste: »The productivity train left the Europeans at the station«.

2.2.6 Das Problem der Arbeitsproduktivität

Warum der Aufholprozess Europas aufhörte, bevor das amerikanische Niveau erreicht wurde, mag mit Strukturunterschieden zusammenhängen. Sie verhinderten absolute Konvergenz und ließen nur bedingte Konvergenz zu. Einen wichtigen Ansatz für weitere Erklärungen bietet folgende Beobachtung: Gleich starkes Wachstum wie in den USA wurde in Europa mit geringerem Arbeitseinsatz erreicht. Die Produktion je Arbeitsstunde (Stundenproduktivität) stieg in Europa bis Mitte der 1990er-Jahre stärker als in den USA. In einzelnen Ländern wurde das amerikanische Niveau übertroffen. Erst ab Mitte der 1990er-Jahre wurde der Produktivitätsfortschritt in den USA wieder kräftiger und übertraf den europäischen.

Übersicht 10: Trend-Wachstumsraten[1] der Stundenproduktivität[2]
In % pro Jahr

	Österreich	EG 12	EU 15	EFTA	USA
1960/1973	+ 5,9	+ 5,1	+ 5,3	+ 4,4	+ 2,5
1973/2004	+ 2,7	+ 2,3	+ 2,3	+ 2,3	+ 1,5
1960/1980	+ 5,3	+ 4,5	+ 4,6	+ 3,8	+ 2,1
1980/2004	+ 2,7	+ 2,1	+ 2,1	+ 2,3	+ 1,6
1995/2004	+ 2,0	+ 1,7	+ 1,5	+ 2,2	+ 2,2

Quelle: WIFO-Datenbank, Berechnungen des Autors
1 Berechnet durch Regression auf die Zeit
2 In $, zu Kaufkraftparitäten 2000

Zwischen dem Rückgang des Arbeitsvolumens und der kräftigen Zunahme der Stundenproduktivität in Europa lässt sich ein Zusammenhang vermuten. Das im Vergleich zum Bedarf reichliche Angebot an Arbeitskräften erlaubte es den Unternehmungen, die besten Kräfte auszuwählen. Der Rückgang der Arbeitszeit steigerte die Arbeitsintensität, und die verfügbaren Ersparnisse konnten zur Verbesserung der Kapitalausstattung pro Arbeitsplatz verwendet werden (steigende Kapitalintensität). Nur: Wie kam es zu dieser unterschiedlichen Entwicklung in den USA und Europa?

Die arbeitssparende Produktionsweise belastete den Arbeitsmarkt. Die Arbeitslosenquote stieg in Europa in den 1970er-Jahren und Anfang der 1980er-Jahre, was angesichts der Turbulenzen und der darauf folgenden Restriktionspolitik plausibel erscheint. Im Gegensatz zu den USA ging jedoch nachher die Arbeitslosenquote nicht wieder zurück, sondern stieg tendenziell bis Mitte der 1990er-Jahre weiter. Und das, obschon die Arbeitsmarktpolitik bestrebt war, die Arbeit gleichmäßiger zu verteilen und die wöchentliche Arbeitszeit verkürzt wurde. Auch die Erwerbsbeteiligung ging zurück, zum Teil, weil durch Frühpensionierungen Platz für junge Arbeitskräfte geschaffen werden sollte.

2.2.7 Supply-side Economics

Die Industriestaaten konnten früher einen Boom auf den internationalen Rohwarenmärkten bremsen, indem sie die Konjunktur drosselten. Das war zwar nicht »elegant«, aber wirksam. Heute sind die alten Industriestaaten (zu denen man auch Japan zählen mag) nicht mehr die dominanten Abnehmer. Vor allem die beiden »Kontinente« Indien und China entfalten einen rasch steigenden Bedarf an Rohstoffen und Energie.

Um den Preisauftrieb zu dämpfen, wurde vor allem versucht, das Güterangebot elastischer zu machen. Dazu dienten insbesondere zwei Maßnahmen: die Verbilligung von Importen und die Zulassung ausländischer Arbeitskräfte. Letztere machte nicht nur kurzfristig das Güterangebot elastischer. Sie förderte auch Erweiterungsinvestitionen, weil die Unternehmungen darauf bauen konnten, dass sie die zum Betrieb der Anlagen erforderlichen zusätzlichen Arbeitskräfte bekommen würden.

Übersicht 11: Arbeitslosigkeit und Inflation 1970 und 1980

	Arbeitslosenquote		BIP-Deflator	
	1970	1980	1970	1980
	In % der Erwerbspersonen		Veränderung gegen das Vorjahr in %	
Österreich	1,5	1,7	+ 5,3	+ 5,3
EG 12	2,2	4,7	+ 6,3	+ 10,3
EU 15	2,4	5,3	+ 6,2	+ 10,8
EFTA	2,8	5,3	+ 6,0	+ 12,8
USA	5,0	7,2	+ 5,2	+ 8,8

Quelle: WIFO-Datenbank, Berechnungen des Autors

Arbeitslosigkeit wurde in den letzten Jahrzehnten hauptsächlich als ein Problem der Flexibilität des Arbeitsmarktes und weniger als ein Problem der Makroökonomie gesehen. Das hängt mit den Reaktionen der Weltwirtschaft nach dem 1. Ölpreisschock zusammen: Expansive Politik hatte ein Steigen der Arbeitslosigkeit nicht verhindert, aber die Inflation angeheizt, die Staatsschuld anschwellen lassen und die Glaubwürdigkeit der Politik auf lange Sicht untergraben. Als Reaktion darauf gab es Stabilisierungsstrategien in den 1980er-Jahren mit Budgetkonsolidierung, Handelsliberalisierung und monetärer Konsolidierung. Es wurde kein Spielraum für antizyklische Budgetpolitik gesehen, ausgenommen vielleicht automatische Stabilisatoren.

2.2.7.1 Problematik des Wechselkursregimes

Feste Kurse erfordern einheitliche Inflationstrends; diese Voraussetzung ist nicht gegeben. Andererseits lassen flexible Kurse die realen Wechselkurse schwanken. Das schafft besonders dann Probleme, wenn gleichzeitig die Reallöhne starr sind.

Flexible Wechselkurse haben die unangenehme Eigenschaft, dass sie exzessiv auf Erwartungen reagieren. Nicht Änderungen in den »fundamentals«, sondern Änderungen in den Erwartungen lassen die Kurse heftig schwanken. Die Akteure kennen nicht die wahren »fundamentals« und sie verhalten sich nicht rational. Die Spekulanten glauben an falsche Theorien (sie benutzen irrelevante Informationen), sie argwöhnen, dass bestimmte wirtschaftspolitische Strategien nicht erfolgreich sein werden (und daher tatsächlich nicht durchgehalten werden können) und sie folgen dem Herdentrieb (sie wissen, dass die Blase einmal platzen wird, aber sie schätzen die kurzfristig erzielbaren Spekulationsgewinne höher ein als die möglichen Verluste).

2.2.8 Glaube an die Machbarkeit

Politik in den Jahrzehnten nach dem Zweiten Weltkrieg war primär Wirtschaftspolitik. Der rasche Wiederaufbau der vom Krieg betroffenen Länder Europas und der nahezu reibungslose Übergang von der Wiederaufbauperiode in eine Periode langfristigen Wirtschaftswachstums von historisch einmaligem Ausmaß nährten die Vorstellung, dass das sozio-ökonomische Geschehen von der Politik nach vorgegebenen Zielen gesteuert werden könne.

Die Nationalökonomen bestärkten die Wirtschaftspolitik. Das galt vor allem für die lang vorherrschende Makroökonomie. Die Wirtschaftspolitik der nationalen Staaten vermag – so lautete die keynesianische Botschaft – auch in einem grundsätzlich marktwirtschaftlichen System dauernd Vollbeschäftigung zu sichern, indem sie die aggregierte Nachfrage auf den Gütermärkten genügend hoch hält. Lerner (The economics of control) verglich die Wirtschaft mit einer »Achterbahn«: Statt die Kurven zu berechnen, die ein sich selbst überlassenes Gefährt einschlägt, soll man einen Steuermann ins Gefährt setzen, der einen geraden Kurs hält. Dass man die Konjunkturausschläge glätten und die Arbeitslosigkeit niedrig halten kann, galt als so selbstverständlich, dass man der Wirtschaftspolitik ehrgeizigere Ziele steckte. Wirtschaftswachstum nach Maß galt nunmehr als »Parole«. Stone, einer der Väter der volkswirtschaftlichen Gesamtrechnung, entwickelte ein »disaggregated model for economic growth«.

In allgemeiner Form wurde der Steuerungsoptimismus vom Wissenschaftstheoretiker Albert vertreten. Danach vermag die Wissenschaft die wirtschaftlichen und sozialen Zusammenhänge immer besser zu erklären. Viele der herkömmlichen Werturteile können durch sachliche Analysen ersetzt werden.

Die Verwissenschaftlichung der Wirtschaftspolitik erfordert die Einbindung von Experten auf verschiedenen Ebenen der wirtschaftspolitischen Entscheidungsfindung. Zum Teil wurden Experten unmittelbar mit Spitzenfunktionen in der Verwaltung betraut: Beispiele dafür sind Erhard, Müller-Armack und Schiller in Deutschland sowie Kamitz und Koren in Österreich.

Die mit wirtschaftlichen Agenden betrauten Ministerien legten sich Grundsatzabteilungen zu. Zum Teil wurde die wirtschaftspolitische Beratung in eigenen Beiräten institutionalisiert. Beispiele sind der »Council of Economic Advisors« in den USA, der Sachverständigenrat in Deutschland und der Beirat für Wirtschafts- und Sozialfragen in Österreich. Auch die persönliche Beratung spielte eine Rolle.

Damals hatte das Österreichische Institut für Wirtschaftsforschung (WIFO) eine besondere Stellung in der wirtschaftspolitischen Beratung inne. Die enge Verflechtung mit der Wirtschaftspolitik hatte für das WIFO wichtige Vorteile: Es verfügte über Insiderwissen und wurde von der öffentlichen Hand als vertrauens- und förderungswürdig eingestuft. Andererseits unterlag es zum Teil den Beschränkungen, denen amtliche Gremien unterliegen.

2.3 Internationale Wirtschaftspolitik

Die internationale Geldpolitik änderte sich in der zweiten Hälfte des 20. Jahrhunderts grundlegend.

> »... the monetary order has changed beyond recognition since the 1950s« (Laidler, 2007, S. 2).

Der Wandel kann in einem noch näher zu beschreibenden Sinn als »Übergang vom Keynesianismus zum pragmatischen Monetarismus« bezeichnet werden. Er ist Teil des allgemeinen Paradigmenwechsels in Wirtschaftstheorie und Wirtschaftspolitik, der sich im Laufe der 1970er-Jahre abzeichnete. Die Denkmuster und Maßnahmen der heimischen Währungsbehörden lassen sich besser verstehen, wenn man sie gegen den Hintergrund der internationalen Entwicklung betrachtet.

Ein kurzer Überblick über den weltweiten Wandel in der Geldpolitik empfiehlt sich schon deshalb, weil er in rezenten Darstellungen der österreichischen Geldpolitik nur am Rande behandelt wurde.

2.3.1 Geldpolitik unter dem Primat der Vollbeschäftigung in den 1950er- und 1960er-Jahren

Nach dem Zweiten Weltkrieg war die Geldpolitik lange Zeit inaktiv. Wichtige Industrieländer hielten die langfristigen Zinssätze niedrig und stabil. In den USA war die Notenbank verpflichtet, Staatspapiere zu einem festen Kurs von etwas über 2 % zu übernehmen. In Großbritannien und in Schweden wurde diese Marke durch Zinssenkungsaktionen angestrebt. Die normalerweise zur Konjunktursteuerung eingesetzten Diskontsätze waren fast überall eingefroren (in Österreich auch während der relativ hohen offenen Inflation bis 1951). Soweit globale Nachfragesteuerung geboten erschien, wurde die Fiskalpolitik der Geldpolitik vorgezogen.

Die »Politik des billigen Geldes« half, die Kosten der Staatsschuld niedrig zu halten[16] und sollte vorbeugend der Nachkriegsrezession entgegenwirken, die für die USA bereits für 1948 erwartet worden war[17]. In den vom Krieg verwüsteten westeuropäischen Ländern konnte diese Politik nur verfolgt werden, weil die in den Kriegsjahren aufgestaute Nachfrage durch staatliche Kontrollen im Zaum gehalten wurde[18]. Wo die »rückgestaute Inflation« nicht funktionierte (wie in einigen südeuropäischen Ländern), kam es zu erheblichen Preissteigerungen[19]. Rückgestaute oder offene Inflation prägte die Wiederaufbauperiode in den meisten westeuropäischen Industriestaaten[20]. Die wichtigste Ausnahme bildete Deutschland. In der BRD wurden die staatlichen Kontrollen nach der Währungsreform 1948 weitgehend aufgehoben. Die Bank deutscher

16 In der Hochzinsphase der 1980er-Jahre war die Zinsbelastung der öffentlichen Haushalte in vielen Ländern trotz niedriger Staatsschuldenquoten höher als zuvor.

17 Die Prognose einer Nachkriegsrezession in den USA für 1948 war weit verbreitet. Um ihr zu begegnen, gewährte Schweden nach Ende des Zweiten Weltkriegs der kommunistischen Sowjetunion vorausschauend einen niedrig verzinsten langfristigen Kredit.

18 Der Nachfragerückstau ermöglichte auch in Volkswirtschaften mit einer infolge des Krieges unausgewogenen Struktur, Vollbeschäftigung zu erhalten (volle Kinos und »leere Mägen«).

19 In Frankreich und Italien stieg das Preisniveau zwischen 1945 und 1948 auf das 3-Fache (Dornbusch et al., 1990). Erst gegen Ende der Wiederaufbauperiode konnte auch in diesen Ländern die Inflation unter Kontrolle gebracht werden.

20 Siehe hiezu Seidel (2005, S. 86 ff).

Länder (der Vorläufer der Bundesbank) verfolgte einen strikten Stabilitätskurs. Die zunächst damit verbundene hohe Arbeitslosigkeit wurde als »strukturell« klassifiziert[21].

Die niedrigen Zinssätze mögen in der Wiederaufbauperiode den Inflationsdruck genährt und unwirtschaftliche Investitionen[22] gefördert haben, aber sie bewirkten nicht die Spekulationsblasen wie im Finanzkapitalismus im ersten Jahrzehnt nach der Jahrtausendwende.

Mit der Normalisierung der Verhältnisse in den 1950er-Jahren gewann die Geldpolitik an Bedeutung. »Money does matter« versuchte der Internationale Währungsfonds seinen Mitgliedern (und ab den 1960er-Jahren Milton Friedman der akademischen Welt) zu vermitteln. Die kurzfristigen Zinssätze wurden während der Koreahausse Anfang der 1950er-Jahre wieder als Instrument der Stabilisierungspolitik eingesetzt (in Österreich als Teil der Kamitz'schen Stabilisierungspolitik; Seidel, 2005, S. 505–508). Die amerikanische Notenbank (das Federal Reserve System, kurz FED genannt) wurde der Verpflichtung enthoben, Staatspapiere zu einem festen Kurs zu übernehmen. Die Geldpolitik war indessen auch nach ihrer Aktivierung nur ein – und nicht einmal das wichtigste – Instrument einer Makrowirtschaftspolitik, die auf eine umfassende gesamtwirtschaftliche Stabilität (und nicht bloß auf Preisstabilität) abzielte.

Die Makrowirtschaftspolitik ersetzte den abstrakten Begriff »Wohlfahrt« durch die konkreten Ziele Vollbeschäftigung, Wirtschaftswachstum, Preisstabilität und außenwirtschaftliches Gleichgewicht. Diese Ziele – »magisches Viereck« genannt – ließen sich nicht gleichzeitig und vollständig verwirklichen[23]. Um »gesamtwirtschaftliche Stabilität« (Worswick, 1995, S. 79) zu erreichen, waren Kompromisse nötig. Im Konfliktfall wurde zugunsten des Beschäftigungszieles entschieden[24]. Das ergab sich schon daraus, dass die Latte für das Beschäftigungsziel sehr hoch gelegt wurde. Als Norm galt eine Arbeitslosenquote von 3 %. Unterschreitungen wurden meist wohlwollend hingenommen, Überschreitungen mit Gegenmaßnahmen bekämpft. Einige Industriestaaten waren bereit, für die Erhaltung der Vollbeschäftigung eine etwas höhere Inflationsrate als den langfristigen Durchschnitt in der Vergangenheit in Kauf zu nehmen. Die »magischen Vierecke« der Wirtschaftspolitik wurden im Schrifttum und in der Politik wiederholt angesprochen[25].

---

21 Die Arbeitslosenquote in der BRD betrug 1950 10 % des Angebots an Unselbständigen (7,3 % der Erwerbspersonen), sank jedoch bis 1960 auf 1,3 % (1,0 %).

22 Siehe hiezu die Kritik am Marshallplan von Milward (1984).

23 Die Zielkonflikte aus keynesianischer Sicht wurden von Scharpf (1985, S. 45–60) diskutiert.

24 Siehe hiezu unter anderem Kaldor (1985, S. 40) für Großbritannien, Hetzel (»Burns-Zitat«, 1998, S. 39) für die USA. Eine generelle Charakterisierung der Wirtschaftspolitik der Industrieländer in dieser Periode bieten Laidler (2007) und Worswick (1995).

25 Dem Deutschen Sachverständigenrat wurden vom Gesetzgeber die »magischen Vierecke« als Ziele vorgegeben.

Um die durch die »magischen Vierecke« charakterisierte Zielfunktion zu realisieren, waren Annahmen nötig, wie die modernen Volkswirtschaften funktionieren und wie bestimmte wirtschaftspolitische Instrumente wirken. Den theoretischen Untergrund (die »Beschränkungen« im Optimierungskalkül) lieferte der Keynesianismus[26]. Das dritte Viertel des 20. Jahrhunderts galt als das Zeitalter von Keynes. Keynesianische Autoren dominierten in der Fachliteratur[27]. Die Wirtschaftspolitik im angelsächsischen Raum und in einigen kontinental-europäischen Ländern (z.B. Schweden) war seit Kriegsende auf das Ziel Vollbeschäftigung ausgerichtet (Full Employment Act 1946 in den USA, Weißbuch 1944 in Großbritannien). In anderen Ländern wurde der Keynesianismus später (nach Ende der Wiederaufbauperiode) und mit unterschiedlicher Intensität übernommen (Worswick, 1995, S. 82; Scharpf, 1987, S. 19). Ab den 1960er-Jahren bekannte sich auch die deutsche Wirtschaftspolitik zur Konjunktursteuerung, nachdem die Wirtschaftswissenschaft dort bereits früher den Keynesianismus rezipiert hatte[28].

Die internationale Verbreitung des Keynesianismus wurde nicht zuletzt durch die Empfehlungen und Maßnahmen von internationalen Institutionen gefördert. Das Weltwährungssystem von Bretton Woods entsprach zwar in wichtigen Punkten nicht den Vorstellungen von Keynes. Aber es ließ Spielraum für eine primär an der Vollbeschäftigung orientierte nationale Wirtschaftspolitik (Kontrollen des grenzüberschreitenden Kapitalverkehrs, Wechselkursänderungen im Falle »fundamentaler Ungleichgewichte«). Die UNO veröffentlichte 1949 einen Expertenbericht über Vollbeschäftigung. In ihrer europäischen Zweigorganisation (der ECE) hatten britische Ökonomen aus dem keynesianischen Lager das Sagen. Die OECD (Nachfolger der zur Implementierung des Marshallplans gebildeten OEEC) verfolgte bis weit in die 1970er-Jahre eine keynesianische Linie, was nicht zuletzt dazu beitrug, dass Österreich damals gute Noten erhielt.

Der Geldpolitik wurde im Rahmen der umfassenden Makrowirtschaftspolitik nur eine bescheidene Rolle zugewiesen, und das aus zwei Gründen: Zum einen wurden nicht-monetäre Ursachen (Kosteninflation) als Hauptgrund für Inflation angesehen. Zum anderen wurde bezweifelt, dass sich die aggregierte Nachfrage über die Geldpolitik allein stufenlos steuern ließe.

Ein Konflikt wurde zwischen den Zielen Vollbeschäftigung und Preisstabilität gesehen: Die Vollbeschäftigung verleite marktbeherrschende Gruppen – die Gewerk-

26 Siehe hiezu Seidel (2005, S. 81).

27 Samuelson wurde die Aussage zugeschrieben: Alle Ökonomen im Alter unter 50 Jahren sind Keynesianer. Und die älteren Jahrgänge scheiden ohnehin allmählich aus. Nach Kindleberger (1987, S. 159) waren ab 1948 die meisten Ökonomen in der US-Administration Keynesianer.

28 Der dritte Teil des im deutschen Sprachraum weit verbreiteten Lehrbuchs von Schneider mit dem Untertitel »Geld, Kredit, Volkseinkommen und Beschäftigung« erschien 1952.

schaften, aber auch das »big business« – zu Verteilungskämpfen. Die Preise würden nicht von einer übermäßigen Nachfrage hochgezogen (Nachfrageinflation), sondern von marktbeherrschenden Gruppen (Preis- und Lohnsetzern) hochgedrückt (Kosteninflation).

Die Kosteninflation als nicht-monetäre Erklärung der Inflation konnte sich auf Keynes stützen. Er erklärte die Preisstabilität in Großbritannien im 19. Jahrhundert:

> »It is rightly described as due to a balance of forces in an age when individual groups of employers were strong enough to prevent the wage-unit from rising much faster than the efficiency of production ...« (Keynes, 1936, S. 308).

Und verallgemeinernd:

> »And in the long-run stability or instability of prices will depend on the strength of the upward trend of the wage unit ...« (Keynes, 1936, S. 309).

Die Kosteninflation wurde in der Fachliteratur ausführlich behandelt. Bronfenbrenner/Holzmann (1963) widmeten ihr in ihrer Übersicht über die Inflationstheorien einen breiten Raum. Harrod bezeichnete sie als wesentliches Element der Keynes'schen Theorie (zitiert nach Nelson/Schwartz, 2007, S. 7). Streissler (1973, S. 39) artikulierte pointiert:

> »Die Kostendruckerklärung und damit die politische Ökonomie der Inflation scheint vor dem Durchbruch zur allgemeinen Annahme zu stehen.«

Weit verbreitet war die Auffassung: Nur eine erhebliche und unter Umständen lang anhaltende Arbeitslosigkeit könnte die Gewerkschaften zu einer kostenneutralen Lohnpolitik veranlassen. Wenn jedoch »Kostensteigerungen« nicht durch Nachfragedrosselung (das Anziehen der monetären Bremsen) bekämpft wurden, bestimmten die Sozialpartner die Entwicklung des Preis-Lohn-Niveaus. Hicks prägte 1955 den Begriff »Lohnstandard« als Gegensatz zum Goldstandard. Der Geldpolitik fiel in diesem Regime die Aufgabe zu, den Geldbedarf zu decken, der durch das Verhalten der Sozialpartner vorgegeben wurde. Vereinfacht ausgedrückt: Im Lohnstandard waren die Sozialpartner für die Inflation, und die Geld- und Fiskalpolitik für Vollbeschäftigung und Konjunkturstabilisierung verantwortlich.

Um relative Preisstabilität bei Vollbeschäftigung zu bewahren, empfahl der Keynesianismus »Einkommenspolitik«. Darunter wurde ein sozialer Kontrakt verstanden, in dem die Gewerkschaften darauf verzichteten, ihre Machtposition voll zu nutzen und dafür bestimmte Gegenleistungen erhielten. Dieser Kontrakt konnte verschiedene Formen annehmen. Einkommenspolitik im engeren Sinn bestand in der Vereinbarung und öffentlichen Bekanntgabe von jährlichen Lohnleitlinien (in den Niederlanden nicht nur für die Tariflöhne, sondern auch für die Effektivverdienste). Im weiteren Sinne wurde darunter die dauernde Zusammenarbeit von Regierung und Sozialpartnern in korporativen Systemen verstanden. Die Einkommenspolitik galt als ein zentrales Element der an Keynes orientierten Wirtschaftspolitik. Wer ohne sie auszukommen glaubte, galt nach Joan Robinson (Robinson/Wilkinson, 1977) als »Bastard-Keynesianer«. Amerikanische Keynesianer[29] hielten noch 1980 (als die Volker'sche Disinflationspolitik bereits begonnen hatte) die Institutionen der Lohnpolitik für inflationstreibend.

Die Kosteninflation war nicht der einzige Grund, warum die Geldpolitik allein nicht ausreichend erschien. Der in Großbritannien von einer Expertengruppe 1959 fertig gestellte »Radcliffe-Report«[30] bezweifelte, dass die Geldpolitik die nominelle Nachfrage stufenlos regulieren könne. Der Bericht sprach sich dafür aus, den Zinssatz und nicht die Geldmenge als Zwischenziel der Notenbankpolitik zu wählen. Aber selbst die Zinspolitik wirke nur beschränkt. Die Diskontpolitik wäre ausgeleiert[31], denn die Lager reagierten kaum auf Änderungen der kurzfristigen Zinssätze. Um nachfragewirksam zu werden, müssten die langfristigen Sätze beeinflusst werden. Die Experten rieten jedoch von einer aggressiven Zinspolitik ab. Die Geldpolitik allein – so ihre Schlussfolgerung – könnte die Wirtschaft nicht auf einem Gleichgewichtspfad halten.

> »Monetary policy can help, but that is all« («Radcliffe-Report« zitiert nach Kaldor, 1985, S. 6).

Die Skepsis des »Radcliffe-Reports« steht in eklatantem Gegensatz zur aggressiven Zinspolitik der Taylor-Regel, die später als Maßstab für die Geldpolitik entwickelt und in zahlreichen Untersuchungen getestet wurde[32]. Nach der Taylor-Regel soll die Notenbank den von ihr bestimmten kurzfristigen Zinssatz von zwei Differenzgrößen abhängig machen: einmal von der Differenz zwischen der aktuellen Inflationsrate und der Inflationsnorm und zum anderen von der Differenz zwischen der potentiellen und der effektiven Produktion. Die Formel genügt der alten Forderung, dass die Noten-

29 Weitere einschlägige Zitate von Samuelson, Okun und Heller finden sich in Nelson/Schwartz (2007, S. 10–15).

30 Eine Zusammenfassung des »Radcliffe-Reports« bietet Kaldor (1985, Part I).

31 Ähnlich argumentierte nach Erinnerungen des Autors Stützel, ein wegen seiner Saldenmechanik in Österreich geschätzter Ökonom.

32 Nach Goodfriend (2007, S. 59) wurde die Taylor-Regel »the most common way to model monetary policy».

bank nominelle und reale Faktoren berücksichtigen soll. Sie erhält jedoch dadurch »Biss«, dass der Koeffizient für die Inflationsvariable größer als Eins angesetzt wird. Wenn das Inflationsziel überschritten wird, soll der nominelle Zinssatz überproportional angehoben werden: der Realzins soll steigen. Gegen diese Vorschrift wurde im »Golden Age« und auch in den 1970er-Jahren fast durchwegs verstoßen, auch in Ländern, in denen der Geldpolitik ein höherer Stellenwert beigemessen wurde als im »Radcliffe-Report«.

Die (nationale und internationale) Makropolitik erwies sich bis etwa Mitte der 1960er-Jahre als bemerkenswert erfolgreich. Vorsichtiger formuliert: die sozio-ökonomische Konstellation nach dem Zweiten Weltkrieg (der aus der Depression der 1930er-Jahre aufgestaute technische Fortschritt und die aus den Kriegsjahren aufgestaute Nachfrage nach Konsumgütern) erlaubte bestimmte wirtschaftspolitische Strategien, die sich mit den Paradigmen des Keynesianismus begründen oder zumindest vereinbaren ließen. Die durchschnittliche Arbeitslosenquote (Zahl der Arbeitslosen bezogen auf die Gesamtzahl von Erwerbstätigen plus Arbeitslosen) in 18 Industriestaaten (16 europäische Länder plus USA und Japan) betrug in den 1960er-Jahren 2¼ %, in vielen europäischen Ländern blieb sie unter 2 %[33]. In den USA war sie mit fast 5 % höher, lag aber weit unter den historischen Erfahrungswerten.

Trotz des hohen Beschäftigungsgrades hielt sich die Inflation in engen Grenzen (in einigen Industrieländern allerdings erst nach Ende der Nachkriegsinflation). Die Koreahausse Anfang der 1950er-Jahre konnte überwunden werden, ohne dass sich die Inflation verfestigte. Die 10-jährige Inflationsrate betrug 1962 in den USA 1,3 % und in der BRD 1,4 %. In europäischen Ländern, wo die Gewerkschaften in die Wirtschaftspolitik eingebunden waren – in Großbritannien, in den skandinavischen Ländern und in den Niederlanden – bewegte sie sich zwischen 2 % und 3 %. Nur in Griechenland und Spanien lag sie über 4 %. Fasst man die Arbeitslosenquote und die Inflationsrate zu einem Misery-Index zusammen, so erhält man für Europa einen Indexwert von 4 bis 5; dieser Wert wurde weder vorher noch nachher auch nur annähernd erreicht. Die Wachstumsraten konvergierten in dem Sinn, dass die Gesamtwirtschaft der armen Industrieländer stärker expandierte als jene der reichen (ß-Konvergenz). Die 1950er- und 1960er-Jahre des 20. Jahrhunderts wurden daher »Golden Age of Capitalism« (Marglin/Schor, 1990) genannt.

Das gute makroökonomische Leistungsbild nährte die Auffassung, die Wirtschaftspolitik wäre imstande, die Wirtschaft auf einen steilen Pfad »fein-zu-zusteuern«. Die

33 In Europa wurden die Quoten durch die noch hohen Agrarquoten gedrückt. Aber auch bezogen auf das Angebot an unselbständigen Arbeitskräften blieb die Arbeitslosenquote in allen Ländern mit Ausnahme von Italien und Griechenland unter der 3 %-Marke, die als Kriterium für Vollbeschäftigung galt.

Vollbeschäftigung zu erhalten, erschien eine Routineaufgabe. Das Problem der »schleichenden Inflation« wurde zwar erkannt (OECD, 1961), aber nicht für gravierend gehalten und jedenfalls mit dem verfügbaren Instrumentarium für beherrschbar erklärt. Die Wirtschaftspolitik konzentrierte sich auf das Wirtschaftswachstum. Noch im Frühjahr 1970 erklärte die OECD, dass die Industrieländer in den 1970er-Jahren ein Wirtschaftswachstum von 65 % anstreben sollten. Das entsprach einer durchschnittlichen Wachstumsrate von 5,1 % pro Jahr[34]. Dass eine »säkulare Stagnation« (Hansen, 1941) drohen könnte, erschien durch die Erfahrung widerlegt.

Angesichts der zunehmenden Spannungen im internationalen Währungsgefüge wurde der Ruf nach Reformen laut. Die Diskussion beschränkte sich nicht nur auf die akademische Welt, sondern erstreckte sich auch auf die im Allgemeinen konservativen Notenbanken und den IWF selbst. Dabei ergaben sich freilich unterschiedliche Positionen. Liberale Ökonomen – angeführt von Friedman – plädierten dafür, den Wechselkurs den Marktkräften zu überantworten. Bei frei schwankenden Kursen könnte jedes Land seine eigene Makropolitik verfolgen. Inflationsdifferenzen würden durch Kursdifferenzen ausgeglichen. Die realen Wechselkurse würden dadurch nicht berührt. Die optimistische Auffassung, wie flexible Kurse wirken, trug dazu bei, dass das Bretton-Woods-System aufgegeben wurde. Letztlich entscheidend war jedoch, dass es nicht mehr exekutierbar erschien.

Die Vertreter der Notenbanken und der IWF waren weniger radikal. Sie wollten das System fester Wechselkurse im Prinzip beibehalten, es aber flexibler handhaben, etwa durch Erweiterung der Bandbreiten (das Bretton-Woods-System sah nur 1 % vor) oder durch einen »crawling peg«, eine Folge von kleinen Wechselkursänderungen mit festgelegten Obergrenzen.

2.3.2 Die »great inflation« der 1970er-Jahre

Mit der Makrowirtschaftspolitik der »magischen Vierecke« ließen sich die Turbulenzen der 1970er-Jahre nur unzulänglich beherrschen. Die Dekade ging in die Wirtschaftsgeschichte als »the great inflation« ein.

Schon gegen Ende der 1960er-Jahre begannen im Anschluss an die »événements« in Frankreich die Löhne in den Industrieländern stärker zu steigen, als auf Grund der historischen Lohngleichungen zu erwarten war. Die Weltmarktpreise für Industriewa-

---

34 Zitiert in OeNB (1971), »Chronik der internationalen wirtschaftlichen Zusammenarbeit im Jahr 1970«. Diese Vorgabe wurde von Österreich als Untergrenze empfunden, da die heimische Wirtschaft im »Golden Age« überdurchschnittlich gewachsen war. Die deutschen Gewerkschaften legten ihrer mittelfristigen Vorschau bis Mitte der 1970er-Jahre eine Wachstumsrate von 5 % zugrunde (Sachverständigenrat, 1970/71, S. 73).

ren erhöhten sich zwischen 1969 und 1973 jährlich um 5 %. Anfang der 1970er-Jahre zogen zunächst die Nahrungsmittelpreise an. Ende 1973 und nochmals Ende 1978 explodierten die Ölpreise. Das Zusammentreffen von Kosteninflation im Fixpreissektor[35] mit den Preisschüben im Flexpreissektor traf die damalige »mainstream«-Ökonomie« unvorbereitet (Tobin, 1980, S. 26). Nicht zuletzt schürte die Auflösung des Ende 1944 in Bretton Woods geschaffenen Weltwährungssystems die Inflationserwartungen. Die Bindung des Dollar an das Gold wurde 1971 aufgehoben. 1973 wurde das System fester Wechselkurse zugunsten eines zumeist schmutzigen Floatens aufgegeben. Damit fiel der nominelle Anker des Fixkurssystems weg. Die Häufung von inflationstreibenden Faktoren wird manchmal als »unglücklicher Zufall« bezeichnet. Plausibler ist, sie als Symptome einer umfassenden Systemkrise zu interpretieren.

Das Ausmaß der »great inflation« war gering, wenn man sie an den Erfahrungen südamerikanischer Länder[36] und vieler Entwicklungsländer misst, sie traf jedoch den Kern der industrialisierten Welt. Im arithmetischen Durchschnitt von 18 Industrieländern stiegen die Verbraucherpreise von 2,7 % Anfang der 1960er-Jahre (Mittelwert der letzten 10 Jahre) auf 14,9 % 1974, dem Jahr nach dem 1. Ölpreisschock. 1980, nach dem 2. Ölpreisschock, erreichten sie mit 12,5 % einen zweiten zweistelligen Gipfel. Die durchschnittliche Inflationsrate der Jahre 1973/1982 lag mit 11,2 % nur wenig darunter. Da die Industrieländer unterschiedlich rasch und kräftig reagierten, drifteten die Inflationsraten auseinander. Ihre Standardabweichung stieg in der hier gewählten Stichprobe von 1 % Anfang der 1960er-Jahre auf 6,6 % (1977).

Ein wichtiger Differenzierungsfaktor war der Wechselkurs. Da die frei schwankenden Kurse zum Überschießen neigten, taten sich die Weichwährungsländer besonders schwer, die importierte Inflation aufzufangen. Der »Tugendkreis« fiel jedoch den Hartwährungsländern nicht in den Schoß: Deutschland, Japan und die Schweiz schlugen frühzeitig einen antiinflatorischen Kurs ein. Hingegen verfolgten die USA und Großbritannien, deren Währungen ohnehin zur Schwäche neigten, nach dem Ende des Bretton-Woods-Systems noch einige Jahre eine »akkommodierende«[37] Geldpolitik.

---

35 Zum Fixpreissektor wurden die gewerbliche Produktion und die Dienstleistungen in den Industrieländern gezählt, zum Flexpreissektor die Agrarwirtschaft und die Rohwarenmärkte. Die einen reagierten auf Schwankungen der nominellen Nachfrage hauptsächlich mit Produktionsschwankungen, die anderen mit Preisschwankungen. Die Preisentwicklung im Fixpreissektor wird in der neueren Literatur als Kerninflation bezeichnet.

36 Wichtige südamerikanische Länder (darunter Brasilien und Argentinien) hatten in den 1980er-Jahren im Durchschnitt dreistellige Inflationsraten pro Jahr. Siehe Dornbusch et al. (1990).

37 Darunter wird eine Geldpolitik verstanden, die – aus welchen Gründen immer – Preissteigerungen über der Norm-Inflationsrate finanziert.

Gegen Ende der 1970er-Jahre und im Laufe der 1980er-Jahre wurde die Bekämpfung der Inflation in allen Industrieländern zum dominanten wirtschaftspolitischen Ziel, auch wenn damit Arbeitslosigkeit und Wachstumsschwäche verbunden waren. Dazu drei Zitate von Autoren verschiedener Richtungen:

»In striking contrast to what happened after the first oil shock, the fight against inflation has become the first, declared policy objective of most western governments. Given the high level of unemployment, slow growth and (more recently) even recession, this in itself can be regarded as a remarkable development. What is even more remarkable is that the brunt of the anti-inflationary policies seems to be being borne by monetary policy« (Lamfalussy, 1981, S. 5).

»By the 1980s, most countries had abandoned the obligation of full employment, concentrating upon reducing demand to bring down inflation (Worswick, 1995, S. 97)«.

«But the rise of inflation led to a sense of alarm, and the failure of other measures to control inflation led to an increasingly widespread conventional view that the nations of the world had no choice but to tighten monetary policy considerably« (Shiller, 2007, S. 119).

Der Prozess der Disinflation setzte unter den »Weichwährungsländern« nicht gleichzeitig ein und dauerte verschieden lang. In den USA und in Großbritannien kam es 1979 zu einem radikalen Kurswechsel, in Frankreich 1983. Die skandinavischen Länder versuchten es mit Gradualismus.[38] Die durchschnittliche Inflationsrate der Industrieländer ging erst im Laufe der 1980er-Jahre deutlich zurück und die Standardabweichung blieb hoch. Erst im Laufe der 1990er-Jahre konvergierten die Inflationsraten auf einem Niveau von 2 %[39], der generell akzeptierten Zielgröße. In Deutschland wurde diese Marke schon Mitte der 1980er-Jahre erreicht.

Um den Kurswechsel zu veranschaulichen, wird er am Beispiel der führenden Industrieländer USA, Großbritannien und BRD etwas ausführlicher beschrieben.

2.3.2.1 USA

In den USA wurde die Arbeitslosigkeit Anfang der 1960er-Jahre als zu hoch empfunden. Samuelson/Solow (1960) argumentierten: Die Arbeitslosigkeit in den USA ließe

38 Gerlach (1997, S. 230 und Fig. 1).

39 Der Disinflationsprozess beschränkte sich nicht nur auf die Industrieländer. Weltweit sank der Median der länderweisen Inflationsraten von 14,3 % in den 1980er-Jahren auf 4,1 % im Jahr 2005 (Shleifer, 2009, S. 123).

sich auf Dauer auf 3 % senken, nähme man eine Inflationsrate von 4 % bis 5 % in Kauf. Die Wirtschaftspolitik war schon vor Ausbruch des Vietnamkriegs expansiv. Unter Kennedy wurden 1964 die Steuern zwecks Ankurbelung der Konjunktur gesenkt und mit Preis-Lohn-Richtlinien zur Bekämpfung der Kosteninflation experimentiert. Ab Mitte der 1960er-Jahre beschleunigte sich die Inflation infolge der Kreditfinanzierung des Vietnam-Kriegs. Die expansive Politik wurde nicht zuletzt deshalb akzeptiert, weil sie eine hohe Auslastung der verfügbaren Ressourcen ermöglichte. Die damit verbundene Verschlechterung der Zahlungsbilanz wurde durch administrative Kontrollen zu begrenzen versucht (Laidler, 2007, S. 7/8). Nach Primiceri (2006, S. 871) dominierte in dieser Periode eine optimistische Sicht. Die »natürliche Arbeitslosenquote« wurde unterschätzt und die Stabilitätseigenschaften des Systems wurden überschätzt.

Die von den Rohwarenmärkten ausgehenden Angebotsschocks Anfang der 1970er-Jahre trafen daher mit einer hohen Basisinflation zusammen. Oberster Währungshüter war zu dieser Zeit Arthur Burns[40]. Er stammte aus dem Kreis der Institutionenökonomie von Mitchell, teilte aber wichtige Ansichten mit den Keynesianern[41]. Auch er hielt nicht-monetäre Ursachen der Inflation für wichtig, insbesondere den Machtmissbrauch von Gewerkschaften und marktbeherrschenden Unternehmungen sowie die expansive Fiskalpolitik. Und er betonte die realen Aspekte:

> »… the object of our monetary policy is, in the first instance, to sustain high levels of production and employment, and in the second place, not to contribute to inflationary pressures (Hetzel, 1998, S. 39)

Den radikalen Einsatz der Geldpolitik lehnte er ab, weil er die Erwartungen der Unternehmungen negativ beeinflussen würde. Um die Kosteninflation zu begrenzen, empfahl er »Einkommenspolitik« und unterstützte die Preis-Lohn-Kontrollen der Nixon-Administration[42].

Die Geldpolitik war allerdings nicht tatenlos. Nach Tobin (1980, S. 18–21) agierte sie in gewohnter Weise antizyklisch. Sie erhöhte die Zinssätze in Phasen der Hochkonjunktur und senkte sie in Rezessionen. Aber in den Rezessionsphasen wurde der Preisauftrieb zunehmend weniger gedämpft (Stagflation), wogegen er sich in Boomphasen ungewöhnlich verstärkte. Arbeitslosigkeit und Inflation stiegen Hand in Hand. Immer höhere Arbeitslosenquoten schienen »erforderlich«, damit die Inflation annä-

40 Burns war Chairman des Federal Reserve System von Februar 1970 bis Dezember 1977.

41 Eine ausführliche Darstellung der monetären Politik unter Burns findet sich bei Hetzel (1998).

42 Die amtlichen Preis-und Lohn-Kontrollen wurden am 15. 8. 1971 eingeführt und liefen Ende April 1974 aus.

hernd konstant blieb. Perry (1980, S. 215–218) zog daraus den Schluss: Die Lohnsteigerungsraten folgten in den USA einem weitgehend autonomen Trend: die »wage norm« führe treppenförmig nach oben.

Die Inflation wurde vor allem deshalb hingenommen, weil befürchtet wurde, ein harter Kurs würde die Arbeitslosigkeit unannehmbar hoch treiben. Der Wirtschaftsbericht 1972 des Präsidenten schloss explizit aus, Preisstabilität durch eine Rezession zu erzwingen[43]. Okun (1978), Tobin (1980) und Perry (1980) warnten noch Ende der 1970er-Jahre vor einer Stabilisierung mit ausschließlich monetären Mitteln. Die Folge wären eine lang anhaltende Stagnation und hohe Arbeitslosenquoten. Nach Okun müsste eine Reduktion der Inflation um 1 % mit dem Verlust an Produktion von 10 % erkauft werden. Diese Befürchtungen erwiesen sich später als übertrieben, doch dominierten in dieser Phase pessimistische Erwartungen (Primiceri, 2006, S. 883).

Als nach dem 2. Ölpreisschock die Inflationsrate wieder auf 10 % stieg, wurde die Eindämmung der Inflation dringlich, auch wenn damit negative Konsequenzen für die Beschäftigung verbunden waren. Paul Volcker – von August 1979 bis Mitte 1987 Chairman des Federal Reserve Board – begann 1979 noch unter der Carter Administration mit einer rigorosen Deflationspolitik, die er mit einer kurzen Unterbrechung in der Reagan-Ära fortsetzte, bis die Inflationserwartungen gebrochen waren. Die Deflationspolitik ließ die Arbeitslosenquote 1982 auf 10 % steigen. Gleichzeitig erreichten die Realzinssätze ein Rekordniveau. Das Zusammentreffen der restriktiven Volcker'schen Geldpolitik mit der expansiven Reagan'schen Fiskalpolitik ab 1983 verlängerte die Hochzinsphase mit ihren negativen Rückwirkungen auf die Weltwirtschaft (Verschuldenskrisen in lateinamerikanischen und osteuropäischen Ländern).

Der Wandel in der US-Geldpolitik wurde von Judd/Rudebusch (1998, S. 5) an Hand einer kalibrierten Taylor-Formel demonstriert. Danach entwickelten sich die von der Zentralbank (FED) festgesetzten kurzfristigen Zinssätze annähernd parallel zu den Soll-Werten dieser Formel: die FED-Rate war jedoch in der Amtsperiode von Burns niedriger, in der von Volcker höher als die Taylor-Norm, nach der Jahrtausendwende unter Greenspan wieder niedriger.

2.3.2.2 Großbritannien

Großbritannien, das Mutterland von Keynes, galt lange Zeit als ein Vorzeigemodell für eine am Vollbeschäftigungsziel orientierte keynesianische Wirtschaftspolitik (Scharpf, 1987, S. 97). Zu ihr bekannten sich sowohl die Labour Party als auch die Konservativen. Die im Krieg eingeführten Kontrollen wurden nur zögernd abgebaut. Der lang-

43 Primiceri (2006, S. 883).

fristige Zinssatz wurde möglichst niedrig und stabil gehalten. Kurzfristiges Nachfragemanagement wurde hauptsächlich über die Fiskalpolitik betrieben. Die Geldpolitik stützte sich ab Mitte der 1960er-Jahre hauptsächlich auf quantitative Kontrollen der Kreditausweitung, wie schon der »Radcliffe-Report« empfohlen hatte. Sie erlaubten es nach Ansicht keynesianischer Autoren, die wirtschaftliche Aktivität zu steuern, ohne die Zinssätze allzu hochzutreiben[44]. Als wichtigste Maßnahme, die Inflation niedrig zu halten, galt die Einkommenspolitik[45] (Vereinbarungen mit den Gewerkschaften über die Erhöhung der Tariflöhne, gelegentlich ergänzt durch amtliche Preis-Lohn-Kontrollen).

Englische Ökonomen trugen maßgeblich zur Interpretation und zur Umsetzung der Lehre von Keynes in die wirtschaftspolitische Praxis bei: Kaldor beriet die britische Regierung, Richard Kahn leitete die ECE in Genf. Die Hick'sche Interpretation der Keynes'schen Theorie (das IS/LM-Modell) wurde lange Zeit in den Standardlehrbüchern der Makroökonomie gelehrt und prägte damit eine Generation von Ökonomen[46].

In den 1960er-Jahren kam die britische Wirtschaft nicht mehr gut voran. Die Arbeitsproduktivität wuchs weit schwächer als etwa im Wirtschaftswunderland Deutschland. Versuche, die Wirtschaft über die Binnennachfrage anzukurbeln, stießen an außenwirtschaftliche Grenzen. Die Folge war eine »stop-go-policy«. Die Abwertung von 1967 erweiterte den außenwirtschaftlichen Spielraum nur vorübergehend. Kaldor (1985, S. 40) plädierte daher dafür, die »consumption-led«-Beschäftigungspolitik durch eine »export-led«-Beschäftigungspolitik zu ersetzen, die durch einen mittels Interventionen gesteuerten flexiblen Wechselkurs erreicht werden sollte[47]. Die Inflation begann sich ähnlich wie in den USA schon im Laufe der 1960er-Jahre zu beschleunigen. Der Verbraucherpreisindex stieg 1970 um 6¼ %; 1971 wurde die Marke von 10 % nur knapp verfehlt. Die Preissteigerungen bekümmerten jedoch die Wirtschaftspolitik weniger als die Zunahme der Arbeitslosigkeit. Als die Arbeitslosenquote 1972 auf die damals »politisch inakzeptable« Höhe (Scharpf, 1987, S. 103) von 4,3 % stieg, ent-

---

44 Nelson/Schwartz (2008, S. 20) zitieren Samuelson und Okun.

45 Die Einkommenspolitik beschränkte sich allerdings auf ad-hoc-Maßnahmen in kritischen Situationen. Für eine dauerhafte Beziehung zwischen Gewerkschaften, Unternehmerverbänden und Regierung nach korporatistischem Muster fehlten nach Kaldor (1986, S. 60) die institutionellen Voraussetzungen.

46 Unter amerikanischen Keynesianern gilt es immer noch als eine zulässige Vereinfachung der Keynes'schen Lehre (Krugman, 2007, S. 15).

47 Die britische Wirtschaft wurde nach dem Zweiten Weltkrieg durch die Auflösung des weltweiten Kolonialreichs und der Guthaben des Sterlingblocks belastet. Diese Strukturschwächen wurden jedoch im »Golden Age« nur teilweise ausgemerzt. Auch die von Kaldor inspirierte »employment tax«, die die Ausweitung der Dienstleistungen einschränken und Ressourcen für die Industrie freimachen sollte, half wenig.

schloss sich die konservative Regierung unter Heath zu einer »go-for-growth«-Strategie[48]. Eine expansive Geld- (und Fiskal)politik wurde mit Preis-Lohn-Kontrollen kombiniert. Das Basisgeld wurde 1972 um 21,2 % und 1973 nochmals um 31,5 % ausgeweitet. Vorwärtsstrategien sind populärer als Sparprogramme. Ob sie mehr als vorübergehend Erfolg bringen, hängt von nicht leicht zu erfüllenden Bedingungen ab. In Großbritannien gelang es 1973, die Industrieproduktion um 9 % und das reale BIP um 6½ % zu steigern. Gleichzeitig beschleunigte sich jedoch die Inflation. Die expansive Strategie belastete die Zahlungsbilanz und ließ das britische Pfund verfallen. Das weiche Pfund und der 1. Ölpreisschub heizten die importierte Inflation an. Dazu kam die Militanz der Gewerkschaften (Scharpf, 1987, S. 103). 1975 erreichte die Teuerungsrate fast 25 %. Die Labour-Regierung führte 1976 die Einkommenspolitik noch auf freiwilliger Basis fort, doch gewannen »monetaristische« Ansichten an Bedeutung[49]. Nach dem »Winter of Discontent« 1978/79 wurde sie als wirkungslos aufgegeben. Im Mai 1979 begann Mrs. Thatcher ihren konservativen, auf Stabilität orientierten Kurs gegen den heftigen Widerstand der Gewerkschaften. Ihr kam zugute, dass die Ausbeutung der britischen Ölquellen die Zahlungsbilanz entlastete. Der Disinflationspolitik gelang es relativ rasch, die Inflationsraten zu senken. Im Gegensatz zu den USA blieb jedoch die Arbeitslosigkeit bis Ende der 1980er-Jahre hoch.

2.3.2.3 BRD

In der BRD setzte sich in den 1960er-Jahren die keynesianische Globalsteuerung in der Makrowirtschaftspolitik unter dem Motto »Keynesianische Botschaft plus Freiburger Imperativ« durch. Die Kritik keynesianischer Ökonomen und Institutionen an der deutschen Wirtschaftspolitik nach der Währungsreform 1948 (Seidel, 2005, S. 87; Schlesinger, 2002, S. 80) verlor an Schärfe, als sich das deutsche Wirtschaftswunder entfaltete und auch in der BRD Vollbeschäftigung erreicht wurde, gewann jedoch später wieder an Boden. Die deutsche Wirtschaftspolitik hielt auch in der Wachstumsphase am Prinzip der Preisstabilität fest und war daher im Bretton-Woods-System einem ständigen Aufwertungsdruck ausgesetzt.

Mit dem Erreichen eines hohen Beschäftigungsgrades gewann im Laufe der 1960er-Jahre das Problem der Kosteninflation an Bedeutung. Wirtschaftsminister Schiller, ein gemäßigter Keynesianer (Scharpf, 1987, S. 153), und Notenbankpräsident Klasen hielten sie für eine selbständige Inflationsursache (Nelson, 2006, S. 21). Der

48 Nach Krugman (2007, S. 17) verfolgte die von »Keynes inspirierte« Expansionspolitik von Heath in Großbritannien ebenso wie die von Burns-Nixon in den USA »unrealistische Beschäftigungsziele«.

49 Geldmengenziele wurden 1976 eingeführt und bis 1987 beibehalten (Nelson, 2001, S. 8).

Minister schuf die »Konzertierte Aktion« mit dem Ziel, Geldpolitik, Fiskalpolitik und Lohnpolitik aufeinander abzustimmen. Als sich Anfang der 1970er-Jahre die Inflation beschleunigte, gewann die Bundesbank die Überzeugung, dass die Geldpolitik schärfer zupacken müsste und dass das im Konsens mit den Gewerkschaften[50] nicht möglich wäre (Scharpf, 1987, S. 169).

Nach dem Ende des Festkurssystems von Bretton Woods 1973 gab es mehr außenwirtschaftlichen Spielraum für einen scharfen Restriktionskurs der Geldpolitik[51]. Für 1974 legte die Bundesbank intern und ab 1975 öffentlich Geldmengenziele fest. Nur die »unvermeidliche« Inflation und das Potentialwachstum sollte finanziert werden. Die tolerierte Inflationsrate wurde schrittweise bis auf 2 % Anfang der 1980er-Jahre gesenkt. Dabei wurden zwar die direkten Folgen der Ölverteuerungen ausgeschaltet, Sekundärreaktionen sollten jedoch unterbunden werden.

Nach der ersten Ölkrise wurde durch eine starke reale Aufwertung der D-Mark die Inflation eingedämmt[52]. Nach dem 2. Ölpreisschock zogen jedoch auch die USA und Großbritannien die monetären Bremsen an. Da sich überdies die BRD auf dem Bonner Gipfel 1979 verpflichtet hatte, einen expansiven Kurs einzuschlagen (Scharpf, 1987, S. 182–195), geriet die D-Mark unter Druck. Die Bundesbank entschloss sich zu einem schärferen Restriktionskurs, als binnenwirtschaftlich nötig war. Die Alternative wäre ein Abgleiten des Wechselkurses gewesen, wie ihn Japan hinnahm und deutsche Ökonomen aus dem keynesianischen Lager[53] empfahlen (Scharpf, 1987, S. 189/190). Auf Grund der negativen Erfahrungen erklärten deutsche Vertreter in den 1980er-Jahren in internationalen Gremien, Deutschland werde nie wieder Konjunkturlokomotive spielen[54].

Die Geldmengenziele wurden in einzelnen Jahren merklich verfehlt, nicht nur in der Experimentierphase 1975/1978, sondern auch in sieben[55] von 20 Fällen nachher

---

50 Die deutschen Gewerkschaften strebten Anfang der 1970er-Jahre eine Umverteilung zugunsten der Arbeitnehmer an. Die Lohnquote sollte von 67,2 % im Jahr 1969 bis 1975 auf 72,5 % steigen (Sachverständigenrat, Jahresgutachten 1970/71, S. 73–75).

51 Die Bundesbank plädierte schon in den 1960er-Jahren für eine größere Flexibilität der Wechselkurse, im Gegensatz etwa zur österreichischen Notenbank. Das Festkurssystem von Bretton Woods legte ihr Beschränkungen auf, die die Preisstabilisierungspolitik erschwerten. Unter anderem musste die Bundesbank dauernd den Dollar stützen und damit Liquidität schaffen (siehe unter anderem Beyer et al., 2008, S. 5).

52 Das Floaten sollte – so wurde angenommen – eine eigenständige Binnenwirtschaftspolitik ermöglichen.

53 Die Mehrheit der deutschen Ökonomen begann sich in den 1970er-Jahren an der Neoklassik zu orientieren. Keynesianische Argumente wurden im Sachverständigenrat nur von einer Minderheit vertreten. Ausführlich begründet wurde die neoklassische Position im Jahresgutachten 1984/85 (Ablehnung der Nachfragepolitik, Schaffung »zuversichtlicher« längerfristiger Erwartungen durch Verbesserung der Angebotsbedingungen).

54 Nach persönlichen Erfahrungen des Autors.

55 Laut Neumann (2006, S. 5) in neun von 20 Fällen.

(Beyer et al., 2008, S. 19). Vertreter der Notenbank erklärten das damit, dass die Geldpolitik mittelfristig angelegt würde. Kurzfristige Abweichungen vom Geldmengenziel würden aus verschiedenen Gründen in Kauf genommen, müssten jedoch analysiert und begründet werden. Wenn die Geldmenge vorgegeben wird, ist der Zinssatz endogen. Tatsächlich wurde die mittelfristig angelegte Geldpolitik mit kurzfristig variablen Zinssätzen kombiniert. Nach Clarida/Gertler (1997, S. 14) und Svensson (2007, S. 2) ließ sich die Politik der Bundesbank gut mit der Taylor-Regel beschreiben. Wurde die zulässige Inflation überschritten, hob die Bundesbank den kurzfristigen Zinssatz so stark an, dass auch der Realzinssatz stieg. Außerdem berücksichtigte sie – wenngleich nur schwach – die jeweilige Konjunkturlage. Beyer et al. (2008, Section 5) erweiterten die Reaktionsfunktion um das Geldmengenziel. Danach wirken die Geldmenge und die Ankündigung einer geringen Ausweitung zusätzlich stabilisierend.

Die Ankündigung der beabsichtigten Geldmengenausweitung und der akzeptierten Inflationsrate (noch vor der jährlichen Tariflohnrunde) verschafften der Bundesbank einen strategischen Vorteil: Die Sozialpartner wurden informiert, welche Preis-Lohn-Entwicklung sie zu finanzieren bereit wäre. Nach Scharpf (1987, S. 193) akzeptierten die deutschen Gewerkschaften in den 1980er-Jahren trotz ihrer verbalen Rhetorik die führende Rolle der Bundesbank, wozu freilich die steigende Arbeitslosigkeit beigetragen haben mag. Nach Beyer et al. (2008, S. 13 und 17) trug der konsequente Kurs der Geldpolitik dazu bei, dass die Fiskalpolitik mit der Konsolidierung der Staatsfinanzen begann. Damit wurde die alte Zuordnung von Instrumenten zu wirtschaftspolitischen Zielen wieder hergestellt. Die Notenbank war für die Preisstabilität zuständig, die Sozialpartner (nolens volens) für den Beschäftigungsgrad und die Fiskal- und Strukturpolitik für das Wirtschaftswachstum.

Die Verschärfung des geldpolitischen Kurses wurde durch den Wechsel der wirtschaftspolitischen Akteure gefördert. Minister Schiller trat 1972 zurück. Schmidt (als Finanzminister und später als Kanzler) unterstützte die harte Linie der Notenbankpräsidenten Emminger und Schlesinger, den Nachfolgern Klasens. Die »Konzertierte Aktion« verlor an Bedeutung und wurde 1977 aufgegeben.

Die Geldpolitik der Bundesbank wurde von der einschlägigen Literatur als Vorbild für andere Notenbanken hingestellt. Die Deutschen waren nur bereit, die D-Mark aufzugeben und die Gemeinschaftswährung Euro einzuführen, weil die Europäische Zentralbank (EZB) nach dem Modell der Deutschen Bundesbank konstruiert wurde (Preisstabilität als explizites Ziel, Unabhängigkeit von der Politik).

2.3.3 Die »neue« Geldpolitik in den 1980er-Jahren

Auf das »Golden Age of Capitalism« der 1950er- und 1960er-Jahre und die »great inflation« der 1970er-Jahre folgte in den 1980er-Jahren das »Golden Age of Monetary Policy« (Issing, 2009, S. 1) auch »Age of Central Banker« (Krugman, zitiert nach Nelson/Schwartz, 2007, S. 3) genannt[56].

Die »neue« Geldpolitik[57] entstand zum Teil aus der pragmatischen Einsicht, dass die Industrieländer keine andere Wahl hatten, die Inflation in den Griff zu bekommen. Die Geldpolitik konnte sich jedoch auf Lehrmeinungen stützen, die sich im Laufe der 1970er-Jahre zum »mainstream« entwickelten[58]. Dazu zählten der Monetarismus und die Neoklassik, später kam der Neokeynesianismus hinzu. Diese Theorierichtungen gewannen sowohl in der akademischen Welt wie auch in den Beratungs- und Entscheidungsgremien der Wirtschaftspolitik die Oberhand. Beispiele für ihre Breitenwirkung boten die OECD[59], der deutsche Sachverständigenrat und die hier ausführlich beschriebene Geldpolitik.

Die »neue« Geldpolitik[60] wird im Folgenden an Hand des Selbstverständnisses von Spitzenfunktionären der Notenbanken mit guten Kenntnissen der ökonomischen Theorie und von Ökonomen des »mainstream« dargestellt. Das ist unvermeidlich einseitig, lässt sich aber mit der engen Verknüpfung von Theorie und Notenbankpolitik rechtfertigen.

Die Akteure und die Befürworter der »neuen« Geldpolitik argumentierten, dass sich die Notenbanken von Thesen (Grundsätzen) leiten ließen, die von der ökonomischen Theorie entwickelt wurden. Ausgangspunkt bildete die These von Friedman,

56 Ähnlich Clarida/Gertler (1997, S. 1): »... monetary policy ... is now, for the most part, held in high regard».

57 Die Darstellung der »modernen« Geldtheorie stützt sich größtenteils auf Beiträge zu wissenschaftlichen Symposien nach der Jahrtausendwende in der Bank für Internationalen Zahlungsausgleich im Jahr 2008, der Europäischen Zentralbank 2006, der Deutschen Bundesbank 2005 und der Federal Reserve Bank of Kansas in den Jahren 2002 und 2005. Eine Übersicht über die von der Theorie übernommenen Grundsätze der modernen Geldpolitik bietet unter anderem Mishkin (2007).

58 Eine Theorierichtung gilt als »mainstream«, wenn sie an Spitzenuniversitäten und in führenden Zeitschriften der ökonomischen Theorie dominiert. Außerdem wird häufig gefordert, dass die Erkenntnisse der Theorie von Beratungs- und Entscheidungsgremien der Wirtschaftspolitik übernommen werden (Breitenwirkung).

59 Im »Economic Policy Committee« der OECD wurden in den 1980er-Jahren Modelle abgelehnt, wenn sie einen »keynesianischen Stallgeruch« hatten.

60 Unter dieser Bezeichnung wird die Geldpolitik der Industrieländer (und vieler Schwellenländer) in den drei Jahrzehnten vom 2. Ölpreisschock bis zum Einbruch der Finanzmärkte 2007 zusammengefasst. Das Wort »neu« wurde zwischen Anführungszeichen und der Text in Mitvergangenheit gesetzt, weil die darauf folgende Weltwirtschaftskrise zu einem Regimewechsel zwingt (oder zwingen sollte).

dem Vater des Monetarismus, wonach Inflation ein monetäres Phänomen wäre (z.B. Mishkin, 2007, S. 3; Neumann, 2006, S. 3; Svensson, 2007, S. 1). Sie könnte – auf Dauer gesehen – nur entstehen, wenn die Geldmenge ausgeweitet d. h. wenn sie von der Notenbank finanziert würde. Daraus wurde der nicht selbstverständliche Schluss gezogen, die Notenbank und nur sie hätte die Inflation zu verantworten[61]:

> »... a distinguishing feature of monetarism was the responsibility it assigned to monetary policy for the control of inflation« (Nelson/Schwartz, 2007, S. 15).

Relative Preisstabilität wurde nicht mehr durch eine konzertierte Aktion verschiedener Bereiche der Wirtschaftspolitik, insbesondere von Notenbank, Finanzministerium und Sozialpartnern, zu erreichen versucht. Vielmehr wurde diese Aufgabe durch einen impliziten oder expliziten Kontrakt an die Notenbank delegiert. Deren Fachleute sollten unabhängig entscheiden, welche Mittel wann eingesetzt werden (und unter Umständen auch die Ziele festlegen). Die Notenbank wurde damit zum dominanten und in seiner extremen Ausprägung zum einzigen Träger der Makrowirtschaftspolitik[62] (ähnlich wie vor 1914).

Für die Notenbank galt nunmehr der Grundsatz »stability first« (siehe unter anderem Goodfriend, 2007, S. 60; Titel in Gaspar/Kashyap, 2006). Zur Rechtfertigung diente die These, dass sie den Trend der realen Größen nicht beeinflussen könne.

> »Monetary policy cannot ... affect the average level of real quantities such as output, employment, and resource utilization. Historically, attempts to use monetary policy to affect the average level of real variables ... have led to serious mistakes and high inflation« (Svensson, 2009, S. 3).

Ähnlich der (ehemalige) Präsident der Deutschen Bundesbank, Tietmeyer:

61 Von Friedman übernahm die »moderne« Geldtheorie außerdem wichtige Annahmen. Dazu zählten die inhärente Stabilität der Marktwirtschaft (Krisen als Folge von Politikversagen und nicht von Marktversagen), die Geringschätzung der Fiskalpolitik und die Dauer der Transmission geldpolitischer Impulse. Sein Vorschlag, eine stetige Ausweitung der Geldmenge anzustreben, wurde jedoch nicht befolgt. Siehe hiezu die Kontroverse von Nelson/Schwartz (2007) mit Paul Krugman.

62 In den ersten Jahrzehnten nach dem Zweiten Weltkrieg dominierte in der ökonomischen Theorie die Makrobetrachtung (die Analyse von Globalgrößen) in Gestalt der keynesianischen Vollbeschäftigungstheorie. (Siehe z.B. das auch im deutschen Sprachraum weitverbreitete Lehrbuch von Samuelson in den ersten Auflagen). Nach dem Paradigmenwechsel gewann die Mikroanalyse nicht nur in der theoretischen Literatur, sondern auch in der wirtschaftspolitischen Praxis an Bedeutung.

»... the causes of the weakness in growth and employment in the euro area in recent years certainly do not lie in monetary policy, nor can they be remedied thereby through faster monetary expansion« (Tietmeyer, 2006).

Als Zielgröße galt explizit oder implizit eine Inflationsrate von 2 %. Diese Marke sollte mittelfristig nicht überschritten werden. Kurzfristige Abweichungen wurden (zumeist) nicht zuletzt deshalb zugelassen, weil der Transmissionsmechanismus Zeit braucht, bis er voll wirksam wird. Um das Inflationsziel zu erreichen, sollten die längerfristigen Inflationserwartungen[63] auf der Zielgröße stabilisiert und damit ein Regime stabiler Preise etabliert werden.

Dass die Stabilisierung der längerfristigen Inflationserwartungen für besonders dringlich gehalten wurde, war nach den Turbulenzen der 1970er-Jahre verständlich. Die Makrowirtschaftspolitik auf dieses Ziel zu fokussieren und seine Verwirklichung ausschließlich den Notenbanken zu überantworten, war jedoch ein Merkmal des »Golden Age of Central Banks«. Das bedeutete nicht, dass Erwartungen realwirtschaftlicher Größen für unwichtig gehalten wurden. Aber sie wurden zum Teil als Folge eines Regimes niedriger Inflationsraten interpretiert oder an die Mikrowirtschaftspolitik verwiesen.

Die Vorteile eines Regimes stabiler Preise (niedriger Inflationsraten) wurden wie folgt beschrieben: Wenn die längerfristigen Preiserwartungen fest verankert seien, könne sich die Notenbank einen längeren Atem leisten. Preisschocks, die von den Flexpreismärkten ausgingen, bräuchten nicht mit die Beschäftigung beeinträchtigenden scharfen Restriktionsmaßnahmen beantwortet werden. Denn rationale Akteure schätzten solche Verteuerungen als temporär ein; sie schlügen daher nicht auf die »Kerninflation« durch[64].

Ferner konnte die Notenbank in einem Regime stabiler Preise bis zu einem gewissen Grad Nebenziele berücksichtigen. Insbesondere konnte sie zur Glättung der Konjunkturschwankungen beitragen. Zwar ließen sich der Wachstumstrend und die durchschnittliche Auslastung des Produktionspotentials nicht durch monetäre Maßnahmen beeinflussen. Erreichbar erschien jedoch, die Variabilität der Wachstumsraten zu reduzieren. Konjunkturpolitik wurde de facto von allen Notenbanken betrieben,

63 Erwartungen wurden allgemein für wichtig gehalten, von verschiedenen Autoren aber unterschiedlich modelliert. Das Spannungsfeld bewegt sich zwischen »rationalen Erwartungen« in einem stochastischen Umfeld und Stimmungen (Zeitgeist) bei »fundamentaler Unsicherheit«. Der Erfolg einer wirtschaftspolitischen Strategie wird meist davon abhängig gemacht, wieweit sie die Erwartungen der Wirtschaftssubjekte in einem gewünschten Sinne beeinflussen (stabilisieren) kann.

64 Svennson (2002, S. 271), Gali/Gertler (2007, S. 40).

und zwar auch dann, wenn ihr vom Gesetzgeber nur die Preisstabilität[65] und nicht auch – wie der amerikanischen Notenbank – die Beschäftigung als Ziel vorgegeben wurde, doch bestanden länderweise erhebliche Unterschiede.

Andere Ziele als Preisstabilität und Glättung der Konjunkturschwankungen konnten ausnahmsweise berücksichtigt werden, wenn sie erheblich gefährdet waren. Beispielsweise intervenierte die Schweizer Notenbank auf den Devisenmärkten, wenn ein Höhenflug des Schweizer Franken die internationale Konkurrenzfähigkeit der Schweizer Wirtschaft erheblich beeinträchtigte.

Blasen auf den Finanzmärkten sollte man eher reifen lassen. Frühzeitige Interventionen ließen sich nur unter restriktiven unplausiblen Voraussetzungen rechtfertigen[66]. Die Notenbanken sollten sich auf »Aufräumarbeiten« beschränken, nachdem die Blase geplatzt war. Diese Position vertrat auch Bernanke, der Chairman der FED nach Greenspan[67]. Dass die Baisse auf den US-Aktienmärkten an der Jahrtausendwende die Realwirtschaft nur wenig beeinträchtigt hatte, schien die Passivität der Währungsbehörden zu bestätigen. Routinemäßige Überprüfungen der Finanzmärkte wurden als ausreichend erachtet, die makroökonomischen Risken gering zu halten.

Die dominante Stellung der Geldpolitik spiegelte sich nicht zuletzt darin, dass die Fiskalpolitik gering geschätzt wurde (Svensson, 2002, S. 261; Laidler, 2007, S. 10). Sie sollte erst dann eingesetzt werden, wenn die Zinssätze gegen Null konvergieren und die Volkswirtschaften in eine Liquiditätsfalle geraten. Krugman (2007) und Mankiw (2006) hielten das mit Keynesianismus vereinbar. (Nach ihrer Interpretation war Keynes ein monetärer Ökonom.)

Schlesinger (1989, S. 135) prägte für die auf stabilen Erwartungen basierte Politik der Deutschen Bundesbank den Begriff »pragmatischer Monetarismus« (ebenso Beyer et al., 2008, S. 12; Issing, 2009, S. 4).

Die Notenbank kann das Ziel Preisstabilität nicht direkt erreichen, sondern nur über Zwischenziele, die über Transmissionsmechanismen die erwünschten Preiseffekte bewirken. Als Zwischenziele boten sich an:

- die Geldmenge
- der kurzfristige Zinssatz
- der Wechselkurs

---

65 Die Statuten der EZB enthalten keine Verpflichtung, auf die Beschäftigung Rücksicht zu nehmen.

66 Diese Frage wurde ausführlich von Kohn in seinem Beitrag zum ECE-Colloquium (2006) behandelt (siehe hiezu auch Svensson, 2002, S. 298/299).

67 Siehe hiezu die kritischen Bemerkungen von Streissler in der »Wiener Zeitung« vom 4. 11. 2005.

Mitte der 1970er-Jahre galt die Ankündigung von Geldmengenzielen als »state of the art«. Mit dieser Technik wurde 1974 in der Schweiz[68] und in Deutschland begonnen. Beide Länder praktizierten sie bis zur Jahrtausendwende, wenngleich oft in modifizierter Form. Die Deutsche Bundesbank wählte zunächst die Zentralbankgeldmenge und ab 1988 die erweiterte Geldmenge M3 als Zielgröße. Nach Neumann (2006, S. 1/2) sollten die Zielvorgaben einen neuen nominellen Anker schaffen (der alte war mit der Aufgabe des Festkurssystems von Bretton Woods verloren gegangen). In anderen Industrieländern wurden Geldmengenziele nur vorübergehend publik gemacht. In den USA dienten sie 1979 unter anderem dazu, die hohen kurzfristigen Zinsen zu verschleiern, die durch die Volcker'sche Deflationspolitik ausgelöst wurden. Sie wurden jedoch bald wieder aufgegeben, denn zwischen Geldmenge und BIP bestand schon vor den Finanzinnovationen in den 1990er-Jahren kein langfristiges Gleichgewicht; sie waren nicht »kointegriert« (Blinder, 1998, S. 28/29). Großbritannien gab noch etwas längere Zeit Geldmengenziele bekannt (von 1976 bis 1987), doch wich die tatsächliche Entwicklung stark von den (mehrfach geänderten) Zielgrößen ab (Fischer, 1987; Nelson, 2009).

Mit zunehmender Ausbreitung der Finanzinnovationen erwiesen sich generell die Geldnachfragefunktionen als wenig stabil. Als Zielgröße setzte sich deshalb der kurzfristige Zinssatz wieder durch, den die Notenbanken mit ihren Instrumenten steuern[69]. Die verschiedenen Transmissionsmechanismen, die Änderungen der kurzfristigen Zinssätze in Gang setzen, wurden unter anderem von Svensson (2002), Woodford (2008) und Gali/Gertler (2007) ausführlich dargestellt. Danach beeinflussen Änderungen der kurzfristigen Zinssätze auch die längerfristigen Sätze. (Der kurzfristige Zinssatz steuert also nicht nur die Lagerhaltung, wie etwa im »Radcliffe-Report« unterstellt wurde, sondern ein breites Spektrum von Realausgaben.) Die volle Wirkung des Transmissionsmechanismus stellt sich jedoch erst nach einiger Zeit (etwa nach zwei Jahren) ein.

Die Notenbanken können versuchen, den langfristigen Zinssatz direkt zu bestimmen, indem sie Offen-Markt-Politik mit langfristigen Schuldtiteln betreiben. Oder aber, indem sie die Erwartungen über die Sequenz kurzfristiger Sätze (und damit die Ertragskurve für verschiedene Laufzeiten) beeinflussen. Der zweite Weg wurde unter anderem mit Hilfe des »inflation targeting« (auch »forecasting targeting« genannt) eingeschlagen. Danach schätzte die Notenbank, wie sich wichtige makroökonomische

68 Siehe hiezu Gerlach/Jordan (2011).

69 Zu unterscheiden ist zwischen den Zwischenzielen und den Instrumenten, mit denen die Zwischenziele erreicht werden. Wenn eine bestimmte Geldmengenausweitung angestrebt wird, muss der dazu passende Zinssatz entweder gesetzt oder hingenommen werden.

Variable wie Produktion und Inflationsrate im Prognosezeitraum bei verschiedenen Pfaden der Instrumentenvariablen voraussichtlich entwickeln würden und wählte daraus die bei gegebener Verlustfunktion als optimal erscheinende Variante. Das »inflation targeting« führte als erstes Neuseeland im Jahre 1990 ein. Bis zur internationalen Finanzkrise wandten 20 Länder diese Technik an, darunter in Europa Großbritannien und die skandinavischen Länder außerhalb des Euro-Raumes[70]. (Am Rande sei vermerkt: Damit wurde die in den 1970er-Jahren als »Hebel-Keynesianismus« kritisierte makroökonomische Feinsteuerung mit einem beschränkten Instrumentarium wieder eingeführt.)

Die Wahl des Zinssatzes als Zwischenziel setzt voraus, dass die Ausgaben für Güter und Leistungen hinreichend auf Zinsänderungen reagieren. Die Macht der Zinssätze ist jedoch umstritten (und zwar nicht nur, wenn eine Volkswirtschaft in eine Liquiditätsfalle gerät). Manche Experten (Issing, 2009; Laidler, 2007; Thornton, 2009) rieten daher, die Geldmenge nicht ganz zu vernachlässigen und theoretische Konstrukte nicht zu überschätzen. Die Praxis der EZB, neben dem Zinssatz auch die Geldmenge zu berücksichtigen, trägt diesen Einwänden Rechnung.

Für kleine Länder bot sich als Alternative zu öffentlich bekannt gemachten Geldmengenzielen die Bindung ihrer Währung an die einer dominanten Volkswirtschaft mit erwiesener Preisstabilität an. Damit war – bei freiem internationalen Kapitalverkehr – freilich ein Verzicht auf eine eigene Geldpolitik verbunden[71]. Die sich daraus ergebenden Beschränkungen für die Binnenwirtschaftspolitik – insbesondere für die Budgetpolitik und die Preis-Lohn-Politik – wurden nicht von allen Ländern beachtet. Das gilt für das 1993 aufgegebene Europäische Währungssystem (EWS) und später auch für den Süden des Euro-Raumes. Statt des Wechselkurses und der damit verbundenen Beschränkung »one size must fit all« (Issing, Chefökonom der EZB, zitiert in Gaspar/Kashyap, 2006, S. 8) wurde daher von manchen Autoren (z.B. von Clarida/Gertler, 1997) die weniger bindende Festlegung von Inflationszielen als nomineller Anker empfohlen. Tatsächlich wurden in den 1990er-Jahren von europäischen Kleinstaaten verschiedene Zwischenziele gewählt. Die Schweiz legte Geldmengenziele fest, einige skandinavische Staaten praktizierten »inflation targeting«, und Österreich band den Schilling strikt an die D-Mark.

Die längerfristigen Inflationserwartungen – so wurde argumentiert – ließen sich stabilisieren, wenn die Notenbank »glaubhaft« agierte. Die Wirtschaftssubjekte nähmen

70 Eine informative Behandlung des »inflation targeting« bieten Svensson (2002), Woodford (2007) und Goodfriend (2007, S. 61).

71 Obstfeld/Taylor (2004, Kapitel 1.4) schufen den Begriff »Trilemma«. Ein fester Wechselkurs, eine eigenständige Geldpolitik und ein freier internationaler Kapitalverkehr mögen erstrebenswert sein, doch lassen sich nur zwei dieser Ziele gleichzeitig verwirklichen.

dann die Aktionen der Notenbank als Datum hin und stellten ihr Verhalten darauf ein. Die Lohnpolitik der Gewerkschaften würde dann zumindest annähernd endogen. Die Glaubhaftigkeit der Notenbankpolitik und der Politik schlechthin wurde damit zu einem zentralen und wahrscheinlich überschätzten Thema mit ideologischer Schlagseite. Überschätzt deshalb, weil die Wirtschaftssubjekte nicht nur »vorausschauen«, sondern auch die Erfahrungen der Vergangenheit berücksichtigen[72]. Ideologisch gefärbt deshalb, weil suggeriert wurde, eine Disinflationspolitik wäre schmerzlos, ohne Beeinträchtigung von Produktion und Beschäftigung möglich, wenn sie nur glaubhaft verfolgt würde. Bordo et al. (2007) demonstrierten an Hand historischer Daten für die USA, dass nicht nur eine Rückführung der Inflationsraten, sondern auch des Preisniveaus möglich war, wenn sie graduell und glaubhaft durchgeführt wurde[73]. Goodfriend/King (2005, S. 2/3) schrieben die Produktionsausfälle und die hohen Realzinssätze der Volcker-Disinflation Anfang der 1980er-Jahre dem Mangel an Glaubwürdigkeit zu.

Um die Glaubwürdigkeit[74] der Notenbanken zu erreichen, wurden verschiedene Strategien empfohlen: Die Notenbanken sollten

- von der Regierungspolitik unabhängig sein,
- sich starr an Regeln halten, die zu befolgen sie sich öffentlich verpflichteten,
- und sie sollten ihre Politik transparent machen, indem sie erklärten, warum sie bestimmte Maßnahmen ergriffen und was sie sich davon erwarteten.

Viele Notenbanken wurden in den letzten Jahrzehnten de jure und/oder de facto unabhängiger (Cukierman, 2008). Die größere Unabhängigkeit der Notenbank sollte gewährleisten, dass sie als nötig erachtete Maßnahmen auch dann setzt, wenn Regierung oder Sozialpartner diese missbilligen. Die Reputation der Deutschen Bundesbank gründete sich zum guten Teil auf solche »einsamen« Entscheidungen; der offene Dissens war allerdings auch dort die Ausnahme (denn auf die Dauer würde er die politische Akzeptanz untergraben). Was zur Diskussion stand, war wieweit und unter welchen Voraussetzungen die Gewerkschaften und der Staat die führende

72 Gewerkschaften orientieren ihre Lohnforderungen nicht nur an der erwarteten künftigen Entwicklung, sondern auch an der vergangenen (Abgeltung der Teuerung und des Produktivitätsfortschritts des Vorjahres). Empirische Schätzungen von Preis-Lohn-Gleichungen berücksichtigen daher nicht nur die erwartete, sondern auch die vergangene Entwicklung dieser Größen.

73 Sie stützten sich dabei vor allem auf die Erfahrungen im 19. Jahrhundert. In diesem Zeitraum blieben die Preise in den wichtigsten Industrieländern langfristig stabil. Einige Perioden sinkender Preise gingen mit einem vom Produktivitätsfortschritt getriebenen kräftigen Wirtschaftswachstum einher (Bordo/Filardo, 2005).

74 Dem Lager des Keynesianismus zugehörige Ökonomen (Tobin, 1980; Dornbusch, 1983) bezweifelten, ob die Notenbanken einen strikten Stabilitätskurs durchhalten könnten.

Rolle der Notenbank akzeptieren[75]. Der Kontakt zur allgemeinen Wirtschaftspolitik wurde (und wird) in den meisten Notenbanken dadurch hergestellt, dass das Spitzenmanagement und die beschlussfassenden Gremien von den Regierungen (oder dem Parlament) bestellt werden. Die Unabhängigkeit der Notenbank wird dann insofern gewahrt, als die bestellten Personen unabhängig von ihrer Herkunft nach den offenen und stillschweigenden Regeln der Notenbank handeln. Die Wirtschaftspolitik der Regierungen sollen sie nur soweit unterstützen, als mit dem Stabilitätsziel vereinbar ist.

Glaubwürdigkeit ließ sich ferner dadurch erreichen, dass sich die Notenbank Verhaltensregeln setzt, sie öffentlich bekannt macht und sich strikt daran hält. Die von Friedman empfohlene Regel, die Geldmenge mit einer gleich bleibenden Rate auszuweiten, wurde aus guten Gründen nicht befolgt. Gefordert wurde jedoch eine Reaktionsfunktion, die angibt, wie die Notenbank auf bestimmte makroökonomische Konstellationen reagiert. Eine solche in vielen empirischen Arbeiten getestete Reaktionsfunktion wurde – wie bereits erwähnt – von Taylor (1993) entwickelt. Durch die Regelbindung sollte erreicht werden, dass die wirtschaftlichen Akteure wissen, wie die Währungsbehörden in bestimmten Situationen entscheiden und danach ihr Verhalten einrichten[76]. Außerdem sollte verhindert werden, dass Notenbanken über Wunsch der Regierungen die kurzfristigen Beziehungen zwischen Produktion (Arbeitslosigkeit) und nomineller Nachfrage zu einer Expansionspolitik nutzen, die mittelfristig die Inflationsrate steigert. »Rules rather than discretion« forderten die neoklassischen Autoren Kydland/Prescott (1977).

Die Regeln der Geldpolitik – so die meisten Experten – wären als Orientierungshilfe und nicht als bindende Vorgaben aufzufassen. Die Notenbanken müssten auf Grund unvollständiger Informationen handeln (Entscheidungen in »real time«). Prognosen wären unsicher, neuere Entwicklungen oft erst in Ansätzen erkennbar. Notenbankpolitik werde daher immer eine »Kunst« bleiben. Gefordert wurde freilich eine »rule based discretion«, wobei die Gewichtung der beiden Komponenten offen blieb. Initiative und charismatische Notenbankchefs wie Greenspan (oder in Österreich Koren) waren gegenüber formalen Modellen skeptisch, verfügten aber über umfassende Detailkenntnisse der Wirtschaft und über langjährige Erfahrungen in Spitzenpositionen.

Unkonventionelle Entscheidungen von Notenbankchefs wurden allerdings besonders kritisch betrachtet. Das musste unter anderem Greenspan erfahren, der über mehr

---

75 Die Dominanz der Notenbanken ging mit einer Schwächung der Macht der Gewerkschaften und (zumindest in Europa) mit einer Verschlechterung der Arbeitsmarktbedingungen einher.

76 Dahinter steckt die Annahme, dass die wirtschaftlichen Akteure auf erwartete Entscheidungen der Notenbank anders reagieren als auf unerwartete.

als zwei Jahrzehnte die amerikanische Geldpolitik geprägt hatte. Er wurde gelobt, als er gegen Ende der 1990er-Jahre die Beschleunigung des US-Produktivitätstrends frühzeitig erkannte (Blinder/Reis, 2005). Nicht viel später musste er sich den Vorwurf einer falschen Niedrigzinspolitik gefallen lassen[77].

Neben dem kurzfristigen Zinssatz wurde die Kommunikation als eigenständiges Instrument der Notenbankpolitik angesehen. Früher galt:

> »Conventional wisdom in central banking circles held that monetary policy makers should say as little as possible, and say it cryptically« (Blinder et al., 2008, S. 910).

Wichtige Notenbanken (z.B. die FED) machten ihre Entscheidungen transparent. Sie veröffentlichten Sitzungsprotokolle[78] der Entscheidungsgremien und erklärten der interessierten Öffentlichkeit ausführlich, warum sie bestimmte Maßnahmen getroffen oder unterlassen hätten. Sie sahen darin ein zusätzliches Mittel, die Erwartungen der Akteure auf den Finanzmärkten zu beeinflussen. Die von der Notenbank gesetzten Änderungen der kurzfristigen Zinssätze griffen dann rascher auf die gesamte Zinsstruktur und damit auf die für die Realwirtschaft relevanten langfristigen Zinssätze über (Goodfriend, 2007, S. 60). Nach Neumann (2006, S. 8/9) hatte die Kommunikation mit einer Elite die Glaubwürdigkeit der Bundesbank gefördert, obschon die Geldmengenziele häufig verfehlt wurden. In den USA war die Zinspolitik der FED so glaubhaft, dass die von ihr gesetzten kurzfristigen Zinssätze (bis zur Finanzkrise) ohne begleitende liquiditätssteuernde Maßnahmen vom Markt übernommen wurden. Statt einer »open-market«-Politik genügte eine »open-mouth«-Politik.

Die Erklärung der Notenbankpolitik setzte den Rückgriff auf Theorien voraus, wie die voraussichtliche der wünschenswerten Entwicklung angenähert werden kann. Die Zusammenarbeit zwischen Theorie und Praxis wurde enger und nach Aussagen von Experten fruchtbarer (z.B. Walsh, 2006, S. 1; Mishkin, 2007, S. 1). In den USA und in Europa beschäftigten nicht nur die Spitzeninstitutionen (der Federal Reserve Board und die EZB), sondern auch die regionalen Untergliederungen (die Federal Reserve Banken und die nationalen Notenbanken im Euro-Raum) große wissenschaftliche Stäbe. Äußeres Kennzeichen hierfür waren die Flut von Working Papers und zahlrei-

77 Nach Taylor (2009) war der von der FED bestimmte kurzfristige Zinssatz von Anfang 2002 bis Ende 2005 merklich niedriger, als nach der Taylor-Regel und auch nach der langjährigen Praxis der FED zu erwarten gewesen wäre. Ob sie damit nur auf einen weltweiten »saving glut« reagierte, wird in der Ursachenforschung der weltweiten Finanzkrise diskutiert.

78 Nicht jedoch die verschiedene Länder umfassende EZB. Die Vertraulichkeit der Verhandlungen erleichterte es, nationale Interessen zurückzustellen.

che wissenschaftliche Symposien[79]. Wahrscheinlich wurde im letzten Jahrzehnt ein namhafter Teil der geschulten Ökonomen vom Finanzsektor und von den Notenbanken beschäftigt.

Die Verknüpfung von Theorie und Praxis wurde zum Teil von den Ökonomen in den Volkswirtschaftlichen Abteilungen hergestellt. Vor allem aber wurden Ökonomen von internationalem Ruf (unter anderem Blinder, Bernanke, Buiter, Fischer, Mishkin, Nelson, Svensson) in das Spitzenmanagement von Notenbanken berufen und mussten Tagesentscheidungen mit ihren theoretischen Einsichten unterlegen. Der hohe Einsatz von professionellen Ökonomen sollte helfen, sachgerechte Entscheidungen zu treffen. Bloß eine den Notenbanken dienliche Ökonomie zu fördern, wäre zu wenig. Das Risiko bestand freilich in »Theorie-Schlagseiten«.

Als Standard (»workhorse«, »consensus model«) für die Verbindung von Theorie und Praxis galt bis zur Finanzkrise das neokeynesianische Modell (siehe z.B. Walsh, 2006, Kapitel 2; Gali/Gertler, 2007, S. 26; Goodfriend, 2007, S. 59). Es wurde unter anderem von Schweden (Svensson, 2007, S. 3/5), Großbritannien, der EZB, dem FED und dem IWF als Entscheidungsgrundlage[80] verwendet (Beyer et al., 2008, S. 5). Das Modell geht wie die Neoklassik von der inhärenten Stabilität der Marktwirtschaft aus. Es unterstellt in der Hauptvariante, dass rationale Akteure vorausschauend ihr Verhalten optimieren. Als Produktionspotential wird jene Produktion definiert, die bei flexiblen Preisen erreicht wird. Schwankungen im Beschäftigungsgrad werden gemäß der Theorie der real business cycles als effiziente Reaktion auf Produktivitätsschocks interpretiert. Arbeitnehmer reagieren auf die damit verknüpften Schwankungen der Reallöhne, indem sie ihr Angebot an Arbeit (das Verhältnis von auf dem Markt angebotener Arbeit und Muße oder Heimarbeit) intertemporal optimieren. Im Gegensatz zur Neoklassik wird jedoch angenommen, dass die Unternehmer die Preise setzen (unvollständige Konkurrenz) und Preisänderungen nur zeitlich verzögert vorgenommen werden. Damit wirken sich Änderungen der nominalen Zinssätze auf die realen Zinssätze aus und beeinflussen (kurzfristig) Produktion und Beschäftigung.

Ob man deshalb von »keynesianisch« sprechen kann, ist fraglich. Keynes hielt die Marktwirtschaft für inhärent instabil. Eine Volkswirtschaft konnte auch auf längere Sicht in einem Zustand der Unterbeschäftigung verharren. Durch Einbau weiterer »Marktunvollkommenheiten«, insbesondere des Arbeitsmarktes[81], lässt sich das »neue« dem »alten« keynesianischen Modell annähern. Das allgemeine Gleichgewicht bei fle-

79 Dazu zählen unter anderem die jährlichen Jackson Hole Symposien der Federal Reserve Bank of Kansas City.

80 Die EZB verfügte darüber hinaus noch über ein älteres Einkommen-Ausgaben-Modell (Muellbauer, 2009, S. 37).

81 Die Starrheit der Löhne wurde unter anderem von Blanchard/Gali (2010) in das Modell eingebaut.

xiblen Preisen dient dann nur als Ausgangspunkt zur Erörterung von mehr oder minder umfangreichen Marktunvollkommenheiten[82]. Ein wichtiger Unterschied bleibt jedoch bestehen: Das »neue« Modell suggeriert, dass ein höherer Beschäftigungsgrad durch mehr Flexibilität auf den Arbeits- und Gütermärkten erreichbar wäre, was von Keynes explizit abgelehnt wurde (Keynes, 1936, S. 269–271). Besser als »New-Keynesian-Model«, aber weniger plakativ passen die Bezeichnungen DSGE-Modell (dynamic stochastic general equilibrium) oder Neue Neoklassische Synthese.

Die Theoretiker und Praktiker der modernen Geldpolitik wiesen auf wichtige Erfolge hin. Die durchschnittliche Inflationsrate sank in den Industriestaaten von 14,9 % Mitte der 1970er-Jahre auf 2 % nach der Jahrtausendwende. Gleichzeitig wurde die Volatilität von Preisen und Produktion geringer. Lucas (2003) hielt Konjunkturschwankungen für kein echtes Problem mehr. Die »great moderation«[83] wurde dem Umstand zugeschrieben, dass die Notenbanken gelernt hatten. Sie konnten daher eine bessere Politik als früher verfolgen. Außerdem waren die Schocks geringer als in den 1970er-Jahren des vergangenen Jahrhunderts (Canova, 2009).

Indessen: Für Selbstgefälligkeit bestand wenig Anlass. Auf einige Schattenseiten der weltwirtschaftlichen Entwicklung wurde bereits hingewiesen. Ein wichtiger Teilaspekt betraf den Arbeitsmarkt. In den USA pendelten sich zwar die Arbeitslosenquoten nach der Volcker'schen Disinflation relativ rasch wieder auf den Durchschnittswert der 1960er-Jahre ein. Nicht so in Europa. Hier schwankte die Arbeitslosenquote von Mitte der 1980er-Jahre bis zur Jahrtausendwende zwischen 8 % und 10 %. Erst ab Mitte der 1990er-Jahre zeichnete sich ein sinkender Trend ab, der bis zur Krise 2008 anhielt (siehe Abbildung 7). Die hohe Arbeitslosigkeit wurde von der »mainstream«-Ökonomie damit erklärt, dass die »NAIRU« gestiegen wäre[84]. Infolge struktureller Verwerfungen müsste eine höhere Arbeitslosigkeit in Kauf genommen werden, um die Inflationsrate zu stabilisieren. Das Konzept erwies sich jedoch als fragwürdig, weil die geschätzte NAIRU weitgehend der tatsächlichen Arbeitslosenquote folgte. Daraus wurde der Schluss gezogen, mikroökonomische Reformen wären nötig mit dem Ziel, die Arbeitsmärkte flexibler zu machen[85].

---

82 Siehe hiezu die Beschreibung des Standes der Makroökonomie an der Jahrtausendwende von Blanchard (2000).

83 Die »great moderation« wurde von den meisten Autoren hervorgehoben, die nach der Jahrtausendwende die »neue« Geldpolitik beschrieben. Siehe hiezu Canova (2009), Coibion/Gorodnichenko (2011), Galvao/Marcellino (2010), Goodfriend (2007, S. 47/48), Mishkin (2007, S. 1).

84 Darunter wird jene Arbeitslosenquote verstanden, die man in Kauf nehmen müsste, um die Inflationsrate zu stabilisieren.

85 Im Economic Policy Committee der OECD kritisierten einzelne Länder die hohe Arbeitslosigkeit. In den akkordierten Berichten hieß es dann, die hohe Arbeitslosigkeit wäre bedauerlich; um sie zu senken, wären mikroökonomische Reformen nötig.

Rückschauend stellte sich heraus: Der wichtigste Fehler der »mainstream«-Ökonomie bestand darin, die Krisenanfälligkeit globaler Finanzmärkte zu unterschätzen. Zwar gab es schon vor der Finanzkrise auch im neoklassischen Lager kritische Stimmen, wie Tichy (2012) nachwies, doch blieben sie in der Minderheit. Die dramatische Ausweitung der Finanzwirtschaft wurde als ein Management von idiosynkratischen Risken auf effizienten Märkten interpretiert[86]. Die gebräuchlichen Makromodelle klammerten die Finanzmärkte entweder überhaupt aus oder berücksichtigten sie nur in rudimentärer Form[87]. Die weltweite Finanzkrise und ihre realen Folgen trafen die Geldpolitik und ihre Berater unerwartet.

Wie immer man die ökonomische Entwicklung der letzten 25 Jahre beurteilen mag: Die »great moderation« endete mit der Finanzkrise 2007 und der danach folgenden schwersten Rezession der Weltwirtschaft seit der Weltwirtschaftskrise in den 1930er-Jahren. Das zwingt dazu, die ökonomischen Zusammenhänge neu zu überdenken. Dies gilt auch für die Geldpolitik.

2.3.3.1 Kontroverse zwischen Keynesianismus und Monetarismus

Das Theoriengebäude von John Maynard Keynes inspirierte ein breites Spektrum von Ideen, die unter dem Begriff Keynesianimus zusammengefasst werden. Gemeinsam ist allen Versionen das Prinzip der effektiven Nachfrage. Danach wird die Beschäftigung von Arbeitskräften von der Güterproduktion und diese (zumindest auf kurze bis mittlere Sicht) von der Nachfrage nach Gütern abgeleitet. Bei exogen gegebenem (oder nur schwach auf Marktsignale reagierendem) Angebot an Arbeitskräften bestimmt die Güternachfrage die (unfreiwillige) Arbeitslosigkeit.

Der Keynesianismus betont das Primat der Binnenwirtschaftspolitik vor der Außenwirtschaftspolitik. Das gilt vor allem für den »linken« Keynesianismus. Balogh lehnte nicht nur einen freien internationalen Kapitalverkehr ab, sondern auch einen multilateralen Welthandel (er war gegen das Bretton-Woods-System). Joan Robinson stützte ihre Kritik am »Bastard-Keynesianismus« unter anderem auf das Axiom, die nationale Wirtschaftspolitik müsse imstande sein, die Zinssätze so niedrig wie nötig anzusetzen. Eine Politik billigen Geldes dürfe nicht durch internationale Kapitalbewegungen unterlaufen werden.

86 Effizient sind Zukunftsmärkte dann, wenn eine objektive (»wahre«) Wahrscheinlichkeitsverteilung aller möglichen Ereignisse existiert und diese Verteilung von rationalen Akteuren geschätzt werden kann.

87 Nach Mishkin (2007, S. 289) wurde erst begonnen, in DSGE-Modelle finanzielle Friktionen einzubauen. Sie wurden jedoch als Teil der »normalen« Konjunkturschwankungen und nicht als Auslöser längerer Depressionen interpretiert.

Eine Kategorisierung der verschiedenen Strömungen des Keynesianismus geht über den vorliegenden Rahmen hinaus. Zum Verständnis des Textes seien jedoch einige einander teilweise überschneidende Unterscheidungskriterien angeführt.

Aus wirtschaftspolitischer Sicht stellt sich die Frage, ob Vollbeschäftigung in einer kapitalistischen Wirtschaft allein mit Hilfe der Geld- und Fiskalpolitik erreicht werden kann (eventuell ergänzt durch Einkommenspolitik und Maßnahmen zur Begrenzung einer exzessiven Spekulation). Oder aber ob tiefgreifende Änderungen des Kapitalismus nötig wären (Kalecki).

Die Beantwortung dieser Frage hängt nicht zuletzt davon ab, ob eine Unterauslastung der Produktionskapazität nur als Konjunkturerscheinung und daher als temporär gesehen wird. Oder aber, ob langfristig eine säkulare Stagnation droht, weil die privaten Investitionen dauernd hinter den bei Vollbeschäftigung anfallenden privaten Ersparnissen zurückbleiben. Hansen sagte bereits Ende der 1930er-Jahre (und in seinem Hauptwerk 1941) unter dem Eindruck der Depression eine säkulare Stagnation in den USA voraus, weil die Bevölkerung nur noch langsam wachse und der technische Fortschritt lahme. Die Stagnationstheorie gewann angesichts der Wachstumsschwäche in den alten Industrieländern wieder an Bedeutung. Walterskirchen (2011) beschrieb die Visionen von Keynes über die langfristige Entwicklung nach dem Zweiten Weltkrieg. Danach wäre zunächst ein Nachfrageüberschuss zu erwarten, der allmählich abgebaut wird und schließlich in ein Nachfragedefizit umschlägt.

Die Ausprägungen des Keynesianismus wurden nicht zuletzt durch die Verlagerung des Schwergewichts der Wirtschaftswissenschaften in die USA bestimmt. Nachdem anfangs die Keynes'sche Lehre hauptsächlich von seinen britischen Zeitgenossen interpretiert worden war, gewannen Wissenschaftler in den USA an Gewicht. Kennzeichnend hierfür sind die Verleihungen des Nobelpreises. Für die Ökonomie wurden seit 1969 69 Nobelpreise vergeben, davon 48 an Forscher in den USA. Darunter waren die Keynesianer Samuelson, Klein, Tobin, Solow und später Modigliani, Krugman, Stiglitz und Ackerlof. Von Samuelson wurde die »neoklassische Synthese« entwickelt. Danach lässt sich die Wirtschaft mit Hilfe der Geld- und Fiskalpolitik auf dem Vollbeschäftigungspfad ohne grundlegende Reformen des kapitalistischen Systems aussteuern. Wird auf diese Weise Vollbeschäftigung erreicht, gelten die Grundsätze der klassischen Ökonomie.

Als sich in den 1970er-Jahren die Prognosen der großen ökonometrischen Modelle als falsch erwiesen und die praktizierte Wirtschaftspolitik die »great inflation« nicht in den Griff bekam, wurde die zum »Consensus-Modell« hochstilisierte neoklassische Synthese problematisiert. Die Koexistenz von Inflation und Arbeitslosigkeit widersprach der Annahme, die Wirtschaftspolitik könnte die Wirtschaft auf dem Vollbeschäftigungspfad feinsteuern. In der akademischen Welt gewannen Neoklassik und

Monetarismus an Bedeutung. Die Theorie der rationalen Erwartungen in ihrer extremen (und wenig plausiblen) Form besagte, dass die Geldpolitik (von Überraschungen abgesehen) auch kurzfristig reale Größen nicht beeinflussen könnte. Forscher, die an Keynes festhielten, distanzierten sich von der Neoklassischen Synthese. (Sie wurde als »Hebel-Keynesianismus« oder gar als »Bastard-Keynesianismus« abqualifiziert.) Nicht die wahre Lehre von Keynes hätte versagt, sondern nur seine Fehlinterpretation durch (vorwiegend) amerikanische Wissenschaftler.

Die »great inflation« war nicht das einzige Problem, mit dem sich der Keynesianismus auseinander zu setzen hatte. Die Frage, wie Keynes zu interpretieren wäre, musste gegen den Hintergrund einer zunehmenden internationalen Verflechtung der nationalen Volkswirtschaften gefunden werden. Die wirtschaftspolitischen Empfehlungen von Keynes und seiner Zeitgenossen waren auf Volkswirtschaften mittlerer Größe mit beschränktem Außenhandel zugeschnitten. Unter diesen institutionellen Voraussetzungen konnte der Binnenwirtschaftspolitik Vorrang vor der Außenwirtschaftspolitik eingeräumt werden[88]. Die Staaten sollten imstande sein, eine eigene Zinspolitik und eine eigenständige Preis-Lohn-Politik zu verfolgen. (Die »linken« Keynesianer lehnten einen freien Welthandel ab). Tatsächlich wurde der Handlungsspielraum auch der großen Volkswirtschaften durch die sprunghafte Ausweitung des Welthandels sowie die zunehmende Lockerung und Umgehung der Kapitalverkehrskontrollen eingeengt (und zwar über die Euro-Dollar-Märkte, schon bevor sich der internationale Finanzkapitalismus voll entwickelt hatte). Eine Länder umgreifende Koordinierung der Ziele und Maßnahmen der nationalen Wirtschaftspolitiken, vor allem der nationalen Lohnpolitiken, einem Kernstück des frühen Keynesianismus[89], erwies sich jedoch als schwierig.

In weiterer Folge zeichneten sich schärfer als zuvor zwei Strömungen ab: Maßgebliche amerikanische Keynesianer hielten Kontakt zum neuen »mainstream« und übernahmen zum Teil seine Prämissen. Typisch hiefür die Unterscheidung von Mankiw (2006) zwischen den Funktionen der Ökonomen als Wissenschaftler und als Ingenieure, oder die Einleitung von Krugman (2007) zu einer Neuauflage der »General Theory«.

In Europa bildeten die Postkeynesianer eine ziemlich geschlossene Gruppe. Sie stützten sich auf Kalecki und auf die kapitalistisch-kritischen englischen Ökonomen wie Joan Robinson und Kaldor[90]. Mit dem »mainstream« hielten sie nur wenig Kontakt. Ihre Aufsätze wurden in der Hauptsache in drei auf den Postkeynesianismus spezialisierten Zeitschriften publiziert.

88 Die Keynes'sche Theorie wurde für eine geschlossene Volkswirtschaft entwickelt.
89 Siehe insbesondere Robinson/Wilkinson (1977).
90 Siehe z.B. Guger/Walterskirchen (1985).

2.3.3.2 Kritik am Monetarismus

Der Monetarismus als Theorie und seine Umsetzung im »pragmatischen Monetarismus« wurde zu allen Zeiten von Autoren aus dem keynesianischen Lager zum Teil mit deftigen Worten kritisiert. Hiezu einige Beispiele:

Kaldor (1985) nannte seine Auseinandersetzung mit Friedman: »The Scourge of Monetarism« (die Geißel des Monetarismus). Gemäßigter, aber dennoch deutlich äußerten sich die US-Ökonomen. Tobin (1981) erklärte in seiner Nobel-Preis-Vorlesung, wieweit der durch die Neoklassik theoretisch fundierte Monetarismus vom keynesianisch inspirierten »mainstream« abwich. Gordon (1988) resümierte die akademische Diskussion.

Konkret richtete sich die Kritik an die strikte Stabilitätspolitik der Deutschen Bundesbank (dem »pragmatischen Monetarismus«). »The Economist« kritisierte sie (zitiert nach Nelson, 2006, S. 28) im Juni 1973

> … »tight monetary policy … will merely turn boomflation into stagflation«

und setzte im November 1973 (S. 317) nach:

> »the right economic recipe is re-expansion and an incomes policy«.

Scharpf (1987, S. 317) bemängelte die

> »konfliktfähige und in ihrem Stabilitätswillen geradezu unersättliche Deutsche Bundesbank«

und warf ihr

> »monomane Verfolgung des Stabilitätsziels«

vor.

Die Kritik erhielt durch das eher enttäuschende makroökonomische Leistungsbild Deutschlands in den 1980er- und 1990er-Jahren neuen Auftrieb. Das widersprach der Annahme, dass es weniger kostspielig wäre, eine niedrige Inflationsrate aufrecht zu erhalten als eine hohe Inflationsrate zurückzuführen (Clarida/Gertler, 1997, S. 364; Ball, 1997). Hein/Truger (2006) als Vertreter des Postkeynesianismus bezeichneten die Geld- und Fiskalpolitik Deutschlands als ein »Lehrstück für makroökonomisches Mismanagement«.

Die Kritik beschränkte sich nicht auf Deutschland. Schulmeister (2004) führte die vergleichsweise niedrige Arbeitslosenquote in den USA in den 1980er- und 1990er-Jahren darauf zurück, dass dort mehr Nachfragesteuerung mit den vom Keynesianismus empfohlenen Mitteln betrieben wurde als in Europa. Solow (2000) akzeptierte die Bemühungen der Europäer um mehr mikroökonomische Flexibilität, kritisierte aber, dass die Chancen für ein expansives Nachfragemanagement nicht genutzt wurden, als die Preise relativ stabil waren. Buiter (2009, S. 1) argumentierte, dass in Großbritannien die Anfälligkeit der Finanzmärkte nicht erkannt wurde, weil im Monetary Policy Committee der Notenbank an US-Universitäten ausgebildete Ökonomen maßgeblich vertreten waren. Einen Überblick über die hier angeschnittenen Fragen bietet die Arbeiterkammer Wien (2012).

2.4 Das Bretton-Woods-System

Die Alliierten entwickelten noch während des Zweiten Weltkriegs Pläne für die Weltwirtschaftsordnung nach Kriegsende. Die Verhandler wollten die Fragmentierung der Weltwirtschaft vermeiden, die in der Zeit zwischen den beiden Weltkriegen die Krise verschärft hatte. Sie glaubten dieses Ziel am besten durch einen freien Welthandel zu erreichen. Die grenzüberschreitenden Güterströme sollten weder durch Handelsschranken noch durch Devisenbewirtschaftung beschränkt werden. Dieses Ziel war nicht unumstritten. Und es ließ sich bestenfalls mittelfristig erreichen. Der Liberalisierungsprozess sollte durch internationale Organisationen gesteuert werden. Am 22. 7. 1944 unterzeichneten 45 Staaten in Bretton Woods die »articles of agreement« des Internationalen Währungsfonds (IWF) und der Weltbank (IBRD). Die geplante internationale Handelsorganisation kam nicht zustande. Ihre Aufgabe übernahmen die Zollsenkungsrunden im GATT.

Der Internationale Währungsfonds sollte stabile monetäre Rahmenbedingungen für einen freien Welthandel schaffen. Gleichzeitig sollte jedoch den Teilnehmerstaaten Spielraum für eine eigenständige, an binnenwirtschaftlichen Zielen orientierte Makrowirtschaftspolitik eingeräumt werden, mehr Spielraum jedenfalls, als es der Goldstandard erlaubt hatte[91].

91 Der Goldstandard scheiterte in der Zwischenkriegszeit, weil die Nationalstaaten ihre Geldpolitik vornehmlich an binnenwirtschaftlichen Zielen (Sicherung der Vollbeschäftigung) orientierten (Bordo, 2004, S. 67; Obstfeld/Taylor, 2004, S. 37), und wohl auch weil die Goldparitäten des Jahres 1914 wiederhergestellt wurden, obschon die Preise während des Ersten Weltkriegs merklich gestiegen waren.

Diese doppelte Zielsetzung sollte durch folgende Konstruktionselemente erreicht werden:

- Die Wechselkurse der einzelnen Währungen wurden in US-Dollar, der Leitwährung des Systems, fixiert. Die festen Paritäten sollten kompetitive Abwertungen (den »Export von Arbeitslosigkeit«) vermeiden, die in der Zwischenkriegszeit die internationalen Beziehungen gestört hatten. Die USA verpflichteten sich, Dollarguthaben ausländischer Notenbanken oder Regierungen auf Verlangen in Gold zu einem Kurs von 35 $ pro Unze Feingold umzuwandeln. Der Dollar wurde damit neben dem Gold zum wichtigsten Reservemedium.
- Die im Prinzip festen Paritäten konnten mit Zustimmung des Fonds im Falle von »fundamentalen Zahlungsungleichgewichten« geändert werden: Länder sollten nicht genötigt werden, aus außenwirtschaftlichen Gründen eine Deflationspolitik zu betreiben oder eine übermäßige Anpassungsinflation hinzunehmen (Stufenflexibilität).
- Devisenausländer konnten Deviseneinnahmen von Mitgliedsländern aus laufenden Transaktionen in beliebige andere Währungen umtauschen (Konvertibilität nach Artikel viii der Statuten). Der grenzüberschreitende Kapitalverkehr durfte kontrolliert werden, der IWF konnte solche Kontrollen sogar als Bedingung für Beistandskredite verlangen. Damit sollten störende kurzfristige Kapitalbewegungen ausgeschaltet und Spielraum für eine an nationalen Erfordernissen orientierte Geld- (Zins)Politik geschaffen werden.
- Aus den Subskriptionen der Mitgliedsländer und aus Kreditaufnahmen verfügte der Fonds über bedeutende Finanzierungsmittel. Die Mitgliedsländer konnten (in bestimmten Grenzen und vorübergehend) ausländische Zahlungsmittel gegen eigene Währung erwerben. Die »Ziehungsrechte« waren nach der Höhe gestaffelt. Größere Kredite gewährte der Fonds nur mit harten Auflagen. Beistandskredite wurden als Eventualkredite bereitgestellt.
- Der Fonds bildete ein Forum für die internationale Zusammenarbeit der Notenbanken. Er behielt diese Funktion auch dann noch bei, als das Festkurssystem von Bretton Woods scheiterte. Die Stimmrechte orientierten sich an den Quoten. Das verlieh den Industrieländern ein Übergewicht; Statutenänderungen erforderten die Zustimmung der USA.

Das Bretton-Woods-System wurde vom aufstrebenden Keynesianismus beeinflusst, doch wurden die Vorschläge von Keynes nur teilweise berücksichtigt[92]. Keynes wollte

92 Den Verhandlungen über den IWF lagen der White-Plan und der Keynes-Plan zugrunde, doch setzte sich in wichtigen Punkten der amerikanische Standpunkt durch.

unter anderem, dass im Fall von Zahlungsbilanzungleichgewichten nicht nur die Schuldner, sondern auch die Gläubigerländer korrigierende Maßnahmen ergreifen. Das war für die Vertreter der USA, der damals dominanten Gläubigernation, nicht annehmbar. Sie wussten nicht, dass die USA zwei Jahrzehnte später zu einer Schuldnernation werden würden mit beschränkten Möglichkeiten, die Gläubigerstaaten, zunächst die Bundesrepublik Deutschland und Japan, später vor allem China zu korrigierenden Maßnahmen zu veranlassen[93].

Das Bretton-Woods-System hielt fast drei Jahrzehnte. In diese Zeitspanne fiel das »Golden Age« der Industriestaaten, insbesondere in Europa. Das sollte ihm ein gutes Zeugnis ausstellen. Voll funktionsfähig war es jedoch nur kurze Zeit. Die vom Krieg gezeichneten westeuropäischen Staaten – die kommunistischen Staaten des Ostblocks waren nicht Mitglieder[94] – behielten Devisenbeschränkungen auch für laufende Transaktionen bei. Gegen eine zu rasche Liberalisierung des Zahlungsverkehrs sprach unter anderem die von manchen für dauernd gehaltene »Dollarknappheit« sowie die Beibehaltung der kriegswirtschaftlichen Wirtschaftslenkung in der Wiederaufbauperiode. Länder, die ihre Binnenwirtschaft mit Hilfe einer »rückgestauten Inflation« steuerten, konnten den internationalen Zahlungsverkehr nicht freigeben. Der Versuch, schon 1947 das britische Pfund konvertibel zu machen, scheiterte trotz hoher Beistandskredite der USA und Kanadas (und trotz umfassender administrativer Kontrollen). Die meisten Staaten beanspruchten die Ausnahmeregelung für die Übergangszeit (Artikel xiv der Statuten). Lösungen wurden daher zunächst im bilateralen Rahmen gesucht (in Westeuropa wurde die wirtschaftliche Integration durch den Liberalisierungskodex der OEEC und die Europäische Zahlungsunion vorbereitet). Konvertibilität gemäß Artikel viii der Statuten des IWF wurde von den meisten europäischen Ländern erst Ende 1958, also geraume Zeit nach Abschluss der eigentlichen Wiederaufbauperiode, eingeführt (in Österreich 1961).

Schon in der zweiten Hälfte der 1960er-Jahre wuchsen die Ungleichgewichte zwischen den Industrieländern, und die Spekulation verstärkte den Druck auf Paritätsänderungen. Die Krise des Bretton-Woods-Systems hatte verschiedene Gründe:

- Die stürmische Ausweitung des Welthandels steigerte den Bedarf an Währungsreserven. Da die Goldproduktion nur mäßig wuchs, konnte der Bedarf nur durch reservewertige Devisen, d. h. in der Hauptsache durch Dollar (und beschränkt durch britische Pfund) gedeckt werden. Die USA versorgten zwar die Weltwirtschaft reichlich (und ab Mitte der 1960er-Jahre überreichlich) mit Dollar. Die auslän-

93 Der Bonner Gipfel 1979, auf dem sich Deutschland und Japan verpflichteten, Konjunkturlokomotive zu spielen, blieb eine Ausnahme.

94 Die Gründungsmitglieder Tschechoslowakei und Polen kündigten später ihre Mitgliedschaft.

dischen Notenbanken waren jedoch nicht bereit, den Dollaranteil an ihren Währungsreserven beliebig auszuweiten und tauschten die zusätzlichen Dollarguthaben in Gold. Die monetären Goldreserven der Welt hatten sich im Zweiten Weltkrieg und unmittelbar nachher in den USA konzentriert. Die in Fort Knox lagernden Vorräte schrumpften jedoch im Laufe der 1960er-Jahre ständig. Den USA fiel es zunehmend schwerer, die Konvertibilität des Dollar in Gold aufrechtzuerhalten. Der Goldpool, der den freien Goldpreis auf dem für monetäres Gold geltenden Satz von 35 $ pro Unze stabilisieren sollte, wurde 1968 aufgelöst. Die auf dem freien Markt erzielbaren höheren Preise ermutigten die Notenbanken, Dollar gegen Gold zum monetären Preis zu tauschen. Die Schaffung künstlicher Reserven in Form von Sonderziehungsrechten[95] (SDR), die der IWF seinen Mitgliedern einräumte, löste das Problem nur teilweise, denn als Ende 1969 mit den Zuteilungen begonnen wurde, gab es bereits genügend internationale Reserven; es waren nur die falschen (Dollar statt Gold).

- Das reichliche Dollarangebot stammte aus einer defizitären Zahlungsbilanz. Die USA exportierten (zum Teil um ihre wirtschaftliche und militärische Hegemonie aufrechtzuerhalten) viel langfristiges Kapital bei sinkenden Leistungsbilanzüberschüssen. Die Differenz wurde durch kurzfristige Verbindlichkeiten des Federal Reserve System gedeckt. Der Vorteil einer Leitwährung, sich in eigener Währung kurzfristig verschulden zu können, ließ sich jedoch nur lukrieren, solange die Notenbanken der Welt darauf vertrauten, dass der Dollar so gut wie Gold war (oder sogar besser, weil Dollarguthaben verzinst wurden). Die zunehmende Problematik der US-Zahlungsbilanz kann zum Teil aus der Normalisierung der weltweiten Angebotsstruktur erklärt werden. In der Nachkriegszeit war der Dollar »knapp«, nicht weil die Preise in den USA besonders niedrig waren, sondern weil viele Güter, die die vom Krieg in Mitleidenschaft gezogenen Länder dringend benötigten, nur in der »westlichen Hemisphäre« (gegen Zahlung in Dollar) erhältlich waren. Die Abwertungen der europäischen Währungen 1949 suchten die Dollarlücke unter den gegebenen Angebotsbedingungen zu schließen. Mit zunehmender Erholung der europäischen Wirtschaft (und der Weltwirtschaft schlechthin) wurde jedoch das Angebot außerhalb des Dollarraums reichlicher. Die Konkurrenzverhältnisse verschoben sich zugunsten der europäischen Länder, und zwar noch bevor sich die realen Wechselkurse (gemessen an den Preisen) änderten. Dazu kam, dass sich die Inflation in den USA etwa ab Mitte der 1960er-Jahre zum Teil infolge des

95 Österreich erhielt im Dezember 1969 29,4 Mill. $ und im Jänner 1970 18,725 Mill. $ SDR zugeteilt (OeNB, 1971, S. 8–9). Das waren 3,3 % der Währungsreserven von Ende 1969 (38,0 Mrd. S oder 1.462 Mill. $).

Vietnamkriegs merklich beschleunigte (bis dahin war die Teuerung gering). Die restliche Welt war nicht bereit, jene Anpassungsinflation in Kauf zu nehmen, die notwendig gewesen wäre, um das Gleichgewicht im Festkurssystem zu sichern. Das galt vor allem für die BRD. Die Deutsche Bundesbank hielt nur eine längerfristige Inflationsrate von höchstens 2 % für annehmbar und stützte sich dabei auf die öffentliche Meinung. Die D-Mark war daher ebenso wie der Schweizer Franken ständig aufwertungsverdächtig. Der Devisenzustrom verflüssigte den deutschen Geldmarkt und erschwerte die am Inflationsziel orientierte Geldpolitik. Die Bundesbank drängte daher auf eine außenwirtschaftliche Absicherung ihres Stabilitätskurses. Sie war eine der ersten Notenbanken, die das Fest-Kurs-System von Bretton Woods in Frage stellten.

- Das Schwächeln der Leitwährung war nicht das einzige Problem, das die 1944 geschaffene Weltwährungsordnung gefährdete. Auch zwischen den europäischen Ländern entstanden hartnäckige Zahlungsbilanzungleichgewichte. Die Inflationstrends der einzelnen Länder drifteten auseinander. Die Spaltung Europas in Länder mit harten und weichen Währungen (mit niedrigen und hohen Inflationsraten) erschwerte die europäische Integration (insbesondere die gemeinsame Agrarpolitik) und erleichterte die Spekulation. Die Stufenflexibilität des Bretton-Woods-Systems unterstellte, dass Paritätsänderungen selten wären und zufällige, nicht voraussehbare Ursachen hätten, wie etwa Naturkatastrophen oder einmalige Fehlleistungen der Wirtschaftspolitik. Angesichts dauernd divergierender Inflationsraten gingen Spekulanten nur ein geringes Risiko ein, wenn sie »weiche« Währungen unter Druck setzten und bei beginnenden Turbulenzen in die D-Mark flüchteten.
- Die Väter des Bretton-Woods-Systems hatten erwartet, dass der grenzüberschreitende Kapitalverkehr so weit als nötig reglementiert wird. Tatsächlich wurde in der OECD bereits ab 1960, also kurz nach Einführung der Artikel-viii-Konvertibilität in Europa, begonnen, den Kapitalverkehr zu liberalisieren. Kurzfristige Kapitaltransaktionen blieben zwar ausgenommen, doch war das Volumen der international mobilen Gelder inzwischen so stark angewachsen, dass die Kapitalkontrollen nur Stückwerk blieben. Auch war der internationale Handel so stark ausgeweitet worden, dass allein Änderungen in den Zahlungszielen im Warenverkehr die Währungsreserven übermäßig schwanken ließen.
- Letztlich war die Krise ein Symptom dafür, dass der Kompromiss der Nachkriegsordnung, nationale wirtschaftliche Autonomie in der Makrowirtschaftspolitik mit freizügigem internationalen Handels- und Zahlungsverkehr zu verknüpfen, angesichts der zunehmenden Verflechtung der Volkswirtschaften nicht mehr funktionierte. Die Ökonomen haben für diesen Sachverhalt den Begriff »Trilemma« (siehe etwa Obstfeld/Taylor, 2004, S. 29) erfunden. Danach mögen eine autonome Geld-

politik, ein fester Wechselkurs und freier internationaler Kapitalverkehr gleich wünschenswert sein. Doch lassen sich nur zwei dieser Ziele gleichzeitig verwirklichen.

2.4.1 Das Ende des Bretton-Woods-Systems

Schon im Laufe der 1960er-Jahre verwandelte sich jedoch die Dollarknappheit in einen Dollarüberschuss, zum Teil weil die Produktion in Europa und Japan den kriegsbedingten Rückstand aufholte, vor allem aber, weil die USA den kostspieligen Vietnamkrieg inflatorisch finanzierten. Da überdies die internationalen Kapitalströme nicht wirksam kontrolliert werden konnten, kollabierte das System Anfang der 1970er-Jahre.

Der Sanierungsversuch des Smithsonian Agreement[96] vom 18. 12. 1971 sah als wichtigsten Punkt eine Abwertung des US-Dollar durch die Erhöhung des offiziellen Goldpreises von 35 $ auf 38 $ je Feinunze vor. Daneben wurden unterschiedlich hohe Aufwertungssätze für D-Mark, Yen, Gulden, belgischen und Schweizer Franken vereinbart. Zugleich wurden die Bandbreiten für die möglichen Wechselkursschwankungen um die neuen Paritäten bzw. Leitkurse von ±1 % auf ±2,25 % erweitert. Die Vereinbarung hielt jedoch bloß etwas länger als ein Jahr. 1973 wurde das Festkurssystem von Bretton-Woods endgültig aufgegeben. Angesichts hartnäckiger Zahlungsbilanzdefizite der USA half auch eine Dollarabwertung am 13. 2. 1973 nichts. Der freie Goldpreis stieg weit über den Verrechnungspreis. Im März setzte eine Flucht aus dem Dollar ein, worauf die Devisenbörsen geschlossen wurden (in Wien vom 2. bis 16. 3.[97]). Am 11. 3. beschlossen 6 der 9 Mitgliedsländer der EG, gemeinsam gegenüber dem Dollar zu floaten, bei festen Leitkursen untereinander. Andere europäische Staaten schlossen sich an. Die Schlange verließ den »Tunnel«, der durch den Dollarkurs abgesteckt worden war.

Die Dollarschwäche war nicht das einzige Problem des Weltwährungssystems. In Europa erwiesen sich das britische Pfund und der französische Franc (später auch die italienische Lira) als weiche Währungen. Dazu kam: Die »wertbeständigen« Währungen waren unterschiedlich hart. Die BRD (und die Schweiz) galten ständig als aufwertungsverdächtig.

Die Staaten versuchten durch administrative Maßnahmen spekulative Zahlungsströme zu begrenzen. Gläubigerstaaten verfügten Verzinsungsverbote für einströmendes Auslandskapital und/oder verlangten Bardepots. Schuldnerländer hoben Vorauszahlungen für Importe ein. Die Devisenbewirtschaftung wurde verschärft. Eine begrenzte Alternative zur Änderung der Währungsparitäten bot die Erweiterung der

96 Nach dem Ort seiner Unterzeichnung benannt (Smithsonian Institution in Washington, D.C.)

97 Generalrat vom 21. 3. 1973.

Bandbreiten bei fixen Kursen. Besondere Maßnahmen gegen die Spekulation traf 1968 die BRD. Auf der Währungskonferenz im November belastete sie die Exporte mit 4 % MWSt und entlastete die Importe um den gleichen Betrag (Gen. Rat Nr. 259 vom 18. 12. 1968). Wenn administrative Maßnahmen nicht ausreichten, wurden die Devisenbörsen geschlossen, bis sich die Währungsbehörden für eine neue Strategie entschieden

Die Länder haben die Freiheit in der Wechselkurspolitik weidlich genutzt: Die bilateralen Wechselkurse der Industrieländer drifteten weit auseinander. Zwar gab es in Europa Bestrebungen, die Kursschwankungen zu begrenzen. Die EWG führte 1973 die »Währungsschlange« für ihre Mitglieder ein und legte überdies eine Bandbreite für den Dollar – »den Tunnel« – fest. Die Schlange verließ jedoch bald den Tunnel und magerte überdies ab: Wichtige Länder scherten aus. Ende der 1970er-Jahre entstand über Initiative Deutschlands und Frankreichs das Europäische Währungssystem (EWS) mit festen Paritäten und Bandbreiten mit Interventionspflichten der beteiligten Notenbanken[98]. Die Kurse konnten damit zunächst kaum gebändigt werden. In den ersten beiden Jahren kam es im EWS zu acht Realignments. Zumeist wurden die schwachen Währungen abgewertet und die starken aufgewertet, womit die Spekulation selbsterfüllend wirkte.

Wie stark die Wechselkurse in einem Zeitraum von knapp 15 Jahren auseinanderdrifteten, lässt sich durch einen Vergleich der Kurse von 1968 (vor der D-Mark-Aufwertung 1969) mit denen von 1983, als die ärgsten Turbulenzen bereits ausgestanden waren, verdeutlichen.

Die Währungen der chronischen Überschussländer Schweiz, BRD und Japan setzten sich von den übrigen Währungen ab: Sie wurden (gemessen am Außenwert) zu »harten« Währungen. Die südeuropäischen Währungen büßten im Zeitraum 1968/1983 gegenüber den harten Währungen mehr als 100 % ein. Nicht viel besser hielt sich das britische Pfund. Die skandinavischen Währungen nahmen eine Dekalage von 40 % bis 75 % in Kauf.

Das freie Floaten der Währungen wurde von liberalen Ökonomen (z.B. Friedman, Haberler) als ein Mittel empfohlen, um den Konflikt zwischen binnenwirtschaftlichen und außenwirtschaftlichen Zielen zu lösen. Jedes Land sollte auf Grund seiner Präferenzen und Beschränkungen seine Inflationsrate »wählen« können, ohne dass darunter die Zahlungsbilanz leidet. Dabei wurde unterstellt, dass die Kaufkraftparitäten annähernd erhalten bleiben. Das Floaten sollte bewirken, dass sich der Außenwert der

98 Das EWS wurde zwischen den Staatsmännern Schmidt und Giscard d'Estaing vereinbart. Dem System lagen primär politische und nicht wirtschaftliche Erwägungen zugrunde (die Deutsche Bundesbank betrachtete die Vereinbarung mit Skepsis).

Währung etwa parallel zum Binnenwert entwickelt. Tatsächlich neigten jedoch die frei schwankenden Wechselkurse zum Überschießen: Es entwickelten sich Tugendkreise stabiler und Teufelskreise instabiler Währungen. Wichtige Länder gerieten in Zahlungsbilanzkrisen; damit trat gerade das ein, was man durch das Floaten vermeiden wollte.

Übersicht 12: Entwicklung der Wechselkurse 1968/1983

	Devisenmittelkurs[1]		Kursänderung
	1968	1983	In %
Belgien	51,8	35,2	- 38,6
BRD	647,5	703,5	+ 8,3
Dänemark	345,4	196,5	- 56,4
Finnland	618,5	322,8	- 65,0
Frankreich	522,1	236,1	- 79,4
Griechenland	86,0	20,5	- 143,6
Großbritannien	61,9	27,2	- 82,1
Irland	61,8	22,4	- 101,7
Italien	4,1	1,2	- 125,3
Japan	7,2	7,6	+ 5,5
Kanada	24,0	14,6	- 49,8
Niederlande	714,1	629,8	- 12,6
Norwegen	361,9	246,1	- 38,6
Portugal	90,5	16,4	- 170,8
Schweden	500,2	234,2	- 75,9
Schweiz	598,9	855,7	+ 35,7
Spanien	37,1	12,5	- 108,4
Türkei	2860,0	78,7	- 359,2
USA	25,8	18,0	- 36,4

Quelle: WIFO-Datenbank, Berechnungen des Autors

1 Schillingpreis je 100 Einheiten ausländischer Währungen (USA, Kanada, Großbritannien und Irland je Einheit; Türkei je Mrd. Einheiten)

Trotz Kapitalverkehrskontrollen konnten spekulative Kapitalbewegungen – falsche Fakturierung, Zahlungsziele im Warenverkehr – nicht vermieden werden: Mit zunehmender Offenheit einer kleinen, offenen Volkswirtschaft wird es zunehmend schwieriger, den grenzüberschreitenden Kapitalverkehr wirksam zu kontrollieren. Das gilt insbesondere dann, wenn ein erheblicher Teil des Außenhandels auf Lieferungen zwischen den Konzernbetrieben multinationaler Unternehmungen entfällt.

Im September 1971 – anlässlich der Jahrestagung von IWF und Weltbank – beschlossen die Mitgliedstaaten, über eine koordinierte Änderung der Wechselkurse zu verhandeln. Die OECD untersuchte, wie sich die Zahlungsbilanzen der einzelnen Länder ändern sollten, und der IWF schätzte, wie sich die Wechselkurse ändern müssten, um die angestrebte Änderung in den Zahlungsbilanzen zu erreichen. Im Allgemeinen waren die Überschussländer nicht bereit, so stark aufzuwerten, wie es der Währungsfonds empfahl. Das gilt auch für Österreich.

3 Der österreichische Weg

3.1 Der überzogene Aufschwung

Der Aufschwung in der ersten Hälfte der 1970er-Jahre war überzogen, weil Österreich darauf verzichtete, mit der Aufwertung der D-Mark mitzuziehen. Dem lag offenbar die Vorstellung zugrunde, dass die kränkelnde Industrie zusätzlichen Spielraum brauche. Sie war insoweit konsistent mit der Forderung nach einem neuen Industrialisierungsschub (auch wenn Finanzminister Koren dagegen war). Was nicht vorausgesehen wurde: Der Konjunkturaufschwung 1969/70 in Westeuropa war ungemein kräftig (in der BRD[99] nach Urteil des Deutschen Sachverständigenrats sogar der stärkste seit Kriegsende). Das und das Ende des Zollabbaus in der EWG kamen vor allem der österreichischen Schwerindustrie zugute. Es hätte daher keiner zusätzlichen Impulse von der Wechselkursseite bedurft. Im Gegenteil: Der starke Konjunkturaufschwung in Westeuropa war von einem kräftigen Preis-Lohn-Auftrieb begleitet. Die Abwertung des Schilling verschärfte die inflationären Tendenzen in Österreich zusätzlich. Der hohe Inflationssockel 1972 wurde in den Aufschwung 1973 mitgenommen.

3.2 Die österreichische Strategie

3.2.1 Kosteninflation und Nachfragedeflation

Die Ölverteuerung bedeutete, um im damals üblichen Jargon zu sprechen, zugleich eine Kosteninflation und eine Nachfragedeflation. Eine Kosteninflation, denn die höheren Ölpreise belasteten Produzenten und Konsumenten, und diese Mehrbelastungen waren nicht abgeltbar (Realeinkommensverlust aus der Verschlechterung der Terms-of-Trade). Eine Nachfragedeflation, denn die Einkommensverteilung der Weltwirtschaft verschob sich zugunsten der Erdöl produzierenden Länder, die zumindest auf mittlere Sicht nur einen Teil der zusätzlichen Erlöse wieder ausgaben (low absorbers).

Die Wirtschaftspolitik der Industrieländer befand sich in dieser Situation in einem Dilemma. Wenn sie den Nachfragerückgang durch eine expansive Geld- und Fiskalpolitik bekämpfte, riskierte sie, dass die höheren Ölpreise auf die Letztverbraucherpreise durchschlugen und kompensatorische Lohnforderungen auslösten, es sei denn,

---

99 Jahresgutachten 1970/71, S. 78.

dass es gelänge, die Einkommensansprüche insbesondere der Lohnempfänger zu mäßigen. Nachfragestimulierung und Lohnmäßigung erschienen somit als die erfolgversprechende Strategie, um den Ölpreisschocks angemessen zu begegnen. Dieses Rezept wurde nach dem 1. Ölpreisschock nicht nur in Österreich angewandt.

3.2.2 Sozialpartnerschaft

Die erfolgreiche Stabilisierung kann bestimmten Eigenschaften des österreichischen sozio-ökonomischen Systems zugeschrieben werden, die ihren symbolischen Ausdruck in der Sozialpartnerschaft fanden. Diese Eigenschaften mögen dazu beigetragen haben, dass die Konjunkturausschläge der österreichischen Wirtschaft über lange Perioden und unter wechselnden außenwirtschaftlichen Rahmenbedingungen auffallend gering waren – geringer jedenfalls, als man allein durch diskretionäre Maßnahmen der Konjunkturpolitik erklären kann.

Aber die Sozialpartnerschaft war kein Allheilmittel. Die fünf Preis-Lohn-Abkommen der Nachkriegszeit und die sich beschleunigende Preis-Lohn-Entwicklung in der ersten Hälfte der 1970er-Jahre bezeugen dies.

In der deutschen Literatur (etwa in den Ausführungen des deutschen Sachverständigenrats) werden die Sozialpartner als »autonome« Gruppen bezeichnet. Für das österreichische Gesellschaftssystem charakteristisch ist die Verflechtung zwischen politischen Parteien, Interessenverbänden und Staat (einschließlich Notenbank).

Helmstädter argumentierte, dass die Besetzung von Spitzenpositionen in der Notenbank durch Arbeitnehmervertreter der Preisstabilität abträglich wäre. Die These, dass Sozialdemokraten eher zu einer Vollbeschäftigungsstrategie (auch zu Lasten der Preisstabilität) und Konservative eher zu Preisstabilität (auch zu Lasten der Beschäftigung) neigen, gilt aber für das Österreich der 1970er-Jahre nicht. Selbst auf die Gefahr hin, allzu sehr zu personalisieren: Ein mächtiger (und weiser) Präsident des Gewerkschaftsbundes hatte den Eindruck, dass die letzte Lohnrunde (sie brachte immerhin Lohnerhöhungen von 15 %) überzogen war. Er ließ sich von einem ehemaligen Gewerkschaftsfunktionär, der inzwischen Generaldirektor der Notenbank geworden war, von der Notwendigkeit eines strikten Stabilitätskurses überzeugen. Damit niedrige Lohnabschlüsse auch auf die Preise durchschlugen, wurde das makroökonomische Konzept einer »zahlungsbilanzorientierten Wirtschaftspolitik« entwickelt[100].

100 Der Autor wurde als Leiter des Wirtschaftsforschungsinstituts eingeladen, auf einer Tagung des Gewerkschaftsbundes den Delegierten die Notwendigkeit eines wirtschaftspolitischen Kurswechsels darzulegen.

3.2.3 Einkommenspolitik

Von der Einkommenspolitik verlangt man zweierlei: Zum einen soll sie die Wirtschaft »vollgasfest« machen. Die Inflationsrisken eines hohen Beschäftigungsgrades sollen reduziert werden. Zum anderen sollen, wenn – aus welchen Gründen immer – die Inflation zu hoch ist, die Beschäftigungsrisken einer Disinflationspolitik reduziert werden. Wenn sich das Inflationskarussell dreht, riskiert jeder, der aussteigt, reale Einkommenseinbußen. Das kann vermieden werden, wenn die Erwartungen koordiniert werden, sodass alle gleichzeitig »aussteigen«.

Beide Aufgaben der Einkommenspolitik lassen sich in den Satz zusammenfassen: Preise und Löhne sollen nach oben starr (weniger flexibel) und nach unten mehr flexibel (weniger starr) sein.

Zum Grundkonsens der Sozialpartnerschaft gehörte: Statt sich über die Verteilung des Sozialprodukts zu streiten, wäre es besser, gemeinsam an seiner Vermehrung zu arbeiten. Dabei wurde Verteilungskonstanz unterstellt, aber nicht genau nachgerechnet, ob sie tatsächlich zutrifft, und nicht erörtert, was zu tun wäre, wenn sie verletzt wird.

In der konzertierten Aktion in der Bundesrepublik Deutschland hingegen konkretisierte der Deutsche Gewerkschaftsbund im Oktober 1970 seine mittelfristigen Zielvorstellungen in Form einer volkswirtschaftlichen Gesamtrechnung. Danach sollte die Lohnquote von 65,4 % im Jahr 1969 auf 72,5 % im Jahr 1976 ansteigen[101].

3.2.4 Notenbank und Sozialpartnerschaft

Die Notenbank ist laut Statut verpflichtet, für einen stabilen inneren und äußeren Geldwert zu sorgen. Sozialpartnerschaft bedeutete aber Verhandlungswirtschaft. Die großen Verbände waren nicht bloß Interessenvertreter, sondern Träger der Wirtschaftspolitik.

Zum System der Sozialpartnerschaft als Verhandlungssystem gehörte, dass auch über Fragen der Makropolitik ein Konsens mit allen Trägern der Wirtschaftspolitik erreicht wurde.

Mit dem D-Mark-Standard gewann die Notenbank an Gewicht. Mag sein, dass die Bundesbank einen »praxisorientierten Monetarismus« verfolgte und etwa auch Wechselkurse sowie Konjunktur in ihrem geldpolitischen Kurs berücksichtigte. Aber sie zögerte nicht, harte Maßnahmen zu ergreifen, wenn sie es für währungspolitisch notwendig hielt (z.B. die Einstellung der Stützungskäufe anlässlich der Krise im EWS Anfang der 1990er-Jahre.)

---

101 Jahresgutachten 1970/71, S. 73/74.

Hier wird anders argumentiert: Die strikte Bindung des Schilling an die D-Mark ist Ursache und Folge eines wirtschaftspolitischen Strategiewandels, den man als den »österreichischen Weg vom Keynesianismus zur Neoklassik« bezeichnen kann. Der Beginn der Hartwährungspolitik ist mit Anfang der 1980er-Jahre anzusetzen.

Die traditionelle Makroökonomie ging von »magischen Vier- oder Vielecken« aus, die möglichst gut verwirklicht werden sollen. Im Konfliktfall sind Kompromisse erforderlich. Dabei wurde im Allgemeinen der Vollbeschäftigung eine hohe Priorität eingeräumt, auch wenn damit höhere Inflationsrisken verbunden waren. Um die Wirtschaft einigermaßen »vollgasfest« zu machen, wurde Einkommenspolitik gefordert und damit die Interessenvertretungen zum Träger der Wirtschaftspolitik gemacht.

Die alte Makropolitik war »geschäftig« (aktivistisch). Sie versuchte durch ständiges Hantieren an bestimmten Hebeln die Wirtschaft auf einem erwünschten Pfad auszusteuern. Und sie versuchte, Entscheidungen im Konsens mit allen Trägern der Wirtschaftspolitik zu treffen, wozu auch die Sozialpartner gehören. Ein gutes Beispiel bietet die Wirtschaftspolitische Aussprache: Sie fand bis Ende der 1970er-Jahre regelmäßig vierteljährlich statt, wenn neue Probleme auftauchten, gab es Sondersitzungen. In den 1980er-Jahren versandeten die Aussprachen, schließlich wurden sie ganz eingestellt.

Die neue Makropolitik ist langfristig angelegt. Sie will stabile Rahmenbedingungen schaffen, auf die sich die wirtschaftlichen Akteure verlassen können. Sie glaubt, das am besten erreichen zu können, indem sie ihre Politik an bestimmte Regeln bindet und sich verpflichtet, diese einzuhalten (rules rather than discretion).

3.3 Austro-Keynesianismus

3.3.1 Einleitung

Das »Golden Age« der Weltwirtschaft ging in den 1970er-Jahren zu Ende. Der Übergang zu einer neuen Ära war von heftigen Turbulenzen begleitet. Zwei Ölpreisschocks waren zugleich Ursache und Symptome einer weltweiten Krise. Die österreichische Wirtschaft überstand diese Periode besser als viele andere Volkswirtschaften. Die Frage, welchen Umständen das relativ gute Leistungsbild zu verdanken war, ist daher nicht nur von historischem Interesse.

Der Umstand, dass die Turbulenzen der 1970er-Jahre mit den herkömmlichen Strategien nur schwer beherrschbar schienen, förderte einen Paradigmenwechsel in Wirtschaftstheorie und Wirtschaftspolitik. Der bis dahin dominante Keynesianismus wurde durch die Neoklassik (nach Tobin Monetarismus II) abgelöst. Das beeinflusste die zeitgenössischen Interpretationen dieser Übergangsphase.

3.3.2 Zum Begriff Austro-Keynesianismus

Der Begriff »Austro-Keynesianismus« wurde 1978 anlässlich einer Tagung des WIFO »Ist Arbeitslosigkeit unvermeidlich?« geprägt. Dort vertrat ein Mitglied des Deutschen Sachverständigenrates neoklassische Thesen. Ihm wurde von allen anwesenden österreichischen Ökonomen widersprochen. Das veranlasste den Autor zur Bemerkung, in Österreich bestünde ein keynesianischer Grundkonsens. Das war zu diesem Zeitpunkt nicht mehr selbstverständlich. Man kann zu Recht von einem Austro-Keynesianismus sprechen. Die späteren Erhebungen von Pommerehne und Frey bestätigten, dass sich keynesianisches Gedankengut in der österreichischen akademischen Welt länger hielt als anderswo.

Der zunächst auf die akademische Welt gemünzte Begriff wurde bald auf die Wirtschaftspolitik übertragen. In den wirtschaftspolitischen Vorstellungen der Sozialdemokratie spielte der Keynesianismus eine wichtige Rolle, seit der Austro-Marxismus verblasst war. Kanzler Kreisky gefiel diese Etikettierung, auch wenn er hinzufügte: »Der Austro-Keynesianismus hat mit Keynes so viel zu tun wie der Austro-Marxismus mit Marx, nämlich nichts.« Das war überspitzt formuliert, enthielt aber einen wichtigen Kern: Der praktizierte Austro-Keynesianismus war nicht einfach Keynesianismus in Österreich, sondern trug spezifische Züge.

Väter können zwar Kinder in die Welt setzen, aber nur beschränkt beeinflussen, was aus ihnen wird. Zum Konzept des Austro-Keynesianismus lieferten Tichy und Ostleitner wichtige Beiträge. Scharpf (1987) sprach von einem keynesianisch-sozialdemokratischen Weg der Krisenbewältigung in Europa. Streissler (1982) und Socher zählten von Anfang an zu den Kritikern. Eine Nachlese aus aktueller Sicht lieferten Chaloupek/Marterbauer (2008).

In den turbulenten 1970er-Jahren war der im »Golden Age« praktizierte Keynesianismus ins Kreuzfeuer der Kritik geraten – auch von den Anhängern Keynes'. Ihm wurde vorgeworfen, dass er sich auf Nachfragesteuerung beschränkte (Hebel-Keynesianismus) und die fundamentalen Probleme des Kapitalismus vernachlässigte. Damit befasste sich unter anderem die Diskussion zwischen Frisch und Tichy in Chaloupek/Mesch (1993). Die streitbare Joan Robinson sprach von »Bastard-Keynesianismus«, weil es die Regierungen verabsäumt hatten, den bei Vollbeschäftigung mächtigen Gewerkschaften hinreichende politische Zugeständnisse zu machen und ihre Volkswirtschaften dem freien Welthandel mit Gütern und Kapital ausgesetzt hatten.

Der gemeinsame Kern der genannten Autoren lässt sich wie folgt beschreiben: Die Turbulenzen der 1970er-Jahre erforderten eine entschlussfreudige Wirtschaftspolitik[102].

---

102 Llewellyn (1983, S. 198) in einem Überblick über die wirtschaftspolitischen Interventionen der

Man musste entscheiden, welches Wechselkursregime nach dem Ende des Bretton-Woods-Systems eingeführt werden sollte, wie den Schocks der beiden Ölpreisschübe zu begegnen war und wie man auf die darauf folgenden Rezessionen reagieren sollte. Diese Entscheidungen mussten in »real time« mit den jeweils verfügbaren und unvermeidlich beschränkten Informationen getroffen werden. Die Vertreter des Austro-Keynesianismus argumentierten, dass sich diese Entscheidungen – möglicherweise nur teilweise bewusst – in ein Strategiemuster einfügen lassen. Danach kam die heimische Wirtschaft vor allem deshalb »gut über die Runden«, weil die Makrowirtschaftspolitik über mehrere Instrumente – die Einkommenspolitik, die Wechselkurspolitik, die Budgetpolitik und die Arbeitsmarktpolitik – verfügte und sie aufeinander abzustimmen vermochte.

Die institutionellen Bedingungen, die diese Strategie erfolgreich machten, wurden zwar vom Autor mit dem Hinweis auf die Sozialpartnerschaft gesehen, blieben aber zu wenig beachtet. Hier setzten die Ergänzungen an. Nach Tichy verfügten Wirtschaft und Gesellschaft in Österreich über bestimmte Eigenschaften, die die Erwartungen der wirtschaftlichen Akteure stabilisierten und die mit der Marktwirtschaft verbundene Unsicherheit reduzierten. Die Konjunkturschwankungen fielen daher im Normalfall relativ mild aus, ohne dass die Wirtschaftspolitik ständig intervenieren musste.

Tichy schnitt damit ein generelles Problem der Makrowirtschaftspolitik an, das sich nicht nur im keynesianischen Paradigma stellt. Jede Wirtschaftspolitik muss entscheiden, wieweit sie durch diskretionäre Maßnahmen steuernd eingreifen soll, wieweit sie sich zur Einhaltung bestimmter Regeln verpflichten soll und wieweit sie für stabile Rahmenbedingungen sorgen soll. Die Diskussion wurde im neoklassischen Rahmen unter dem Titel »rules rather than discretion« geführt. Die Schocks der 1970er-Jahre erforderten wohl stärkere diskretionäre Eingriffe. Ihr Erfolg wurde jedoch nach Tichy durch die »strukturelle« Stabilität von Wirtschaft und Gesellschaft gesichert. Unter anderen Voraussetzungen wären sie gescheitert.

Ostleitner unterschied zwischen einem theoretischen Konzept (der Änderung der Herrschaftsverhältnisse) und der praktizierten Wirtschaftspolitik. Die praktizierte Politik war ihm zu sehr »hebel-keynesianisch« und zu wenig »fundamental-keynesianisch«, aber er konzedierte ihr gewisse Erfolge. Ähnlich wie Tichy hielt er die Makropolitik für erfolgreich, weil bestimmte psychologische und institutionelle Voraussetzungen bestanden. Dazu gehörten u. a. die Sozialpartnerschaft, der noch aus dem »Golden Age« stammende Wachstumsoptimismus der Unternehmungen, die gesamt-

OECD-Staaten in den 1970er-Jahren: … these have been amongst the largest macroeconomic impulses the OECD has had to analyse over the last 15 years …«.

wirtschaftliche Orientierung starker Gewerkschaften und der relativ große Umfang der Gemeinwirtschaft.

Auch die Argumentation von Scharpf (1987) passt in dieses Erklärungsschema. Danach besaßen die sozialdemokratischen Regierungen Strategiefähigkeit. Sie vermochten verschiedene Träger der Wirtschaftspolitik mit verschiedenen Zielsetzungen zu koordinieren.

Zu den Rahmenbedingungen gehörte wohl auch der von Ostleitner nur indirekt angesprochene Umstand, dass die Regierung Kreisky einen liberalen Kurs verfolgte, der in vielen, wenngleich nicht allen Fragen einen Konsens mit den Sozialpartnern ermöglichte. Horst Knapp formulierte knapp: »Weg österreichisch – rote Markierungen blass«. Siehe hiezu auch die Kritik von Uher an der von Androsch dominierten Wirtschaftspolitik (1993). Mit anderen Worten: Der von Matzner und Ostleitner propagierte »radikale« Austro-Keynesianismus, der auf eine Änderung der Entscheidungsverhältnisse abzielte, blieb ein Forschungsprogramm. Auch Verteilungsfragen wurden nur am Rande behandelt, was unter anderem Guger kritisierte.

Dieses makroökonomische Konzept – Tichy (1984) nannte es »successful experiments with unconventional assignment of instruments to goals« – wurde bereits unmittelbar nach dem 1. Ölpreisschock in den führenden wirtschaftspolitischen Gremien (z.B. in der Wirtschaftspolitischen Aussprache der Paritätischen Kommission) diskutiert. (Die Bezeichnung »Austro-Keynesianismus« entstand erst einige Jahre später.)

3.3.3 Handelnde Personen

Die Wirtschaftspolitik wird von Personen geprägt, die ihre Vorstellungen umsetzen. Statt Instrumente Zielen zuzuordnen, kann man Maßnahmen Personen zuordnen. Die Wirtschaftspolitik der Ära Kreisky wurde bis zu seinem Ausscheiden von Finanzminister und Vizekanzler Hannes Androsch geprägt. Die strikte Bindung des Schilling an die D-Mark wurde vom Notenbank-Duo Koren/Kienzl vollzogen. Die unangenehme und unbedankte Aufgabe, die mikro- und makroökonomischen Ungleichgewichte zu beseitigen, die die Regierung Kreisky hinterlassen hatte, besorgte Finanzminister Lacina. Ohne diese Korrekturen würde das Urteil über die Wirtschaftspolitik der Ära Kreisky nicht so positiv ausfallen.

Kreisky favorisierte eine Abwertung des Schilling. Erich Streissler bezeichnete ihn deshalb wegen seiner Haltung zur Wechselkursfrage als einzigen »echten« Keynesianer. Es gibt jedoch eine einfachere Erklärung. Die Vereinigung österreichischer Industrieller hat bis Anfang der 1980er-Jahre gegen einen harten Schilling demonstriert. Kreisky war der Sachwalter der Verstaatlichten Industrie. Was der privaten Industrie recht war, musste der verstaatlichten billig sein, zumal sich jene – wie später gezeigt wird – besser als diese mit dem harten Schilling zurechtfand. (Nach den Informationen des Autors ging die Abwertung des Schilling im Jahr 1953 nur deshalb über die politische Bühne, weil sie der für die Verstaatlichte Industrie zuständige Minister unterstützte. Die Arbeiterkammer war strikt dagegen.)

3.4 Paradigmenwechsel in Wirtschaftstheorie und -politik

Die Diskussion muss gegen den Hintergrund des Paradigmenwechsels in Wirtschaftstheorie und -politik gesehen werden. Die »mainstream«-Ökonomie, an der sich die Wirtschaftspolitik vieler Staaten und die der internationalen Wirtschaftsorganisationen orientierte, glaubte die Wirtschaft durch Interventionen der Geld- und Fiskalpolitik auf einem Vollbeschäftigungspfad steuern zu können. Als sich in den turbulenten 1970er-Jahren Arbeitslosigkeit und Inflation als »Zwillinge« erwiesen, verlor die »aktivistische« Wirtschaftspolitik an Kredit. Die Neoklassik (Monetarismus II laut Tobin) wurde zum neuen »mainstream«. Wer am Keynesianismus festhielt, distanzierte sich von Hebel-Keynesianismus.

Der Hauptpunkt der Diskussion lässt sich wie folgt verdeutlichen: Wenn Arbeitslosigkeit primär auf einen Mangel an effektiver Nachfrage auf den Gütermärkten zurückgeht – und das ist das gemeinsame Credo der Keynesianer aller Schattierungen und unterscheidet sie vom real-business-Konzept der Neoklassik –, dann kann Vollbeschäftigung erreicht werden, indem entweder die Nachfrage gesteuert wird[103] (das ist der Hebel-Keynesianismus) oder strukturelle Voraussetzungen dafür geschaffen werden, dass sich Schwankungen der effektiven Nachfrage »strukturbedingt« in engen Grenzen halten. Der nach dem Zweiten Weltkrieg praktizierte Keynesianismus war nicht nur Hebel-Keynesianismus (in Europa wurde im ersten Nachkriegsjahrzehnt Vollbeschäftigung durch eine rückgestaute Inflation erreicht); er geriet jedoch in Misskredit, weil er den Turbulenzen der 1970er-Jahre nicht gewachsen war. Wirtschaftstheorie und Wirtschaftspolitik vollzogen mehrheitlich einen Schwenk zu einer Mischung aus Monetarismus und Neoklassik. Wer die Grundannahme der Neoklassik, die inhärente Stabilität der Marktwirtschaft, ablehnte, wurde Post-Keynesianer oder fundamentaler Keynesianer: Nicht die Keynes'sche Lehre wäre falsch, sondern ihre missbräuchliche Anwendung.

---

103 Ein besonders anschauliches Beispiel für Nachfragesteuerung lieferte Lerner (»Economics of Control«). Er verglich die Wirtschaft mit einem führerlosen Gefährt, das schlingert. Statt die Kurven des schlingernden Gefährts mit mathematischen Methoden zu berechnen wie die herkömmlichen Ökonomen, sollte man besser einen Steuermann in das Gefährt setzen.

Der unterschiedliche Zugang zur Wirtschaftspolitik der 1970er-Jahre erklärt sich zum Teil aus der beruflichen Tätigkeit und dem Wissenschaftsverständnis. Der Autor war früh in den wirtschaftspolitischen Entscheidungsprozess eingebunden. Das theoretische Rüstzeug hiefür bezog er »gebrauchsfertig von der Stange«. Die gängigen Lehrbücher der Makroökonomie – von Fischer/Dornbusch oder auf etwas anspruchsvollerem Niveau »Macroeconomic Theory« von Branson – enthielten zwei Teile: Im ausführlichen, anscheinend wissenschaftlich gesicherten Teil wurden die kurzfristige Stabilisierungspolitik an Hand des IS-lM-Modells und im zweiten Teil die etwas spekulativere Wachstumstheorie an Hand des Solow-Modells abgehandelt. Der keynesianische »mainstream« bildete nicht nur die Sprache, in der in wirtschaftspolitischen Gremien kommuniziert wurde. Er erschien auch als eine angemessene Beschreibung der Realität. Wie anders als mit einem Gleichgewichtsmodell sollte eine wirtschaftliche Entwicklung beschrieben werden, die sich durch Vollbeschäftigung, relative Preisstabilität und historisch einmaliges Wirtschaftswachstum auszeichnete? (Dass das österreichische System Unsicherheit reduziert, schien dem Autor eher damit zusammenzuhängen, dass Kartelle, Gewerbeordnungen, die Vergabe öffentlicher Aufträge nach politischen Gesichtspunkten, die Marktordnung für die Landwirtschaft und die Berufsordnung der freien Berufe nur eine beschränkte Konkurrenz zuließen.)

Mit diesem »ideologischen« Hintergrund interpretierte der Autor die Turbulenzen der 1970er-Jahre. Für eine Neuorientierung blieb wenig Zeit, denn ein Schock jagte den anderen und ein entscheidungsfreudiger Finanzminister stellte begreiflicherweise die Frage, wie man Probleme bewältigen könne, für die es zumindest nach dem Zweiten Weltkrieg keine Vorbilder gab.

Die Beziehungen zwischen der Makropolitik der 1970er-Jahre und den strukturellen Eigenschaften der österreichischen Wirtschaft wurden nicht ausdiskutiert. Bis zu einem gewissen Grad ergänzen sie einander. Man kann z.B. den dramatischen Rückgang der Lohnsteigerungsraten 1976/77 als eine »erwartungsgetreue« Reaktion der Lohnpolitik interpretieren und nicht etwa als Kraftakt eines mächtigen Gewerkschaftspräsidenten, der eine SPÖ-Regierung stützen wollte[104].

3.4.1 Der »importierte« Monetarismus

Der Begriff »Austro-Keynesianismus« ist ebenso rasch wie er sich ausbreitete aus der wirtschaftspolitischen Diskussion wieder verschwunden. Kanzler Sinowatz bezeich-

104 In Westdeutschland ging die Lohnmäßigung der österreichischen um ein Jahr voraus. Die »Monetaristen« schrieben das der harten Linie der Deutschen Bundesbank zu, Helmut Schmidt der Loyalität der Gewerkschaften mit der SPD-Regierung.

nete 1985 im Wirtschaftsbericht der Bundesregierung den Austro-Keynesianismus als Politik des Durchtauchens, was allerdings nicht unbeschränkt möglich ist. Die Regierungen nach Kreisky mussten die mikro- und makroökonomischen Probleme lösen, die die Ära Kreisky hinterlassen hatte: die Krise in der Verstaatlichten Industrie und das strukturelle Defizit im Bundeshaushalt. Begreiflich, dass die Stellungnahmen von Regierungsvertretern zum Austro-Keynesianismus verhalten ausfielen.

Bemerkenswert ist, dass der »importierte« Monetarismus letztlich im Konsens mit den Sozialpartnern eingeführt wurde. Die Gewerkschaften haben sich »dem definitiven Übergang zu einer konservativen Geldpolitik auf Grundlage der Einbindung des Schilling an die D-Mark« angepasst, indem die Metallarbeiter (der exponierte Sektor der Wirtschaft) die Lohnführerschaft übernahmen und der geschützte Sektor sich an den Vorgaben des exponierten Sektors orientierte.

Der Austro-Keynesianismus als umfassende konzertierte Aktion verschiedener Träger der Wirtschaftspolitik war nicht mehr gangbar, weil

- sich die österreichische Wirtschaft zu einer kleinen, offenen Volkswirtschaft mit beschränktem eigenen Handlungsspielraum entwickelte
- und sich weltweit eine Wirtschaftsordnung etablierte, die dem freien Markt einen weiten Spielraum ließ. Tobin (1981) bezeichnete sie als Monetarismus II (Monetarismus plus Neoklassik). Neoliberalismus ist ein anderer Ausdruck dafür.

In der Ära Kreisky entwickelte sich die österreichische Wirtschaft zu einer »kleinen, offenen Volkswirtschaft«. Die Summe von Exporten und Importen von Gütern und Leistungen stieg von 56 % 1969 auf 74 % des BIP 1983. Das Freihandelsabkommen mit der EWG und Zweigniederlassungen internationaler Konzerne in Österreich (General Motors, BMW) förderten den internationalen Austausch von Industriegütern (den kompetitiven Außenhandel). Im gleichen Zeitraum stieg die Summe der kurzfristigen Auslandsaktiva und -passiva auf das 30-Fache. Genügten in der ersten Hälfte der 1970er-Jahre noch Gentlemen Agreements mit den Kreditunternehmungen, um die grenzüberschreitenden Kapitalströme zu lenken, so bestimmten nunmehr Zinsdifferenzen und Wechselkurserwartungen den Kapitalverkehr. Banken und Großunternehmen lernten auf den internationalen Kapitalmärkten zu agieren.

Die Ausweitung der grenzüberschreitenden Kapitaltransaktionen war eine internationale Erscheinung. Sie wurde durch das Recycling der Petrodollar und die Entwicklung des Eurodollarmarktes gefördert. Die österreichische Wirtschaftspolitik hat sich dem internationalen Trend angepasst (unter anderem durch ein liberaleres Kreditwesengesetz), ohne die damit verbundenen Handlungsrestriktionen hinreichend zu reflektieren. Kienzl berichtete, dass er und Vranitzky bereits Anfang der 1970er-Jahre in einer Untersuchung zu dem Schluss gekommen wären, ein kleines Land könnte keine eigenständige Konjunkturpolitik betreiben. Die Erfahrungen der 1970er-Jahre, als die heimische Wirtschaftspolitik zweimal an außenwirtschaftliche Grenzen stieß, bestätigten diese Auffassungen.

Es schien daher kein besonderes Opfer, den Schilling Anfang der 1980er-Jahre strikt an die D-Mark zu binden und damit bei zunehmend freiem Kapitalverkehr auf eine eigenständige Geldpolitik zu verzichten. Die Währungsbehörden hielten an dieser Entscheidung auch fest, als asymmetrische Schocks (die Krise der Verstaatlichten Industrie in Österreich, der Zinsschock anlässlich der deutschen Wiedervereinigung) Änderungen des Wechselkurses erwägenswert erscheinen ließen. Der Wechselkurs wurde damit von einem Instrument zu einem Fixpunkt der Wirtschaftspolitik. Selbst auf die im Goldstandard und im Europäischen Währungssystem verankerten Bandbreiten wurde verzichtet. Auf diese Weise borgte sich zwar die österreichische Wirtschaftspolitik die Glaubhaftigkeit der Deutschen Bundesbank, »importierte« aber gleichzeitig den Monetarismus nach Österreich (Scharpf, 1987). Die Deutsche Bundesbank folgte nach eigener Einschätzung einem pragmatischen und nach Einschätzung mancher Experten einem progressiven Monetarismus.

Eine der Grundthesen der Deutschen Bundesbank ist, dass die Notenbank für Preisstabilität verantwortlich ist und von diesem Ziel auch dann nicht abgehen darf, wenn die Arbeitslosigkeit relativ hoch ist. Die hohen Arbeitslosenquoten nach der Währungsreform Anfang der 1950er-Jahre und an der Jahrtausendwende wurden als strukturbedingt und daher nicht durch monetäre Maßnahmen zu beseitigen deklariert. Sie stieß damit begreiflicherweise auf den Widerspruch »fundamentalistischer« Keynesianer, Mitte der 1950er-Jahre auf die Experten der ECE in Genf und 50 Jahre später auf die nicht sehr zahlreichen deutschen Keynesianer, die üblicherweise von der Arbeiterkammer in Wien zu Symposien eingeladen wurden, in denen der »Neoliberalismus« diskutiert wurde.

Um die damit verbundene Weichenstellung zu verstehen, muss man berücksichtigen, dass der Monetarismus nicht nur eine niedrige Inflationsrate anstrebte, sondern eine eigenständige Programmatik entwickelte. Sie lässt sich wie folgt charakterisieren:

Der Monetarismus reduzierte das Zielbündel der »magischen Vielecke« auf Preisstabilität oder zumindest auf die Forderung »stability first«. Und die Verwirklichung der Preisstabilität wurde möglichst unabhängigen Notenbanken übertragen, denn

> »... inflation is always and everywhere a monetary phenomenon; an appropriate monetary policy is, therefore, a necessary and sufficient condition« (Lamfalussy, 1981).

Die Lohnpolitik ist in der monetaristischen Gedankenwelt »endogen«: Sie passt sich den Vorgaben der Währungsbehörden an. Und falls dennoch Arbeitslosigkeit besteht, wird sie als NAIRU (non-accelerating inflation rate of unemployment) klassifiziert. Ihre Beseitigung fällt in den Bereich der Mikropolitik. Das theoretische Konzept wurde in allen Industriestaaten weitgehend in die Praxis umgesetzt. Das »Golden Age of Central Banks« wird übersichtlich von Mishkin (2007) dargestellt. Die Notenbanken der Industrieländer haben sich entweder in die politisch unabhängige und strikt auf Geldwertstabilität fixierte Europäische Zentralbank eingegliedert oder betreiben »inflationary targeting« bei frei schwankenden Wechselkursen. Das gilt auch für die nordischen Staaten, die als Musterbeispiele für den Neokorporatismus galten.

Die Reduktion der Makropolitik auf Preisstabilität und die Übertragung der Verantwortung hiefür an eine (auch vom Finanzminister) unabhängige Notenbank war »systemtheoretisch« konsistent, weil der Monetarismus auf die Selbstheilungskräfte der Marktwirtschaft setzte. Insofern war er eine Gegenrevolution zur Keynes'schen Revolution (Tobin, 1981). Man darf daher die Selbstbindung der Geldpolitik in Österreich nicht isoliert sehen. Der Rückzug der Sozialpartner aus wichtigen Bereichen der Wirtschaftspolitik (die Wirtschaftspolitische Aussprache und die Preis-Lohn-Kontrollen der Paritätischen Kommission wurden aufgegeben), die weitgehende Privatisierung der Verstaatlichten Industrie und die Deregulierung wichtiger Infrastrukturbereiche belegen, dass die heimische Wirtschaftspolitik dem Zeitgeist folgte.

Von einer »monetaristischen Gegenrevolution« sollte man dennoch nicht sprechen. Die Budgetpolitik wurde entgegen den Empfehlungen des »mainstream« der Ökonomie als Hebel zur Glättung der Konjunkturschwankungen eingesetzt. Zinssubventionen verbilligten die Kreditkosten der Wirtschaft. Die Frage, ob eine Fiskalpolitik nicht relativ teuer kommt, die nicht durch eine akkommodierende Geldpolitik und eine schockabsorbierende Wechselkurspolitik unterstützt wird, braucht hier nicht erörtert zu werden. Chaloupek/Marterbauer (2008) demonstrierten, dass sich die heimische Wirtschaft einige Zeit gut mit den veränderten Rahmenbedingungen zurechtfand. Das war nicht zuletzt ein Verdienst der Lohnpolitik. Sie akzeptierte die Vorgaben der Deutschen Bundesbank (Brandl/Traxler, 2008), wenngleich unter deutlich verschlechterten Arbeitsmarktbedingungen (die Lohndrift war seit Anfang der 1980er-Jahre negativ).

3.4.2 Die Diskussion über die D-Mark-Bindung

Aus heutiger Sicht ebneten die strikte Bindung des Schilling an die D-Mark Anfang der 1980er-Jahre und die sie begleitenden marktwirtschaftlichen Reformen den Weg in den gemeinsamen europäischen Markt und die gemeinsame europäische Währung. Das schrittweise Vorgehen in der Liberalisierung des Kapitalverkehrs ersparte Österreich Finanzkrisen, wie sie etwa die skandinavischen Staaten hinnehmen mussten.

Aus damaliger Sicht war die Überantwortung der Geldpolitik an eine fremde Notenbank, die sich zum Monetarismus bekannte, unter den Ökonomen umstritten. Das gilt begreiflicherweise für den linken Rand des Keynesianismus[105].

Sachliche Kritik an der Bundesbank übte unter anderem Scharpf (1987). Er stellte fest, dass von den untersuchten Ländern mit sozialdemokratischen Regierungen die BRD am stärksten das Ziel der Vollbeschäftigung verfehlte. Für die relativ hohe Arbeitslosigkeit in der BRD machte er die »unabhängige, konfliktfähige und offenbar in ihrem Stabilisierungswillen gerade unersättliche Deutsche Bundesbank« verantwortlich. Auch nach anderen Quellen entschied sich die Bundesbank schon 1973, nicht mehr den Konsens mit Regierung und Gewerkschaften zu suchen, sondern den Sozialpartnern vorzugeben, welche Einkommensansprüche sie zu finanzieren bereit wäre (die »konzertierte Aktion« lief 1976 aus).

Von den österreichischen Ökonomen wandte sich Tichy (1988) gegen den unnötigen Verzicht auf Wechselkursänderungen. »Die Aufwertungspolitik, die sich in einer bestimmten Konstellation bewährt hat (Ölpreise) zur Bekämpfung der importierten Inflation, hat sich verselbständigt und wird in einer völlig anderen Situation beibehalten, in der nicht mehr die importierte Inflation zu bekämpfen ist, sondern im Gegenteil Arbeitslosigkeit und Strukturprobleme.« Winckler hielt in einem spieltheoretischen Ansatz die Bindung an die D-Mark für die zweitbeste Lösung. Asymmetrische Schocks wie eine Krise des Bundesbudgets oder der (Verstaatlichten) Industrie könnten eine reale Abwertung des Schilling gegenüber der D-Mark rechtfertigen. Laut Frisch erfüllten flexible Kurse eine Stoßdämpferfunktion. Die Diskussion über die angemessene Wechselkurspolitik war Ende der 1980er-Jahre abgeschlossen.

---

105 Als 1983 eine Hamburger Universität mit vorwiegend gesellschaftskritischer Ausrichtung ein Symposium anlässlich der 100sten Wiederkehr des Geburtstags von Keynes veranstaltete (es war im deutschen Sprachraum die einzige), wandte sich der Autor an eine Gruppe von Professoren der Nationalökonomie mit der Frage: »Ich tue mir manchmal schwer, mit den Ökonomen der Bundesbank zu diskutieren. Wie redet denn ihr mit ihnen?« Darauf mit erstauntem Augenaufschlag: »Wieso reden? Mit denen reden wir nicht.« Streissler erklärte, dass es in Österreich keine monetaristischen Ökonomen gäbe mit Ausnahme des »Bundesbankzöglings« Socher (der einige Zeit in der Deutschen Bundesbank verbrachte, bevor er Ordinarius in Innsbruck wurde). Er hatte noch 1973 eine umfassende Studie über den politischen Charakter der Inflation verfasst und darin die Meinung vertreten, das Konzept der Kosteninflation gewinne zunehmend an Anhängern – Milton Friedman ausgenommen. Und der Autor leistete sich die spitze Bemerkung, dass auf den österreichischen Hochschulen Keynesianismus gelehrt werde, mit Ausnahme der Universität Innsbruck, die in dieser Hinsicht nicht zu Österreich zähle. Pech (2006) schilderte in seiner Arbeit über die österreichische Geldpolitik, dass sich die OeNB selektiv auf einige Aussagen der ökonomischen Theorie stützte, die offensichtlich nicht von Streissler akzeptiert wurden. Rothschild erwähnte, dass in den Ökonomengesprächen bei Kreisky die Mehrzahl der Anwesenden gegen eine feste Bindung an die D-Mark waren.

Die Frage, wie aktivistisch die Makrowirtschaftspolitik sein sollte, stellte sich nicht nur im Keynes'schen Paradigma. Friedman, der Vater des Monetarismus, empfahl eine stetige Ausweitung der Geldmenge. Später forderten die monetären Ökonomen eine stabile Reaktionsfunktion der Notenbanken (z.B. in Gestalt der Taylor-Regel), Notenbank-Manager sahen darin nur einen Orientierungsbehelf, von dem in begründeten Fällen abgewichen werden kann. Die Geldpolitik der Notenbanken von den 80er-Jahren des vorigen Jahrhunderts bis zum großen Crash kann man in Anlehnung an die damalige Terminologie »Hebel-Monetarismus« nennen.

3.4.3 Wie keynesianisch war der Austro-Keynesianismus?

Haberler argumentierte, dass man eher von Austro-Monetarismus statt von Austro-Keynesianismus sprechen könnte, denn »Essentially the Bundesbank provides the monetarist basis for Austrian policy«. Er wollte mit dieser Wortwahl sichtlich der österreichischen Delegation helfen, denn im American Enterprise Institute wurde der Keynesianismus zu diesem Zeitpunkt nicht mehr geschätzt. Seine Argumentation wurde später von Socher wieder aufgegriffen. Androsch meinte, beide Begriffe kämen der pragmatischen Realität eine Spur näher.

Die Interpretation des Autors, die von den zitierten Weggenossen geteilt wird, lautet: Die österreichische Wirtschaftspolitik war im fraglichen Zeitraum keynesianisch, konnte aber diese Strategie nicht durchhalten und wurde spätestens mit der strikten Bindung des Schilling an die D-Mark monetaristisch.

Keynesianisch war das Festhalten am Prinzip der Vollbeschäftigung auch unter schwierigen Bedingungen. Keynesianisch waren auch das »deficit spending« in den beiden den Ölpreisschocks folgenden Rezessionen und die zentrale Rolle, die der Einkommenspolitik zugewiesen wurde. (Einkommenspolitik erschien den Keynesianern ein wichtiges Mittel, um den Trade-off zwischen Inflation und Arbeitslosigkeit zu verbessern. Ihr Scheitern trug maßgeblich dazu bei, Preisstabilität ausschließlich mit monetären Mitteln anzustreben.) Das Ausschwingen der Superkonjunktur Anfang der 1970er-Jahre – um ein weiteres Beispiel zu nennen – verstieß gegen die Taylor-Regel, an der heute die Qualität der Geldpolitik gemessen wird.

Strittig ist, ob die Wechselkurspolitik vor der strikten Bindung an die D-Mark dem keynesianischen Gedankenkreis zugeordnet werden kann. Die außenwirtschaftlichen Überlegungen von Keynes und seinen Anhängern gingen von einem Staat mittlerer Größe mit einem nicht allzu großen und vorwiegend komplementären Außenhandel (Tausch von Industriegütern gegen Rohwaren und Energie) aus. Wenn ein solcher Staat mit den ihm verfügbaren Mitteln Vollbeschäftigung betreibt, stößt er bald an außenwirtschaftliche Grenzen. Die Erfahrungen der Zwischenkriegszeit lehrten zweierlei. Zum einen kann der Außenwert der Währung zu hoch angesetzt werden. (Mundell führte die Weltwirtschaftskrise ausschließlich auf unrealistische Währungsparitäten zurück.) Großbritannien kehrte nach dem Ersten Weltkrieg zum Goldstandard mit der Vorkriegsparität zurück, obschon während des Krieges Preise und Löhne erheblich gestiegen waren. Dieser außenwirtschaftlichen Vorgabe konnte sich die britische Wirtschaft nur unvollständig anpassen. Die Folge waren Lohndruck und unzureichendes Wachstum. Zum anderen: Als in der Weltwirtschaftskrise zunehmend mehr Staaten vom Goldstandard abrückten, erholte sich die Wirtschaft in jenen Ländern, die frühzeitig abwerteten und überdies ein gewisses Maß an Devisenbewirtschaftung beibehielten, rascher als in jenen Ländern, die am Goldstandard klebten. Obstfeld/Taylor (2004) demonstrierten diesen Sachverhalt mit Querschnittsregressionen der Industrieproduktion auf den Wechselkurs und administrativen Beschränkungen.

Keynes zog daraus den Schluss, dass der Spielraum für die Binnenwirtschaftspolitik nicht durch außenwirtschaftliche Zwänge eingeengt werden dürfe. Das in Bretton Woods geschaffene Weltwährungssystem trug dem Rechnung, indem es die Stufenflexibilität (Währungsabwertungen bei fundamentalen Ungleichgewichten) einführte und Kontrollen des grenzüberschreitenden Kapitalverkehrs zuließ (die Konvertibilität gemäß Artikel VIII bezog sich nur auf laufende Transaktionen). Keynes rechtfertigte vor dem britischen Unterhaus das Bretton-Woods-Abkommen mit dem Hinweis, dass es der heimischen Lohnpolitik keine Beschränkungen auferlege (ausführliches Zitat in: Obstfeld/Taylor, 2004). Dem linken Flügel der Keynesianer gingen die Konzessionen an einen freien Welthandel zu weit. Sie wollten die nationale Vollbeschäftigungspolitik durch langfristige, bilaterale Handelsabkommen mit Ländern absichern, die ebenfalls imstande waren, Vollbeschäftigung zu sichern. Auch die Kritik von Joan Robinson stützte sich darauf, dass der »Bastard«-Keynesianismus der Außenwirtschaft zu viele Konzessionen mache. Wenn ein Land findet, dass ein niedriger Zinssatz angemessen wäre, dürfe seine Zinspolitik nicht durch internationale Kapitalbewegungen konterkariert werden.

Nach dem Zweiten Weltkrieg wurde Vollbeschäftigung zunächst mit Hilfe einer »rückgestauten Inflation« gesichert. Wer frühzeitig die behördlichen Kontrollen abbaute, geriet in das Kreuzfeuer der Kritik. Die ECE in Genf (unter maßgeblichem Einfluss von Kahn) unterschied die »braven« Staaten, die dank einer dirigistischen Wirtschaftspolitik Vollbeschäftigung sichern konnten (dazu zählten Großbritannien und die skandinavischen Länder), und »bösen« Ländern, die vorzeitig eine liberale Marktwirtschaft einführten und die damit verbundene Arbeitslosigkeit in Kauf nahmen (dazu zählte in erster Linie die BRD). Schlesinger (2002, S. 80) zitierte eine Intervention des englischen Notenbankgouverneurs. Danach verlangte dieser vom IWF, er möge Deutschland zu einer expansiven Politik veranlassen, denn »Unless the Germans want to bust Europe and start a world deflation they must act soon …«

Zu ähnlichen Interventionen kam es später. Im Economic Policy Committee, dem der Autor als österreichischer Delegierter angehörte, warfen noch in den 1980er-Jahren die Vertreter maßgeblicher Länder (darunter auch die USA) den Deutschen eine zu restriktive Geldpolitik vor. Sie fühlten sich in ihrer Kritik dadurch bestätigt, dass die BRD ständig Leistungsbilanzüberschüsse erzielte. Oder mit den Worten von Schlesinger (2002, S. 81): »... the undervalued D-Mark was a basic feature of the growing West-German economy«.

Es war daher nicht falsch, wenngleich etwas oberflächlich, wenn dem Keynesianismus ein Hang zu »weichen« Währungen zugeschrieben wurde. Darauf bezog sich Streissler, wenn er Kreisky als einzigen echten Keynesianer bezeichnete, weil er für Abwertung eintrat und dem Autor eines »der großen geisteshistorischen Kunststücke der österreichischen Interpretation« zuschrieb, weil er Keynesianismus mit einem harten Wechselkurs verknüpfte.

Man muss jedoch berücksichtigen: Die Erfahrungen der Zwischenkriegszeit bezogen sich auf eine Wirtschaft, die durch Deflation und Stagnation gekennzeichnet war. In den 1970er-Jahren drohte jedoch die Inflation Grenzen zu überschreiten, in denen Nachfragepolitik noch real wirksam und Einkommenspolitik noch machbar ist. Die Inflation in den 1970er-Jahren wurde keineswegs von den Keynesianern begrüßt. Sie wurde nur hingenommen, weil eine Disinflation mit den klassischen Mitteln der Geldpolitik wegen der befürchteten Produktions- und Beschäftigungseinbußen als zu kostspielig erschien. In Österreich gelang eine – zumindest was die Arbeitslosigkeit anlangt – kostenlose Disinflation, wie sie Ökonomen aller Richtungen vorschwebte. Wenn man das »monetaristisch« nennt, dann war auch die Hochblüte des Keynesianismus monetaristisch. (Die Koreahausse klang 1951/52 ab, ohne eine Preis-Lohn-Welle im Fixpreissektor auszulösen.)

3.4.4 Zusammenfassung

An der österreichischen Wirtschaftspolitik waren zwei Aspekte »keynesianisch«:

- Die hohe Priorität für Vollbeschäftigung und
- die erfolgreiche Einkommenspolitik, charakterisiert durch eine hohe Anpassungsfähigkeit der Löhne an wechselnde Bedingungen.

Bei Verfolgung dieser Ziele wurden Methoden angewandt, die nicht im Standardrezept des Keynesianismus angesiedelt sind, aber mit ihm vereinbar sind. Dazu zählt insbesondere die in der zeitgenössischen Darstellung nur unzureichend behandelte Steuerung des Angebots (supply side economics). Einen Grenzfall stellt die Wechselkurspolitik dar. In den 1970er-Jahren wurde der Wechselkurs als ein Instrument eingesetzt, um die von den internationalen Rohwarenmärkten (dem »flexprice system«) ausgehenden Inflationsschübe zu dämpfen. Man kann das innerhalb des keynesianischen Paradigmas damit rechtfertigen, dass eine vollbeschäftigte Wirtschaft besonders anfällig gegenüber Inflationsschüben ist, die vom »flexprice system« ausgehen. In den Nachkriegsjahren gab es daher wiederholt wenngleich letztlich erfolglose Versuche, die Schwankungen auf den internationalen Rohwarenmärkten durch Abkommen zwischen den Erzeuger- und Verbraucherländern (unter anderem durch »buffer stocks«) zu begrenzen. Mangels internationaler Vereinbarungen erfüllte die heimische Wechselkurspolitik in den 1970er-Jahren die Funktion eines Stoßdämpfers.

Dazu kam folgende Überlegung: Die realen Effekte der Steuerung der nominellen Nachfrage hängen nicht zuletzt von den mittelfristigen Inflationserwartungen (vom Inflationstrend) ab. Eine Politik, die imstande ist, die Inflationsraten niedrig zu halten, verbessert daher die Chancen für ein effizientes Nachfragemanagement[106].

Nicht mehr in das Keynesianische Paradigma passt die strikte Bindung des Schilling an die D-Mark Anfang der 1980er-Jahre. Plakativ formuliert: In den 1970er-Jahren wurde der Wechselkurs als ein Instrument der Makrowirtschaftspolitik eingesetzt, nunmehr wurde er zu einem Fixpunkt, dem sich die Wirtschaft anzupassen hatte. Der Keynesianismus (und nachweislich Keynes selbst) war gegen einen solchen Fixpunkt. Der Goldstandard wurde in der Zeit zwischen den beiden Weltkriegen problematisiert, weil er zu wenig Spielraum für eine an den binnenwirtschaftlichen Zielen orientierte Wirtschaftspolitik ließ. Er wurde nicht als »Anker«, sondern als »Zwangsjacke« empfunden. Vollends in Misskredit geriet er in der Depression der 1930er-Jahre. In jenen Ländern, die ihre Währung abwerteten, entwickelten sich Produktion und Beschäftigung viel günstiger als in jenen, die am Goldstandard festhielten.

Keynes und die Keynesianer zogen daraus den Schluss, dass das internationale Währungs- und Handelssystem so beschaffen sein müsse, dass es den einzelnen Ländern genügend Spielraum für eine an binnenwirtschaftliche Erfordernisse angepasste Makrowirtschaftspolitik lasse. Das Bretton-Woods-System mit Stufenflexibilität und Kontrollen des grenzüberschreitenden Kapitalverkehrs sollte diesen Anforderungen genügen. (Linke Keynesianer gingen darüber hinaus: Sie lehnten einen freien Welthandel und ein multilaterales Zahlungssystem selbst für laufende Transaktionen ab, weil es einen internationalen Konjunkturzusammenhang fördere[107].)

---

106 Bibelgläubige mögen bei Keynes (1936) nachlesen.

107 In der Wirtschaftspolitik der Industrieländer hat sich – wie Joan Robinson bemerkte – der Linkskeynesianismus nicht durchgesetzt. Immerhin: Großbritannien zögerte, 1950 der Europäischen Zahlungsunion beizutreten und gab seinen Widerstand erst nach Bereitstellung größerer Mittel durch die USA auf.

3.5 Die Sozialpartnerschaft im Rückblick

3.5.1 Vorbemerkungen

Die Sozialpartnerschaft (die österreichische Form des Neokorporatismus) ist seit der Gründung der Zweiten Republik ein wesentlicher Bestandteil der Wirtschafts- und Gesellschaftsordnung. Sie stützt sich auf große wirtschaftliche Interessenverbände mit einem hohen Organisationsgrad und Entscheidungskompetenz der Verbandsspitzen. Die Verbände versuchen ihre Ziele zu erreichen, indem sie miteinander kooperieren, die Gesetzgebung beeinflussen und in der staatlichen Verwaltung mitwirken. Die Politologen sprechen von horizontaler und vertikaler Konzertierung.

Die wirtschaftliche Macht der Interessenverbände nötigt sie, die gesamtwirtschaftlichen Auswirkungen ihrer Strategien zu bedenken und bietet die Chance zu einem an gesamtwirtschaftlichen Zielen orientierten gemeinsamen Vorgehen (Gegensatz zum Lobbyismus kleiner Gruppen).

Die Verschränkung von politischen Parteien und Interessenverbänden und die damit verknüpfte Ämterkumulierung macht es schwierig, Entscheidungen bestimmten »Arenen« zuzuordnen. »Leadership« und »eiserne Dreiecke« spielen eine große Rolle, ohne dass es möglich ist, »hinter die Kulissen zu schauen«. In einzelnen Fällen bietet sich jedoch eine »kausale« Interpretation an; ihre Häufung lässt Generalisierungen zu.

Alternativen zu sozialpartnerschaftlichen Regelungen sind entweder das anonyme Marktgeschehen oder Aktionen anderer Träger der Wirtschaftspolitik. Der Aktionsradius der Sozialpartner wurde im Laufe der Zeit kleiner, weil die Wirtschaftsordnung liberaler wurde und weil der (verbleibende) Regelungsbedarf in stärkerem Maße von anderen (zum Teil supranationalen) Trägern der Wirtschaftspolitik gedeckt wird.

Die österreichische Sozialpartnerschaft beruht auf der Fähigkeit der Sozialpartner, strittige Fragen einvernehmlich zu lösen. Die Konsensbereitschaft hat historische Wurzeln (Bürgerkrieg in der Ersten Republik, Besatzung im ersten Nachkriegsjahrzent). Neo-korporatistische Systeme können auch in einer »Konfliktkultur« nach skandinavischem Muster bestehen. Der Konsensbereich der österreichischen Sozialpartnerschaft war allerdings immer beschränkt. Die Steuererhöhungen, die Finanzminister Koren Ende der 1960er-Jahre und sein Amtskollege Androsch ein Jahrzehnt später veranlassten, waren nicht konsensfähig.

Die Sozialpartnerschaft ist ein wichtiges Forschungsfeld der Politikwissenschaft. Sie hat jedoch ökonomische Ziele und unterliegt daher ökonomischen Effizienzkriterien. Die folgende Darstellung stützt sich maßgeblich auf persönliche Erfahrungen des

Autors in verschiedenen wirtschaftspolitischen Gremien[108] und auf ein eingehendes Quellenstudium der Wirtschaftspolitik im ersten Nachkriegsjahrzehnt (Seidel, 2005).

3.5.2 Die Nachkriegszeit

3.5.2.1 Die Kommandowirtschaft

Die österreichische Wirtschaftspolitik behielt 1945 das umfassende Lenkungssystem der Kriegswirtschaft bei. Was für die Kriegswirtschaft tauglich war, schien auch für den Wiederaufbau passend. Die Behörden bestimmten zumindest im Prinzip, was produziert wurde, wie das verfügbare Angebot verteilt wurde und zu welchen Preisen die Transaktionen abzuwickeln waren. Die großen Interessenverbände waren auf verschiedene Weise in das behördliche Lenkungssystem eingebunden. Zum Teil fungierten sie selbst als Lenkungsbehörde, wie etwa die Fachverbände der Handelskammern in der Bewirtschaftung gewerblicher Produkte, zum Teil erhielten sie in Beiräten ein Mitspracherecht. In wichtigen Bereichen entstanden paritätisch besetzte Kommissionen mit Entscheidungskompetenz, so etwa die allgemeine Bewirtschaftungskommission, die Preisregelungskommission, die Zentralkommission für die Ein-, Aus- und Durchfuhr oder die zentrale Kreditlenkungskommission. Eine entscheidende Rolle spielten die großen Verbände in der Preis-Lohn-Politik. Nach den geltenden Preisregelungsgesetzen hatte die staatliche Preisbehörde Höchstpreise für das gesamte Güterspektrum festzusetzen. Als dennoch die Inflation außer Kontrolle zu geraten drohte, ergriffen die Sozialpartner die Initiative (Bildung der Wirtschaftskommission über Anregung von Präsident Raab der Wirtschaftskammer). In den Preis-Lohn-Abkommen einigten sich die Verbände, wieweit der Forderung nach höheren Agrarpreisen stattgegeben wurde, welchen Teuerungsausgleich die Arbeitnehmer erhielten und welche Kostensteigerungen die gewerbliche Wirtschaft weiterwälzen durfte. Die Einigung der Sozialpartner wurde vom Ministerrat »abgesegnet«, worauf die zuständige Preisbehörde die entsprechenden Verordnungen und Bescheide erließ.

Die Verbände wurden in das Regelwerk der Kommandowirtschaft einbezogen, um ihre Sachkompetenz zu nutzen (Demokratisierung der Entscheidungsprozesse war ein anderer Grund). Die Verbände verfügten über ein aus der Praxis geschöpftes Wissen, das ihnen in den politischen Parteien ein starkes Gewicht verlieh. Insbesondere die SPÖ war (bevor sie Nachwuchs aus der verstaatlichten Industrie und den verstaatlichten Banken heranziehen konnte), auf das Expertenwissen der Arbeitnehmervertreter angewiesen (»Unternehmer-Erfahrungen« hatten nur die Konsumgenossenschaften).

108 Dazu gehören auch die informellen Ökonomenrunden, wie sie etwa von den Kanzlern Klaus und Kreisky gepflogen wurden.

Die Verbände verfügten nicht nur über praktische Erfahrungen, sondern bauten auch eine »wissenschaftliche Kompetenz« auf. Die Wiener Arbeiterkammer beschäftigte Ökonomen, die während der deutschen Okkupation emigriert waren und vorwiegend aus dem angelsächsischen Raum keynesianisches Gedankengut mitbrachten (Rieger, 1993). Mitarbeiter der Handelskammern gehörten zu den regelmäßigen Besuchern von wirtschaftswissenschaftlichen Tagungen im deutschen Sprachraum und erwarben dort nicht nur Kenntnisse über die »soziale Marktwirtschaft« deutscher Prägung, sondern auch über die Rezeption der (damals) modernen Makroökonomie im deutschen Sprachraum. Viele von ihnen ergriffen später die wissenschaftliche Laufbahn.

Die Zusammenarbeit der Verbände hatte sich in der Wiederaufbauperiode auf die Bewältigung von Tagesproblemen beschränkt. Wie die Wirtschaftsordnung nachher beschaffen sein sollte, blieb offen. Marktwirtschaft oder Planwirtschaft erschienen als zwei einander ausschließende Wirtschaftsordnungen, auch wenn über die konkrete Form der Planwirtschaft nur beiläufige Vorstellungen herrschten. Eine erste Vorentscheidung fiel mit der Teilnahme Österreichs am Marshall-Plan. Das war angesichts der sowjetischen Besatzung in Ostösterreich ein mutiger und – wie sich bald herausstellte – ein schwerwiegender Entschluss. Er wurde auch von der Gewerkschaftsführung mitgetragen, obschon ihr das nicht leicht fiel. Österreich gehörte nunmehr zur Gruppe der »westeuropäischen« Industriestaaten. Parallelen zum Beitritt Österreichs zur EU drängen sich auf.

Gegen Ende der Wiederaufbauperiode fielen richtungsweisende Entscheidungen. Der Arbeiterkammerbeamte Wirlander erklärte Ende 1951 auf dem 2. Gewerkschaftskongress, die Arbeitnehmer müssten sich von dem Gedanken lösen, dass der Planwirtschaft die Zukunft gehörte (Butschek, 1996). Die Arbeiterkammer verfolgte in der Folgezeit Interessenpolitik, indem sie für mehr Konkurrenz auf den Gütermärkten eintrat[109]. Ebenfalls Ende 1951 präsentierte der Handelskammerbeamte Kamitz ein Konzept mit dem Titel: »Marktkonforme, widerspruchsfreie Wirtschaftspolitik als Voraussetzung der privatwirtschaftlichen Gesellschaftsform«. Dieses Konzept, mit dem Kamitz ministrabel wurde, plädierte für »mehr Markt und weniger Staat«. Wo noch Ermessensentscheidungen von Behörden notwendig wären, sollten sie der staatlichen Verwaltung vorbehalten bleiben. Die vielen paritätisch besetzten Kommissionen (das Konzept führt einige ausdrücklich an) sollten abgeschafft werden.

Die Wirtschaftspolitik, die Kamitz als Finanzminister einschlug, beruhte freilich nicht auf einem sozialpartnerschaftlichen Konsens. Sie stützte sich auf ein politisches »Strickmuster«, das sich später wiederholen sollte: Ein starker Bundeskanzler ermög-

109 Einige Jahre später bewirkten Ökonomen der Arbeiterkammer, dass sich das Parteiprogramm 1958 der SPÖ vom marxistischen Grundkonzept entfernte (Rieger, 1993).

lichte einem initiativen Finanzminister, unpopuläre Maßnahmen zu treffen, die nicht akkordierbar sind, auch wenn damit bestimmte anerkannte Ziele erreicht werden. Die Kamitz'sche Stabilisierungspolitik erzwang innere und äußere finanzielle Stabilität mit Hilfe einer restriktiven Geld- und Fiskalpolitik. Sozialpartnerschaftliche Arrangements, wie kollektive »freiwillige« Preissenkungen bei rückläufigen Weltmarktpreisen und die Lohnpause der Gewerkschaften hatten subsidiären Charakter. Sie milderten die Anpassungsschwierigkeiten einer »klassischen«, mit den Mitteln der Geld- und Kreditpolitik erzwungenen Stabilisierung, für die es nicht zuletzt deshalb keine Alternative gab, weil die USA ihre Hilfe an Österreich beenden wollten und die österreichische Wirtschaft lernen musste, auf eigenen Beinen zu stehen.

Mit der Herstellung innerer und äußerer finanzieller Stabilität wurden viele dirigistische Eingriffe in die Wirtschaft und manche der paritätisch besetzten Kommissionen überflüssig. Die Arbeitnehmervertreter verloren damit viele der gewohnten Einflussmöglichkeiten auf den Wirtschaftsablauf. Die erste Phase der Kamitz-Ära besticht durch die Revitalisierung wichtiger marktwirtschaftlicher Institutionen, die im Zuge der Kriegs- und Nachkriegsereignisse verkümmert waren. Das marktwirtschaftliche System der 1950er-Jahre war jedoch sehr unvollkommen (Farnleitner, 1992). Es war weit entfernt nicht nur vom Leitbild der Marktwirtschaft, dem anonymen Markt[110]), sondern auch von der konkreten Wirtschaftsordnung, die sich gegen Ende des 20. Jahrhunderts unter dem Einfluss der Europäischen Integration und der Globalisierung der Weltwirtschaft in Österreich entwickelte. Die Gewerbeordnung, das Kartellrecht und die Kartellpraxis, die Marktordnung für landwirtschaftliche Produkte und hohe Importbarrieren ließen nur eine »schaumgebremste Konkurrenz« zu.

Als sich 1956/57 der Preisauftrieb verstärkte, ergriff der Gewerkschaftsbund die Initiative, um seine Positionsverluste wieder wettzumachen. Zwar kam es nicht zu der von ihm angestrebten Wirtschaftskommission und damit zu einem umfassenden Mitwirkungsrecht der Verbände an der Wirtschaftspolitik. Wohl aber entstand die Paritätische Kommission für Preis- und Lohnfragen.

3.5.3 Der Höhepunkt

3.5.3.1 Die Paritätische Kommission

Das Raab-Böhm-Abkommen vom März 1957 kann als »Sozialkontrakt« interpretiert werden. Darin verzichteten die Arbeitnehmer, ihre (bei Vollbeschäftigung und ho-

110 Das Referenzmodell der Marktwirtschaft ist nach wie vor der anonyme Markt (die »hidden hand« von Adam Smith). Für die Realitätsnähe des Modells ist entscheidend, wieweit seine Eigenschaften auch bei unvollständigen Informationen und bei einer beschränkten Zahl von Marktteilnehmern gelten.

hem Organisationsgrad gegebene) Marktmacht voll zu nutzen und erhielten dafür eine Gegenleistung (Mitwirkung an der Preisbildung von marktbeherrschenden Unternehmungen und an der allgemeinen Wirtschaftspolitik). Die Arrangements der Paritätischen Kommission liefen auf eine Gleichbehandlung der Preis- und Lohnbildung hinaus. Sowohl Löhne als auch Preise wurden von den Sozialpartnern ausgehandelt. Die »Paritätische« kann als eine Reaktion auf die Marktmacht gedeutet werden, die der überlieferte heimische Kapitalismus den Unternehmungen ließ. Statt Marktmacht zu reduzieren, wie es der Liberalismus fordert, wurde sie in ein »kooperatives Spiel mit Wiederholung« eingebunden. Die österreichische Wirtschaft war damit – ordnungspolitisch gesehen – keine Marktwirtschaft, sondern eine Verhandlungswirtschaft, vermerkten Kritiker (Neck, 1981).

Das Neue an der Paritätischen war, dass die Verbandsspitzen ihre Mitglieder zu einem Wohlverhalten verpflichteten, ohne über die Machtmittel des Staates zu verfügen. Die Preis-Lohn-Abkommen der Nachkriegszeit bezogen sich auf behördlich festgelegte Höchstpreise. Das warf die Frage nach der Effizienz der Verfahren auf. Zweifel bestanden insbesondere, ob die Unternehmerverbände imstande waren, ihre Mitglieder zu veranlassen, sich freiwillig einem Preisgenehmigungsverfahren zu unterwerfen und wieweit die von der Kommission genehmigten Preise von jenen abwichen, die sich ohne Intervention der Sozialpartner gebildet hätten. Die Ökonomen haben verschiedene Modelle entwickelt, warum es für einzelne Unternehmungen rational sein kann, sich an die Spielregeln zu halten, wie etwa implizite Kontrakte bei Risikoaversion. Plausibel auch, dass die Prozeduren der Paritätischen die an sich bestehende Preisstarrheit nach oben verstärkten. Nur: Fundierte empirische Untersuchungen, wie sie etwa im Projekt Inflation Persistence Network der Europäischen Zentralbank vorgenommen werden, fehlen. Wir wissen, dass die Verbraucherpreise im Durchschnitt alle 10 bis 14 Monate geändert werden (Baumgartner et al., 2005, S. 5), wir wissen aber nicht, ob die Fristen damals länger oder kürzer waren. Den Sozialpartnern war der Konsens wichtiger als die kritische Effizienzprüfung.

Was die Lohnbildung anlangt, so muss die These modifiziert werden, dass die österreichischen Arbeitnehmerorganisationen dank ihres hohen Organisations- und Zentralisationsgrades eine zentralistische und solidarische Lohnpolitik betrieben. Die branchenweisen Lohnunterschiede sind in Österreich hoch und haben sich im Zeitverlauf weiter vergrößert, und zwar schon in den Anfängen der Paritätischen (Pollan, 1992). Der empirische Befund ist mit folgender Interpretation vereinbar: Die vom Gewerkschaftsbund festgelegte informelle (und Außenstehenden nicht bekannte) Lohnleitlinie ließ den Einzelgewerkschaften einen gewissen Spielraum, in ihren Lohnabschlüssen die besonderen Bedingungen ihrer Branche zu berücksichtigen. Das stabilisierte die sektorale Beschäftigung und minderte das Streikrisiko, weil die Unternehmer den Lohnabschluss verkraften konnten. (In den skandinavischen Ländern mit forcierter solidarischer Lohnpolitik sind Streiks häufiger; es bedarf dort einer besonderen »Streikkultur«.)

Dass ein Sozialkontrakt wünschenswert wäre, um die Inflationsrisken einer vollbeschäftigten Wirtschaft zu reduzieren, war Bestandteil des praktizierenden Keynesianismus nach dem Zweiten Weltkrieg (siehe hiezu den internationalen Expertenbericht in United Nations, 1949). Die einkommenspolitischen Experimente schlugen jedoch in den meisten Fällen fehl oder brachten nur teilweise eine Erleichterung. Das trug dazu bei, dass der Keynesianismus als dominante wirtschaftspolitische Doktrin von der Neoklassik (Neoliberalismus) abgelöst wurde.

Wann Lohnabschlüsse als »mäßig« gelten, ist nicht leicht an Hand objektiver Kriterien zu beurteilen. Die österreichische Einkommenspolitik bestand ihre Feuerprobe in den 70er-Jahren des abgelaufenen Jahrhunderts, als heftige Turbulenzen (unter anderem zwei Ölpreisschocks) die Weltwirtschaft erschütterten. Zweistellige Inflationsraten und steigende Arbeitslosigkeit ließen erkennen, dass die wirtschaftliche Entwicklung in wichtigen Industriestaaten außer Kontrolle zu geraten drohte. Die heimische Wirtschaftspolitik versuchte, den inflatorischen Auftrieb dadurch in Grenzen zu halten, dass sie den Außenwert des Schilling an die D-Mark band. Das war eine Strategie, die erhebliche Risken in sich barg. Sie wurde denn auch von ausländischen Experten (Flanagan et al., 1983) und von internationalen Wirtschaftsorganisationen skeptisch beurteilt. Wenn die österreichische Wirtschaft dennoch in den Tugendkreis einer stabilen Währung geriet, verdankte sie das in hohem Maße dem Umstand, dass die Lohnpolitik die Vorgabe der Wechselkurspolitik honorierte. Die hohe Nominal- und Reallohnflexibilität machte international Eindruck[111]. Die Krisenbewältigungspolitik der 1970er-Jahre hatte freilich Spätfolgen, mit denen die Wirtschaftspolitik der 1980er-Jahre konfrontiert wurde.

3.5.3.2 Der Beirat für Wirtschafts- und Sozialfragen

Der Beirat verdankt sein Entstehen einer Revolte der Intellektuellen. Die Ökonomen in den Verbänden wandten sich gegen die herkömmliche Art, Wirtschaftspolitik zu betreiben, die sie als »Improvisationskunst« von »Nur-Praktikern« etikettierten. Sie forderten eine an Fakten orientierte wissenschaftlich fundierte Wirtschaftspolitik, wie sie ihrer Meinung nach in anderen Ländern bereits bestand. Die Bemühungen des Beirats im wirtschaftspolitischen Bereich korrelierten mit den Bemühungen im akade-

111 Der Autor hatte 1982 Gelegenheit, die österreichischen Erfahrungen mit Einkommenspolitik im amerikanischen Kongress vorzutragen (U.S. Government Printing Office, 1981).

mischen Bereich, den Nachholbedarf an den Hochschulen zu decken. Im gleichen Jahr (1963) wie der Beirat entstand über Initiative von Morgenstern und Lazarsfeld das Institut für Höhere Studien mit dem Ziel, mit Hilfe ausländischer Gastprofessoren einem lernbegierigen akademischen Nachwuchs moderne Methoden der Wirtschafts- und Sozialwissenschaften zu vermitteln.

Die Gründung des Beirats hatte nicht nur eine technokratische Komponente. Die Arbeitnehmerseite hoffte mit dem Beirat zumindest teilweise das zu erreichen, was über die (nicht realisierte) Wirtschaftskommission erreicht werden sollte, nämlich eine qualifizierte Mitbestimmung in allen Bereichen der Wirtschaftspolitik. Wenn sachlich fundierte Empfehlungen des Beirats von den Präsidenten nachdrücklich unterstützt wurden, konnten sie schwer zurückgewiesen werden. Die Kombination von Sachwissen mit politischer Akkordierung war eine innovative Idee, die den Beirat von anderen Beratungskörperschaften unterschied.

Der Beirat hat nicht die hochgesteckten Ziele erreicht, die er sich im ersten Überschwang gestellt hatte. So blieb es etwa bei einem Versuch, die kurzfristigen Wirtschaftsprognosen des WIFO zu einer wirtschaftspolitischen Rundschau mit konkreten Empfehlungen auszubauen. Und die im Schoße der Sozialpartner errichtete Arbeitsgruppe für mittelfristige Prognosen, der eine Schlüsselrolle in der Strukturpolitik zugedacht war, wurde nach einiger Zeit aufgelöst, ohne dass sie mehr als Vorarbeiten für eine Input-Output-Statistik leisten konnte. Auch mussten die Grenzen beachtet werden, die der innerverbandliche Interessenausgleich und die zumindest von einem Teil der Trägerinstitutionen unterstützte Regierungspolitik der Wahl und der Durchführung von Themen auferlegte. Gemessen an dem, was anderswo wissenschaftliche Beiräte leisten, war jedoch der Beirat sehr erfolgreich. Er trug maßgeblich zur Verbesserung der Wirtschaftsstatistik bei. Er vermochte eine große Zahl von externen Experten aus Wissenschaft, Verwaltung und Wirtschaft zu gemeinsamer Arbeit zu mobilisieren. Die gemeinsame Arbeit im Beirat hat die Kohäsion der Eliten verstärkt. Nicht wenige der von den Arbeitsgruppen erarbeiteten Detailvorschläge wurden in die Praxis umgesetzt. Gelegentlich wurden auch »heiße Eisen« angefasst, wie etwa die Inbetriebnahme des Atomkraftwerks Zwentendorf oder die Hartwährungspolitik, in beiden Fällen allerdings erfolglos. Als eine der wichtigsten Leistungen des Beirats wird von ehemaligen Mitgliedern sein Beitrag zur Entscheidung für eine EU-Mitgliedschaft angesehen. Einen Überblick über die Beiratsarbeit bis Anfang der 1990er-Jahre des abgelaufenen Jahrhunderts findet sich in Seidel (1993).

Damit der Beirat aktiv werden konnte, musste er das Gemeinsame betonen und das Trennende zurückstellen. In der Sprache der Spieltheorie: Er musste den Gewinn aus Konfliktstrategien gering und den Ertrag aus Kooperation hoch bewerten. Dementsprechend schätzte er die Möglichkeit, durch einseitiges Vorgehen die primäre

Einkommensverteilung zu ändern, nur gering ein. Gleichzeitig hielt er es für möglich, das Wirtschaftswachstum durch eine angemessene Wirtschaftspolitik zu fördern. Das entsprach weit über die Gründerzeit des Beirats hinaus den Vorstellungen führender Wirtschaftswissenschaftler (siehe z.B. Barro/Sala-i-Martin, 1995, »Introduction«). Der Optimismus des »Golden Age«, »Wirtschaftswachstum nach Maß« produzieren zu können, ist freilich inzwischen geschwunden.

3.5.3.3 Die Wirtschaftspolitische Aussprache

Die von Bundeskanzler Klaus 1968 eingeführte Wirtschaftspolitische Aussprache fand vierteljährlich unter dem Vorsitz des Bundeskanzlers statt. An ihr nahmen die Spitzen der großen Wirtschaftsverbände (Präsidenten und Generalsekretäre) und die Minister der Wirtschaftsressorts teil. Der Ablauf war weitgehend normiert. Zunächst gab der Leiter des WIFO einen Bericht über die aktuelle Wirtschaftslage und die Wirtschaftsprognosen, die oft erst am gleichen Tag im WIFO in der Arbeitsgruppe für kurzfristige vorausschauende volkswirtschaftliche Gesamtrechnungen präsentiert worden waren. Dann erklärten der Präsident der OeNB und der Finanzminister, wieweit sie die Einschätzungen der Wirtschaftsforscher teilten, welcher Handlungsbedarf sich daraus ergab und wieweit bereits konkrete Maßnahmen gesetzt wurden. Daran schloss sich eine allgemeine Diskussion, in der die Verbandsspitzen zu den Kurzberichten Stellung nahmen und ihre Anliegen vorbrachten. Die Sozialpartner traten dabei nicht als geschlossene Gruppe auf, sondern präsentierten ihre individuellen Auffassungen. Unverkennbar auch, dass die einzelnen Verbände die ihnen nahe stehenden Regierungen verständnisvoll behandelten. Die Wirtschaftspolitische Aussprache befasste sich ausschließlich mit Konjunkturpolitik vorwiegend mit den Mitteln der Fiskal- und Geldpolitik. Ein Vorstoß der Arbeitnehmervertreter zur Zeit der ÖVP-Alleinregierung, die Strukturprobleme der Landwirtschaft auf die Tagesordnung zu setzen, wurde abgeblockt. Der Gegenstand und das Procedere der Verhandlungen machten die Wirtschaftspolitische Aussprache zu einem Instrument der Regierungspolitik und der damit abgestimmten Politik der Notenbank.

Das Verbändekomitee war ein »Ableger« der Wirtschaftspolitischen Aussprache. Finanzminister Koren fand, dass der Teilnehmerkreis der Aussprache zu groß und für Sachfragen zu wenig kompetent sei. Er organisierte daher eine Runde von Experten aus dem Kreis der Sozialpartner, um mit ihnen technische Probleme der Finanzpolitik zu erörtern. Dabei ging es ihm nicht nur darum, seine wirtschaftspolitischen Vorstellungen mit einem Kreis von Experten zu diskutieren, sondern wohl auch darum, »zu verhindern, durch Ergebnisse des Beirats für Wirtschafts- und Sozialfragen vor vollendete Tatsachen gestellt zu werden (Androsch, 1989, S. 192).

3.5.3.4 Vertikale Konzertierung

Der Einfluss der Verbände auf Regierung und Parlament war im Höhepunkt der Sozialpartnerschaft größer als in den letzten beiden Jahrzehnten. Das galt vor allem für die Zeit der großen Koalition. Dass die relevanten Entscheidungen in den Interessenverbänden getroffen und der staatlichen Bürokratie die Legistik überlassen wurde, galt insbesondere für bestimmte Fachministerien, die in der Zeit der großen Koalition typischerweise einer der beiden Großparteien zufielen und von diesen mit einem Vertreter der Interessenverbände besetzt wurden, wie etwa das Landwirtschaftsministerium oder das Sozialministerium. Der Beirat für Wirtschafts- und Sozialfragen entstand nicht zuletzt unter dem Eindruck, dass die große Koalition in der ersten Hälfte der 1960er-Jahre nur noch beschränkt handlungsfähig war. Die Wirtschaftsgeschichte kennt verschiedene Fälle, wonach Entscheidungsschwächen bestimmter Träger der Wirtschaftspolitik durch Initiativen anderer Träger ausgeglichen wurden. (So leitete z.B. die Notenbank Ende 1952 eine expansive Politik ein, als sich die Regierungsbildung nach den Wahlen 1952 verzögerte.)

Auch in der Zeit der Alleinregierungen einer der beiden Großparteien in der zweiten Hälfte der 1960er-Jahre lassen sich noch viele Beispiele für die Dominanz der Sozialpartner beibringen. Über die inhaltlichen Bestimmungen der Marktordnungsgesetze, die periodisch verlängert werden mussten, einigten sich die Sozialpartner. Das Parlament wurde oft erst knapp vor den Sitzungen informiert, was es zu beschließen hatte. Der langjährige Handelsminister Staribacher erklärte, dass in seinem Ressort nur Beschlüsse gefasst wurden, die vorher mit den Sozialpartnern akkordiert worden waren. Über das Kreditwesengesetz wurde drei Jahrzehnte lang verhandelt, um ein Maximum an Einwänden zu berücksichtigen.

Dennoch dominierten die Sozialpartner nur in Teilbereichen. Die Steuerpolitik etwa wurde weder zwischen den Sozialpartnern noch zwischen ihnen und der Bundesregierung abgestimmt. Dass die ÖVP die Risken der ersten Alleinregierung vermindern wollte, indem sie den Kontakt mit den Sozialpartnern pflegte, änderte nichts daran, dass das Steuerbelastungspaket des Finanzministers Koren Ende der 1960er-Jahre von der Arbeiterkammer abgelehnt wurde. Ähnliches widerfuhr seinem Nachfolger Androsch ein Jahrzehnt später. Das 2. Abgabenänderungsgesetz wurde von den Vertretern der Wirtschaft heftig bekämpft. In vielen Fällen wurden auch vom Staat Vorleistungen für den sozialpartnerschaftlichen Konsens eingefordert, etwa anlässlich des »big bargain« im Jahr 1968 in Gestalt einer Steuersenkung (Knapp, 1996). Die Ministerialbürokratie wurde durch die Alleinregierungen einer Großpartei gestärkt, weil der Einfluss von Interessengruppen auf Ministerien abnahm, die früher in »Erbpacht« politischer Parteien standen.

3.5.4 Der Rückzug

Länder mit neokorporatistischen Strukturen haben die Schocks der 1980er-Jahre des abgelaufenen Jahrhunderts besser überstanden als pluralistische Demokratien mit fragmentierten Interessenstrukturen (siehe z.B. Blaas/Guger, 1985). Dieser Vorsprung ging jedoch in der Folgezeit verloren. Seither ist ein Trend abnehmender korporatistischer Strukturen mit zyklischen Schwankungen zu beobachten. Das bedeutet nicht, dass letztlich nur noch pluralistische Gesellschaftsformen übrig bleiben. Europa ist nicht Amerika. Wohl aber müssen sich die Verbände geänderten Bedingungen anpassen und neue Tätigkeitsfelder erschließen.

Die Verbände verloren an Einfluss, weil andere Träger der Wirtschaftspolitik an Bedeutung gewannen und weil Umfang und Art der wirtschaftspolitischen Interventionen zugunsten des freien Spiels der Marktkräfte eingeschränkt wurden.

Der Gewichtsverlust der Verbände spiegelt sich in der Preisgabe wichtiger sozialpartnerschaftlicher Institutionen.

3.5.4.1 Der Abbau der Institutionen

Die Wirtschaftspolitische Aussprache fand bis Ende der 1970er-Jahre ziemlich regelmäßig vierteljährlich statt – im Bedarfsfall wurden außerordentliche Sitzungen einberufen. Danach versandete sie und wurde schließlich unter Kanzler Sinowatz ganz eingestellt. Ein Grund hiefür scheint der Paradigmenwechsel in der Wirtschaftspolitik gewesen zu sein, der sich etwas verspätet auch in Österreich vollzog. Die Wirtschaftspolitische Aussprache war ein Kind des Hebel-Keynesianismus. Er versuchte durch ständige Interventionen die Wirtschaft auf einem Niveau hoher wirtschaftlicher Aktivität auszusteuern. Das neue Paradigma hieß: Die Wirtschaft gedeiht am besten, wenn ihr die Wirtschaftspolitik stabile Rahmenbedingung bietet. Die österreichische Wirtschaftspolitik der 1980er-Jahre scheint diesen Paradigmenwechsel umso bereitwilliger nachvollzogen zu haben, als sie noch mit den mikro- und makroökonomischen Strukturverzerrungen (der Krise in der Verstaatlichten Industrie und den anhaltend hohen Budgetdefiziten) zu kämpfen hatte[112]. Das Verbändekomitee wurde schon von Finanzminister Salcher, der Anfang 1981 das Ministerium übernahm, aus Gründen, die dem Autor nicht bekannt sind, eingestellt.

---

112 Der Autor hat als zweiter und später als alleiniger Leiter des WIFO etwa 40 Wirtschaftspolitische Aussprachen mitgemacht und daraus großen Nutzen für eine realitätsnahe Wirtschaftspolitik gezogen. Sein Nachfolger Helmut Kramer fand die wenigen Aussprachen, zu denen er eingeladen wurde, wenig informativ.

Die Wirtschaftspolitische Aussprache und das Verbändekomitee waren »spin-offs« der Sozialpartnerschaft, die nicht ihren Kern betrafen. Schwerer wog, dass die Paritätische Kommission für Preis- und Lohnfragen zwar nicht aufgegeben, aber durch ein Übereinkommen 1992 (abgedruckt in Wirtschaft und Gesellschaft, 1993, Heft 3) wichtige Funktionen verlor: Der Preisunterausschuss (bzw. die Kommission selbst) greift (von geringfügigen Ausnahmen abgesehen) nicht mehr in die Preisfestsetzung der Unternehmungen ein. Der Lohnunterausschuss begnügt sich damit, die Lohnabschlüsse der Einzelgewerkschaften zu registrieren. Der verminderte Aktionsbereich spiegelt sich nicht zuletzt darin, dass die Paritätische Kommission selbst, die früher einmal im Monat tagte, nur noch sporadisch zusammentritt. Bleibt der Beirat für Wirtschafts- und Sozialfragen. Seine wirtschaftspolitische Schlagkraft hängt maßgeblich davon ab, wieweit die Präsidenten bereit sind, sich für wirtschaftspolitische Themen zu engagieren, die über den Kernbereich der sozialpartnerschaftlichen Beziehungen hinausgehen (oder sich auf den Standpunkt zurückziehen, es sei nicht ihre Aufgabe, für die jeweilige Regierung »die Kastanien aus dem Feuer zu holen«). Die Kraft der Sozialpartner des »agenda setting« scheint nachgelassen zu haben.

3.5.4.2 Änderung der politischen und gesellschaftlichen Rahmenbedingungen

Das Übereinkommen schrieb im Grunde nur fest, was sich schon seit geraumer Zeit abgezeichnet hatte. Einige politische und ökonomische Faktoren, die den Einfluss der Sozialpartner geschwächt haben, werden in der einschlägigen Literatur behandelt.

Die Änderungen in der Sozialstruktur der Bevölkerung (die Zahl der Selbständigen ging vor allem in der Landwirtschaft dramatisch zurück) hob die Kongruenz von Parteien- und Verbändestruktur auf. Die Wähler aller politischen Parteien sind (oder waren) unselbständig tätig. Die Distanz der Parteien zu den Verbänden wird durch die Verbreitung der Parteienlandschaft und das Vordringen postmaterieller Wertvorstellungen zusätzlich vergrößert. Die Zahl der Abgeordneten zum Nationalrat, die aus den Verbänden stammen, zeigt eine rückläufige Tendenz. Sozialgesetze wurden in Parlamentsausschüssen erarbeitet unter oder auch ohne Mitwirkung der Verbände.

Einen erheblichen Verlust an Einflussmöglichkeiten brachte der Beitritt zur EU, selbst wenn die österreichischen Positionen mit den Sozialpartnern abgesprochen werden. Zu einer wichtigen Kompetenzverlagerung an das Ausland kam es schon viel früher: Mit der strikten Anbindung des Schilling an die D-Mark Anfang der 1980er-Jahre des letzten Jahrhunderts wurde der Kurs der Geldpolitik in Frankfurt bestimmt, wie immer Generalrat und Führungspositionen in der Notenbank personell besetzt sein mochten. Damit wurde der lohnpolitische Spielraum im exponierten Sektor der

Wirtschaft eingeengt. Dem Gewerkschaftsbund fiel die Aufgabe zu, dafür zu sorgen, dass die Lohnbewegung im geschützten Sektor nicht allzu sehr von dem im exponierten Sektor abwich. Die Hartwährungspolitik wurde offenbar im Dreieck Androsch, Benya, Koren konzertiert, die Wirtschaftskammer und auch Kanzler Kreisky waren dagegen (Androsch, 1989).

Die Ablöse sozialpartnerschaftlicher Regulierungen durch den Markt ließ sich am deutlichsten in der Industrie verfolgen. Die steigende Außenhandelsverflechtung machte schon in den 1980er-Jahren des letzten Jahrhunderts die sozialpartnerschaftliche Preisregelung, die sich vor allem auf Industrieprodukte bezog, weitgehend illusorisch, lange bevor der Preisunterausschuss sein Preisgenehmigungsverfahren einstellte. Wirtschaftskammer und Industriellenvereinigung haben darauf mit einem Strategiewandel reagiert. Heimische Betriebe sollten nicht mehr vor ausländischer Konkurrenz geschützt, sondern durch Verbesserung der Standortqualität in die Lage versetzt werden, sich gegen ausländische Konkurrenz zu behaupten[113]. Die Standortqualität wurde umso entscheidender, als nicht nur einige Großkonzerne, sondern eine erkleckliche Zahl österreichischer Unternehmungen Zweigbetriebe im Ausland errichteten und daher imstande waren, die Produktion auf den jeweils günstigsten Standort zu verlagern.

Nicht minder wichtig waren die Strukturveränderungen auf dem Arbeitsmarkt, der lange Zeit als ein geschützter und von den Sozialpartnern gestaltbarer Markt galt. Die Ausbreitung atypischer Arbeitsverhältnisse, die steigende Zahl von ausländischen Arbeitskräften sowie die Einengung des Lohnspielraums haben die Gewerkschaften im exponierten Sektor der Wirtschaft geschwächt. Der Organisationsgrad der in der Wirtschaft Beschäftigten nimmt ab. Nur die Gewerkschaften der öffentlich Bediensteten gewinnen noch Mitglieder; nur sie haben in den letzten Jahren größere Streiks organisiert. Dazu kommt, dass der Tarifpartner in manchen Fällen nicht mehr imstande ist, Tariflohnvereinbarungen bei lokalen Gewerbeinnungen durchzusetzen. Der Arbeitsmarkt ist weit entfernt davon, ein Auktionsmarkt zu sein. Aber seine Regulierungsfähigkeit nimmt ab. Das gilt insbesondere, wenn die Dienstleistungsrichtlinie der EU in Kraft treten wird.

Die geschilderte Entwicklung erschwert es den Verbänden, die Interessen ihrer Mitglieder zu koordinieren und sie von der Zweckmäßigkeit eines starken Verbands zu überzeugen. Zwar entschieden sich Ende der 80er-Jahre des letzten Jahrhunderts

113 Der Strategiewandel lässt sich durch folgendes Beispiel illustrieren: Anfang der 1960er-Jahre deutete der Leiter der österreichischen Delegation bei der OECD dem Präsidenten der Industriellenvereinigung an, dass auch die Importe seiner Sparte liberalisiert würden, worauf er prompt von seinem Amt abberufen wurde.

anlässlich einer Befragung die meisten Mitglieder für die Pflichtmitgliedschaft in den Kammern. Die Kammern mussten jedoch ihr Serviceangebot vergrößern und »schlanker« werden.

Von der einschlägigen Literatur wenig beachtet ist die Verbreitung der Expertenbasis. Der Beirat unterliegt heute Beschränkungen, die sich zum Teil aus dem Wandel in der gesellschaftlichen Position des Neokorporatismus ergeben. Aber auch das wissenschaftliche Umfeld hat sich geändert. Der Wissensvorsprung der Beiratsexperten ist kleiner geworden. Auch die Ministerien verfügen über gut ausgebildete Experten. Neben dem WIFO hat sich das IHS, das ursprünglich als Ausbildungsstätte konzipiert wurde, zu einem leistungsfähigen Wirtschaftsforschungsinstitut entwickelt. Vor allem aber ist es der OENB gelungen, eine volkswirtschaftliche Abteilung mit Ökonomen aufzubauen, die »best practice«-Techniken beherrschen und sich im Forschungsprogramm der Europäischen Zentralbank behaupten. Nicht zuletzt sind internationale private Forschungsinstitute in den Markt für Auftragsforschung eingedrungen. Die moderne empirische Forschung verlangt umfassende substanz- und formalwissenschaftliche Kenntnisse, die von Ökonomen, die sich auch mit praktischen Problemen der Verbände befassen müssen, nicht leicht erworben werden können. Trotz ihrer Komplexität ist der Beitrag der Wirtschafts- und Sozialwissenschaften zur Lösung unmittelbar relevanter praktischer Probleme geringer, als es die erste Generation der Beiratsmitglieder wahrhaben wollte. Die »flotten« Sprüche von Starökonomen sind dem Beirat ohnehin verwehrt.

3.5.5 Ausblick

Wieweit sich die Sozialpartnerschaft behauptet, hängt davon ab, wie es ihr gelingt, sich geänderten Rahmenbedingungen anzupassen. Zwei zentrale Aufgaben zeichnen sich ab: Zum einen können die Sozialpartner eine Lobby für »wirtschaftliche Vernunft« bilden. Viele Infrastrukturprojekte, die den Wirtschaftsstandort Österreich stärken könnten, werden zurzeit verzögert oder überhaupt aufs Eis gelegt. Nicht etwa, weil grundlegende ökologische Bedenken bestehen (weder das Klima noch die nachhaltige Nutzung von natürlichen Ressourcen wird gefährdet), sondern weil bestimmte Gruppen tatsächliche oder vermeintliche Nachteile befürchten. Ein rationaler Umgang mit externen Effekten ist gefragt. Dazu gehört unter anderem eine Rechtsprechung, die regelt, wieweit das gesamtwirtschaftliche Interesse Vorrang hat und Benachteiligte angemessen entschädigt (um pareto-effiziente Lösungen zu finden).

Zum anderen erwachsen den Sozialpartnern auf internationaler Ebene neue Aufgaben. Die Politologen registrieren mit Erstaunen, dass sozialpartnerschaftliche Arrangements in verschiedenen europäischen Ländern an Bedeutung gewinnen (Karlhofer/

Tálos, 2005). Angesichts der unbefriedigenden Entwicklung der europäischen Wirtschaft ist es gut möglich, dass die Organe der EU stärker als bisher die Sozialpartner in die Entscheidungsfindung einbauen. Nur: Um auf europäischer Ebene wirksam agieren zu können, bedarf es eines erheblichen Ressourceneinsatzes.

3.6 Die Wende in der Wirtschaftspolitik: Zusammenfassung

3.6.1 Der österreichische Weg zur Neoklassik

Auf den Paradigmenwechsel in der Weltwirtschaftspolitik wurde bereits hingewiesen. Seine wichtigsten Elemente waren

- die Dominanz der Preisstabilität
- Glaubwürdigkeit der Wirtschaftspolitik durch Bindung an strenge Regeln statt diskretionärer Maßnahmen
- die Erklärung von Arbeitslosigkeit aus mikroökonomischen Merkmalen des Arbeitsmarktes (Rigiditäten)

Der Paradigmenwechsel in der Weltwirtschaftspolitik lässt sich beispielhaft an Hand der OECD demonstrieren. Der Mitarbeiterstab der OECD und maßgebliche Spitzenfunktionäre waren bis spät in die 1970er-Jahre Keynesianer. Österreich erhielt regelmäßig gute Noten. Anfang der 1980er-Jahre hielt jedoch die Neoklassik in der OECD Einzug, und die Berichte über Österreich wurden skeptischer. Der Autor erlebte den Paradigmenwechsel in den 1980er-Jahren als österreichischer Vertreter im Economic Policy Committee der OECD. Um ein ökonomisches Modell oder auch nur eine in sich konsistente Argumentation abzulehnen, genügte ein Hinweis, das Modell habe »keynesianischen« Stallgeruch. Die steigende Arbeitslosigkeit in Europa wurde zwar bedauert, aber sie könne nur mit Hilfe mikroökonomischer Reformen reduziert werden, und das brauche eben Zeit. Die OECD veröffentlichte einen Bericht über die Arbeitslosigkeit in Europa. Danach sei die Arbeitslosigkeit in Europa ausschließlich eine Folge von starren Arbeitsmärkten. Für eine »keynesianische Arbeitslosigkeit« als Folge eines unzureichenden Absatzes auf den Gütermärkten bestand kein Platz mehr.

Die Vorteile der Ankerwährung mögen größer sein als die Nachteile, auf ein eigenständiges demand management zu verzichten. Nur mit Keynes hat das nichts zu tun, Austro oder nicht Austro: Man kann das Festschrauben der D-Mark-Relation als den »österreichischen Weg« vom Mainstream-Keynesianismus zur Neoklassik bezeichnen:

Die Hauptmerkmale des neuen Weges sind:

- Regelbindung statt diskretionäre Maßnahmen

- Höheres Maß an Preisstabilität als im »Golden Age«
- Verantwortung der Währungsbehörden für Preisstabilität
- Volle Liberalisierung des Kapitalverkehrs
- Zurückdämmung des Einflusses der Sozialpartner auf die Makrowirtschaftspolitik

3.6.2 Inflationstrend

Um mit dem Deutschen Sachverständigenrat zu sprechen: Nicht in jedem Land ist der gleiche Inflationstrend »eingeübt«. In Österreich lag der Inflationstrend vor den Turbulenzen der 1970er-Jahre deutlich über dem deutschen und entsprach etwa dem Durchschnitt der Industrieländer. Es kam daher mit dem Fixkurssystem von Bretton Woods gut zurecht. Im Gegensatz hiezu stand die D-Mark infolge der niedrigen deutschen Inflationsrate und bestimmter struktureller Eigenschaften der deutschen Wirtschaft unter einem ständigen Aufwertungsdruck. Deutschland erzielte ständige Leistungsbilanzüberschüsse, die nur teilweise durch Kapitalexporte ausgeglichen wurden. Dem wurde im Bretton-Woods-System der Stufenflexibilität in größeren Zeitabständen durch Aufwertungen gegenüber der Leitwährung (und damit gegenüber dem Gold) stattgegeben. Wer auf eine harte D-Mark spekulierte, ging nur ein geringes Risiko ein. Die Wirtschaftspolitik vieler Industrieländer warf daher den Deutschen einen unnötig harten Stabilitätskurs vor.

Nach einer Zusammenstellung des Deutschen Sachverständigenrats (Jahresbericht 1971/72, S. 69) stiegen von 1955 bis 1970 die Verbraucherpreise in Westdeutschland um durchschnittlich 2,4 % pro Jahr, gegenüber 3,1 % in Österreich. Das ergibt über 15 Jahre kumuliert eine Inflationsdifferenz von 10 Prozentpunkten.

3.6.3 Übergang zur Hartwährung

Der Übergang wurde erleichtert durch den starken Dollar und die zeitweise Übernahme Deutschlands als internationale Konjunkturlokomotive. Es gab auch massive staatliche Subventionen an schwache Firmen, das wäre nach den Wettbewerbsregeln der EU nicht möglich gewesen. Dass sich die heimische Wirtschaft mit der Bindung des Schilling an die D-Mark gut zurechtfinden konnte, wird von einigen Autoren mit dem »skandinavischen Preisbildungsmodell« erklärt. Danach orientieren sich die Gewerkschaften im exponierten Sektor am Lohnspielraum, der durch die Produktivität und den Wechselkurs bestimmt wird. Ihre Abschlüsse sind auch maßgebend für die Lohnfindung im geschützten Sektor (Lohnführerschaft).

Tatsächlich scheinen die heimischen Metallarbeiter die Abschlüsse ihrer Kollegen in Deutschland berücksichtigt zu haben. Das skandinavische Modell bildet jedoch bestenfalls eine Teilerklärung[114]. In Österreich sind die Löhne und die Verbraucherpreise auch nach dem Festschrauben des Schillingkurses an die D-Mark etwas stärker gestiegen als in der BRD. Um dennoch mit der internationalen, insbesondere mit der deutschen Konkurrenz Schritt halten zu können, musste die heimische Industrie verstärkt rationalisieren und innovativ sein. Die Hartwährungspolitik fungierte nach zeitgenössischen Vorstellungen als »Produktivitätspeitsche«.

Das Bemerkenswerte an der österreichischen Wirtschaftspolitik in dem hier skizzierten Zeitabschnitt bestand nicht nur darin, dass – wie ausführlich erläutert – die Einkommenspolitik die Vorgaben der Wechselkurspolitik honorierte. Sie bestand auch darin, dass die Produktivitätspeitsche funktionierte, ohne dass die Gesamtwirtschaft Schaden erlitt.

Dieser Sachverhalt lässt sich durch einen Vergleich der Produktivitätstrends und der Beschäftigung in Industrie und Gesamtwirtschaft verdeutlichen. Zwar konnte auch in der Industrie der steile Produktivitätstrend von Ende der 1960er-Jahre nicht gehalten werden. Der Abfall war jedoch weit schwächer als in der Gesamtwirtschaft. Und schon in den 1980er-Jahren beschleunigte sich der Wachstumstrend wieder. Hingegen dümpelte die gesamtwirtschaftliche Produktivität nach dem Rückschlag Anfang der 1970er-Jahre auf niedrigem Niveau.

Die Kehrseite der Medaille bildete das Auseinanderklaffen der Beschäftigungstrends. Während die Beschäftigung in der Gesamtwirtschaft – von einem kurzen Einbruch Anfang der 1980er-Jahre abgesehen – leicht zunahm, entließ die Industrie ab Mitte der 1970er-Jahre Arbeitskräfte, zunächst vorwiegend die private Industrie, in den 1980er-Jahren nach krisenhaften Erscheinungen auch die Verstaatlichte Industrie. Ende der 1980er-Jahre hatte die Industrie bereits um ein Fünftel und Mitte der 1990er-Jahre um ein Drittel weniger Beschäftigte als 1973, die Gesamtwirtschaft aber um nur 4 % und 7 % mehr.

Die OeNB brauchte ihre Aktionen nicht verständlich zu machen; das besorgte die Bundesbank. Sie musste nur glaubhaft machen, dass sie an der Bindung an die D-Mark festhalten werde, in guten wie in schlechten Zeiten.

Die pragmatische Sicht greift jedoch zu kurz. Die beiläufige Orientierung in den 1970er-Jahren verfolgte primär das kurzfristige Ziel, die Schocks der 1970er-Jahre aufzufangen. Die strikte Bindung in den 1980er-Jahren verfolgte das langfristige Ziel, ein Regime niedriger Inflationsraten zu etablieren. Sie war ein wichtiger Bestandteil eines wirtschaftspolitischen Systemwandels, den man als den »österreichischen

114 Am Rande sei vermerkt: Auch die skandinavischen Länder hielten sich nicht daran. Schweden z.B. wertete 1983 die Krone um fast 20 % gegenüber dem US-Dollar ab, mit dem expliziten Ziel, die Rentabilität des exponierten Sektors zu stärken.

Weg« vom Keynesianismus zur Neoklassik bezeichnen kann. Die österreichische Wirtschaftspolitik folgte damit – nolens volens? – dem an anderer Stelle beschriebenen Paradigmenwechsel in der Weltwirtschaftspolitik. Begreiflich, dass der linke Flügel der Ökonomen dagegen revoltierte, dass Österreich zum »Bundesbankzögling« wurde[115]. Die österreichische Wirtschaft hat sich indessen im neoklassischen System der Weltwirtschaft gut zurechtgefunden: Der Systemwechsel verlief weniger dornig als in manchen anderen Ländern. (Die Frage, ob die Spielräume einer »kleinen, offenen Volkswirtschaft« optimal genutzt wurden, wird hier nicht behandelt). Die strikte Bindung des Schilling an die D-Mark bedeutete, dass Österreich auf längere Sicht die deutsche »Inflationspräferenz« übernahm.

Die wichtigsten Markierungen des Paradigmenwechsels lassen sich wie folgt zusammenfassen:

Aufgabe der Makrowirtschaftspolitik ist es in erster Linie, für Preisstabilität (oder für eine sehr niedrige Inflationsrate) zu sorgen. Die Bundesbank handelte und die EZB handelt noch nach dem Grundsatz »stability first«. Die Rechtfertigung hiefür lieferte die empirisch gestützte Annahme, dass man mit mehr Inflation nicht mehr langfristiges Wirtschaftswachstum und nur kurzfristig mehr Beschäftigung erkaufen kann (surprise inflation). Die Neokeynesianische Preistheorie unterstellt in ihrer extremen Ausprägung, dass mit Preisstabilität auch Outputstabilität erreicht wird (der Skeptiker Blanchard spricht von »divine coincidence«).

Die Dominanz des Preisziels löste die bis dahin in der Makroökonomie vorherrschende Vorstellung der »magischen Vierecke/Vielecke« der Wirtschaftspolitik ab. Danach verfolgte die Wirtschaftspolitik mehrere, nicht notwendigerweise hierarchisch geordnete Ziele. Im Konfliktfall waren Kompromisse nötig. Dem lag unter anderem die Vorstellung zugrunde, dass eine mäßige Inflation »harmlos« wäre oder zumindest nicht die abträglichen Wirkungen einer hohen oder sogar uferlosen Inflation hätte. Auch befürchteten maßgebliche Vertreter des Keynesianismus (z.B. Tobin), dass eine substanzielle Disinflation zu einer langen Stagnation führen würde, und dieser Preis erschien als zu hoch. Das Konzept der »magischen Vielecke« passte in neokorporatistische Systeme, in denen Regierung, Notenbank und Sozialpartner makroökonomische Steuerung im Konsensweg betreiben.

Für Preisstabilität ist nach der neuen Makroökonomie primär die Notenbank verantwortlich. Sie kann dieses Ziel erreichen, indem sie die Menge oder den Preis des Basisgeldes festlegt. Die Deutsche Bundesbank entschied sich 1974, Geldmengenziele festzulegen, mit dem Ziel, die hohen Inflationsraten schrittweise zurückzuschrauben. Als Steuerungsvariable wurde der Zinssatz präferiert. Kleine Länder können relative

115 Der Begriff wurde von Streißler geprägt und war auf seinen Kollegen Socher gemünzt.

Preisstabilität dadurch sichern, indem sie ihre Währung an die eines passenden großen Landes mit erwiesen hoher Preisstabilität anbinden. Warum sich die österreichischen Währungsbehörden für den zweiten Weg entschieden – die »kleine« Schweiz verfolgte eine eigenständige Geldpolitik – ist nicht bekannt. Offenbar erschien es den Währungsbehörden leichter, einen harten Kurs in der politischen Landschaft durchzusetzen und den Wirtschaftssubjekten glaubhaft zu machen.

Man kann den Ankercharakter der Notenbankpolitik verdeutlichen, indem man ihr das im Keynesianismus beheimatete Konzept des »Lohnstandards« gegenüberstellt. Wenn Vollbeschäftigung als dominantes wirtschaftspolitisches Ziel gilt und geldpolitische Strategien ausgeschlossen werden, die (möglicherweise nur zeitweilig) den Beschäftigungsgrad senken, wird de facto das Preis- und Lohnniveau durch das Verhalten der Sozialpartner bestimmt. Der Geld- und Fiskalpolitik fällt dann die Aufgabe zu, für die dazu passende gesamtwirtschaftliche Nachfrage zu sorgen, wozu auch ein realer Wechselkurs gehört, der die Konkurrenzfähigkeit der heimischen Wirtschaft bei vorgegebenen Preisen und Löhnen sichert[116].

3.6.4 Glaubwürdigkeit

Der Begriff »Glaubwürdigkeit« wurde von der Neoklassik dazu verwendet, um jene monetäre Restriktionspolitik schmackhafter zu machen, die sich Ende der 1970er-Jahre in wichtigen Industrieländern angesichts steigender Preise und steigender Arbeitslosigkeit aufgedrängt hatte. Keynesianer wandten dagegen ein, dass eine erzwungene, nicht durch einen breiten sozialen Konsens abgesicherte Restriktionspolitik nicht durchgehalten werden könne und daher von vornherein nicht glaubhaft sei. »Warum eine straffe Politik nicht das hält, was sie verspricht«, wurde zu einem beliebten Thema von Keynesianern. In historischen Darstellungen wurde Disinflationsprozessen Glaubwürdigkeit attestiert, wenn sie keine oder nur vorübergehende Produktionsverluste verursachten. Das Paradebeispiel ist eine lange Periode sinkender Preise und hohen Wirtschaftswachstums im 19. Jahrhundert.

Glaubwürdigkeit der Politik wird nach neoklassischer Auffassung am besten dadurch erreicht, dass sie feste Regeln aufstellt und sich penibel daran hält. Die Bürger müssen die Reaktionsfunktion der Politik entziffern können. Dem liegt die Vorstellung von rationalen, zukunftsorientierten Wirtschaftssubjekten und opportunistischen Politikern zugrunde, die oft mehr versprechen als sie halten. Um die Zeitinkonsistenz der Politik gering zu halten, sollte sie diskretionäre, auf den jeweiligen Fall zugeschnit-

116 Der Orientierung am nominellen oder am realen Wechselkurs liegen unterschiedliche Entscheidungsstrukturen zugrunde.

tene Maßnahmen möglichst vermeiden (rules rather than discretion). Die Bindung des Schilling an die D-Mark stellt eine solche Regelbindung dar, und zwar eine Bindung an die Politik einer Institution, die im Laufe ihrer Geschichte ein hohes Maß an Glaubwürdigkeit gewonnen hat.

Der Begriff »Glaubwürdigkeit« ist vielschichtig. Er spielt in der monetären Makroökonomie und in der Praxis der Notenbankpolitik eine zentrale (und möglicherweise überzogene) Rolle. Er sei daher (ohne auf spieltheoretische Zusammenhänge einzugehen) kurz erläutert. Wie hoch die Wirtschaftssubjekte Preise und Löhne ansetzen, hängt nicht nur von vergangenen Ereignissen (wie z.B. den Teuerungen und den Kostensteigerungen in der Vorperiode) ab, sondern auch von der erwarteten künftigen Entwicklung. Wenn die Währungsbehörden imstande sind, eine Disinflationspolitik glaubhaft zu konzipieren und zu exekutieren, werden die Wirtschaftssubjekte ihre Preis-Lohn-Erwartungen nach unten revidieren. Eine solche Politik wird weniger abträgliche Folgen für Produktion und Beschäftigung haben, als wenn die Inflationserwartungen erst »gebrochen« werden müssen.

Wichtiger ist die langfristige Perspektive. Wenn es der Notenbank gelingt, die Erwartungen der Wirtschaftssubjekte dauerhaft zu stabilisieren, hat sie ein Regime stabiler Preise etabliert. In solch einem System werden Schocks als »Ausreißer« interpretiert, die keinen Anlass dazu geben, die Erwartungen der künftigen Inflation zu revidieren. Eine größere Resistenz gegen Inflationsschocks erlaubt es der Wirtschaftspolitik, auf solche Schocks mit weniger restriktiven Maßnahmen zu reagieren als in einem System mit instabilen Inflationserwartungen.

3.6.5 Verzicht auf eigenständige Geldpolitik

Der Verzicht auf eine eigenständige Geldpolitik wiegt für ein kleines Land dann nicht sehr schwer, wenn die Konjunktur im Leitwährungsland ähnlich verläuft (und seine Notenbank konjunkturorientiert agiert). Diese Voraussetzung war im gegenständlichen Fall gegeben. Die österreichische Konjunktur hinkte der deutschen lange Zeit etwas nach. Es gab jedoch einen »asymmetrischen Schock« in Gestalt der deutschen Wiedervereinigung. Die deutsche Bundesregierung nahm hohe Budgetdefizite in Kauf, um die deutsche Wiedervereinigung zu finanzieren, und die deutsche Bundesbank wirkte dem expansiven Effekt mit einer restriktiven Geldpolitik entgegen. Die daraus resultierenden hohen Zinssätze des Leitwährungslandes trafen die Teilnehmer am EWS in einer Phase schwacher Konjunktur. Sie konnten jedoch ihre Zinssätze nicht niedrig halten, weil sich die Bundesbank weigerte, die zinsinduzierten Zahlungsbilanzdefizite zu finanzieren. Großbritannien und Italien schieden deshalb aus dem EWS aus.

Die deutsche Geldpolitik nach der Wiedervereinigung wird in der ökonomischen Literatur als ein Paradebeispiel dafür angeführt, dass die Geldpolitik in einem Währungsverbund die Präferenzen und Verhältnisse des größten Landes mit einer starken Währung widerspiegelt, unbeschadet der Rückwirkungen auf die übrigen Mitglieder des Währungsverbunds. Das Bretton-Woods-Fixpreissystem bietet ein anderes Beispiel. Es scheiterte nicht zuletzt deshalb, weil die USA den langwierigen Vietnamkrieg inflatorisch finanzierten.

Abgesehen von der Geldpolitik gab es kaum Regelbindungen[117] (zumindest wurde Politikverhalten bisher nicht systematisch darauf hin untersucht). Aber der Glaube an die »Feinsteuerung« der Wirtschaft war geschwunden. Die Wirtschaftspolitik wurde stetiger und weniger »aktivistisch«. Es gab weder »big bargains« (das Lieblingsthema von Knapp), noch anspruchsvolle Beschäftigungsprogramme. Die außenwirtschaftlichen Spielräume für eine nationale Wirtschaftspolitik wurden nicht mehr abgetastet (und überzogen, wie 1977 und 1979). Die Wirtschaftspolitische Aussprache – das zentrale konjunkturpolitische Koordinationsinstrument des Hebel-Keynesianismus – wurde nur noch selten einberufen und schließlich überhaupt eingestellt. (Zur Erinnerung: In der Aussprache trafen sich die Spitzenvertreter der Regierung, der Notenbank und der Sozialpartner vierteljährlich, um die jeweilige Konjunkturlage zu evaluieren und den Handlungsbedarf der Politik zu ermitteln.) Worüber sollte auch die Aussprache befinden? Die Geldpolitik war »ausgelagert« und die Budgetpolitik infolge von Dauerdefiziten immobilisiert.

Der Paradigmenwechsel in der österreichischen Wirtschaftspolitik wurde durch das Ausscheiden von Bruno Kreisky aus der Politik gefördert. Seine Nachfolger waren mit den mikro- und makroökonomischen Strukturproblemen konfrontiert, die die Ära Kreisky hinterlassen hatte (den defizitären verstaatlichten Unternehmungen und den hohen Budgetdefiziten) und distanzierten sich vom Austro-Keynesianismus. Bundeskanzler Sinowatz erklärte im Wirtschaftsbericht der Bundesregierung Mitte 1985, der Austro-Keynesianismus sei eine Politik des »Durchtauchens« gewesen und konnte daher nicht beliebig fortgesetzt werden. Vranitzky und Lacina hoben 1993 auf einer Tagung zum Thema »Austro-Keynesianismus« die strukturpolitischen Leistungen der Ära Kreisky zur Modernisierung der heimischen Wirtschaft hervor.

117 Die sogenannte »Seidel«-Formel, wonach das Budgetdefizit 2½ % des BIP nicht übersteigen soll, wurde von der Budgetpolitik in der Ära nach Androsch nicht befolgt. Erst die EU legte in den Maastricht-Kriterien mit 3 % eine neue Defizitschranke fest.

3.6.6 Erleichterung der Anpassung an die D-Mark

Die gewählte Variante der Hartwährungspolitik wurde durch verschiedene Umstände erleichtert:

- Der US-Dollar begann Anfang der 1980er-Jahre mit einem Höhenflug, der bis Mitte der 1980er-Jahre anhielt. Obschon wichtige europäische Währungen weiter nach unten drifteten, hielt sich die durchschnittliche nominelle Aufwertung des Schilling in Grenzen. Sie betrug nur etwa 1,3 % pro Jahr, gegen 2,6 % pro Jahr in der ersten Hälfte der 1970er-Jahre. Die vorübergehend expansive Politik der BRD (sie agierte über Wunsch der internationalen Staatengemeinschaft vorübergehend als Konjunkturlokomotive) entlastete zusätzlich die Zahlungsbilanz.
- Die Großindustrie (und zwar nicht nur die verstaatlichte, sondern auch die zum Bankenkonzern gehörende) wurde durch massive staatliche Subventionen gestützt. Hätte das Beihilfenverbot der EU bereits damals für Österreich gegolten: Größere Entlassungen und Firmenzusammenbrüche wären unvermeidlich gewesen.

Dennoch: Gemessen an den Verbraucherpreisen erhöhte sich das österreichische Preisniveau jährlich um 1 Prozentpunkt stärker als in der BRD. Die Konkurrenzfähigkeit gegenüber Deutschland wurde dadurch nicht beeinträchtigt, weil die Arbeitsproduktivität im exponierten Sektor überdurchschnittlich stieg (Balassa-Samuelson-Effekt). Die Hartwährungspolitik fungierte als Produktivitätspeitsche, wurde gelegentlich argumentiert. Die Krise in der Verstaatlichten Industrie, die letztlich zu einer Neuorientierung führte, entstand durch das Zusammenwirken verschiedener Faktoren. Sie wurde jedoch zweifellos durch den harten Wechselkurs und den dadurch bewirkten Druck auf die Ertragsspannen des exponierten Sektors verschärft. Die Gewerkschaften haben die Hartwährungspolitik akzeptiert, sie mussten auch die Folgen tragen.

4 Österreichische Wechselkurspolitik

Elemente des Konzepts des Austro-Keynesianismus, Sozialpartnerschaft und Hartwährungspolitik können als die wichtigsten Besonderheiten der Politik im Untersuchungszeitraum bezeichnet werden. Hartwährungspolitik, als zunehmende Anlehnung an die D-Mark bedeutete – plakativ formuliert –, dass der Wechselkurs nicht nur den Inflationsimport verhindern, sondern aktiv zur Dämpfung des Preisauftriebs beitragen sollte. Die Strategie, über den Wechselkurs Stabilität zu importieren, trug die Handschrift von Finanzminister Androsch. Er wurde dabei von den Gewerkschaften, vom Generaldirektor der Notenbank Kienzl und den sozialistischen Generalräten unter Führung von Vizepräsident Waldbrunner unterstützt. Ein sozialistischer Finanzminister als Stabilitätsgarant widerspricht herkömmlichen Vorstellungen. Danach sollte die Notenbank möglichst unabhängig vom Finanzministerium sein. Auch mutet man konservativen Politikern eher einen harten Stabilisierungskurs zu als sozialistischen.

Die Orientierung an der D-Mark wurde damit begründet, dass die importierte Inflation eingedämmt werden sollte. Dieser Begriff lässt verschiedene Interpretationen zu. Die Befürworter flexibler Kurse erwarteten, dass die nominellen Kurse die Inflationstrends verschiedener Industrieländer ausgleichen, sodass die realen Wechselkurse konstant bleiben. Der Wechselkurs dient in diesem Modell zur außenwirtschaftlichen Absicherung eines durch binnenwirtschaftliche Faktoren geprägten Stabilitätskurses. Er verhindert die bei festen Kursen zu erwartende Anpassungsinflation (über den direkten Preiszusammenhang und die durch Devisenzuflüsse gespeiste Überliquidität).

Im Falle Österreichs bestand kein solches Inflationsgefälle. Die Verbraucherpreise stiegen etwa so stark wie die der wichtigsten Handelspartner, der nominelle Wechselkurs entsprach nach den Korrekturen im Jahr 1970 etwa dem vor 1969, die Leistungsbilanz war ausgeglichen, und spekulative Kapitalbewegungen hielten sich in Grenzen (Österreich stand im Windschatten der internationalen Spekulation). Die Anlehnung an die D-Mark sollte die Preisschübe dämpfen, die von den internationalen Rohwarenmärkten ausgingen, und in weiterer Folge den heimischen Akteuren einen Stabilitätskurs vorgeben.

Diese Entscheidung hatte strategische Bedeutung und sie war umstritten. Ihre strategische Bedeutung lag in der »Kausalitätsumkehr«. Der Wechselkurs sollte nicht wie im Falle der BRD eine durch binnenwirtschaftliche Faktoren bestimmte Preisstabilität herbeiführen. Vielmehr sollte er dazu dienen, der heimischen Wirtschaftspolitik einen Stabilitätskurs vorzugeben. Über den Wechselkurs Preisstabilität zu importieren, wurde von vielen Ländern versucht, war aber nur selten erfolgreich. Für die österrei-

Abbildung 9: Inflationsdifferenz[1] zwischen den Handelspartnern und Österreich

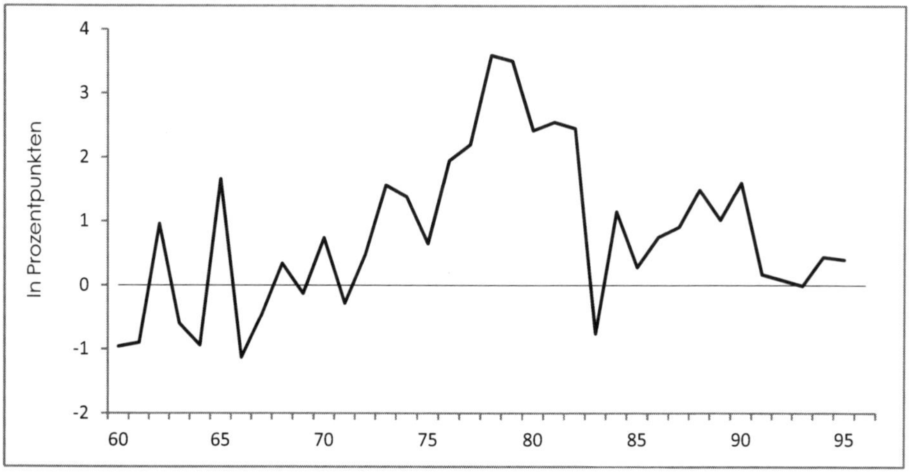

Quelle: WIFO-Datenbank
1 Wichtige Handelspartner minus Österreich

chische Entscheidung sprachen jedoch zwei Umstände: Die besondere Problematik der weltwirtschaftlichen Entwicklung und die Bereitschaft der österreichischen Arbeitnehmer, sich »dem Diktat des Wechselkurses« zu fügen. Die 1970er-Jahre waren das Jahrzehnt der »great inflation« (siehe Abschnitt 2.3.2). Die hohen Teuerungsraten und das Unvermögen, sie mit der überkommenen Wirtschaftspolitik zu begrenzen, hat in den 1980er-Jahren die Staatengemeinschaft zu forcierten Stabilitätsanstrengungen veranlasst. Länder, die frühzeitig einen Stabilitätskurs einschlugen, befanden sich im Vorteil. Das Risiko einer unorthodoxen Stabilisierung über den Wechselkurs besteht darin, dass die Arbeitnehmer die Vorgaben der Wechselkurspolitik nicht honorieren. Die österreichischen Gewerkschaften haben letztlich akzeptiert, dass ihre Lohnforderungen durch die Vorgaben einer ausländischen Notenbank »gedeckelt« werden.

Die Unterstützung der Hartwährungspolitik durch die Arbeitnehmervertreter kann nicht zuletzt damit erklärt werden, dass die Gewerkschaften Anfang der 1970er-Jahre nicht die Treibenden, sondern die Getriebenen waren. Die Knappheit an Arbeitskräften ließ die Verdienste der Arbeitnehmer stärker steigen als die Tariflöhne. Dazu kam der Sog des deutschen Arbeitsmarkts. Die Abwertung des Schilling gegenüber der D-Mark vergrößerte das Lohngefälle zwischen der Bundesrepublik Deutschland und Österreich.

Vor allem die Pendelwanderung nahm stark zu. Regionalforscher überlegten eine »Frontbegradigung« nach dem Muster von Militärstrategen (wenn etwa das westliche

Innviertel aufgegeben – der Sog des bayrischen Raums erschien zu mächtig – und stattdessen am Hausruck eine »Verteidigungslinie« aufgebaut werden sollte). Das Mitziehen des Schilling mit der D-Mark sollte verhindern, dass das Lohngefälle noch größer wird. Gleichzeitig sollte die damit verbundene reale Aufwertung gegenüber dem Durchschnitt der Handelspartner die Preiserhöhungsspielräume des exponierten Sektors einengen.

Die Dämpfung des Preisauftriebs über den Wechselkurs ging mit einer Verschlechterung der internationalen Konkurrenzfähigkeit einher, die nur temporär in Kauf genommen werden konnte. Die zeitgenössischen Wirtschaftsforscher sprachen von einer Vorleistung der Wechselkurspolitik, Dornbusch (1986) von einer geborgten Stabilität.

4.1 Der Verlauf der österreichischen Wechselkurspolitik

Die D-Mark wurde am 27. 10. 1969 gegenüber dem Dollar um 9,28 % aufgewertet. Weitere Aufwertungen wurden im Smithsonian Agreement und in der Währungsschlange vereinbart. Um den neu geschaffenen Verbund der europäischen Währungen nicht von vornherein zu belasten, wurde die D-Mark am 19. März 1973 um weitere 3 % aufgewertet. Das erwies sich als zu wenig. Am 29. 6. wurde der Kurs neuerlich um 5,5 % angehoben (OeNB, 1973). Die Schlange hielt bis 1979. Dann wurde sie vom Europäischen Währungssystem (EWS) abgelöst. Die angestrebte Kursstabilität wurde jedoch nur allmählich erreicht. In den ersten Phasen des EWS kam es häufig zu Realignments.

Der österreichische Schilling zog 1969 mit der Aufwertung der D-Mark nicht mit. Ausschlaggebend hiefür war wohl, dass andere aufwertungsverdächtige Länder wie die Schweiz und Japan ihre Parität beibehielten, die Schweiz hauptsächlich, weil hiezu die kurzfristig nicht erreichbare Zustimmung der Volksvertretung erforderlich gewesen wäre. Nach Socher (1989, S. 168) berief Bundeskanzler Klaus aus gegebenem Anlass eine Sitzung mit den Repräsentanten der Wirtschaftspolitik ein[118]. Dort konnte sich Finanzminister Koren mit seinem Vorschlag, den Schillingkurs mit dem der D-Mark mitzuziehen, nicht durchsetzen. Die Interessenvertreter der Wirtschaft befürchteten Konkurrenznachteile, die Repräsentanten der Notenbank eine Belastung der Leistungsbilanz. Sie konnten im Übrigen darauf hinweisen, dass die D-Mark-Aufwertung

118 Einschlägige Akten wurden im Archiv der Republik nicht gefunden. Im Ministerrat berichtete der Bundeskanzler über den Beschluss, den Wechselkurs nicht zu ändern. (Archiv der Republik: Ministerrat Nr. 137a vom 26. 10. 1969.) Der Generalrat der Notenbank war nicht in die Entscheidung eingebunden, eine nachträgliche Diskussion ergab eine weitgehende Zustimmung zu der getroffenen Entscheidung.

die Verbraucherpreise um nur 0,3 % bis 0,4 % steigern werde, denn man müsse den Wegfall der Umsatzsteuer in Höhe von 4 % gegenrechnen[119].

Um den Preisauftrieb zu begrenzen, beschloss die um Vertreter von Finanzministerium und Notenbank erweiterte Paritätische Kommission flankierende Maßnahmen[120]. Unter anderem wurden die Zölle selektiv gesenkt, die Ausgleichssteuer für Importe aufgehoben, Waren aus der Liste von Umsatzsteuerrückvergütungen für Exporte rückgereiht und die Kontingente für Importe aus Japan und den Ostblockstaaten aufgestockt. Die Paritätische Kommission sollte dafür sorgen, dass die Verbilligungen an die Letztverbraucher weitergegeben werden. Das WIFO (Tichy/Handler/Suppanz, 1969) schätzte den Verbilligungseffekt der begleitenden Maßnahmen auf 0,2 %, also etwa auf die Hälfte des Verteuerungseffekts der D-Mark-Aufwertung. Finanzminister Koren wies freilich im Ministerrat, in dem er über die Begleitmaßnahmen berichtete, darauf hin, dass neben der D-Mark-Aufwertung zwei andere Faktoren preistreibend wirken: die gute Konjunktur und die Verteuerungen auf den internationalen Rohwarenmärkten.

Nachdem Österreich die D-Mark-Aufwertung nicht mitgemacht hatte, galt der Schilling als aufwertungsverdächtig. Die österreichische Leistungsbilanz wurde erstmals seit Jahren aktiv. Ein Teil der Abwertung der D-Mark wurde am 10. 5. 1971 nachgeholt. Österreich wertete seine Dollarparität um 5,05 % auf, die Schweiz um 7 % (OeNB, 1971, S. 362; ao. Generalrat vom 10. 5. 1971).

Die Notenbank kommentierte verhalten (OeNB, 1971, S. 447):

> »Die im Mai durchgeführte Aufwertung des Schilling war eine von der internationalen Entwicklung aufgezwungene Abwehrmaßnahme … daneben ist ihr stabilitätspolitisches Nebengleis nicht von der Hand zu weisen«.

Ein Unterlassen der Aufwertung hätte die importierte Inflation gefördert. Den österreichischen Exporteuren wurde die Aufwertung mit dem Hinweis schmackhaft gemacht, dass der Effektivkurs des Dollar wahrscheinlich etwas weniger sinken werde, weil er sich am unteren Ende des Interventionsbandes befand[121].

Nach dem Nixon-Schock hatten sich die heimischen Währungsbehörden (nach Wiedereröffnung der Börse) für ein Indikatorsystem entschieden.

---

119 Generalrat vom 22. 10. 1969.

120 Archiv der Republik: Ministerrat Klaus vom 4. 11. 1969.

121 Im Smithsonian Agreement wurde der Leitkurs auf Grund der noch günstigen Zahlungsbilanz mit 23,30 S/$ festgesetzt (Generalrat vom 26. 1. 1972). Daraus ergab sich (verglichen mit dem Stand vom 9. 5.) eine Aufwertung des Schilling gegenüber dem Dollar von insgesamt 11,59 % (6,23 % ab 10. 5. 1971).

»Die Oesterreichische Nationalbank gestaltet ihre Kurspolitik so, dass die Schilling-Relation zu den Währungen[122] der wichtigsten Handelspartner Österreichs, den europäischen Industriestaaten, im Durchschnitt stabil gehalten wird, während der Schilling/Dollar-Kurs Schwankungen unterworfen sein wird, die sich aus der Aufhebung der Goldeinlöseverpflichtung und dem Unterbleiben der Intervention der Vereinigten Staaten von Amerika auf den Devisenmärkten ergeben.« (OeNB, 1971, S. 610).

Auf den Indikator wurde in den OeNB-Mitteilungen wiederholt hingewiesen. Seine Zusammensetzung und die Verkettung verschiedener Körbe wurden nicht veröffentlicht. Aus der Entwicklung der Devisenkurse ist ersichtlich, dass er nicht kurzfristig realisiert wurde. Der Indikator kann jedoch bis Ende 1973 als mittelfristige Orientierung der Wechselpolitik interpretiert werden. Danach orientierte sich der Schilling nur noch an der D-Mark.

Nach dem Scheitern des Festkurssystems musste sich Österreich entscheiden, welche Kurspolitik es künftig verfolgen würde. In der Wirtschaftspolitischen Aussprache am 13. März 1973 erklärte der Finanzminister, dass Österreich ohne formelle Verpflichtung am Wechselkursverbund der EG teilnehmen und die Aufwertung der D-Mark in der Schlange größtenteils mitmachen werde (2,25 % statt 3 %). Ein Protokoll über die Aussprache wurde im Kreisky-Archiv (Box 18) gefunden. Danach unterstützte nur die Arbeiterkammer die Vorschläge des Finanzministers. Sie argumentierte, dass die großen Lohndifferenzen die Abwanderung nach Deutschland und die Lohndrift förderten. Hingegen lehnten die Vertreter der Wirtschaft[123] und der Opposition die Entscheidungen des Finanzministers ab. Sie wollten nicht, dass sich Österreich dem europäischen Währungsverbund anschließt, und schon gar nicht, dass der Schilling in der Schlange nahe der D-Mark positioniert wird. Der Wechselkurs sollte sich in erster Linie an der Zahlungsbilanz orientieren. Österreich hätte im Gegensatz zur BRD keine Zahlungsbilanzüberschüsse mehr. Und als Mittel der Inflationsbekämpfung wäre der Wechselkurs ungeeignet.

Tatsächlich belastete das Abkommen mit der EG ab 1973 die Zahlungsbilanz, denn

- Österreich hatte in der Handelsbilanz ein großes Defizit, wogegen der Reiseverkehr schon voll liberalisiert war.
- Die österreichischen Zölle waren auf die spezifischen Produktionsbedingungen der heimischen Erzeuger zugeschnitten (hohe effektive Zollbelastung), wogegen der Tarif der Gemeinschaft der Vielfalt der Angebotsbedingungen im gemeinsamen Markt Rechnung tragen musste.

122 Das Wort »wertbeständig« wurde erst später eingefügt.
123 Die Sozialpartner waren zwar im Generalrat vertreten, agierten jedoch nicht gemeinsam.

– Dagegen mag sprechen, dass die Preiselastizität der ausländischen Nachfrage nach österreichischen Produkten größer ist als die Preiselastizität der heimischen Nachfrage nach ausländischen Produkten.

Wie immer dem sein mag: Der Zollabbau verschärfte die Importkonkurrenz; das dämpfte die importierte Inflation, belastete aber die Zahlungsbilanz.

Der Konflikt wurde auch im Generalrat der Notenbanken ausgetragen. Im Unterausschuss für Währungsfragen, der mit der Materie befasst wurde, kam es zu einer Kampfabstimmung: Die Mitglieder der sozialistischen Fraktion stimmten für, die der bürgerlichen Fraktion gegen die Aufwertung des Schilling. Die Entscheidung kam dadurch zustande, dass sich der Präsident dafür aussprach. Die Diskussion über den Wechselkurs wurde durch die Aufwertung der D-Mark um 5,5 % Ende Juni neu entfacht. Nach dem Protokoll im Kreisky-Archiv wurden die gleichen Argumente wie am 13. März gebraucht.

Der Finanzminister setzte seine Vorschläge auch ohne Konsens durch. Österreich nahm ab 19. März 1973 am Blockfloaten der EWG teil und hielt sich ohne Verpflichtungen an die Marge von 2¼ % (Generalrat vom 25. 4. 1973). Die beiden Aufwertungen der D-Mark gegenüber den Schlangenwährungen wurden teilweise mitgemacht. Der Schilling wurde am 19. März um 2¼ % (OeNB, 1973, S. 183) und im Juli um weitere 4,8 % (ao. Generalrat vom 17. 7. 1973) aufgewertet.

1974 werteten die Währungsbehörden den Schilling nochmals auf, und zwar gegenüber allen Schlangenwährungen einschließlich der D-Mark. Mit der forcierten Hartwährungspolitik wurde versucht, den mit dem 1. Ölpreisschock verbundenen Inflationsschub zu dämpfen. Damit wurde das so genannte Indikatorsystem verlassen.

Der im Mai 1974 festgelegte D-Mark-Kurs wurde in den folgenden Jahren bei nur geringfügigen Schwankungen beibehalten. Der Wechselkurs blieb jedoch eine Instrumentenvariable. Wann immer sich der D-Mark-Kurs in der Schlange änderte, wurde überlegt, ob und inwieweit der Schilling mitziehen sollte. Erst Anfang der 1980er-Jahre wurde er strikt an die D-Mark gebunden. Aus der D-Mark-Orientierung wurde der D-Mark-Standard (siehe den übernächsten Abschnitt).

Als das Festkurssystem von Bretton Woods endete, hatte die Leistungsbilanz, wie bereits erwähnt, keine Überschüsse mehr. Der Wechselkurs diente nicht der außenwirtschaftlichen Absicherung einer binnenwirtschaftlichen Stabilitätspolitik, sondern der Verbilligung der Importe. Für die Kausalitätsumkehr sprachen die Verteuerung vieler Rohwaren und vor allem die beiden Ölpreisschocks.

Allerdings: Die Strategie, Preisstabilität über den Wechselkurs zu erreichen, verbilligt die Importe, verteuert aber die Exporte und schwächt die internationale Konkurrenzfähigkeit. Die reale Aufwertung muss im Regelfall später durch eine reale Abwertung oder durch Strukturreformen ausgeglichen werden. Dornbusch (1986) sprach von »geborgter« Stabilität. Der Erfolg einer solchen Strategie hängt davon ab, ob die Gewerkschaften die Vorgabe der Wechselkurspolitik honorieren (oder hiezu durch eine restriktive Nachfragepolitik genötigt werden)[124].

Die Anpassung der Binnenwirtschaft an den Wechselkurs verlief nicht reibungslos. Bis 1977 wurde der Wechselkurs unabhängig von der Einkommenspolitik und der Geldpolitik festgelegt. Die zeitgenössische Literatur sprach von einer Vorleistung der Wechselkurspolitik. Als im Laufe von 1977 die Zahlungsbilanz passiv wurde und Zweifel aufkamen, ob der harte Wechselkurs gehalten werden könne, entschied sich die Wirtschaftspolitik zu einem zahlungsbilanzorientierten Kurs mit zum Teil drastischen Maßnahmen[125].

Das Leistungsbilanzdefizit war nicht besonders hoch. Es wurde jedoch mit Sorge betrachtet, weil

- ausländisches Kapital nur in begrenzten Mengen zu günstigen Konditionen mobilisiert werden konnte;
- die Passivierung der Zahlungsbilanz als ein Symptom gewertet wurde, dass der wirtschaftspolitische Kurs nicht durchgehalten werden könnte;
- und die damalige Zahlungsbilanzstatistik die Deviseneingänge aus statistisch nicht erfassten Quellen noch zur Gänze dem Kapitalverkehr zurechnete, was das Leistungsbilanzdefizit übertrieben hoch erscheinen ließ.

Die Erhaltung der Reputation als Schuldner legte nahe, Leistungsbilanzdefiziten möglichst rasch entgegenzuwirken. Regressiert man die Veränderung der Leistungsbilanzsalden (ausgedrückt in % des BIP) auf ihre Höhe im Vorjahr[126], so erhält man für die Periode 1954/1980 einen hohen negativen Regressionskoeffizienten und einen hohen Standardfehler. Das eine deutet auf rasche Korrekturen, das andere auf starke Schocks hin. Von 1980 bis 2006 waren die Schocks geringer und die Leistungsbilanzsalden persistenter. Man musste nicht gleich zur Keule greifen, wenn die Leistungsbilanz aus welchen Gründen immer ein Passivum aufwies.

---

124 Diese Voraussetzung war nicht immer gegeben. Dornbusch (1986) zeigte in einer auch analytisch ansprechenden Studie, dass der Versuch lateinamerikanischer Staaten, gegen Ende der 1970er-Jahre die Inflation durch einen harten Wechselkurs zu dämpfen, nach Anfangserfolgen scheiterte, weil die Lohnpolitik die Stabilitätspolitik nicht unterstützte.

125 Die Etappen dieser Strategie werden im Kapitel »Geldpolitik« ausführlich beschrieben.

126 Siehe Obstfeld/Taylor (2004, S. 70).

4.2 Der effektive Wechselkurs

Wie »hart« der Schilling war, hing nicht zuletzt davon ab, wie »weich« die »nicht wertbeständigen« Währungen waren. Indizes der effektiven Wechselkurse in nomineller und realer Rechnung wurden schon relativ früh von Wirtschaftsforschern geschätzt. Die Notenbank veröffentlichte keine einschlägigen Berechnungen.

Für die vorliegenden Zwecke wurden konsistente Indizes der effektiven Wechselkurse des Schilling (nominell und real) für den Zeitraum 1960 bis 2000 als geometrisches Mittel der relevanten Zeitreihen von 19 (für Teilabschnitte von 17) der wichtigsten Handelspartner gebildet[127]. Der effektive Wechselkurs des Schilling in nomineller Rechnung wurde als Preis des Schilling in ausländischer Währung ausgedrückt. Er ist gleich dem reziproken Wert der durchschnittlichen bilateralen Wechselkurse (der Preise ausländischer Währungen in Schilling). Ein Steigen des Kursindex entspricht einer Aufwertung, ein Sinken einer Abwertung der heimischen Währung.

Als Messgröße für die realen Kurse dienten die Verbraucherpreise und die Arbeitskosten der Industrie (der gewerblichen Sachgütererzeugung). Die entsprechenden Indizes für die Vergleichsländer wurden zunächst in nationaler Währung erstellt und sodann (über den nominellen Wechselkurs) in Schilling umgerechnet. Die realen Indizes des effektiven Wechselkurses des Schilling ergaben sich schließlich als Quotient der österreichischen durch die ausländischen Reihen in einheitlicher Währung.

Trotz unterschiedlicher Trends weisen die jährlichen Schwankungen der drei Wechselkursreihen (nominell, real deflationiert mit Verbraucherpreisen bzw. mit Arbeitskosten) Gemeinsamkeiten auf. Eine plausible Erklärung hierfür bietet folgender Sachverhalt: Zumindest auf kurze bis mittlere Sicht gelten die Kaufkraftparitäten nicht. Preise und Löhne sind viel träger als die (bei Floaten) nervösen Wechselkurse. Die jährlichen Veränderungsraten der relativen Verbraucherpreise in nationalen Währungen schwankten nur halb so stark wie die des nominellen Wechselkurses.

Dass die realen Wechselkurse auf mittlere Sicht mit den nominellen schwanken, ist ein generelles Merkmal des »Floatens«, wie ausländische Studien für verschiedene Ländergruppen und Zeitspannen bestätigen (Obstfeld/Rogoff, 1999, chapter 9). Besonders eindrucksvoll ist der Gleichlauf von nominellen und realen Indizes für die USA (siehe das Schaubild in Krugman, 1995, S. 516). Die österreichische Korrelation entspricht den internationalen Erfahrungen.

127 Siehe dazu auch Seidel (1978).

Übersicht 13: Effektiver Wechselkursindex des Schilling
1977 = 100

	Nominell	Real	
		Messgröße	
		Verbraucherpreise	Arbeitskosten
1968	83,1	87,8	–
1970	80,2	84,5	–
1977	100,0	100,0	100,0
1981	107,0	94,9	91,5

Quelle: WIFO-Datenbank, Berechnungen des Autors

Abbildung 10: Nomineller und realer effektiver Wechselkurs des Schilling
Durchschnittliche Veränderung gegenüber dem Vorjahr in den jeweils letzten 5 Jahren

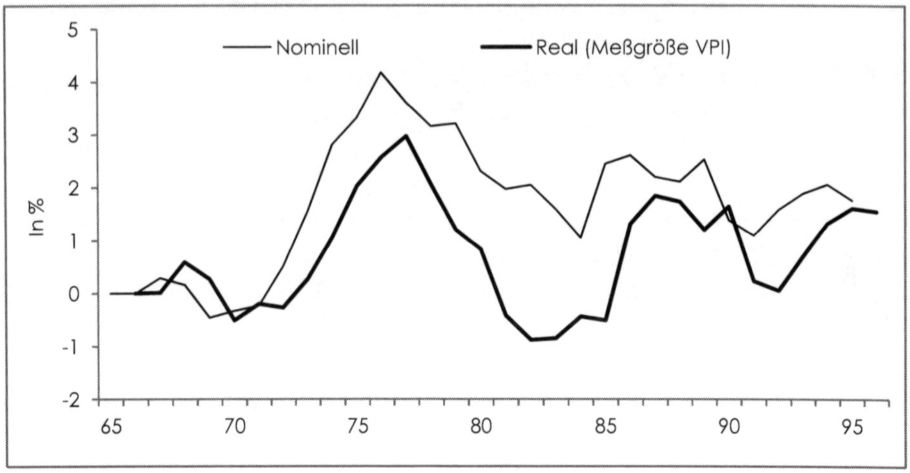

Quelle: WIFO-Datenbank

4.3 Von der D-Mark-Orientierung zur D-Mark-Bindung

Ab Mitte 1981 wurde der Schilling strikt an die D-Mark gebunden. Von Juli 1981 bis Ende 1985 schwankte der monatliche D-Mark-Kurs nur um durchschnittlich 0,14 % um den Mittelwert von 702,98 S je 100 DM. Er entsprach etwa dem Niveau von 1970 (709) und war um 6,6 % höher als 1969 vor der D-Mark-Aufwertung.

Man kann die lose Bindung des Schilling an die D-Mark in den 1970er-Jahren als eine Vorstufe (Probegalopp) zur strikten Bindung Anfang der 1980er-Jahre ansehen. Die 1970er-Jahre hatten gezeigt, dass der Schilling auch in turbulenten Zeiten mit der D-Mark mithalten kann. Warum ihn dann nicht gleich fest an die D-Mark binden und damit bestimmte Vorteile realisieren?

Diese pragmatische Sicht greift jedoch aus verschiedenen Gründen zu kurz. Zunächst: In den 1970er-Jahren war der Wechselkurs ein Instrument der Makropolitik. Die D-Mark diente zwar als Orientierung, doch wurden, wie dargelegt, begrenzte Abweichungen nach oben und unten zugelassen. Mit der strikten Bindung wurde der D-Mark-Kurs von einem Instrument zu einem Fixpunkt der Makropolitik. Gemeinsam mit der Liberalisierung des grenzüberschreitenden Kapitalverkehrs bedeutete sie nicht weniger, als dass Österreich auf eine eigenständige, am Beschäftigungsgrad orientierte Geldpolitik verzichtete. Ökonomen sprechen von einem Trilemma: Feste Wechselkurse, ein freier Kapitalverkehr und eine eigenständige Geldpolitik sind wünschenswert, doch lassen sich nur zwei davon gleichzeitig verwirklichen. Die österreichische Wirtschaftspolitik entschied sich für die ersten beiden Ziele und gab damit wichtige keynesianische Positionen auf.

Weiters: Das zentrale Problem der 1970er-Jahre war »the great inflation«. Das rechtfertigte die Fokussierung der Wirtschaftspolitik auf Inflationsbekämpfung auch mit unkonventionellen Methoden. In den 1980er-Jahren standen jedoch andere Probleme im Vordergrund, die möglicherweise besondere geldpolitische Vorkehrungen erforderten. Der Verzicht auf eine eigenständige Geldpolitik schien aus dieser Sicht etwas voreilig (siehe hiezu Tichy, 1988).

Gelegentlich wird argumentiert, dass mit der Bindung des Schilling an die D-Mark nur die Leitwährung gewechselt wurde: Statt des Dollar (wie im Bretton-Woods-System) wurde die D-Mark als Anker gewählt. Der Goldstandard wurde nicht als Referenz herangezogen. weil er als unzeitgemäß galt. Dieser Vergleich hinkt jedoch. Im Bretton-Woods-System hatte der effektive Wechselkurs des Schilling in nomineller Rechnung keinen ausgeprägten Trend, und die Abweichungen vom Trend waren gering. Infolge der strikten Bindung des Schilling an die D-Mark hielt der Aufwärtstrend auch nach Überwindung der beiden Ölpreisschocks an und die Schwankungen um den Trend waren sehr groß (siehe Übersicht 14). Die Stabilität gegenüber der D-Mark wurde mit einer beträchtlichen Instabilität gegenüber den meisten anderen Währungen und damit insgesamt mit einer größeren Unsicherheit erkauft. (Auf die asymmetrische Wirkung der D-Mark-Bindung wies Tichy, 1988, S. 39 hin.)

Übersicht 14: Nominell-effektiver Wechselkurs des Schilling

	Trendwachstum	Mittelwert	Standard-abweichung	Variations-koeffizient	Standardfehler der Regression
	In %	1979 = 100			
1960/1969	0,09	79,1	0,57	0,73	0,71
1970/1979	3,27	87,5	8,82	10,08	1,81
1980/1989	1,98	112,1	6,91	6,17	1,57
1980/1993	1,81	116,1	8,92	7,68	1,55

Quelle: Berechnungen des Autors

Die Übernahme des D-Mark-Standards lässt sich am besten als Anpassung der österreichischen Institutionen an den weltweiten Paradigmenwechsel verstehen, der durch die Turbulenzen der 1970er-Jahre ausgelöst wurde. Die Merkmale des Neoliberalismus – »stabilize, liberalize and privatize« – prägten seit den 1980er-Jahren auch die heimische Wirtschaftspolitik, besonders seit eine enge Verknüpfung mit der EU angestrebt und letztlich erreicht wurde. Für die Wechselkurspolitik ergab sich daraus folgende Überlegung:

Nach der »great inflation« in den 1970er-Jahren wurde in den meisten Industrieländern Preisstabilität zu einem vordringlichen Ziel der Makrowirtschaftspolitik. Und dieses Ziel sollte primär durch die Notenbanken erreicht werden, die zu diesem Zweck möglichst unabhängig agieren sollten. Als zulässiger mittelfristiger Inflationstrend bildete sich ein Satz von 2 % heraus. Die Notenbanken können dieses Ziel erreichen, indem sie eine stabilitätsorientierte Geldmengen- und (oder) Zinspolitik verfolgen und den Wechselkurs frei schwanken lassen. Als Alternative bot sich, vor allem für kleine Länder, die Bindung der Währung an die eines dominanten Landes mit glaubhafter Stabilitätspolitik an, unter Verzicht auf eine eigenständige Geldpolitik. Die österreichischen Währungsbehörden entschieden sich für den zweiten Weg (die »kleine« Schweiz verfolgte eine eigenständige Geldpolitik). Offenbar erschien es den Währungsbehörden leichter, auf diese Weise einen harten Kurs in der politischen Landschaft durchzusetzen und den Wirtschaftssubjekten glaubhaft zu machen. Pech (2002, 2006) erläuterte, dass auch in der OeNB eine eigenständige Geldpolitik erwogen wurde: Man nahm aber davon Abstand, weil bezweifelt wurde, dass der interessengebundene Generalrat einer harten Linie zustimmen würde. Für die Wahl des Wechselkursziels konnte auch ins Treffen geführt werden, dass die heimischen Finanzmärkte nicht tief genug waren und daher Schocks nur unvollständig auffangen konnten. Ähnliche Bedenken galten für die Initiative des Beirats für Wirtschafts- und Sozialfragen.

Mit der Bindung an die D-Mark setzte die Notenbank einen nominellen Anker und steckte damit den Spielraum für die Preis-Lohn-Politik ab. Notenbankpräsident Koren führte noch im Herbst 1981 anlässlich eines Österreich-Seminars im American Enterprise Institute aus, dass die Sozialpartner das Preis-Lohn-Niveau bestimmten und die Hartwährungspolitik nur eine unterstützende Rolle hatte. Aber das war wohl nur eine Geste, um den Sozialpartnern die Entscheidung der Währungsbehörden schmackhaft zu machen. Die deutsche Bundesbank hat ihre Geldpolitik stets als Vorgabe für die deutschen Sozialpartner verstanden. Mit der Bindung des Schilling an die D-Mark erstreckte sich diese Vorgabe auch auf die österreichischen Sozialpartner. Relative Preisstabilität in Österreich wurde – nicht mehr oder nicht mehr bloß – dadurch erreicht, dass die Sozialpartner »vernünftig« waren, sondern dass ihnen eine Schranke (Anker) gesetzt wurde, die »glaubhaft« war[128].

Durch die Bindung des Schilling an die D-Mark importierte die österreichische Stabilitätspolitik Glaubhaftigkeit. Sie musste nur plausibel machen, dass sie an diesem Kurs festhalten wird, in guten und in schlechten Zeiten. Das mag erklären, warum der Schilling strikt, ohne Margen, an die D-Mark gebunden wurde. Damit wurde auf eine Flexibilität verzichtet, die selbst im viel gelästerten Goldstandard innerhalb der beiden Goldpunkte gegeben war. Gemessen an den Zinssätzen wurde »Glaubhaftigkeit der Schilling/D-Mark-Parität« Ende der 1980er-Jahre erreicht. Ab diesem Zeitpunkt waren sowohl die kurzfristigen wie auch die langfristigen Zinssätze in Österreich so niedrig wie in Deutschland. Der Übergang zum Euro vollzog sich denn auch Ende der 1990er-Jahre völlig problemlos: Aus österreichischer Sicht wurde die Geldpolitik von einer Institution in Frankfurt auf eine andere dort lozierte neu geschaffene Institution übertragen, die nach dem Muster der ersten konzipiert worden war.

4.4 Lohnanpassung und Produktivitätspeitsche

Die österreichischen Gewerkschaften haben die Spielregeln der Hartwährungspolitik akzeptiert. Traxler/Pernicka (2007) zeigten, dass sich die Metaller-Gewerkschaft an den deutschen Abschlüssen orientierte und die Lohnführerschaft übernahm. Das wird als Bestätigung des skandinavischen Preisbestimmungsmodells interpretiert.

128 Die Deutsche Bundesbank hat Jahrzehnte hindurch einen Stabilitätskurs verfolgt, gelegentlich auch gegen den Willen von Regierungen und Interessenvertretungen. Und sie hat es verstanden, ihrem Kurs eine breite Zustimmung zu sichern (durch Kontakte mit der »Elite« und einer leistungsfähigen ökonomischen Abteilung). »Nicht alle Deutschen glauben an Gott, aber alle glauben an die Bundesbank«, formulierte EU-Präsident Delors.

Dieses Modell wurde in Österreich von Frisch propagiert und von den Repräsentanten der Notenbank zur Untermauerung ihrer Wechselkursstrategie herangezogen (zuletzt von Gouverneur Nowotny). Es unterstellt, dass sich die Löhne im exponierten Sektor an der Ertragslage dieses Sektors und die Löhne im geschützten Sektor an denen des exponierten Sektors orientieren. Werden die Preise im geschützten Sektor durch Aufschlagskalkulation bestimmt, wird die internationale Konkurrenzfähigkeit gewahrt und die Einkommensverteilung bleibt konstant. Der Wechselkurs ist der zentrale Preis, der das Preis-Lohn-Niveau bestimmt.

Das skandinavische Modell hat mehr normativen als empirischen Charakter. Wäre es allgemein gültig, dann wäre das Fixpreissystem von Bretton Woods nicht gescheitert und die historische Diskussion über das »Diktat der Zahlungsbilanz« hätte sich erübrigt.

Die österreichischen Gewerkschaften akzeptierten die Lohnführerschaft ihrer deutschen Kollegen. Allerdings nicht ganz. Die Löhne und die Verbraucherpreise stiegen in Österreich etwas stärker als in Deutschland. In der Industrie (im exponierten Sektor) konnte dennoch Kostengleichschritt erreicht werden, indem die Arbeitsproduktivität stärker stieg.

Um die Sonderentwicklung der industriellen Produktivität in Österreich zu veranschaulichen, wurden die (mit Baxter/King ermittelten) Trends der Wachstumsraten von Industrie und Gesamtwirtschaft für den Zeitraum 1955/1995 ermittelt (für diesen Zeitraum ist die Industriestatistik und das SNA verfügbar). Zwar konnte auch in der Industrie der steile Produktivitätstrend von Ende der 1960er-Jahre nicht gehalten werden. Der Abfall war jedoch weit schwächer als in der Gesamtwirtschaft. Und schon in den 1980er-Jahren beschleunigte sich der Wachstumstrend wieder. Hingegen dümpelte die gesamtwirtschaftliche Produktivität nach dem Rückschlag Anfang der 1970er-Jahre auf niedrigem Niveau.

Die Kehrseite der Medaille bildete das Auseinanderklaffen der Beschäftigungstrends. Während die Beschäftigung in der Gesamtwirtschaft – mit einem kurzen Einbruch Anfang der 1980er-Jahre – leicht zunahm, entließ die Industrie seit Mitte der 1970er-Jahre Arbeitskräfte, zunächst vorwiegend die private Industrie, in den 1980er-Jahren nach krisenhaften Erscheinungen auch in der Verstaatlichten Industrie. Ende der 1980er-Jahre hatte die Industrie bereits um 21 % und Mitte der 1990er-Jahre um 32 % weniger Beschäftigte als 1973, die Gesamtwirtschaft aber um 4 % und 7 % mehr.

Abbildung 11: Beschäftigung in Industrie und Gesamtwirtschaft
Trend der Wachstumsraten

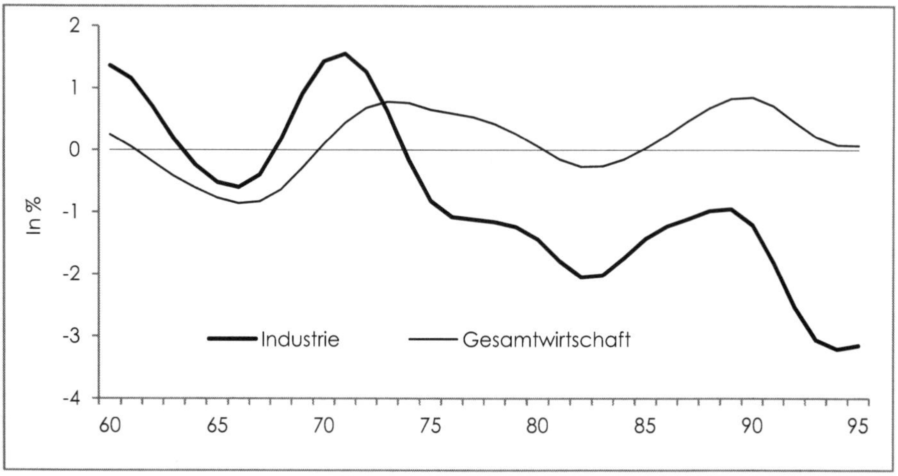

Quelle: WIFO-Datenbank

Die starke Zunahme der Arbeitsproduktivität bei gleichzeitigem Abbau von Arbeitskräften wird meist damit erklärt, dass der harte Wechselkurs die Industrie zu Rationalisierungsmaßnahmen nötigte. Das Konzept der Produktivitätspeitsche impliziert, dass die heimische Industrie vor der D-Mark-Orientierung ihre Ertragschancen nicht voll nutzte (X-inefficiency nach Leibenstein, 1966). Erst der harte Wechselkurs veranlasste sie, rationell zu produzieren.

Die herkömmliche Theorie betrachtet den Wechselkurs im Allgemeinen nicht als Produktivitätspeitsche. Im einflussreichen (keynesianischen) Mundell-Fleming-Modell wirkt der reale Wechselkurs auf kurze Sicht negativ auf die effektive Nachfrage und damit auf das reale BIP (siehe z.B. Krugman, 1995). In einfachen monetaristischen Modellen hat der Wechselkurs überhaupt keinen Einfluss auf reale Größen (und damit auf die Arbeitsproduktivität). Die Produktivitätspeitsche lässt sich in sachlicher und zeitlicher Hinsicht eher als Ausnahmefall interpretieren.

5 Österreichische Geldpolitik

Trotz vieler Zäsuren blieben bestimmte Merkmale der heimischen Geldpolitik unverändert. Solange die österreichische Geldpolitik eigenständig war, wich sie in verschiedenen Punkten mehr oder minder von dem ab, was Notenbanken heute auszeichnet. Zur Charakterisierung wurden folgende Merkmale herangezogen:

- die Bindung der Notenbankpolitik an bestimmte Regeln;
- die strategischen Beziehungen zwischen der Geldpolitik und der Lohnpolitik;
- die Informations- und Kommunikationsstrategie der Notenbank;
- das Verhältnis der Geldpolitik zur Geldtheorie.

Laut Statut soll die Notenbank den inneren und äußeren Geldwert stabil halten. Diese Ziele wurden bis Anfang der 1980er-Jahre nicht quantifiziert. Auch legte sich die Notenbank nicht fest, wie sie reagieren würde, wenn diese Ziele verfehlt werden. Anders formuliert: Es gab keine Reaktionsfunktion der Geldpolitik. Die Notenbank legte ihren Kurs von Fall zu Fall unter Würdigung der jeweiligen Umstände fest, wobei zu den berücksichtigungswerten Umständen auch die Bedachtnahme auf die Wirtschaftspolitik der Bundesregierung gehörte. Wie die heimische Wirtschaftspolitik im Allgemeinen suchte auch die Geldpolitik den Konsens, und das erforderte Kompromisse[129]. Das Ergebnis von Verhandlungen wurde oft mehr von Persönlichkeiten als von Institutionen geprägt[130]. Es gibt Beispiele, in denen die Lohnpolitik »autonom« Impulse setzte wie z.B. im »big bargain 1969«. In anderen Fällen ergriffen die Währungsbehörden die Initiative. Dennoch: Im »Golden Age« – in den 1950er- und 1960er-Jahren – kann man die heimische Geldpolitik, ohne allzu sehr zu vereinfachen, als vorwiegend akkommodierend bezeichnen. Die später in der einschlägigen Literatur hochstilisierte Empfehlung »rules rather than discretion« wäre von den Währungshütern damals kaum verstanden worden.

---

129 Selbst Extremsituationen lassen sich verschieden interpretieren. Die Kamitz'sche Stabilisierungspolitik 1952/53 galt als ein Musterbeispiel für die Inflationsbekämpfung mit den klassischen Mitteln der Geld- und Budgetpolitik. Aber ihr ging ein Stillhalteabkommen zwischen den Gewerkschaften und der Industrie voraus. Kienzl (1993, S. 64), damals Gewerkschaftsökonom, sah im Sozialpartnerkompromiss den Hauptgrund für das Brechen der Nachkriegsinflation. Das klassische Stabilisierungskonzept wurde nur am Rande erwähnt: »Es sind auch noch Kreditrestriktionen beschlossen worden …«.

130 Insofern eignen sich die Begriffe »Lohnstandard« und »Monetarismus« nur beschränkt zur Charakterisierung der österreichischen Verhältnisse, denn sie unterstellen, dass entweder die Gewerkschaften oder die Notenbank dominieren.

Die Notenbank steuert durch ihre Transaktionen die Menge des verfügbaren Notenbankgeldes[131] und deren Preis (den kurzfristigen Zinssatz). Über diese »Zwischenziele« sollen die nominelle Nachfrage und das Preisniveau (einschließlich des Preises für ausländische Währungen) gesteuert werden. Die Wirkungskette von den »Zwischenzielen« zu den »Endzielen« der Notenbankpolitik wird »monetärer Transmissionsmechanismus« genannt. Die älteren Modelle der Geldtheorie betonen die Wirkungskette: Notenbankgeld → Geldmenge in den Händen des Publikums (»nonbanks«) → Nachfrage nach Gütern und Dienstleistungen → Preisniveau. In den 1970er-Jahren gingen wichtige Länder dazu über, Geldmengenziele vorzugeben und damit die Inflationserwartungen zu beeinflussen. Die jüngere Literatur rückt den Einfluss von Zinsänderungen auf den Marktwert von Finanzvermögen sowie die Ausgaben von Unternehmungen und Haushalten in den Vordergrund.

Die Geldnachfragefunktion

Geldmenge und Zinssätze werden zur Charakterisierung der monetären Entwicklung verwendet. Die Geldmenge wurde berücksichtigt, weil die Geldnachfrage bis Anfang der 1990er-Jahre anscheinend ziemlich stabil war.

Die Geldnachfragefunktion gehört neben der Konsumfunktion zu den am häufigsten geschätzten Beziehungen der Ökonometrie. Im Allgemeinen ist die Einkommenselastizität für breite Geldmengenaggregate höher als für enge Konzepte und für die europäischen Staaten höher als für die USA. Die Zinselastizität ist für die langfristigen Sätze höher als für die kurzfristigen. Nach Knell/Stix (2004) lag der aus vielen einschlägigen Schätzungen ermittelte Mittelwert der Einkommenselastizität bei +1 und die Elastizität der langfristigen Zinssätze je nach Stichprobe zwischen –0,25 und –0,34.

Für Österreich fanden Schebeck/Thury (1987) in einer anspruchsvollen ökonometrischen Untersuchung auf Basis von Quartalswerten eine relativ stabile Beziehung zwischen der realen Geldnachfrage einerseits und der realen Güternachfrage und dem Zinssatz andererseits. Eine gewisse Bestätigung der Ergebnisse liefert folgende Kalkulation: Regressiert man die (mit dem BIP-Deflator deflationierte) Geldmenge auf das reale BIP und den langfristigen Zinssatz für die Jahreswerte 1955–1990, so erhält man eine brauchbare langfristige Beziehung zwischen diesen Größen. Die geschätzten Elastizitäten von (annähernd) Eins und –0,25 entsprechen dem oben wiedergegebenen Durchschnittswert internationaler Untersuchungen. Die Schätzwerte sind »superkonsistent«, da die Residuen stationär sind (keine Einheitswurzel).

---

131 Notenbankgeld, Zentralbankgeld oder Basisgeld (Geldbasis) ist von Zentralbanken geschaffenes Geld (Bargeld, Mindest- und Überschussreserven der Kreditunternehmungen); es ist zu unterscheiden von der Geldmenge im engeren Sinn, dem Bestand an Zahlungsmitteln einer Volkswirtschaft: M1: Bargeldumlauf und täglich fällige Einlagen bei Monetären Finanzinstituten (MFI) und Staat; M2: zusätzlich kurzfristige Spareinlagen (bis zu drei Monaten) und kurzfristige Termineinlagen (bis zu zwei Jahren Laufzeit) bei MFI und Staat; M3: überdies marktfähige Finanzinstrumente (Rückkaufsvereinbarungen, Geldmarktfondsanteile, MFI-Schuldverschreibungen mit bis zu zwei Jahren Laufzeit). Für analytische Zwecke empfiehlt es sich, die Notenbankguthaben des Bundes aus dem Zentralbankgeld auszuscheiden. Daher wird in dieser Arbeit die erweiterte Geldbasis laut WIFO-Definition verwendet. Die Veränderungsraten der beiden Größen weichen infolge der Liquiditätspolitik des Bundes beträchtlich voneinander ab.

Das Instrumentarium der Notenbank blieb in dem fast halben Jahrhundert seit dem Notenbankgesetz 1955 bis zum Euro in der Hauptsache unverändert: Notenbankgeld wurde geschaffen oder vernichtet durch Diskont von Handelswechseln, den Lombard von Wertpapieren, durch Mindestreservevorschriften und durch Offen-Markt-Operationen. Der Zugang des Staates zum Notenbankkredit blieb beschränkt (5 % der Erträge aus öffentlichen Abgaben). Zwei typisch österreichische Instrumente wurden allerdings in den 1980er-Jahren aufgegeben: die Kreditkontrollabkommen und die strukturorientierte Geldschöpfung.

Die folgende Darstellung unterscheidet drei Phasen:

- Die Superkonjunktur 1969/1973 (»Golden Age«)
- Die Rezession 1974/1976
- Die Zahlungsbilanzorientierung ab 1976

In den ersten beiden Phasen wurde Geldpolitik hauptsächlich nach binnenwirtschaftlichen Gesichtspunkten betrieben. Der beschränkte internationale Kapitalverkehr ermöglichte eine wenngleich beschränkte Zinsautonomie. Ab 1976 wurde die Geldpolitik zunächst zur Verteidigung der Wechselkursstrategie eingesetzt. In den 1980er-Jahren bewirkten die strikte Bindung des Schilling an die D-Mark und die fortschreitende Liberalisierung des Kapitalverkehrs, dass die Geldpolitik des dominanten Wirtschaftspartners übernommen wurde. Die Vorteile des D-Mark-Standards schienen größer als der Nachteil eines Verzichts auf eine eigenständige Geldpolitik.

5.1 Akkommodierende Geldpolitik im »Golden Age«

1982 betonte Präsident Koren »... the Austrian National Bank pursues a policy geared not to money supply but to money demand. It is rather the money supply that is adjusted. ... A decisive factor in the demand for money is the increase or decrease of incomes as determined by the social partners and by the federal government's fiscal policy.« Die Aussage, dass die Notenbank den von den Sozialpartnern und der Budgetpolitik vorgegebenen Geldbedarf deckte, entsprach dem in der einschlägigen Literatur als »akkommodierende« Geldpolitik (»Lohnstandard« nach Hicks) bezeichneten Sachverhalt. Sie beschrieb nicht den Ist-Zustand 1982, denn zu diesem Zeitpunkt war der Schilling bereits fest an die D-Mark gebunden, und der Spielraum nicht nur der deutschen, sondern auch der österreichischen Preis-Lohn-Politik war von der Deutschen Bundesbank vorgegeben. Aber sie traf in hohem Maße auf das »Golden Age« zu und wurde daher als Leitmotiv für die Charakterisierung der Geldpolitik in dieser Periode gewählt. Ausführlich diskutierten die heimischen Währungsbehörden die Akkommodations-These in der ersten Hälfte der 1970er-Jahre; darauf geht der folgende Abschnitt ein

Zwar: Untätig war die Notenbank nicht. Tichy (1970, S. 51/52) ermittelte im Zeitraum 1954 bis 1969 36 Interventionen[132]. Dabei wurden verschiedene Instrumente eingesetzt[133]: Die Bankrate und der Lombardsatz bestimmten den Preis und die Mindestreserven die Menge des verfügbaren Notenbankgeldes. Zeitweise tätigte die Notenbank sogenannte Offen-Markt-Operationen[134] und blockierte Auslandsguthaben der Kreditunternehmungen. Das Finanzministerium vereinbarte mit Sektoren der Kreditwirtschaft Kreditkontrollabkommen. Darin wurde die Ausweitung der Buchkredite direkt (unabhängig vom Angebot an Notenbankgeld) begrenzt.

Die Instrumentenvielfalt trug dem Umstand Rechnung, dass die Preise für Finanzaktiva auf Mengenänderungen nur träge reagierten und die Substitutionselastizitäten zwischen verschiedenen Aktiven nur gering waren. Auch berücksichtigten die Währungsbehörden die unterschiedlichen Interessen der Sektoren der Kreditwirtschaft (wichtige Sektoren waren im Generalrat vertreten). So etwa waren die Kreditnehmer auf dem Zwischenbankmarkt im Bedarfsfall eher dafür, die Kreditausweitung direkt zu beschränken; die Kreditgeber zogen die indirekte Steuerung über die Liquidität vor (siehe hiezu die Diskussion im Generalrat in der ersten Hälfte der 1970er-Jahre in Abschnitt 5.2.1). Die Vorstellung, Geldpolitik bloß durch Steuerung des kurzfristigen Zinssatzes und Kommunikation mit einem sachverständigen Publikum zu betreiben, wurde erst im »monetaristischen Zeitalter« entwickelt (siehe den Abschnitt 2.4 über das Bretton-Woods-System).

Ungeachtet der Häufigkeit und der Vielfalt der Interventionen galt: Die Steuerungsmaßnahmen der Währungsbehörden waren relativ sanft und beeinträchtigten das Kreditgewährungspotential der Finanzintermediäre nur wenig (eine unbeabsichtigte Liquiditätsenge 1961 vielleicht ausgenommen). Das lässt sich unter anderem durch Vergleiche mit der Politik der heimischen Währungsbehörden in späteren Jahrzehnten als auch mit der Geldpolitik in der BRD zur gleichen Zeit demonstrieren (siehe Abschnitt 5.1.3).

Eine schärfere Gangart der Notenbank schien weder erforderlich noch wünschenswert. Nicht erforderlich, weil die österreichische Wirtschaft trotz heftiger monetärer Schocks ein hohes Maß an finanzieller Stabilität aufwies. Und nicht wünschenswert,

---

132 Die vom Generalrat verfügten Interventionen waren zeitpunktbezogen. Sie galten befristet oder bis sie durch neue Interventionen abgelöst wurden. Eine kontinuierliche (etwa tägliche) Steuerung des Geldangebots fand nicht statt.

133 Ihr oft kombinierter Einsatz macht es schwierig, ihre Effizienz zu überprüfen.

134 Darunter wurden Vereinbarungen mit den Kreditunternehmungen verstanden, von der Notenbank ausgegebene Wertpapiere in bestimmter Höhe und für bestimmte Fristen zu übernehmen.

denn die Notenbank hatte nicht nur für Geldwertstabilität zu sorgen, sondern musste auch andere Ziele der Makrowirtschaftspolitik mitverfolgen, was unter Umständen Kompromisse zu Lasten der Geldwertstabilität nahelegte.

5.1.1 Hohes Maß an finanzieller Stabilität

In den 1960er-Jahren pendelte sich die Inflationsrate bei 3,5 % ein. Das war zwar mehr als in den 1950er-Jahren nach Beendigung der Nachkriegsinflation. Dieser Inflationstrend (vom Deutschen Sachverständigenrat als »eingeübte« Inflation bezeichnet) wurde jedoch von den Währungsbehörden als angemessen oder als zumindest nicht so unangemessen angesehen, dass sie gegensteuern mussten. Das gilt umso mehr, als sich im Laufe der 1960er-Jahre, anders als etwa in den USA oder in Großbritannien, keine Tendenz zur Beschleunigung der Inflation abzeichnete (oder zumindest leicht erkennbar war[135]). Eine mäßige Inflation fungierte nach Ansicht mancher Autoren als ein den Wirtschaftsablauf förderndes Schmiermittel.

Abbildung 12: Durchschnittliche Inflationsraten der jeweils letzten 5 Jahre

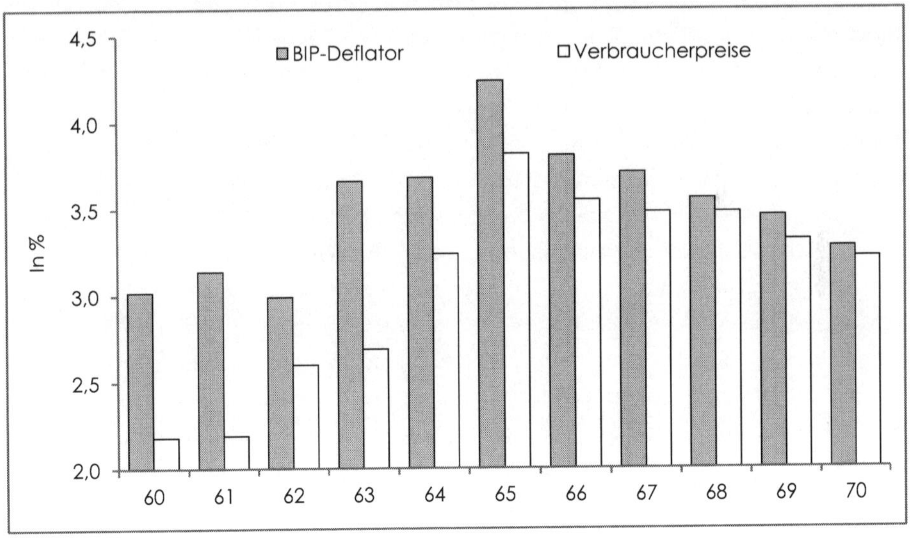

Quelle: WIFO-Datenbank

135 Ein Warnzeichen bestand darin, dass die Inflationsrate in Rezessionsperioden kaum zurückging (Stagflation im engeren Sinn).

Ebenso wie die innere erschien die äußere finanzielle Stabilität gewährleistet. Die österreichische Wirtschaft fand sich im Bretton-Woods-System gut zurecht (siehe Abschnitt 4.3). Die laufende Zahlungsbilanz war annähernd ausgeglichen. Der Schilling war weder unterbewertet wie die D-Mark und daher nicht einem ständigen Aufwertungsdruck ausgesetzt, noch stieß die Expansion der heimischen Wirtschaft an außenwirtschaftliche Grenzen; für eine Stop-Go-Politik wie etwa in Großbritannien bestand kein Anlass. Die Abwertung des Schilling im Frühjahr 1953 (von den Währungsbehörden Kursvereinheitlichung genannt) hatte die heimische Wirtschaft angemessen positioniert. Zwar lag der gewählte Wechselkurs von 26 S/$ weit über den Kaufkraftparitäten (von etwa 15 S/$), aber das entsprach dem damaligen Entwicklungsstand der heimischen Wirtschaft. Die leichte Dämpfung des Wirtschaftswachstums in den 1960er-Jahren – von der zeitgenössischen Literatur vorschnell als Strukturschwäche der Industrie etikettiert – ergab sich als Folge neuer außenwirtschaftlicher Bedingungen. Der Abbau der Importbeschränkungen – Anfang der 1960er-Jahre war noch ein erheblicher Teil der Konsumgüterproduktion durch hohe Zölle und Einfuhrkontingente geschützt[136] – und die Diskriminierung auf den nahen EWG-Märkten nötigten die Industrie zu Strukturanpassungen[137].

Gegen die Begrenzung der Inflation durch eine straffe Geldpolitik sprach die These der »Kosteninflation« als dominante Inflationsquelle: Preise und Löhne würden nicht von einer übermäßigen Nachfrage hochgezogen, sondern von marktbeherrschenden Gewerkschaften und Unternehmungen hochgedrückt. Als einige Jahre nach der Währungsstabilisierung der Preisauftrieb die Marke von 3 % überstieg, hielt nicht die Geldpolitik dagegen. Vielmehr ergriffen die Sozialpartner die Initiative. 1958 gründeten sie die Paritätische Kommission für Preis- und Lohnfragen. Danach mussten Preiserhöhungen marktbeherrschender Firmen und der Beginn von Branchen-Lohnverhandlungen von den Spitzen der Sozialpartner genehmigt werden. Als 1963 der Beirat für Wirtschafts- und Sozialfragen als dritte Untergruppe der Paritätischen gegründet wurde, widmete er sich in seiner ersten Studie (1964) der Preis-Lohn-Entwicklung. Zu den Beratungen wurde »auch« ein Mitglied der Notenbank beigezogen. Als der Bericht fast fertig war, fand der Vorsitzende, dass auch über die Geldpolitik etwas gesagt werden sollte. Der Notenbank-Ökonom Albrecht und der Autor brachten die umstrittene Forderung nach einer aktivseitigen Kreditkontrolle in

136 In den Konsumgüterindustrien waren Anfang der 1960er-Jahre die Importe der Hälfte aller Waren (gemessen am Bruttoproduktionswert) nicht liberalisiert, ein Drittel hatte Zölle von mehr als 30 % (WIFO, 1963, S. 419).

137 Perioden, in denen sich die Wirtschaftsstruktur neuen Bedingungen anpasst, weisen meist ein geringes Wirtschaftswachstum auf. Eine erfolgreiche Strukturanpassung lässt die Wirtschaft erst später rasch wachsen.

den Maßnahmenkatalog ein. Der Vorschlag eines Beiratsmitglieds, eine Inflationsrate von 2 % als Zielgröße vorzugeben, erwies sich nach Erinnerung des Autors als nicht konsensfähig.

Eine Kosteninflation sollte nicht mit monetären Maßnahmen bekämpft werden. Im Gegenteil! Der Wirtschaftsjournalist Knapp z.B. plädierte für eine extreme Form der Assignation von wirtschaftspolitischen Zielen und Maßnahmen in Gestalt des »big bargain« (Kausel, 1996). Nach diesem Vorschlag, der von der Wirtschaftspolitik wohlwollend aufgenommen wurde, sollte eine zurückhaltende Einkommenspolitik der Gewerkschaften (unterstützt durch steuerpolitische Maßnahmen) mit einer expansiven Geldpolitik verknüpft werden. Auf diese Weise könnte nicht nur ein hoher Beschäftigungsgrad erreicht, sondern auch das Wirtschaftswachstum auf mittlere Sicht gesteigert werden. In Großbritannien wurde diese Strategie Anfang der 1970er-Jahre unter dem Titel »go for growth« praktiziert.

5.1.2 Devisenzustrom verursacht Liquiditätsschübe

In der hier behandelten Periode ließen von der Zahlungsbilanz ausgehende Schocks das Angebot an Notenbankgeld kurzfristig sprunghaft steigen. Das Finanzsystem reagierte darauf nur träge. Starken Schüben an Notenbankgeld stand eine relativ stetige Ausweitung der für Nicht-Banken verfügbaren Geldmenge gegenüber. Die »Elastizität« des Geldangebots[138] in Bezug auf das Angebot an Notenbankgeld war gering. Der in elementaren Lehrbüchern dargestellte Kreditschöpfungsmultiplikator, wonach die Kreditunternehmungen ihr Kreditvolumen (und damit die den Nicht-Banken verfügbare Geldmenge) um ein – dem Betrag nach Vielfaches – ausweiten, wenn sie über überschüssige flüssige Mittel verfügen, war zumindest kurzfristig nicht wirksam. Auch bildeten sich keine Blasen auf den Märkten für Vermögenswerte wie Jahrzehnte später in vielen Industrieländern. Die Geldpolitik konnte sich daher eine gewisse Gelassenheit leisten.

Die monetären Schocks kamen wie folgt zustande: Der Bedarf an Notenbankgeld der wachsenden Wirtschaft – das nominelle BIP stieg durchschnittlich um 8,5 % pro Jahr – wurde dadurch gedeckt, dass die Notenbank Gold und Devisen aufkaufte. Dieser Devisenzustrom stammte (über die gesamte Periode gesehen) ausschließlich aus langfristigen Kapitalimporten. Die Leistungsbilanz war ausgeglichen, wenn man ihr die »Statistische Differenz« zurechnet (sie wurde erst ab 1969 in eine Güter- und eine Kapitalkomponente aufgespalten). Der kurzfristige grenzüberschreitende Kapitalverkehr schwankte ohne ausgeprägten Trend.

138 Der Begriff wurde von Borio/Disyata (2011) geprägt.

Übersicht 15: Struktur der Zahlungsbilanzsalden
Jahresdurchschnitte, in % des BIP

	1955/ 1969	1970/ 1983	1984/ 1992	1955/ 1969	1970/ 1983	1984/ 1992
		Mittelwert			Standardabweichung	
Waren	– 3,9	– 6,3	– 5,0	0,93	1,26	0,59
Dienstleistungen	+ 3,4	+ 4,2	+ 3,4	0,69	0,79	0,56
Laufende Transfers	+ 0,0	– 0,2	– 0,1	0,57	0,16	0,05
Nicht zurechenbar[1]	–	+ 1,1	+ 1,6	–	1,14	0,22
Leistungsbilanz	– 0,5	– 1,2	+ 0,1	1,02	1,20	0,33
Statistische Differenz	+ 0,5	+ 0,4	– 0,3	0,50	0,35	0,57
Kurzfristiger Kapitalverkehr	+ 0,1	+ 1,0	+ 0,4	0,55	0,97	1,08
Langfristiger Kapitalverkehr	+ 0,9	+ 0,4	+ 0,1	0,79	1,26	1,44
Sonstige[2]	–	+ 0,2	– 0,1	–	0,44	0,30
Veränderung der valutarischen Reserven	+ 1,0	+ 0,8	+ 0,2	1,18	1,50	0,47

Quelle: WIFO-Datenbank
1 Die Statistische Differenz wurde erst ab 1969 in einen der Leistungsbilanz und einen der Kapitalbilanz zurechenbaren Teil aufgespalten.
2 Bewertungsdifferenzen

Die langfristigen Kapitalimporte kamen in Schüben. In dem hier betrachteten Zeitabschnitt häuften sie sich 1958/59, 1962/63 und 1967/68. Die ersten beiden erreichten ein ungewöhnliches, nur mit dem Entwicklungsstand der österreichischen Wirtschaft erklärbares Ausmaß. In beiden Fällen waren auch andere Teilbilanzen aktiv: Die valutarischen Reserven der Notenbank wuchsen entsprechend stärker. Im dritten Fall wurde die Monetarisierung der langfristigen Kapitalimporte durch ein Defizit in der Leistungsbilanz und kurzfristige Kapitaltransaktionen gedämpft (die Kreditunternehmungen bauten ihre Auslandsverschuldung ab).

Wie stark die Liquiditätsschübe waren und wie das Geld- und Kreditsystem darauf reagierte, lässt sich mit Hilfe der Komponentenzerlegung des Geldmengenwachstums verdeutlichen. Danach wird die Ausweitung des Geldvolumens in die Komponenten Notenbankgeld und Multiplikator aufgespalten. Beide werden sodann weiter unterteilt, das Notenbankgeld in eine Inlands- und eine Auslandskomponente[139].

139 Das Konzept wurde in den WIFO-Monatsberichten von verschiedenen Autoren dargestellt (Tichy, Schebeck, Sommer, Handler, Szopo). Die WIFO-Datenbank enthält die Daten ab 1/1969 (für die

Abbildung 13: Langfristiger Kapitalverkehr und valutarische Reserven der OeNB

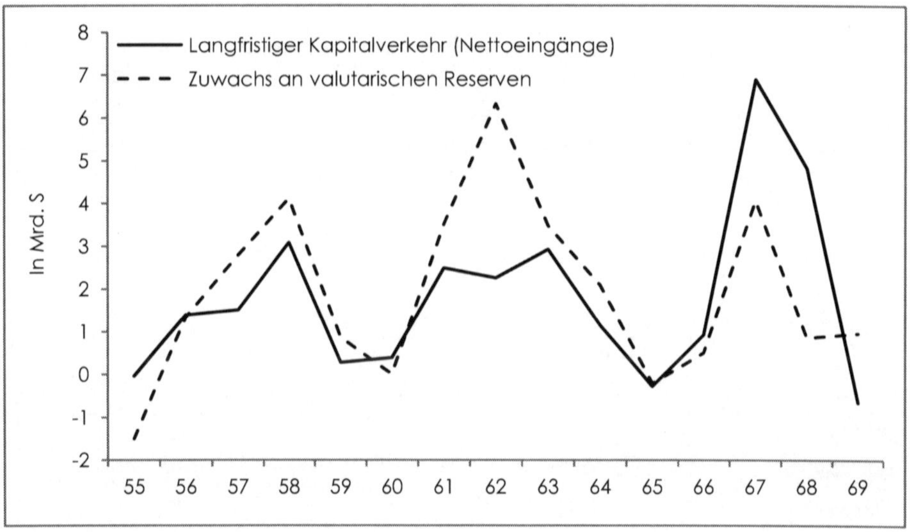

Quelle: WIFO-Datenbank

Abbildung 14: Inlands- und Auslandskomponente des Zuwachses an Basisgeld

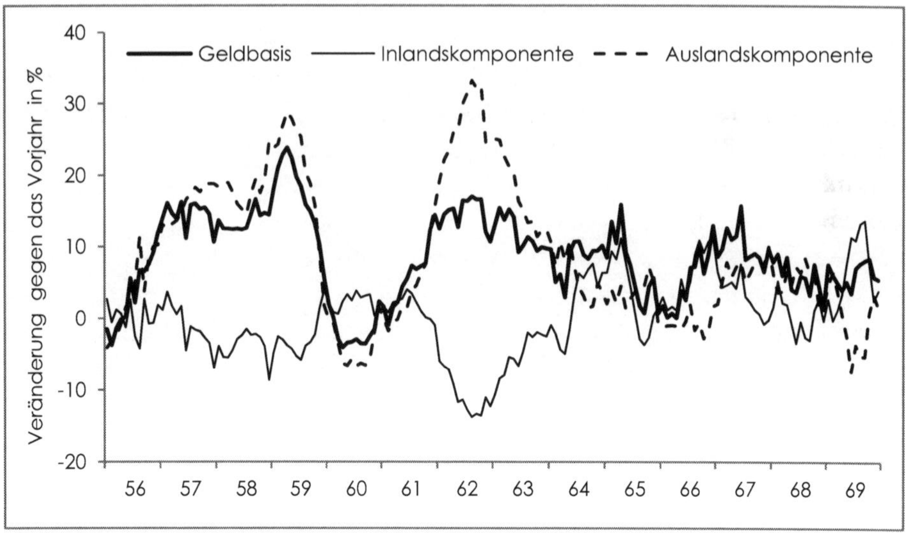

Quelle: WIFO-Datenbank

Komponenten der ersten Ebene ab 12/1960). Für die vorliegenden Zwecke wurde die Entwicklung des Basisgeldes und seiner beiden Komponenten bis 1955 zurückgeschrieben.

Die ersten beiden Devisenschübe ließen das Angebot an Basisgeld um etwa ein Drittel steigen (gemessen am größten 12-Monatsabstand). Dem entsprach eine (diskontinuierliche) Steigerungsrate von fast 40 %. Die starken Zuwächse der Auslandskomponente wurden zum Teil durch eine gegenläufige Bewegung der Inlandskomponente neutralisiert (sterilisiert). Was dann noch an Schwankungen des Basisgeldes verblieb, wurde größtenteils durch eine gegenläufige Entwicklung des Multiplikators gedämpft. Die dem Publikum verfügbare Geldmenge verlief daher viel stetiger.

Übersicht 16: Zusammenhang zwischen Basisgeld und Geldmengenmultiplikator bzw. Geldmenge

	Multiplikator	Geldmenge M1
	Korrelationskoeffizient[1]	
1955/1970	– 0,87	+ 0,44
1970/1983	– 0,03	+ 0,42
1984/1998	– 0,43	+ 0,40

Quelle: Berechnungen des Autors

1 Korrelation zwischen den gleitenden 3-Monatsdurchschnitten der Veränderungsraten gegenüber dem Vorjahr.

Der Multiplikator glättete nur im Goldenen Zeitalter die Schwankungen der Basisgeldmenge. In der Kernperiode (1970/1983) bestand zwischen diesen Größen kein statistischer Zusammenhang; danach war er nur schwach.

Die Komponentenzerlegung (als Tautologie) lässt die Frage nach den kausalen Beziehungen offen. Mit Hilfe einiger identifizierender Annahmen bietet sich folgende Interpretation an:

Die Schübe der Auslandskomponente verursachten die gegenläufige Bewegung der Inlandskomponente und nicht umgekehrt[140]. Mit zunehmender Offenheit der Wirtschaft und einer aktiveren Geldpolitik wurde die Wirkungsrichtung später weniger eindeutig[141]. Die »monetäre Theorie des Zahlungsbilanzausgleichs« wurde empirisch relevant.

Weiters: Unter Sterilisierungspolitik werden meist Maßnahmen der Notenbank verstanden, Schwankungen im Devisenangebot nicht auf das Basisgeld durchschlagen zu lassen. Die beiden externen Schocks wurden größtenteils von den Kreditunterneh-

140 Die hohe Inlandsliquidität kann schwerlich Zahlungsbilanzüberschüsse induziert haben.

141 Siehe hiezu die Kausalitätstests von Handler (1985).

mungen aufgefangen, indem sie ihre Schulden an die Notenbank abbauten und darüber hinausgehende flüssige Mittel zunächst nicht verwendeten. Das ersparte ein stärkeres Eingreifen der Notenbank. Diese Argumentation unterstellt, dass die Nachfrage der Kreditunternehmungen nach Notenbankkrediten das Refinanzierungsvolumen bestimmte (bindende Refinanzierungsplafonds wurden in der Stabilisierungsperiode in den 1970er-Jahren eingeführt). Und diese Nachfrage wurde hauptsächlich durch die Liquidität gesteuert (die Diskontrate war niedrig und wurde gesenkt).

Schließlich: Die Spitzen der Auslandskomponente fielen in Zeitabschnitte schwacher Konjunktur[142]. Die heimische Konjunktur wurde mit einer kurzen Verzögerung maßgeblich vom internationalen Umfeld geprägt. Das legt nahe, die internationale Konjunktur als treibende Kraft (exogene Größe) und die inländischen Größen[143] als Folgen zu interpretieren. Diese Sicht wird dadurch gestützt, dass die Konjunkturvariable eine vorauseilende Größe war. Sowohl die Deviseneingänge der Notenbank als auch die Kreditausweitung der Kreditunternehmungen hinkten nach.

Die Konjunktureintrübung dämpfte unmittelbar die Kreditnachfrage der Wirtschaft und veranlasste die Kreditunternehmungen, vorsichtiger zu agieren. Dadurch stieg die Liquidität der Kreditwirtschaft. Gleichzeitig reagierten die Fiskal- und die Geldpolitik.

Bei schwacher Konjunktur ließen die automatischen Stabilisatoren und diskretionäre Maßnahmen die Budgetdefizite des Bundes steigen. Wenn der Bund größere Defizite zu finanzieren hatte, übernahmen zunächst die Kreditunternehmungen einen Großteil der im Inland begebenen Bundesanleihen. Die Placierung wurde dadurch erleichtert, dass die Kreditunternehmungen in Rezessionsjahren über reichliche liquide Mittel verfügten. Der Anteil der Wertpapiere an der Bilanzsumme stieg in Jahren hoher Budgetdefizite (nur mittelfristig wurden die Portefeuilles dem angestrebten Niveau angepasst). Außerdem – und das ist im vorliegenden Zusammenhang relevant – wich der Bund bei hohem Finanzbedarf zum Teil auf ausländische Kapitalmärkte aus. Sein Budgetdefizit war daher positiv sowohl mit den Wertpapierkäufen der Kreditunternehmungen als auch mit dem Saldo der langfristigen Kapitalbilanz korreliert. Das galt nicht nur für das »Golden Age«, sondern auch für den größeren Teil der Kreisky-Ära bis etwa 1978. Erst danach wurde der Zusammenhang schwächer, teils weil man in der Hochzinsphase der 1980er-Jahre vermehrt kurzfristige Finanzierungsformen wählte, teils weil die Rentenmärkte tiefer wurden.

---

142 Das Konjunkturmuster wurde durch Filterung der Industrieproduktion nach Baxter/King gewonnen.
143 Die monetären Größen und einige reale Größen sind eng miteinander korreliert (Schebeck, 1971).

Übersicht 17: Zusammenhang zwischen Nettosalde des Bundeshaushaltes und der langfristigen Kapitalbilanz bzw. den Wertpapierbeständen

	Korrelationskoeffizient 1955/1978
Saldo des langfristigen Kapitalverkehrs mit dem Ausland	– 0,69
Zuwachs der Wertpapierbestände des Kreditapparates	– 0,94

Quelle: Berechnungen des Autors

Gleichzeitig mit der Budgetpolitik reagierte die Geldpolitik. Obschon sich keine eindeutige Reaktionsfunktion ausmachen ließ, so galt doch im Allgemeinen: Bei schwacher Konjunktur wurde die Diskontrate gesenkt und auf andere Weise die Liquidität der Kreditunternehmungen gestärkt.

Neben dem beschriebenen Grundmuster trugen die Liquiditätsschübe individuelle (idiosynkratische) Züge. Im ersten Schub (1958/59) schlug die Auslandskomponente fast vollständig auf das Basisgeld durch. Die Notenbankverschuldung der Kreditunternehmungen war gering und konnte daher nur beschränkt zum Ausgleich eingesetzt werden. Die Haltung von Auslandsguthaben wurde den Kreditunternehmungen erst Ende der 1950er-Jahre erlaubt. Die Währungsbehörden ließen die Liquiditätsfülle zu, weil sich die Wirtschaft in einer Rezession befand und weil sie der Finanzpolitik ermöglichte, einen nennenswerten Teil des Budgetdefizits durch kurzfristige Schatzscheine zu finanzieren. Erst als sich die Konjunktur sichtlich zu erholen begann, wurden Anfang 1960 die Mindestreservesätze kräftig erhöht. Zu diesem Zeitpunkt war jedoch der Devisenzustrom bereits versiegt und die Kreditunternehmungen gerieten in eine von den Währungsbehörden nicht beabsichtigte Liquiditätsklemme.

Gegen Ende der 1950er-Jahre wurde mit der Liberalisierung der Kapitaltransaktionen begonnen. Wirtschaftsunternehmungen durften langfristige Investitionskredite im Ausland aufnehmen. Devisenhändlern wurde der Zugang zu den ausländischen Geldmärkten gestattet. Im zweiten monetären Schub von 1962/63 waren daher grenzüberschreitende Kapitaltransaktionen bereits vielfältiger und wurden verschieden motiviert. Die Kapitalimporte der öffentlichen Hand lösten ein Mengenproblem: Sie begegneten dem auch mit hohen Zinssätzen nicht behebbaren Mangel an heimischen Kapitalmarktmitteln. Dass Auslandskredite billiger waren, galt als willkommene Beigabe. Wirtschaftsunternehmungen des Realsektors hingegen verschuldeten sich im Ausland, weil dort günstigere Konditionen erhältlich waren (niedrigere Zinssätze, längere Laufzeiten und weniger Sicherheiten). Und heimische Kreditunternehmungen begannen, die ausländischen Geldmärkte als Instrument des Liquiditätsmanagements zu nutzen.

Im Gegensatz zum ersten Schub reagierte die Geldpolitik umgehend. Obschon die Konjunktur schwächelte, ergriffen die Währungsbehörden verschiedene liquiditätsbeschränkende Maßnahmen. Unter anderem veranlassten sie die Kreditunternehmungen Offen-Markt-Schatzscheine[144] im Wert von 780 Mill. S zu übernehmen. Da diese überdies ihre Verpflichtungen gegenüber der Notenbank und den internationalen Geldmärkten abbauten, neutralisierte die Inlandskomponente etwa die Hälfte der Devisenzuflüsse. Erst gegen Ende der Konjunkturflaute wurde der Diskontsatz gesenkt und damit die Konjunktur gestützt.

Die Stabilisierungsfunktion der Kreditunternehmungen beruhte auf bestimmten, zum Teil nicht wiederholbaren Voraussetzungen: Die Devisenzuströme wurden als temporär betrachtet und fielen in Zeitabschnitte, in denen die Kreditnachfrage konjunkturbedingt gering war. Dabei war ihr Handlungsspielraum durch die bestehende Finanzmarktarchitektur abgesteckt. Wie das Kapitel über die Evolution der Kreditwirtschaft genauer zeigt, war das Finanzsystem der 1950er-Jahre »unterentwickelt«, nicht nur gemessen am hypertrophen Finanzkapitalismus der Jahrtausendwende, sondern auch gemessen an den damals in den entwickelten Industrieländern üblichen Standards. Kennzeichnend für die Finanzarchitektur waren der Mangel an langfristigem Kapital, die geringe Marktliquidität, die Trägheit der Zinssätze und, damit zusammenhängend, die geringe Konkurrenz (vor allem zwischen den Sektoren).

Die Währungsbehörden stützten die Trägheit der Zinssätze, indem sie die Finanzierungskosten stabil hielten. Der Eckzinssatz für Spareinlagen war durch das Habenzinsabkommen seit 1955 unverändert mit 3½ % festgeschrieben. Der Diskontsatz wurde konjunkturpolitisch etwas variiert, aber viel weniger als etwa in der BRD. Ähnliches gilt für die ab 1967 erhobenen Geldmarktsätze.

Die der damaligen Finanzarchitektur innewohnende Trägheit der Ertragsraten entsprach unter der Bezeichnung »Konstanz der nominellen Zinssätze« weitgehend den wirtschaftspolitischen Ordnungsvorstellungen. Sie wurde vor allem als Voraussetzung für die Entwicklung des Rentenmarktes angesehen. Zwar schwankte die monatliche Sekundärmarktrendite in der zweiten Hälfte der 1960er-Jahre (früher wurden keine Renditen im hohen Frequenzbereich ermittelt) zwischen 6,4 % und 7,8 %. Die oberen Werte wurden aber erst gegen Ende der Periode erreicht, nachdem die Steuerbegünstigung für Unternehmungen eingeschränkt worden war. Trotz dieses Sondereffekts war die Standardabweichung mit 0,42 Prozentpunkten nur etwa

---

144 Der Begriff »Offen-Markt« wurde extensiv ausgelegt. Die Schatzscheine wurden nicht verkauft, sondern den Kreditunternehmungen auf Grund einer Absprache zugeteilt.

halb so hoch wie in den turbulenten 1970er-Jahren und nur ein Drittel so hoch wie im darauf folgenden Zeitalter der »great moderation«. Noch stabiler waren die Konditionen für Buchkredite[145].

Übersicht 18: Sekundärmarktrendite[1]

	1965/1969	1970/1983	1984/1998
Mittelwert	7,10	8,63	6,91
Median	7,10	8,52	7,10
Minimum	6,36	7,08	3,61
Maximum	7,78	11,27	9,03
Standardabweichung	0,42	1,00	1,32
Anzahl der Beobachtungen	60	168	180

Quelle: Berechnungen des Autors mittels Verkettung von Reihen aus verschiedenen Quellen.
1 Durchschnittliche Monatsnotierungen in %

Die relative Konstanz der Zinssätze bewirkte, dass Bewertungsänderungen nur eine geringe Rolle spielten. Und soweit sich die Marktwerte änderten, wurden sie in den Bilanzen nur beschränkt wiedergegeben. Nach den herrschenden Buchhaltungsregeln wurde das Anlagevermögen zu Anschaffungspreisen und das Umlaufvermögen zu Niedrigstpreisen bewertet. Bewertungsänderungen von im Umlauf verbuchten Rentenwerten wurden nur dann berücksichtigt, wenn die Kurse auf dem Sekundärmarkt sanken (die Zinssätze stiegen). Buchkredite und Einlagen wurden zu Nominalwerten bilanziert, auch wenn sich die Ertragsraten und damit der Marktwert dieser Bestände änderten. Buchkredite wurden erst dann zu Lasten der außerordentlichen Gebarung abgeschrieben, wenn der Schuldner insolvent wurde. Insolvenzen waren jedoch im »Golden Age« selten (erst in den 1980er-Jahren häuften sie sich). Umschuldungen und Zinsnachlässe galten nicht als Vermögensverluste[146]. Die in den Bilanzen ausgewiesenen Änderungen der Bestandsgrößen (und damit auch die des Eigenkapitals) spiegelten daher fast ausschließlich Transaktionen wieder (im Gegensatz zur gegenwärtig üblichen »mark to market«-Bewertung).

145 Siehe Tichy, 1964(3).

146 Das fiel erst Anfang der 1980er-Jahre ins Gewicht. Die damals offenkundig werdende Bilanzlücke in der Länderbank wurde zunächst dadurch geschlossen, dass ihr der Bund bloß eine unverzinste Forderung zur Verfügung stellte. Die Kontrollbank behielt Forderungen an Ländern, die ihren Zahlungsverpflichtungen nicht nachkommen konnten, zum Nennwert in den Büchern mit dem Argument, dass Staatsbankrotte selten wären.

Die Segmentierung und Regulierung der Kreditwirtschaft beschränkte den Preiswettbewerb. Wettbewerb wurde jedoch über das Produktangebot betrieben. Die Sektoren waren bestrebt, ihre Marktanteile zu halten und richteten danach ihre mittelfristigen Strategien ein. Ein wichtiges Mittel, am rasch wachsenden Kuchen der Spareinlagen zu partizipieren, bestand in der Errichtung von Zweigstellen. Obschon staatlich reguliert, nahm ihre Zahl rasch zu. In den Großstädten zogen Filialen in aufgelassene Kaffeehäuser ein. Die BAWAG, die über kein Filialnetz verfügte, organisierte das Betriebssparen mit Hilfe der Betriebsräte. Die Banken forcierten den Personalkredit, um zu demonstrieren, dass sie nicht nur für Großkunden, sondern auch für den kleinen Sparer passende Bankdienstleistungen anbieten würden. Sektorspezifische Bausparkassen ermöglichten es den großen Sektoren, am hoch subventionierten und daher boomenden Bausparen zu partizipieren.

5.1.3 Beschränkte internationale Kapitalströme

Die Politik relativer Zinskonstanz konnte verfolgt werden, weil sich der grenzüberschreitende Kapitalverkehr in engen Grenzen hielt und die beobachteten Kapitalflüsse maßgeblich durch andere Faktoren als durch Zinsdifferenzen bestimmt wurden.

Zwischen den Renditen festverzinslicher Wertpapiere in Österreich und in der BRD bestand im Zeitraum 1964/1969 kein Zusammenhang. Auf dem Kapitalmarkt dominierte der »home bias«, die Präferenz für Wertpapiere heimischer Emittenten. Die Käufe heimischer Wertpapiere durch Ausländer schwankten stark und fielen nur in einzelnen Jahren ins Gewicht. Österreicher erwarben erst in den 1980er-Jahren in größerem Umfang ausländische Wertpapiere.

Ähnliches gilt für die Diskontraten beider Länder. Im »Golden Age» bestand zwischen ihnen kein Zusammenhang. Später orientierte sich die OeNB zunehmend an der Deutschen Bundesbank.

Die unterschiedliche Entwicklung der Zinssätze im »Golden Age« bedeutete nicht, dass sich Österreich von der internationalen Zinsentwicklung abkoppeln konnte. Mit der Liberalisierung des langfristigen Kapitalverkehrs nahmen potente österreichische Schuldner die wohlfeileren Buchkredite im Ausland auf. Schebeck/Thury (1971, S. 432) fanden, dass die Auslandsnettoposition zunehmend als Substitut zur Zentralbankverschuldung fungierte, wobei Differenzen zwischen dem Diskontsatz und den ausländischen Geldmarktsätzen eine Rolle spielten.

Abbildung 15: Entwicklung der Sekundärmarktrendite in Österreich und der BRD

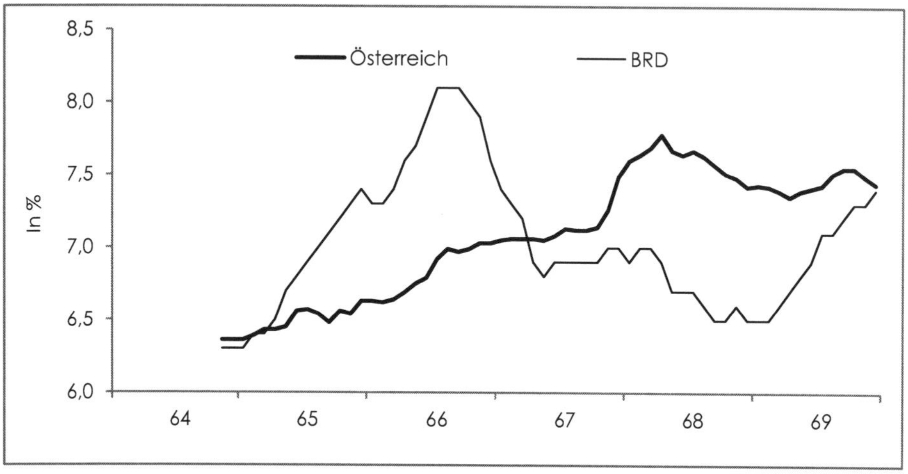

Quelle: WIFO-Datenbank

Die heimische Geldpolitik musste Rückwirkungen auf die Zahlungsbilanz beachten, in der Hauptsache orientierte sie sich aber an binnenwirtschaftlichen Kriterien (der Inflationsrate und der Auslastung des Produktionspotentials). Und das nicht nur im »Golden Age«, sondern bis zum »großen Schock« 1979, als hohe Devisenverluste eine grundsätzliche Neuorientierung der heimischen Geldpolitik veranlassten.

5.1.4 Auf dem Weg zu liberalen Finanzmärkten

Im Laufe der 1960er-Jahre wurde die beschriebene »Rückständigkeit« der österreichischen Finanzmärkte schrittweise überwunden. Sie wurden tiefer und das Produktangebot reichlicher. Gleichzeitig begann der Übergang von einem segmentierten und hoch regulierten System zu einem kompetitiven und deregulierten System. Was sich zunächst nur in Ansätzen abzeichnete, entsprach weitgehend den längerfristigen nationalen und internationalen Trends.

Die Frage nach den kausalen Beziehungen zwischen der Finanzarchitektur und dem Wirtschaftswachstum wird hier nicht behandelt. Als Arbeitshypothese bietet sich an: Bis zu einer gewissen Grenze förderte die Entwicklung der Finanzmärkte die effiziente Verwendung von Ersparnissen, das Management von idiosynkratischen Risken und die Vermittlung von Informationen. (Finanzintermediäre wissen besser als Sparer, welche Projekte und Unternehmungen Erfolge versprechen.) Diese

Grenze wurde später im Finanzkapitalismus überschritten[147], und zwar nicht erst in der hoch spekulativen Phase nach der Jahrtausendwende, die letztlich zum Finanzkollaps führte.

Der Strukturwandel wird im Kapitel Evolution der Kreditwirtschaft an Hand von Merkmalen beschrieben, die sich später als Bruchstellen der internationalen Finanzmärkte erwiesen, wie Liquidität, Ausstattung mit Eigenkapital, Fristentransformation und Globalisierung. Das Regulierungskorsett blieb abgesehen von der Lockerung der Devisenbewirtschaftung bis zum Kreditwesengesetz (KWG) 1979 erhalten, wurde jedoch de facto gelockert (z.B. durch graue Zinsen und durch Genehmigung einer wachsenden Zahl von Zweigstellen).

5.1.5 Die Entfaltung des Geldmarkts

Die Marktliquidität sowohl der kurzfristigen wie auch der langfristigen Bilanzpositionen nahm erheblich zu.

1959 wurden Devisenhändlern Transaktionen auf ausländischen Geldmärkten gestattet. Davon wurde zunächst nur spärlich Gebrauch gemacht. Offensichtlich mussten erst internationale Kontakte aufgebaut werden. Obschon dem Betrag nach gering, reagierten die kurzfristigen (und daher reservewertigen) Bestände schon früh auf Änderungen in der Kassenliquidität. In der Liquiditätsklemme 1960 nahmen die Kreditunternehmungen netto 1,31 Mrd. S kurzfristige Auslandsgelder auf, vom Liquiditätsüberschuss 1963 legten sie einen ähnlich hohen Betrag kurzfristig im Ausland an. (Zum Vergleich: In diesem Jahr schöpfte die Notenbank 780 Mill. S durch Ausgabe von Offen-Markt-Transaktionen ab.)

Ab 1965 wuchs die Verflechtung mit den internationalen Geldmärkten rasch. Ende 1969 waren die kurzfristigen Auslandsforderungen (12,4 Mrd. S) bereits etwa so hoch wie die inländische Kassenliquidität (13,7 Mrd. S), die kurzfristigen Auslandsverpflichtungen (10,9 Mrd. S) erreichten das 4-fache der Refinanzierungen bei der Notenbank (2,8 Mrd. S).

Kennzeichnend für die Entwicklung nicht nur der Geldmarktverflechtung, sondern aller grenzüberschreitenden Kapitalströme war das gleichzeitige Wachstum sowohl der Aktiva wie auch der Passiva. Die »Globalisierung« erstreckte sich im Einklang mit der internationalen Entwicklung auf beide Seiten der Bilanzen. Die Strukturen änderten sich jedoch grundlegend. Im »Golden Age« war sowohl die kurzfristige als auch die langfristige Auslandsposition der Kreditunternehmungen aktiv. Der Zuwachs an valutarischen Reserven der Notenbank stammte aus grenzüberschreitenden

147 Siehe hiezu Cecchetti/Kharroubi (2012).

Transaktionen der »Nicht-Banken«. Danach drehte sich die kurzfristige Bilanz. Die Kreditunternehmungen verschuldeten sich kurzfristig im Ausland, weil die Leistungsbilanz vorübergehend passiv wurde, hauptsächlich jedoch, weil sie auf diese Weise die Ausweitung der langfristigen Exportkredite und das Engagement auf dem Markt für syndizierte Kredite refinanzierten.

Nachdem den Kreditunternehmungen der Zugang zu den internationalen Geldmärkten geöffnet worden war, trachteten die Währungsbehörden auch den heimischen Geldmarkt zu entwickeln. In der zweiten Hälfte der 1960er-Jahre entstand ein zunächst bescheidener heimischer Markt, auf dem kurzfristige Gelder zu bekannten Ertragsraten gehandelt wurden. Die Oesterreichische Kontrollbank veröffentlichte ab November 1966 kurzfristige Zinssätze. In den drei Jahren bis November 1969 war der Taggeldsatz mit 4½ % im Schnitt um 1 Prozentpunkt höher als in der BRD, er schwankte aber viel weniger (Standardabweichung 0,32 Prozentpunkte gegenüber 1,49 in der BRD). Gegen Ende der 1970er-Jahre wurden die Geldmarktzinssätze zum dominanten Zwischenziel der Geldpolitik.

Abbildung 16: Auslandsposition der Kreditunternehmungen

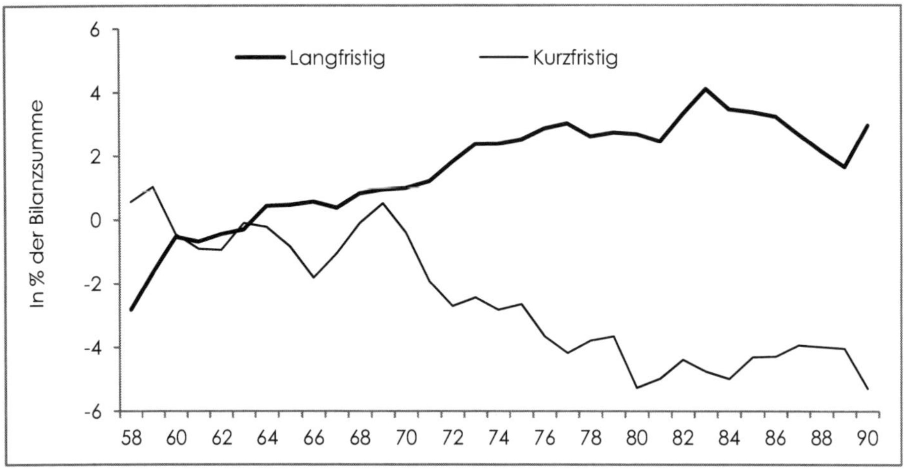

Quelle: WIFO-Datenbank

Der Umfang des »echten« heimischen Geldmarkts ist nicht bekannt. Die in den Bilanzen ausgewiesenen Zwischenbankeinlagen (und -kredite) bestanden hauptsächlich aus den »Pflichteinlagen« der Mitglieder mehrstufiger Unternehmungen. Einen Hinweis bietet die Zwischenbankverflechtung der Aktienbanken und Bankiers. Diese hatten Ende 1969 8,5 Mrd. S Einlagen und kurzfristige Kredite von anderen Kreditunternehmungen aufgenommen. Das war etwas weniger, als der Kreditapparat insgesamt auf den ausländischen Geldmärkten aufgenommen hatte.

5.1.6 Verzahnung von Kreditunternehmungen und Kapitalmarkt

Die innere Liquidität der langfristigen Wertpapiere wurde größer. Der Anteil der Tilgungen am Bestand an Rentenwerten stieg von 2,6 % 1960 auf 9,2 % zu Ende des Jahrzehnts. Gleichzeitig entwickelte sich der Sekundärmarkt. Die von der Wirtschaftspolitik betonte relative Stabilität der Anleihezinssätze fiel solange nicht ins Gewicht, als größere Bestände an Wertpapieren nicht verkauft werden konnten. Im Laufe der 1960er-Jahre belebte sich der Sekundärmarkt nicht zuletzt dank verstärkter Marktpflege. Ab November 1964 veröffentlichte die Länderbank Renditen im Wertpapierhandel. Gegen Ende der Periode passte der Bund die Ausstattung seiner Anleihen den Bedürfnissen der Kreditunternehmungen an. Neben einer Publikumstranche wurde eine Tranche für Kreditunternehmungen (und andere institutionelle Investoren) aufgelegt.

Abbildung 17: Wertpapieranlagen der Kreditunternehmungen und Bankobligationen

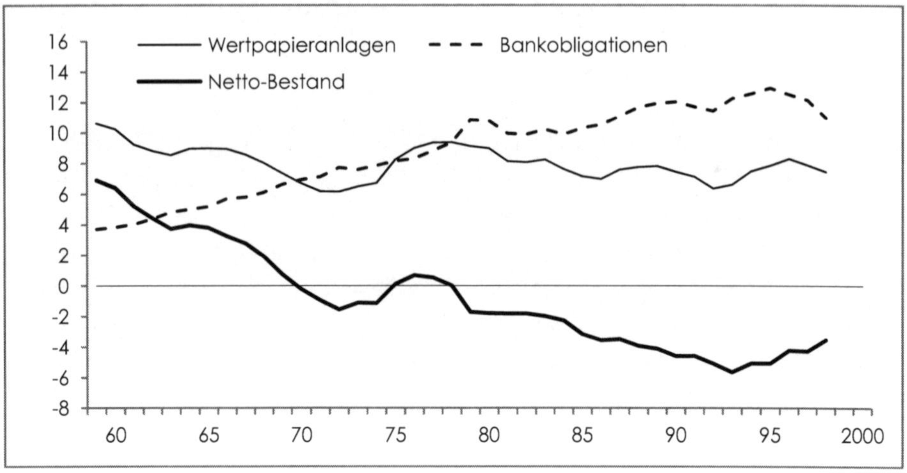

Quelle: WIFO-Datenbank

In dem Maße, wie der Wertpapiermarkt ergiebiger wurde, konnten die Kreditunternehmungen ihre Vorleistungen abbauen. Der Anteil der festverzinslichen Wertpapiere an der Bilanzsumme der Kreditunternehmungen sank von 10,3 % Ende der 1950er-Jahre auf 7,3 % Ende 1969. Auf diesen Wert pendelte er sich in der Folgezeit ein.

Gleichzeitig mit der wachsenden Marktliquidität des Wertpapierportefeuilles stieg die Finanzierungsliquidität: Die Kreditunternehmungen beschafften sich zunehmend langfristige Mittel durch Ausgabe von Bankobligationen. Ihr Anteil an der Bilanzsumme der Kreditunternehmungen verdoppelte sich annähernd im »Golden Age« (von fast 4 % auf knapp unter 8 %). Nach wie vor blieben Pfandbriefe und Kommunalobligationen die einzigen Bankemissionen. Die mehrstufigen Sektoren mussten – wie bereits erwähnt – ihr stürmisches Wachstum aus dem Einlagenzuwachs (und der Bildung von Eigenkapital) finanzieren. Erst später wurden Bankobligationen zu einem Finanzierungsinstrument aller Sektoren.

Am Ende des »Golden Age« (und in der darauf folgenden Kernperiode) hielten sich die Wertpapierbestände und Bankobligationen die Waage. Der Wertpapiermarkt wurde damit ähnlich wie in der BRD zu einem Interbankmarkt. Die Sparer erwarben nur zum Teil Wertpapiere der Investoren; zum Teil kauften sie Wertpapiere der Finanzintermediäre, und diese leiteten sie in Form von Wertpapierkäufen an die Investoren weiter[148]. Das hatte zwei Vorteile: Die Kreditunternehmungen unternahmen größere Anstrengungen, ihre eigenen Emissionen zu placieren; und die Emittenten (insbesondere der Bund) konnten Emissionsbedingungen den unterschiedlichen Käuferinteressen anpassen.

5.2 Die turbulenten 1970er-Jahre

Die gesamtwirtschaftliche Stabilität des »Golden Age« ging in den turbulenten 1970er-Jahren verloren. Die zahlreichen Schocks erforderten ein häufiges und härteres Zupacken der Geldpolitik sowohl in restriktiver wie auch in expansiver Hinsicht. Und sie erforderten eine angemessene Einschätzung von Situationen, für die es in der Zeit nach dem Zweiten Weltkrieg keine Vorbilder gab.

Tatsächlich setzte die Notenbank ein vielfältiges Instrumentarium ein. Die Liquidität der Kreditunternehmungen wurde durch Variation der Mindestreserven und durch Offen-Markt-Operationen gesteuert. Der Diskontsatz wurde wiederholt geändert, und elastische Rediskontplafonds begrenzten den Zugang der Kreditunternehmungen zur Notenbank. Verstöße gegen die geldpolitischen Regeln wurden mit hohen Pönalen bestraft. Die zwischen Finanzministerium und Gruppen von Kreditunternehmungen vereinbarten quantitativen Kreditkontrollabkommen[149] beschränkten die zulässige Kredit-

148 In den 1980er-Jahren wurde mehr als die Hälfte der Emissionen »intermediatisiert«.

149 Die Kreditkontrollabkommen wurden 1951 eingeführt. Sie legten die zulässige Kreditausweitung im Verhältnis zum Einlagenzuwachs fest. Die »passivseitige« Kreditbegrenzung wurde zeitweilig durch

ausweitung auf bestimmte Prozentsätze des Einlagenzuwachses. Ergänzend hiezu wurde die zulässige Kreditausweitung absolut beschränkt (aktivseitige Kreditkontrolle – Limes genannt). Vereinbarungen mit den Kreditunternehmungen sowie devisenrechtliche Beschränkungen sorgten bis Mitte der 1970er-Jahre dafür, dass die Liquiditätspolitik der Notenbank nicht durch grenzüberschreitende Kapitaltransaktionen unterlaufen wurde.

Die Ziele der Geldpolitik und die zu ihrer Erreichung eingesetzten Mittel änderten sich im Zeitablauf. Bis 1976 orientierte sich die Geldpolitik vornehmlich an binnenwirtschaftlichen Zielen, wenngleich unter Berücksichtigung außenwirtschaftlicher Beschränkungen. Mit der »Hartwährungsdoktrin« begannen außenwirtschaftliche Ziele zu dominieren. 1977/78 wurde das Beharren am D-Mark-Kurs mit hohen Zinssätzen verteidigt. Mit der strikten Bindung an die D-Mark ab 1981 und dem fortschreitenden Abbau von Kapitalverkehrskontrollen verzichtete die Notenbank auf eine eigenständige Geldpolitik. Sie sah nunmehr ihre Aufgabe darin, die Versorgung mit Basisgeld so zu steuern, dass die von der Deutschen Bundesbank festgesetzten kurzfristigen Zinssätze nicht unterschritten wurden. Der Wandel im Kurs der Geldpolitik lässt sich gut veranschaulichen, wenn man die Entwicklung der deutschen und österreichischen Zinssätze miteinander vergleicht (siehe Abbildungen 21 und 22).

Die folgende Darstellung unterscheidet in Anlehnung an den Paradigmenwechsel drei Phasen:

- die Superkonjunktur 1969/1973
- die Rezession 1974/1976
- die Zahlungsbilanzorientierung ab 1976

5.2.1 Die Superkonjunktur 1969/1973

Ab 1969 entwickelte sich eine »Superkonjunktur«. Sie wurde zunächst vom Export getragen, griff jedoch später auf die heimische Nachfrage über. Der Konjunkturgipfel wurde Ende 1973 erreicht, als der 1. Ölpreisschock einsetzte, doch war das Produktionspotential noch bis Ende 1974 überdurchschnittlich ausgelastet. Die kräftige Ausweitung von Produktion und Beschäftigung war von einer Beschleunigung des Preisauftriebs begleitet, die nur teilweise der importierten Inflation zugeschrieben werden konnte. Zur Orientierung werden die Konjunkturschwankungen – gemessen an der quartalsweisen Entwicklung des realen BIP – wiedergegeben.

---

eine »aktivseitige« ergänzt (prozentuelle Festlegung der Kreditausweitung unabhängig von der Einlagenentwicklung). Die Kreditkontrollabkommen erfüllten neben ihrer kurzfristigen Steuerungsfunktion ordnungspolitische Aufgaben. Sie dienten dem Gläubigerschutz, da das deutsche Kreditwesengesetz auf verfassungsmäßige Bedenken stieß und daher nur teilweise angewandt wurde (Neudörfer, 1968).

Abbildung 18: Die Konjunkturkurve der österreichischen Wirtschaft
Wachstumsraten des realen BIP gegen das Vorquartal in %

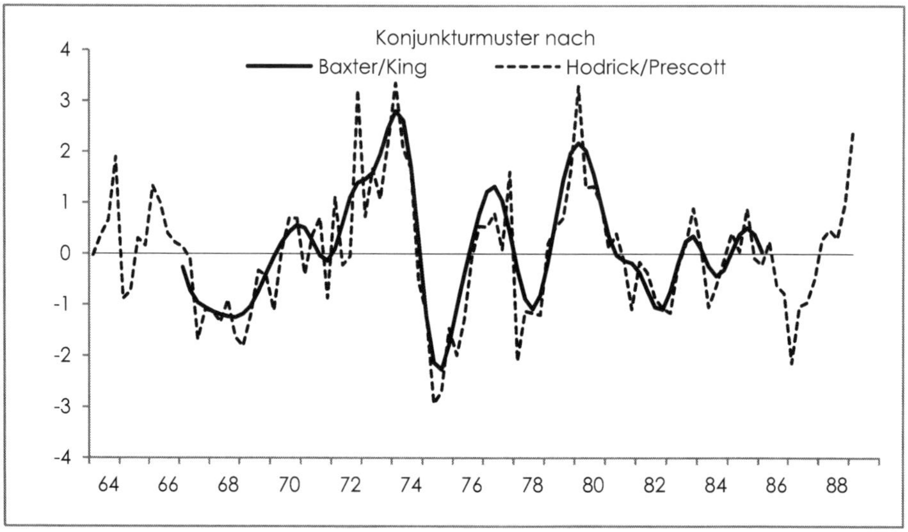

Quelle: Berechnungen des Autors

Die Währungsbehörden zogen noch während der ÖVP-Alleinregierung die monetären Bremsen etwas an. Die Notenbank erhöhte im Winterhalbjahr 1969/70 die Bankrate in zwei Etappen von 3¼ % auf 5 % und schrieb den Kreditunternehmungen um 1 Prozentpunkt höhere Mindestreserven vor. Damit wurden die geldpolitischen Weichen wieder auf den Stand vor der Rezession 1967 zurückgestellt. Nach dem Regierungswechsel wurde zunächst von weiteren Restriktionsmaßnahmen abgesehen. Die Notenbank beschränkte sich darauf, saisonbedingte Schwankungen der Bankenliquidität durch Ausgabe und Rücklösung von Kassenscheinen zu glätten. Die Geldpolitik sah keinen Anlass, den Aufschwung zu dämpfen, denn die Lohnpolitik agierte Anfangs moderat – Lohnexplosionen wie in wichtigen Industrieländern blieben aus, und der Aufschwung konnte zunächst ohne Beschleunigung der Geldschöpfung finanziert werden[150]. Der Preisauftrieb wurde hauptsächlich der »importierten Inflation« zugeschrieben. Laut Finanzminister Androsch spielte auch eine Rolle, dass das WIFO für 1971 eine internationale Konjunkturschwäche prognostiziert hatte. Das war

150 Im IV. Quartal 1970 war das nominelle BIP um 11½ % höher als ein Jahr vorher, die Geldbasis wurde im gleichen Zeitraum um nur 5 %, das Geldvolumen (M1) um nur 7 % ausgeweitet.

nicht falsch. Schon im Frühjahr 1971 stellte jedoch Präsident Schmitz[151] anlässlich der Präsentation der Notenbankbilanz für 1970 fest, dass die internationale Konjunkturdämpfung nur schwach ausfiel. Daher würden sich die Auftriebstendenzen bei Preisen und Löhnen verstärken. Im Laufe von 1971 begannen Geldmenge und Kreditvolumen kräftig zu steigen. Die monetäre Expansion wurde durch liquiditätswirksame Gold- und Devisenkäufe der Notenbank im Wert von 8,9 Mrd. S alimentiert[152]. Die zusätzlichen Devisen stammten aus kurzfristigen Kapitaltransaktionen. Die Kreditunternehmungen nahmen 1971 per Saldo 6,8 Mrd. S kurzfristige Gelder (hauptsächlich Termingelder) auf, nach den Berichten an den Generalrat hauptsächlich für Kurssicherungsgeschäfte[153] und Refinanzierung von Fremdwährungskrediten an inländische Nicht-Banken. Das auf diese Weise von der Notenbank bereitgestellte Basisgeld erlaubte es den Kreditunternehmungen, ihr Volumen an nicht-titrierten Krediten um 18,3 % auszuweiten und dennoch ihre Notenbankverschuldung um 1,1 Mrd. S abzubauen. Ende 1971 hatte die Notenbank nur 706 Mill. S Handelswechsel im Portefeuille.

Offensichtlich brauchte es einige Zeit, bis Direktorium und Generalrat verstanden, dass die Geldpolitik unter den neuen Bedingungen nicht mehr akkommodierend agieren durfte. Das trug ihr die Kritik von Generalrat Ausch ein. Ausch (ehemaliger Redakteur der Arbeiterzeitung) fühlte sich als Generalrat für einen stabilitätsorientierten Kurs der Notenbank verantwortlich. Er kritisierte die ungehemmte Kreditausweitung und beklagte bei seinem Ausscheiden, dass Beschlüsse des Generalrats präjudiziert würden (z.B. durch Beschlüsse der politischen Parteien).

Die weiche Linie der Geldpolitik wurde in den »Mitteilungen« der Notenbank verteidigt. Im Rückblick auf 1970 hieß es:

> »Hiebei wurde sowohl in der Zinsfuß- als auch in der Geldmengenpolitik die auf längere Sicht bewährte Vorgangsweise beibehalten, den Wirtschaftsablauf und insbesondere das Funktionieren der Finanzmärkte nicht durch zu stark dosierte Maßnahmen aus dem Gleichgewicht zu bringen.« (OeNB, 1971, S. 9).

Und auf S. 447 wurde hiezu die »unorthodoxe« Erklärung angeboten:

---

151 Präsident Schmitz anlässlich der Generalversammlung der OeNB am 21. 4. 1971, OeNB (1971).

152 Die in den Bilanzen der Notenbank ausgewiesenen valutarischen Reserven wurden durch Bewertungsänderungen und Abgrenzungen beeinflusst. Ihre liquiditätswirksamen Veränderungen wurden den Mitteilungen entnommen.

153 Diese Erklärung impliziert, dass mehr Exporte als Importe kursgesichert wurden. (Im ersten Fall mussten kurzfristige Mittel im Ausland aufgenommen und im zweiten Fall im Ausland veranlagt werden.)

»Der Einsatz verschärfender Maßnahmen seitens der Notenbank zur Bekämpfung des gegenwärtigen Preisauftriebs erscheint – obwohl naheliegend – nicht angebracht, weil die angebotsvermehrenden und damit preisverbilligenden Auswirkungen der bereits durchgeführten Investitionen bzw. in Auslieferung befindlichen Investitionsgüter mangels hinreichender Betriebsmittel unterbunden würden.«

Wie immer die Überlegungen im Einzelnen gewesen sein mögen: Die Wirtschaftspolitik entschied sich, die Konjunktur voll ausschwingen zu lassen. Tatsächlich konnte die Hochkonjunktur in Österreich trotz Abschwächung der internationalen Konjunktur im Jahre 1971 erhalten werden. In den Monatsberichten des WIFO hieß es triumphierend, dass selbst ein kleines Land aus dem internationalen Konjunkturzusammenhang ausscheren konnte. Zwischen 1969 und 1974 befand sich die heimische Wirtschaft auf der Überholspur.

Abbildung 19: Beveridge-Kurve 1960/2004

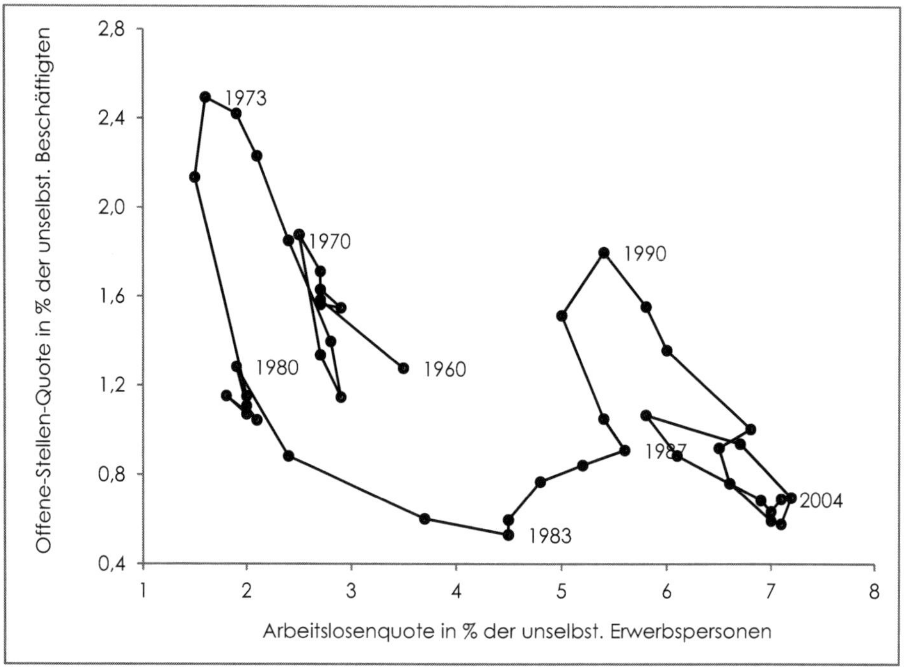

Quelle: WIFO-Datenbank

Die heimische Wirtschaft erwies sich indessen nicht als vollgasfest. Der Arbeitsmarkt war extrem angespannt. Obschon ausländische Arbeitskräfte in großer Zahl zugelassen wurden, konnte die Nachfrage nach Arbeitskräften nicht gedeckt werden. Die Arbeitslosenquote (gemessen am Angebot an unselbständigen Arbeitskräften) sank von 2,8 % 1969 auf 1,6 % 1973. Gleichzeitig nahm der Anteil der offenen Stellen von 1,4 % auf 2,5 % zu. Der Anspruch von Lord Beveridge, dass nicht die Arbeiter auf Stellenangebote, sondern umgekehrt die Stellenangebote auf Arbeitsuchende warten sollten, war verwirklicht. (Dabei ist zu berücksichtigen, dass nur ein Teil der Neueinstellungen über die Arbeitsämter vermittelt wird.) Die Einmaligkeit der damaligen Situation wird durch den steilen Verlauf der Beveridge-Kurve verdeutlicht. Die Anspannung auf dem Arbeitsmarkt verstärkte die Lohndrift. Die Durchschnittsverdienste der Arbeitnehmer stiegen 1970 um 1,8 Prozentpunkte und 1971 um fast 3 Prozentpunkte stärker als die Tariflöhne.

Die Teuerungsrate – gemessen am Verbraucherpreisindex – stieg von 3 % 1969 auf 7½ % 1973 (Die Teuerungswelle erreichte 1974 nach dem 1. Ölpreisschub mit 9½ % ihren Höhepunkt (in einzelnen Monaten überschritt der Vorjahresabstand 10 %). Die hohe Teuerungsrate wurde hauptsächlich den Preisschocks auf den Märkten für Rohwaren und Energie und nicht der Überbeanspruchung der Ressourcen zugeschrieben.

Die starke Ausweitung des Geld- und Kreditvolumens konnte nicht hingenommen werden. Die Geldpolitik war nicht mehr bereit, diese zu finanzieren. Sie wollte jedoch die geldpolitischen Restriktionsmaßnahmen nicht einseitig, sondern in Abstimmung mit der Finanzpolitik und der Einkommenspolitik verfügen. Die akkommodierende Geldpolitik sollte durch eine akkordierte Geldpolitik ersetzt werden.

Als die internationale Konjunktur wieder ansprang, beschleunigte sich der Preisauftrieb. Nunmehr begannen die Währungsbehörden, die Geldpolitik kritisch zu evaluieren. Die Initiative ging vom Finanzminister aus[154]. Er lud Anfang 1972 die Notenbank und die Kreditunternehmungen zu Gesprächen über Stabilisierungsmaßnahmen ein. Man kam überein, das Angebot an Basisgeld um etwa 4 Mrd. S zu kürzen.

5.2.2 Der Restriktionskurs 1972/73

Die Restriktionspolitik zeichnete sich durch folgende Merkmale aus:

154 Dieser Schritt wurde in den Mitteilungen der OeNB zurückhaltend kommentiert: »Um einen Beitrag von der monetären Seite zu den Bemühungen um eine Stabilisierung der österreichischen Wirtschaft zu leisten, haben die Oesterreichische Nationalbank, das Bundesministerium für Finanzen sowie der Kreditapparat Besprechungen geführt, die Maßnahmen zur Liquiditätsabschöpfung zum Gegenstand hatten.« (OeNB, 1972, S. 3).

- Die Maßnahmen wurden in Gipfeltreffen vereinbart, zu denen der Finanzminister Vertreter der Notenbank und der Kreditunternehmen (KU) einlud. Das erste Treffen fand am 31. 1. 1972 statt[155], das zweite am 21. 4. 1972[156].
- In den Gipfelgesprächen und den nachfolgenden Beschlüssen des Generalrats wurden einvernehmliche Lösungen gesucht. Kennzeichnend hiefür waren die Gentlemen Agreements mit den KU. Das einige Jahre lang wichtigste Instrument der Geldpolitik, der »Limes«, beruhte auf einer solchen freiwilligen Vereinbarung (die überdies von Vertretern der KU vorgeschlagen wurde).
- Die Geldpolitik verfolgte primär binnenwirtschaftliche Ziele. Der Spielraum für eine eigenständige Politik sollte durch »außenwirtschaftliche Absicherung« gewonnen werden.
- Preise und Mengen der Finanzaktiva wurden getrennt zu steuern versucht. Im Extremfall 1973 wurde eine quantitative Beschränkung der Kreditausweitung mit einer (über die Liquidität gesteuerten) Senkung der kurzfristigen Zinssätze gekoppelt.
- Die Zinssätze sollten nominell möglichst stabil bleiben. Die Politik der Nominalzinssatzkonstanz wurde noch angestrebt, als sich die Inflation beschleunigte. Der Begriff »Realzins« tauchte erst gegen Ende der 1970er-Jahre in der geldpolitischen Diskussion auf.

Laut Generalratsprotokoll vom 26. 1. 1972 kam man in der Wirtschaftspolitischen Aussprache (siehe Kasten in diesem Abschnitt) überein, dass Regierung, Notenbank und Sozialpartner preisstabilisierende Maßnahmen ergreifen sollten. Daraufhin kam es zu Kontaktgesprächen zwischen dem Finanzminister und Repräsentanten der Notenbank. Der Unterausschuss der Notenbank für Währungspolitik fand, dass den Kreditunternehmungen 4 Mrd. S liquide Mittel entzogen werden sollten. Der Finanzminister wollte dazu etwa 1 Mrd. S durch Maßnahmen der Staatsschuldenpolitik beitragen. Am 31. 1. 1972 lud er Vertreter der Notenbank und der Kreditunternehmungen zu einem »abschließenden« Gipfelgespräch ein.

Im Generalrat vom 23. 2. 1972 wurden die dort vereinbarten Maßnahmen zusammenfassend dargestellt und – soweit sie die Geldpolitik betrafen – beschlossen:

155 Im Generalratsprotokoll vom 26. 1. 1972 wird festgehalten, dass die vom Unterausschuss des Generalrats ins Auge gefassten währungspolitischen Maßnahmen »Gegenstand einer vom Finanzministerium für Montag, den 31. 1. 1972 anberaumten abschließenden Aussprache zwischen Vertretern des Finanzministeriums, der Notenbank und des Kreditapparats« sein sollten.

156 Generalratsprotokoll vom 26. 4. 1972: Die Sitzung fand in der OeNB statt; der Präsident sah darin ein Zeichen für den partnerschaftlichen Charakter der Verhandlungen. Die weiteren Gipfeltreffen fanden am 13. 6. 1972, am 21. 9. 1972, und am 20. 11. 1972 statt.

- Das Finanzministerium begibt 1 Mrd. S Bundesobligationen und legt den Erlös bei der Notenbank still. Außerdem verzichtet es darauf, Anleihen im Ausland aufzunehmen.
- Die Kreditunternehmen stimmen einer Kürzung der Kreditplafonds (der passivseitigen Kreditkontrolle) um 2 Prozentpunkte zu und sagen zu, die Erhöhung der Mindestreserven nicht zum Anlass von Kreditverteuerungen zu nehmen.
- Die Notenbank erhöht die Mindestreserven um 1 Prozentpunkt und begibt 1 Mrd. S Kassenobligationen (Aufteilung auf die Institute im Verhältnis der Einlagen). Kapitalexporte sollen liberal bewilligt werden.

Der zu Jahresbeginn eingeschlagene geldpolitische Kurs wurde im Großen und Ganzen eingehalten. Einige Modifikationen wurden in Gipfelgesprächen akkordiert, die vierteljährlich vom Finanzminister einberufen wurden. Die wichtigsten waren: Die von der Notenbank ausgegebenen Kassenscheine wurden gegen Jahresende bis auf einen kleinen Betrag rückgelöst. Stattdessen wurden die Mindestreservesätze ab November um einen ½ Prozentpunkt (ao. Generalrat. vom 21. 9. 1972) und ab Jänner 1973 um 1 Prozentpunkt (ao. Generalrat vom 27. 11. 1972) erhöht. Der Bund gab zu Jahresmitte 1 Mrd. S Bundesobligationen aus (die erste Mrd. S war nur bis Jahresmitte gebunden). Insgesamt stiegen die Guthaben öffentlicher Stellen bei der Notenbank 1972 um 1,5 Mrd. S. Ferner verpflichteten sich die Kreditunternehmungen, zwecks »außenwirtschaftlicher Absicherung« 1,5 Mrd. S im Ausland zu veranlagen.

Maßnahmen der OeNB

Generalrat	Datum des Protokolls	Maßnahme	Anlass
254	28. 5. 1969	Gerücht über DM-Aufwertung führt zum Abfluss von 3 Mrd. S in Österreich	
256	11. 9. 1969	Abwertung des FFR am 11. 8. um 11,1 %	
257	22. 10. 1969	BRD hat 2 Mrd. DM Devisenzuflüsse, Schließung der Devisenbörse, dann Kursfreigabe	Vor DM-Aufwertung
258	19. 11.1969	Aufwertung der DM um 9,28 % am 27. 10. 1969; Österreich, Schweiz, Niederlande und Japan ziehen nicht mit	
ao.	10. 5. 1969	Dollarzustrom in Hartwährungen, Sperre des Devisenmarkts, Aufwertung des S um 5,05 %	Vor S-Aufwertung

Generalrat	Datum des Protokolls	Maßnahme	Anlass
ao.		40 % des Zuwachses von S-Guthaben von Ausländern	
275		BRD: Verzinsungsverbot für Auslandseinlagen, Niederlande: Verzinsungsverbot für Sichteinlagen	
276	15. 9. 1971	Aufhebung der $-Konvertibilität, Schließung der Devisenbörsen	Aufhebung der Goldeinlösungspflicht des $ am 15. 8. 1971
276		75 % des Zuwachses von S-Guthaben von Ausländern	
280	26. 1. 1972	Smithsonian Kursanpassung	Neufestsetzung der Wechselkurse im Smithsonian Agreement Dezember 1971
285	15. 6. 1972	FM: keine Aufnahme von Auslandskrediten	
288	22. 11. 1972	Verlängerung der Verpflichtung, 1,5 Mrd. S Auslandsguthaben zu halten	
ao.	27. 11. 1972	Aufhebung der Liberalisierung des Kapitalverkehrs bis Ende Mai 1973	
295	13. 6. 1973	Zeitliche Verlängerung der beschlossenen Maßnahmen: Abkommen über Auslandsveranlagungen über 1,5 Mrd. S vom 15. 6. 1972; Mindestreserveverpflichtung für S-Verpflichtungen gegenüber Devisenausländern von 75 % vom 1. 8. 1971	

Um zu verhindern, dass grenzüberschreitende Kapitalströme das Angebot an Notenbankgeld und damit die Liquidität der Kreditwirtschaft in unerwünschter Weise beeinflussen, schloss die Notenbank mit den Kreditunternehmungen Gentlemen Agreements ab und änderte verschiedene devisenrechtliche Vorschriften. Diese administrativen Maßnahmen zielten in der ersten Hälfte der 1970er-Jahre darauf ab, den (befürchteten) Zustrom von Auslandsgeldern einzudämmen. In der zweiten Hälfte der 1970er-Jahre – nachdem sich die Leistungsbilanz gedreht hatte – sollte der Abfluss von Geldern erschwert werden. Wieweit die »außenwirtschaftliche Absicherung« der heimischen Geldpolitik durch administrative Maßnahmen erfolgreich war, wurde nicht dokumentiert. Gegen Ende des Jahrzehnts entschied man sich für den umgekehrten Weg, für die binnenwirtschaftliche Absicherung des außenwirtschaftlichen Kurses.

5.2.3 Außenwirtschaftliche Absicherung

Darunter wurde bis Mitte der 1970er-Jahre in erster Linie die Eindämmung spekulativer Kapitalbewegungen durch administrative Maßnahmen verstanden. Das Festkurssystem (mit Stufenflexibilität) von Bretton Woods war schon vor seiner Aufgabe 1973 ins Wanken geraten (siehe Abschnitt 2.2). Die D-Mark und der Schweizer Franken galten als aufwertungsverdächtig, die Währungen großer europäischer Volkswirtschaften und zunehmend auch der US-Dollar gerieten unter Druck. Die sich daraus ergebenden spekulativen Kapitalbewegungen wurden durch administrative Maßnahmen zu steuern versucht. Die Länder mit harten Währungen erließen ein Verzinsungsverbot oder verfügten sogar Negativzinsen für Auslandsgelder. Die Länder mit weichen Währungen versuchten die Kapitalexporte einzuschränken und erschwerten die Importe (durch Zölle und Bardepots). Die administrativen Maßnahmen reichten jedoch nicht aus. Wenn die spekulativen Kapitalzuflüsse außer Kontrolle zu geraten drohten, schlossen die Hartwährungsländer die Devisenmärkte. Nach einer Übergangszeit (in der die Kurse zumeist frei schwankten) wurden neue Wechselkurse festgelegt.

Bemerkenswert an dieser Aktion war zweierlei: Zum einen wurde die Geldpolitik der Notenbank durch die Staatsschuldenpolitik des Bundes unterstützt. Vom Bund wird im Allgemeinen eine konjunkturorientierte Budgetpolitik verlangt. 1972 leistete er außerdem einen wichtigen Beitrag zur Liquiditätssteuerung, indem er Guthaben bei der Notenbank stilllegte und auf die Aufnahme von Auslandsanleihen verzichtete. (Ergänzend hiezu wurden auch die Länder und Gemeinden angehalten, einen Teil ihrer Anteile an den öffentlichen Abgaben bei der Notenbank stillzulegen.) Die ertragslose Veranlagung von Geldern, die sich der Bund durch Ausgabe von verzinsten Schuldtiteln beschaffte, war jedoch teuer und wurde daher als temporär betrachtet. Als der Bund 1973 infolge der Einführung der Mehrwertsteuer eine Einnahmenlücke finanzieren musste, griff er auf die 1972 stillgelegten Mittel zurück. Auch die Guthaben der Länder und Gemeinden wurden wieder freigegeben. Die liquiditätssteuernden Maßnahmen der Währungsbehörden wirkten sich nur auf das Basisgeld und nicht auf das Notenbankgeld insgesamt aus, das auch die Guthaben öffentlicher Stellen enthält, nicht aber die Bindung liquider Mittel durch die Mindestreservevorschriften.

Zum anderen: Die Verknappung des Notenbankgelds sollte die Kreditexpansion einbremsen, aber die Kreditunternehmungen mussten zusagen, Kredite dennoch nicht zu verteuern[157]. Im Frühjahr 1972 wurde sogar erwogen, die Bankrate zu senken. Davon wurde abgesehen, denn der Finanzminister hielt das für ein falsches Signal. Wieweit sich die Kreditunternehmungen an ihre Zusagen hielten, war mangels einer Zins-

157 OeNB (1972, S. 3).

statistik nicht bekannt; aber der Geldmarkt ließ sich nicht austrocknen, ohne dass die gesamte Zinsstruktur in Bewegung geriet.

Die Bremswirkung des Liquiditätsentzugs stellte sich nur verzögert ein. Die monetären Aggregate nahmen im Laufe von 1972 noch kräftig zu. Die Geldmenge (M1) und das Kreditvolumen stiegen um etwa 20 %, stärker als 1971. Die hiezu nötigen liquiden Mittel beschafften sich die Kreditunternehmen teilweise von der Notenbank, hauptsächlich jedoch auf den internationalen Geldmärkten. Die Notenbankverschuldung nahm um 2,0 Mrd. S zu, die reservewertige Nettoverschuldung gegenüber dem Ausland um 5,6 Mrd. S[158]. Außerdem hielten die Kreditunternehmen weniger Mindestreserven als vorgeschrieben. Das Mindestreserve-Soll wurde Ende 1972 um 2,9 Mrd. S unterschritten. Das entsprach etwa dem Betrag, der durch die Erhöhung der Sätze gebunden werden sollte.

Die Kreditexpansion war 1972 mit 19 % sogar etwas stärker als 1971. Die Kreditunternehmungen deckten weiterhin die lebhafte Nachfrage nach Krediten. Selbst die Kreditrahmen und Promessen nahmen laut den Nachweisen der Notenbank noch zu. Die Kreditunternehmungen reagierten auf den Liquiditätsentzug, indem sie die Refinanzierung der Notenbanken beanspruchten und mit weniger liquiden Mitteln auskamen. Da die Liquiditätspolster, die die Institute im »Golden Age« angesammelt hatten, im Zuge des Konjunkturaufschwungs aufgebraucht worden waren, entstand ein Mindestreserven-Fehlbetrag von 2,90 Mrd. S, und das, obschon die Institute einen wachsenden Teil des Mindestreserven-Solls durch eskontfähige Bundesschatzscheine erfüllten. (In den folgenden Jahren bis 1982 konnten die vorgeschriebenen Mindestreserven gerade erfüllt werden, mit Ausnahme von 1977 und 1979, als neuerlich größere Fehlbeträge entstanden.) Letztlich entscheidend für den langen Bremsweg war, dass sich die Kreditunternehmungen kurzfristig im Ausland verschuldeten. Die Sichteinlagen von Ausländern nahmen um 2,88 Mrd. S und die Termineinlagen um 2,90 Mrd. S zu. Ob die Gelder den Kreditunternehmungen »zuflossen« oder ihnen entgegen ihren Zusagen zwecks Verbesserung der Liquidität »geholt« wurden, ist aus den eingesehenen Unterlagen nicht zu entnehmen.

Dennoch: Gegen Jahresende begannen die im Laufe von 1972 ergriffenen monetären Restriktionen zu »beißen«. Der Geldmarkt war ausgetrocknet, die Geldmarktzinsen stiegen von 4,1 % zu Jahresbeginn auf 6,9 % zu Jahresende und eine inverse Zinsstruktur zeichnete sich ab. Im Oktober wurde die Bankrate, die üblicherweise verzögert auf die Geldmarktzinsen reagiert, auf 5½ % erhöht (ao. Generalrat vom 21. 9. 1972).

158 Da überdies Devisen aus anderen Quellen zuflossen, erhöhten sich die valutarischen Bestände der Notenbank um 8,4 Mrd. S.

In dieser Situation boten die Kreditunternehmungen den Währungsbehörden an, die Kreditausweitung nicht über die Bankenliquidität, sondern direkt mit Hilfe einer aktivseitigen Kreditkontrolle zu begrenzen. Der Geldmarkt könnte dann verflüssigt werden, ohne den Restriktionskurs aufzugeben. Die Währungsbehörden akzeptierten diesen Vorschlag, weil sie hofften, auf diese Weise den Nominalzinssatz für Rentenwerte halten zu können. Die zulässige Ausweitung des nicht-titrierten Kreditvolumens wurde mit 12 % p. a. (1 % pro Monat) festgelegt. Die traditionelle passivseitige Kreditkontrolle wurde beibehalten, doch wurde auf die Pönalisierung von Überschreitungen verzichtet.

Der »Limes« wurde damit zur zentralen Zielgröße der Geldpolitik. Seine strikte Einhaltung erlaubte es den Währungsbehörden, zusätzliche Liquidität zu schaffen. Die Mindestreserven wurden im Jänner, auf Grund eines Beschlusses von November, um 1 Prozentpunkt erhöht, ab April jedoch wieder um 1 Prozentpunkt und ab November um weitere 1½ Prozentpunkte gesenkt. Darüber hinaus kaufte die Notenbank für 1 Mrd. S Offen-Markt-Papiere. Ab November wurden wieder ERP-Kredite vergeben. Schließlich flossen dem Kreditapparat dadurch flüssige Mittel zu, dass der Bund einen Großteil der 1972 gebildeten Notenbankguthaben abzog, um den temporären Ausfall an Steuererträgen anlässlich der Einführung der Mehrwertsteuer auszugleichen. Der Politik, den Geldmarkt flüssig zu halten, widerspricht nur scheinbar der Umstand, dass die Notenbank am 15. 5. 1973 den Diskontsatz und den Lombardsatz um 1 Prozentpunkt anhob (auf 6½ % und 7 %). Sie folgte damit jedoch einer Entwicklung, die sich auf dem Geldmarkt schon vorher abgezeichnet hatte.

Die Bereitschaft, die Kreditausweitung auf freiwilliger Basis zu begrenzen, mag dadurch gefördert worden sein, dass die Mindestreservenvorschriften einseitig griffen (Generalrat vom 18. 2. 1970). Die Mitglieder mehrstufiger Sektoren müssen satzungsgemäß mehr liquide Mittel bei ihren Spitzeninstituten halten als die von der Notenbank vorgeschriebenen Mindestreserven. Die Spitzeninstitute legen ihre überschüssigen flüssigen Mittel bei den Großbanken an, die strukturell eine Geldkapitallücke aufweisen. Wenn die Notenbank die Mindestreservensätze erhöht, ziehen die Spitzeninstitute Zwischenbankeinlagen von den Großbanken ab und nötigen diese, sich bei der Notenbank zu refinanzieren. Das gleiche gilt laut Generalrat vom 18. 3. 1970 für Kassenscheine. (Gegen diese Zusammenhänge spricht: Ende 1969 hatten nur die einstufigen Kreditunternehmungen, insbesondere die PSK, Überschussreserven, nicht jedoch die mehrstufigen Sektoren.)

Das Ziel, die monetäre Expansion im Wege der Kreditrationierung zu bremsen, wurde erreicht. Die nicht-titrierten Kredite wurden im Laufe von 1973 nur um 10 % ausgeweitet gegenüber 19 % 1972. Die Geldmengen M1 und M2 stiegen weniger als halb so stark wie in den zwölf Monaten vorher. Obschon weniger Geld und Kredite geschaffen wurden, gelang es, die Geldmarktsätze niedrig zu halten. Der Taggeldsatz, der im März 1973 8,6 % erreicht hatte, wurde in der Folgezeit auf etwa 6½ % stabilisiert. Die damit erhoffte Stabilisierung der langfristigen Zinssätze wurde damit allerdings nur teilweise erreicht. Der Zinssatz für 3-Monatsgelder und die Sekundärmarktrendite begannen schon ab dem Frühjahr 1973 zu steigen. Gegen Jahresende überschritt der effektive Zinssatz auf dem Sekundärmarkt 8½ %. Die nominelle Verzinsung von Neuemissionen wurde zwar mit 7½ % beibehalten, doch wurden die Anleihebedingungen (Laufzeit und Ausgabekurs) so verändert, dass eine vergleichbare Effektivverzinsung erreicht wurde. Im Übrigen versuchte man den Markt durch Emissionspausen zu beruhigen.

Immerhin gelang es, alle Zinssätze niedriger zu halten als in der BRD und das, obschon die Ausweitung der monetären Aggregate in vergleichbarem Maße eingeschränkt wurde. Der Versuch, sich vom internationalen Zinstrend abzukoppeln, war am kurzen Ende des Marktes voll erfolgreich. 1973 war der Zinssatz (im Jahresdurchschnitt) für Taggeld um 3,3 Prozentpunkte und der für 3-Monatsgelder um 4,3 Prozentpunkte niedriger als in der BRD. Am langen Ende des Marktes (Sekundärmarktrendite) wurde immerhin noch ein Zinsabstand von 1,5 Prozentpunkten erreicht.

Übersicht 19: Zinssätze in Österreich und der BRD
Jahresdurchschnitte

	Österreich	BRD	Österreich	BRD	Österreich	BRD
	Taggeldsatz		Zinssatz für 3-Monatsgeld		Sekundärmarktrendite	
1970	5,6	8,6	6,8	9,4	7,7	8,2
1971	4,4	6,2	5,8	7,2	7,6	8,2
1972	5,2	4,3	6,3	5,6	7,3	8,2
1973	6,9	10,2	7,8	12,1	8,0	9,5
1974	7,3	8,9	8,8	9,9	9,3	10,6
1975	5,5	4,4	7,1	5,0	9,6	8,7

Quelle: WIFO-Datenbank

In der BRD wurde bereits im Frühjahr der Diskontsatz auf 7 % und der Habenzinssatz auf 5 % (+½ Prozentpunkt) angehoben. Auf dem Rentenmarkt wurde der Nominalzinssatz mit 9 % festgesetzt, die Effektivverzinsung stieg über 10 % (Generalrat vom 13. 6. 1973).

Übersicht 20: Entwicklung der Geldmengenaggregate[1] in Österreich und der BRD
Jahresdurchschnitte, Veränderung gegen das Vorjahr in %

	Österreich	BRD	Österreich	BRD	Österreich	BRD
	Geldmenge M1		Geldmenge M2		Geldmenge M3	
1970	+ 7,5	+ 6,2	+ 7,7	+ 8,5	+ 11,3	+ 7,4
1971	+ 9,8	+ 11,4	+ 10,9	+ 12,7	+ 12,8	+ 11,7
1972	+ 15,6	+ 12,7	+ 16,0	+ 13,4	+ 14,7	+ 12,4
1973	+ 11,8	+ 5,7	+ 13,2	+ 16,5	+ 12,6	+ 11,4
1974	+ 6,1	+ 5,7	+ 6,4	+ 7,6	+ 10,2	+ 8,4
1975	+ 10,4	+ 13,0	+ 11,5	– 0,5	+ 14,2	+ 7,2

Quelle: WIFO-Datenbank
1 Definition der einzelnen Geldmengenaggregate siehe Fußnote 131.

Der Versuch, die internationale Zinshausse zu unterlaufen, belastete erwartungsgemäß die Kapitalbilanz. Die Belastung hielt sich jedoch – in auffallendem Gegensatz zum gleichartigen Versuch einige Jahre später – in relativ engen Grenzen. Der Generaldirektor der Notenbank schätzte die zinsinduzierten Kapitalexporte im Jahr 1973 auf 5 Mrd. S (das entsprach etwa dem Verlust der Notenbank an valutarischen Reserven). Welche Posten der Kapitalbilanz davon betroffen wurden, lässt sich nicht ohne Weiteres feststellen. Die Saldendrehung in der Wertpapierbilanz und der Abbau der Sichtverbindlichkeiten der Kreditunternehmungen könnten als Reaktion auf internationale Zinsdifferenzen gedeutet werden. Möglicherweise verhinderten die Beschränkungen im grenzüberschreitenden Kapitalverkehr in Österreich und im Ausland stärkere Kapitalbewegungen. Was immer die Ursachen gewesen sein mögen, die heimische Wirtschaftspolitik verfügte noch über einen zinspolitischen Spielraum, der später verloren ging.

5.2.4 Aufgabe der Doppelstrategie

Die Strategie, den Geldmarkt relativ flüssig zu halten, wurde Anfang 1974 aufgegeben. Die Praktik, zwar die Kredite zu verknappen, gleichzeitig aber den Geldmarkt ausreichend mit Liquidität zu versorgen, wurde 1974 beendet. Schon zu Jahresbeginn zeichneten sich Zinserhöhungstendenzen ab. Der Staatskommissar hielt eine Erhöhung der Anleihezinssätze für bedenklich und forderte ein gemeinsames Vorgehen zur Stabilisierung des Zinsniveaus (unter anderem bot er Kapitalimporte des Bundes zwecks Verflüssigung des Geldmarkts an). Bis zur Klärung der weiteren Vorgangsweise wurde eine Emissionspause verfügt. Das Direktorium der Notenbank hielt jedoch eine härtere Gangart für notwendig. Zum ersten Mal tauchte der »monetaristische« Gedanke auf, die Geldpolitik könne sich nicht damit begnügen, einen »Beitrag« zur Stabilisierungspolitik zu leisten, sondern müsse eine führende Rolle übernehmen. Die Inflation erfordere ein radikales Umdenken, auch wären unpopuläre Maßnahmen nötig, stellte der Präsident fest. Die Inlandsnachfrage müsse gedämpft und die Lohndrift begrenzt werden, sekundierte der Generaldirektor. Dabei müssten auch die Zinssätze als Mittel der Deflationspolitik eingesetzt werden, schon um zinsinduzierte Kapitalexporte zu vermeiden. Die härtere Gangart der Notenbank wurde durch den Preisschub der ersten Ölverteuerung ausgelöst. Auch das Beispiel der Deutschen Bundesbank, die bereits 1974 mit Geldmengenzielen zu experimentieren begann, mochte eine Rolle gespielt haben. Die Konsequenzen der Wechselkurspolitik – die D-Mark-Orientierung nach der Preisgabe des Fixpreissystems von Bretton Woods – wurden noch nicht artikuliert.

Abbildung 20: Entwicklung der Zinssätze

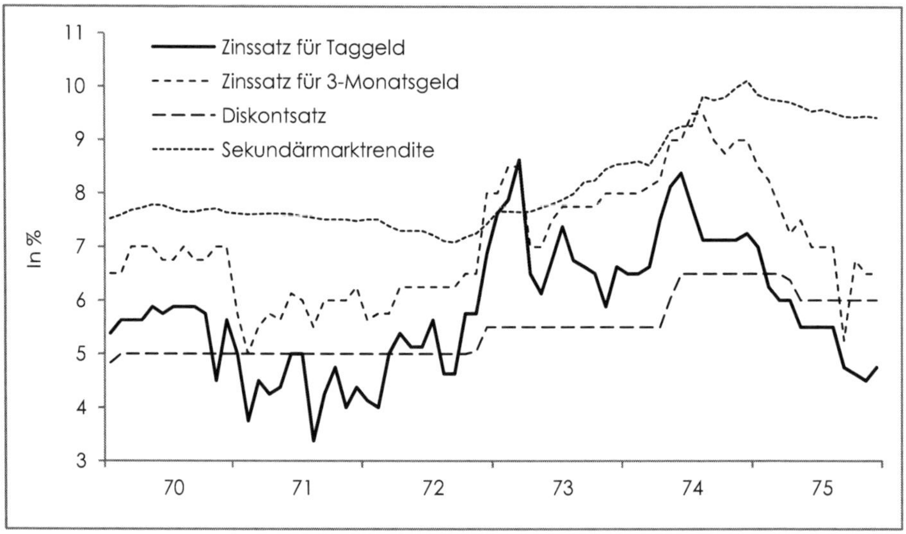

Quelle: WIFO-Datenbank

Die Notenbank ließ den Geldmarktzinssatz bis Mitte 1974 auf 8,38 % steigen. Damit war eine Anhebung der Zinssätze über das gesamte Laufzeitspektrum unumgänglich. Ende Mai wurde der Zinssatz für Spareinlagen mit gesetzlicher Kündigungsfrist, der seit zwei Jahrzehnten mit 3½ % unverändert geblieben war, auf 5 % erhöht. Neue

Anleihen wurden zum Nominale von 8½ % begeben. Die Kursverluste alter Anleihen wurden den Investoren durch eine Bonifikation teilweise abgegolten. Das entsprach der überlieferten Kapitalmarktstrategie. Erst später fand man sich mit schwankenden langfristigen Zinssätzen ab.

5.2.5 Die Politik der Nominalzinskonstanz

Das Limeskonzept (siehe Kapitel 5.2) hatte einige bemerkenswerte Aspekte. Zunächst, dass es den Kreditunternehmungen überlassen blieb, auf welche Weise sie die Kreditausweitung drosselten. Man darf annehmen, dass sie hauptsächlich die Kreditauslese verschärften und weniger die Kredite verteuerten[159]. Kreditrationierung ist ein typisches Merkmal unvollkommener Kapitalmärkte.

Eine restriktive Geldpolitik macht Geld und damit in weiterer Folge auch titrierte und nicht-titrierte Kredite teurer. Nach der heute dominanten Interpretation des Transmissionsmechanismus ist ein rasches Durchschlagen der Geldmarktzinssätze auf die Kapitalmarktzinssätze sogar erwünscht. Die österreichische Wirtschaftspolitik wollte jedoch die Kapitalmarktzinssätze möglichst konstant halten und zwar ungeachtet der relativ hohen Teuerungsraten auf den Gütermärkten (der Begriff »Realzinssatz« kam in der damaligen Diskussion nicht vor). Der Bund war an niedrigen Zinsen für die Staatsschuld interessiert. Die Kreditunternehmungen wollten die mit höheren Zinssätzen verbundenen Wertverluste ihrer Wertpapierportefeuilles vermeiden. Das ohnehin unzureichende Wertpapiersparen werde leiden, wenn die Kurse stark schwanken.

Wenn die Kapitalmarktzinssätze steigen, erleiden die Portefeuilles an festverzinslichen Papieren einen Wertverlust. Dieser Verlust wird dann nicht bilanzwirksam, wenn die Papiere als Anlage zu Anschaffungspreisen bewertet werden. Dann sind sie jedoch »eingesperrt«, denn im Falle der Veräußerung müssten die Verluste ausgewiesen werden. Begreiflich, dass die Kreditunternehmungen, und allen voran die Landes-Hypothekenanstalten, für stabile Kapitalmarktzinsen plädierten. Begreiflich aber auch, dass die Notenbanken auf den »Lock-in-effect« ihrer Zinspolitik bauten und Wertpapiere zu variablen Zinssätzen ablehnten.

Zielgröße für die Geldpolitik war das Angebot an Notenbankgeld. Über diese Größe sollten Kreditgewährung und Geldmengenaggregate gesteuert und damit letztlich die Ausgaben für Güter und Leistungen kontrolliert werden. Dabei ging man von der Vorstellung aus, dass sich die Mengeneffekte der Geldpolitik von den Preiseffekten trennen lassen. Der langfristige Zinssatz sollte möglichst konstant sein und,

159 In Österreich gab es damals keine Zinsstatistik für nicht-titrierte Kredite.

infolge der Interdependenzen, auch die Schwankungen des kurzfristigen Zinssatzes verringert werden. Der Einfluss der Zinssätze auf die Ausgaben der Güterwirtschaft wurde offensichtlich gering geschätzt[160]. Zusammenhänge wurden zwischen den heimischen Zinssätzen und den internationalen Zinssätzen gesehen, sofern der grenzüberschreitende Kapitalverkehr nicht kontrolliert werden kann. Diese Konzeption hatte zur Folge, dass gelegentlich eine binnenwirtschaftlich erwünschte Verknappung des Basisgeldes mit einer außenwirtschaftlich erwünschten Senkung der Zinssätze angestrebt wurde.

Der Versuch, Geldmenge und Zinssätze unabhängig voneinander zu steuern, stützte sich auf die Erfahrung, dass Buchkredite nicht über den Zinssatz, sondern über die Bonität der Kreditkunden gesteuert werden. Auch die Segmentierung der Finanzmärkte und die geringen Substitutionsmöglichkeiten zwischen Teilmärkten ermöglichten eine Mengenregulierung mit nur geringen Preiseffekten.

Das Basisgeld wurde im Laufe von 1973 weniger eingeschränkt als das Zentralbankgeld. Der Bund finanzierte die Einnahmenlücke, die Anfang 1973 infolge der Einführung der Mehrwertsteuer entstand, aus seinen Notenbankguthaben.

Das eigentliche Ziel der Doppelstrategie, die Sicherung des 8-Prozenters auf dem Rentenmarkt, wurde jedoch verfehlt. Der Liquiditätsschub drückte zwar den Taggeldsatz; warum er aber nur die kurzfristigen, jedoch nicht die mittel- bis längerfristigen Zinssätze stabilisierte, wurde im Generalrat nicht diskutiert. Die Verknappung der nicht-titrierten Kredite hatte zur Folge, dass der Rentenmarkt überlastet wurde. Das Emissionsvolumen erreichte 1973 fast den Rekordwert von 1972. Gleichzeitig kam es zu möglicherweise zinsinduzierten Exporten von langfristigem Kapital. Bemerkenswerterweise floss kurzfristiges Kapital nicht ab, obschon der Taggeldsatz im Jahresdurchschnitt niedriger war als in der BRD. Generell hinkte die Diskontrate dem Geldmarktsatz zumeist nach und hatte daher hauptsächlich konstatierende Bedeutung.

Auch das Bundesbudget trug zur Entspannung des Geldmarktes bei. Der Einfluss des Bundesbudgets auf die Konjunktur wird üblicherweise am Saldo der einkommenswirksamen Transaktionen gemessen. In der hier betrachteten Periode waren jedoch auch die Liquiditätseffekte des Bundeshaushalts bedeutsam. Wie schon erwähnt, entzog der Bund 1972 den Kreditunternehmungen liquide Mittel und legte sie bei der Notenbank still[161]. Ein großer Teil dieser Mittel wurde Anfang 1983 wieder verwendet

160 Die IS-Kurve kam in der zeitgenössischen Argumentation nicht vor.

161 Die Notenbankguthaben des Bundes werden von der Notenbank als Teil des Bestands an Zentralbankgeld ausgewiesen. Für analytische Zwecke empfiehlt es sich, sie auszuscheiden. Hier wurde die erweiterte Geldbasis laut WIFO-Definition verwendet. Die Veränderungsraten der beiden Größen weichen infolge der geschilderten Liquiditätspolitik des Bundes beträchtlich voneinander ab.

(mit dem Übergang zur Allphasensteuer verzögerten sich die Steuereingänge um einen Monat).

Das Profil der Makrowirtschaftspolitik in der ersten Phase der Regierung Kreisky wird besonders deutlich, wenn man sie mit der Taylor-Regel vergleicht, die von der einschlägigen Literatur heute als Richtschnur für die Notenbankpolitik angesehen wird[162]. Nach dieser Regel hätte der kurzfristige Zinssatz drastisch erhöht werden müssen. Tatsächlich ließ sich die Politik stabiler Nominalzinssätze nicht aufrechterhalten. Die Zinssätze stiegen jedoch schwächer als die Inflation. Das galt insbesondere für den Taggeldsatz. Er lag von Ende 1970 bis Mitte 1976 unter der Inflationsrate (siehe Abbildung 5). Der Eckzinssatz für Spareinlagen blieb überhaupt bis 1974 konstant. Nur auf dem Rentenmarkt ließen sich (vor Steuer) geringe reale Renditen erzielen. Die Kursverluste, die ältere Anleihen infolge der höheren Zinssätze für Neuemissionen erlitten, wurden den Wertpapierbesitzern 1974 durch Bonifikationen zumindest teilweise wettgemacht[163].

Ähnlich fällt das Urteil über die heimische Geldpolitik in dieser Phase aus, wenn man sie mit der deutschen vergleicht. Die Bundesbank hatte den Taggeldsatz im Konjunkturjahr 1970 auf durchschnittlich 8,7 % (Spitzenwert 8,4 % im November 1970) und 1973 sogar auf 10,2 % (Spitzenwert 11,6 % im März 1974) hochgetrieben. Die heimischen Jahreswerte blieben mit 5,6 % und 6,9 % weit darunter. Das Abkoppeln der kurzfristigen Sätze vom deutschen Zinsniveau war noch möglich, weil der grenzüberschreitende Kapitalverkehr erst teilweise liberalisiert war, die Notenbank mit den Kreditunternehmungen Vereinbarungen über die grenzüberschreitenden Kapitaltransaktionen treffen konnte und weil Österreich im »Windschatten» der internationalen Spekulation stand[164].

Auch für 3-Monatsgelder lagen die Spitzenwerte 1970 und 1973 weit unter den deutschen. Auch die Sekundärmarktrenditen blieben bis Ende 1974 unter den deutschen, machten allerdings die deutschen Zinssenkungen 1974/1977 nur teilweise mit.

162 Danach soll die Notenbank den Geldmarktzinssatz über die Inflationsrate heben, wenn die Arbeitslosigkeit unter und die Inflationsrate über einem bestimmten Schwellenwert liegt.

163 Der Realzinssatz spielt in der ökonomischen Theorie eine wichtige Rolle. In der Wirtschaftspolitik nach dem Zweiten Weltkrieg wurde er wenig beachtet. Während der Nachkriegsinflation wurden Spareinlagen nur mit 2 % verzinst. Die Marshallplan-Administration wandte sich zwar dagegen, die Erlöse aus dem Verkauf der Auslandshilfe für Nahrungsmittelsubventionen zu verwenden. Aber sie akzeptierte Zinssätze von 5 % bei einer Inflationsrate, die 1950 rund ein Drittel ausmachte.

164 Die Geldpolitik der deutschen Bundesbank wurde Anfang der 1970er-Jahre durch spekulative Kapitalzuflüsse erschwert.

Abbildung 21: Entwicklung des Taggeldsatzes in Österreich und der BRD

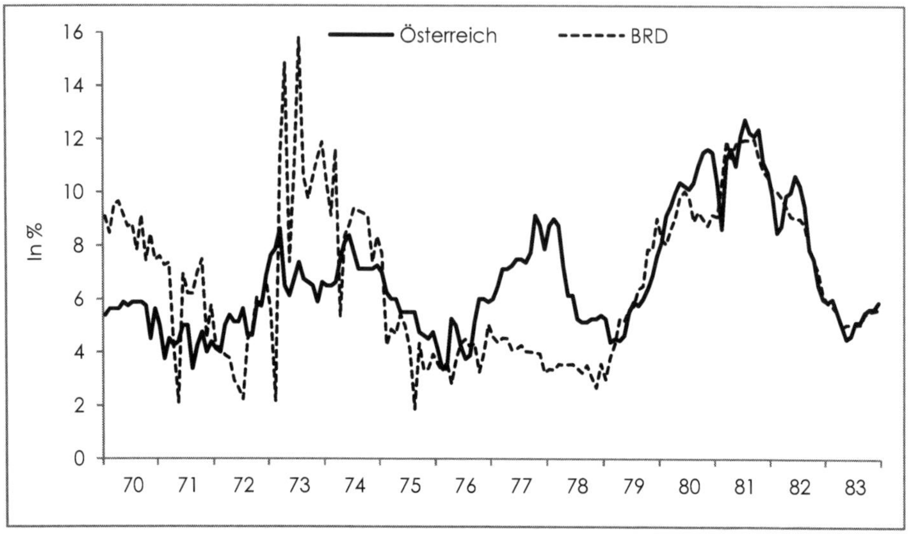

Abbildung 22: Entwicklung der Sekundärmarktrendite in Österreich und der BRD

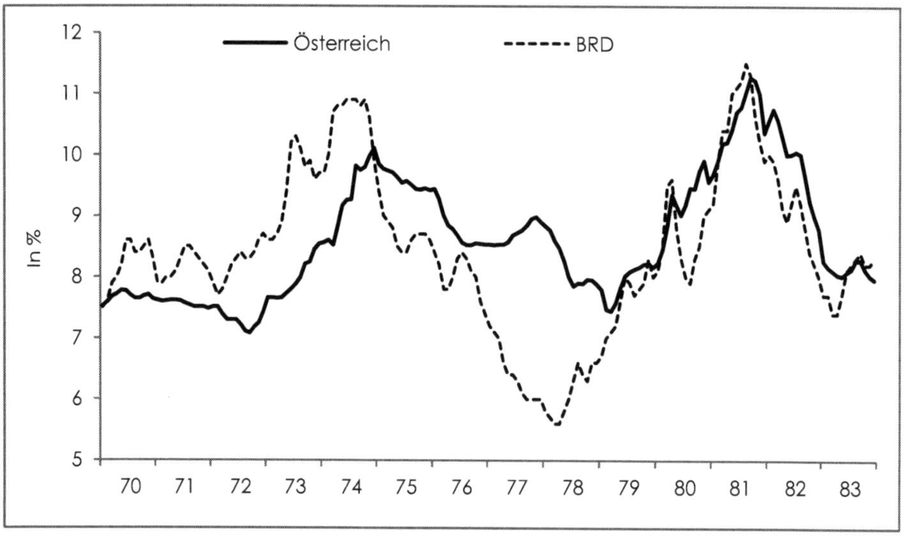

Quelle: WIFO-Datenbank

5.2.6 Die Rezession 1974/1976

Die Folgen des 1. Ölpreisschocks waren zunächst bloß teilweise überblickbar. Zwar zeichnete sich bald ab, dass die Ölverteuerung die Inflation anheizte. Wie sich das auf Produktion und Beschäftigung auswirken würde, blieb einige Zeit offen. Die OECD hielt es für möglich, dass die ölverbrauchenden Länder »angemessen« auf das internationale Ölkartell reagieren würden, indem sie durch hohe Investitionen in andere Energieformen und in energiesparende Technologien ihre Abhängigkeit vom internationalen Ölkartell auf mittlere Sicht reduzierten.

Die heimische Makrowirtschaftspolitik verhielt sich daher zunächst abwartend. Als sich jedoch im Laufe von 1975 die internationale Rezession zu entfalten begann, schaltete sie auf Expansionskurs. Dabei wurde das Schwergewicht auf die Budgetpolitik gelegt. Die Geldpolitik unterstützte die expansive Fiskalpolitik, indem sie den Geldmarkt verflüssigte. Die Taggeldsätze sanken von 7,2 % Ende 1974 auf 3,4 % im Februar 1976. Die zweimalige Senkung der Bankrate unterstützte die Tendenz rückläufiger Geldmarktzinssätze. Die Verflüssigung des Geldmarktes wurde dadurch erleichtert, dass auch in der BRD die kurzfristigen Zinssätze stark sanken (siehe Abbildung 21).

Das Angebot an Notenbankgeld wurde vor allem durch die Auslandskomponente der Geldschöpfung erweitert. Dazu trug unter anderem der Umstand bei, dass die Beschränkungen im internationalen Kapitalverkehr gelockert wurden, die in der ersten Hälfte der 1970er-Jahre zwecks Beschränkung der Netto-Kapitalimporte ergriffen wurden. Außerdem finanzierte der Bund sein hohes Budgetdefizit zu einem relativ großen Teil durch Auslandsanleihen. Der Import von langfristigem Kapital erreichte 26,7 Mrd. S gegenüber nur 7,9 Mrd. S im Durchschnitt der Jahre 1970/1974. Netto – nach Abzug der Kapitalexporte – verblieben 18,2 Mrd. S.

Dass sich die internationale Konjunktur eintrübte, zeichnete sich bereits im Frühjahr 1975 ab (Generalrat vom 19. 3. 1975). Im Juni war bereits bekannt, dass die schwerste Rezession seit dem Zweiten Weltkrieg im Gange war (Generalrat vom 24. 6. 1975). Das WIFO senkte die Wachstumsprognose für 1975 im Frühjahr und Sommer auf 1 %. Im September wurde die Prognose drastisch nach unten revidiert. Ein Schrumpfen des realen BIP wurde nun für wahrscheinlich gehalten. Nach den Ergebnissen der amtlichen Statistik betrug der Rückgang jedoch nur 0,4 %. Danach brach die Baukonjunktur weniger ein, als zunächst geschätzt wurde. Die Differenzen wurden nicht ausdiskutiert.

Die Rezession wurde mit stark dosierten Mitteln der Fiskal- und Geldpolitik bekämpft. Die heimische Wirtschaftspolitik stützte die heimische Konjunktur vor allem über das Bundesbudget (siehe Abschnitt 1.4.3). Die Notenbank agierte in der ersten

Phase akkommodierend. Ihr strömten im Jahr 1975 Devisen zu, weil die Leistungsbilanz rezessionsbedingt aktiv war und der Bund (aber auch andere Schuldner) Auslandskredite aufnahmen. Da die Notenbank nicht gegensteuerte, drückte der von der Auslandskomponente ausgehende Liquiditätsschub die kurzfristigen Zinssätze. Die Kreditunternehmungen konnten trotz einer Kreditexpansion, die an den Limes heranreichte, ihr Refinanzierungsobligo gegenüber der Notenbank abbauen. Die Notenbank folgte dem Trend sinkender Geldmarktsätze und senkte die Bankrate. Der Limes wurde zwar beibehalten, doch wurden Überschreitungen nicht pönalisiert.

Der Konjunkturtiefpunkt wurde Mitte 1975 erreicht. Im II. Quartal 1976 wurde bereits die Linie mittlerer Kapazitätsauslastung überschritten. Dennoch setzte die Wirtschaftspolitik ihren expansiven Kurs fort. Die Notenbank senkte Bankrate und Lombardsatz zwei Mal (im Jänner und im Juli). Mit 4 % war die Bankrate die niedrigste seit Beginn der 1970er-Jahre. Im Juni 1976 vereinbarten Finanzministerium, Notenbank und Kreditunternehmungen eine Senkung sämtlicher Zinssätze (vom Taggeldsatz bis zum Nominalzinssatz für Anleihen) um ½ bis 1 Prozentpunkt. Die Prämien für das Bausparen und das Prämiensparen wurden gekürzt. Der Limes wurde verlängert, doch wurden Überschreitungen weiterhin nicht pönalisiert. Die Zuwachsrate der nicht-titrierten Kredite erreichte Ende 1976 20 %.

5.2.7 Starke Kreditausweitung

Obschon der Konjunkturtiefpunkt in der zweiten Hälfte 1975 überschritten wurde, verfolgte die Wirtschaftspolitik ihren expansiven Kurs weiterhin. Die Budgetpolitik legte Anfang 1976 noch einen Zahn zu; die kräftige Ausweitung der Kredite wurde als unbedenklich eingestuft.

Die Ausweitung der nicht-titrierten Kredite hatte zwei Höhepunkte: Der erste wurde im langen Konjunkturaufschwung Ende 1972 erreicht. Die Einführung des Limes verringerte in der Folgezeit die Jahreszuwachsrate auf 12 %. In der Rezession 1975 wurde der Limes aufgehoben. Während der Konjunkturbelebung 1976 beschleunigte sich die Kreditausweitung wieder auf 20 %, nahm aber nach dem Schwenk zu einer zahlungsbilanzorientierten Wirtschaftspolitik rasch ab.

5.2.8 Zahlungsbilanzorientierung

Im Laufe von 1976 und akzentuiert 1977 wurde die Leistungsbilanz passiv, und das – so schien es – aus guten Gründen. (Eine ausführliche Darstellung findet sich in Abschnitt 4.3.) Zweifel kamen auf, ob die Schilling-D-Mark-Relation gehalten werden könne. In dieser kritischen Situation entschied sich die Wirtschaftspolitik, den

Abbildung 23: Ausweitung der nicht-titrierten Kredite[1]

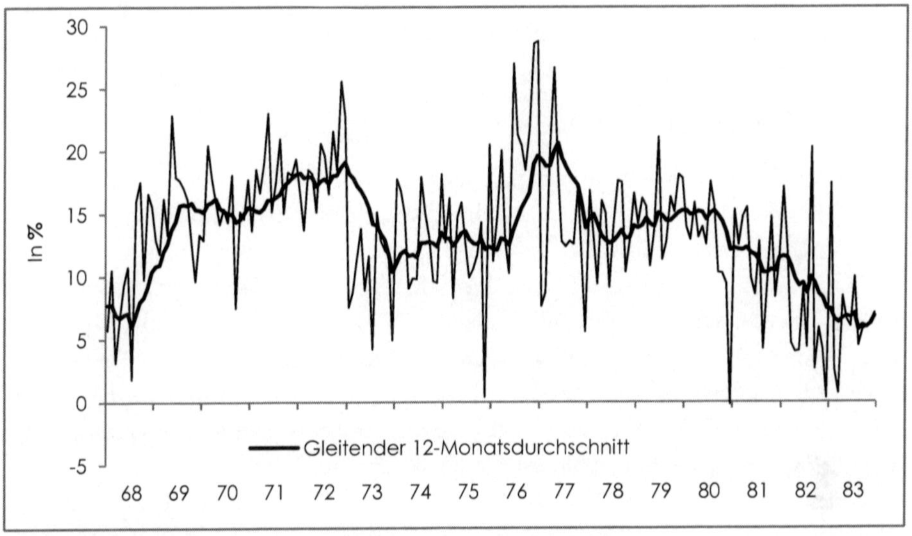

Quelle: WIFO-Datenbank
1 Monatliche Veränderung der saisonbereinigten Reihe umgerechnet auf Jahresraten.

D-Mark-Kurs zu halten und die hiezu nötigen wirtschaftspolitischen Maßnahmen zu ergreifen. Ein multidimensionales Stabilitätsprogramm wurde geschnürt, in dem wichtige Bereiche der Wirtschaftspolitik aufeinander abgestimmt wurden. Bis die Maßnahmen griffen, musste der Wechselkurs mit sehr hohen kurzfristigen Zinssätzen verteidigt werden.

Die Notenbank verlor 1977 Devisen. Da sie die Inlandskomponente nur mäßig ausweitete, trocknete der Geldmarkt aus. Die Zinssätze für Taggeld begannen bereits Ende 1976 zu steigen und erreichten Ende 1977 mit etwa 9 % einen lokalen Höhepunkt. (Im Vergleich dazu blieb der deutsche Taggeldsatz bei 4 %.) Die Notenbank verstärkte ihren restriktiven Kurs, indem sie Mitte 1977 die Bankrate und den Lombardsatz um 1½ Prozentpunkte erhöhte, den Limes wieder aktivierte (keine Refinanzierung bei Überschreitungen) und die Zuwachsrate von Personalkrediten auf 0,55 % pro Monat beschränkte.

Im Oktober 1977 kostet Taggeld in Österreich mehr als 9 %, gegen nur 4 % in der BRD. Die Zinsdifferenz ermöglichte es, einen Teil des Defizits durch Kapitalimporte zu decken und den Abfluss von Währungsreserven zu begrenzen. 1978 strömten per Saldo 20 Mrd. S kurzfristiges Auslandskapital zu. Da das Leistungsbilanzdefizit abnahm, wurde die Auslandskomponente der Geldschöpfung wieder aktiv.

Ende 1978 war das Vertrauen in den Außenwert des Schilling soweit wieder hergestellt, dass die kurzfristigen Zinssätze annähernd auf deutsches Niveau gesenkt werden konnten. Gerade zu diesem Zeitpunkt begann der 2. Ölpreisschock.

5.2.9 Verfehlte Niedrigzinspolitik

Die 2. Ölpreishausse ließ einen Inflationsschub mit nachfolgender Rezession erwarten. Die heimische Wirtschaftspolitik versuchte den Inflationsschub mit nicht-monetären Maßnahmen (Einkommenspolitik mit begleitenden Maßnahmen) und einer forcierten Hartwährungspolitik aufzufangen. Der Rezession sollte durch niedrige Zinssätze begegnet werden. Die Budgetpolitik befand sich in einer Konsolidierungsphase, mit ihrem konjunkturpolitischen Einsatz wurde erst relativ spät begonnen. Der Diskontsatz wurde von 4½ % auf 3¾ % gesenkt. In die gleiche Richtung wirkte das Habenzinsabkommen auf Grund des neuen Kreditwesengesetzes. Der Rediskontrahmen für Ausfuhrförderungswechsel wurde auf 7 Mrd. S aufgestockt.

Die makroökonomische Konstellation unterschied sich jedoch in mehrfacher Hinsicht von der nach dem 1. Ölpreisschock:

- Die Industriestaaten reagierten auf den 2. Ölpreisschock mit einer restriktiven Geldpolitik. »Anpassen statt finanzieren« hieß die neue Strategie. Die Zinssätze tendierten nach oben.
- Der Dollar begann nicht zuletzt infolge der Volcker-Disinflation einen Höhenflug. Die D-Mark verlor 1979 gegenüber dem Dollar 9 % an Wert. Die relative Schwäche der D-Mark erklärt sich nicht zuletzt damit, dass sich die BRD im Juli 1978 auf dem G7-Gipfel in Bonn bereit erklärt hatte, Konjunkturlokomotive zu spielen. Das förderte zwar die deutsche Konjunktur, verstärkte aber den Inflationstrend und schwächte den Außenwert.
- Der Kontakt zwischen den heimischen und ausländischen Kapitalmärkten wurde zunehmend enger. Konnten die heimischen Währungsbehörden nach dem 1. Ölpreisschock noch eine Politik stabiler relativ niedriger Zinssätze verfolgen, so lösten nunmehr bereits geringe Zinsunterschiede internationale Kapitalbewegungen aus, die durch administrative Maßnahmen offenbar nicht verhindert werden konnten.

Der Versuch, die Zinssätze niedrig zu halten, führte zu Kapitalabflüssen. Um zumindest teilweise am Konzept festzuhalten, entschloss man sich zu folgender Lösung: Diskont- und Lombardsatz blieben zu einer Plafondsausnutzung von 70 % unverändert. Darüber hinausgehende Refinanzierungen wurden mit einem Zuschlag von 2 % belegt. Die Zinssätze für die begünstigten Export- und Investitionskredite hielt man unverändert. Diese Entscheidung blieb nicht unwidersprochen. Die der ÖVP nahestehenden Vertreter der Finanzwirtschaft stimmten gegen den Versuch, die Kreditverteuerung dem Kreditapparat anzulasten.

Unter diesen Umständen hatten die Währungsbehörden keine andere Wahl, als auf Restriktion zu schalten. Am 23. 1. 1980 erhöhte die Nationalbank den Diskont- bzw. Lombardsatz um 1½ Prozentpunkte auf 5¼ % bzw. 5¾ %. Der Zuschlag für jenen Teil der Refinanzierung, der 70 % des Refinanzierungsplafonds überschreitet, wurde von 2 Prozentpunkten auf 1 Prozentpunkt herabgesetzt. Außerdem wurden die »aufgenommenen Gelder« der Kreditunternehmungen in die Mindestreservepflicht einbezogen. Bankrate und Lombardsatz wurden bis zum 12. 3. 1980 um weitere 1½ Prozentpunkte erhöht. Die Bankrate erreichte damit 6¾ % (der Lombardsatz 7¼ %). Beide blieben jedoch unter den Geldmarktzinssätzen. Der Limes wurde im März von 1,3 % pro Monat auf 1 % und schließlich auf 0,5 % gekürzt. Das Volumen an Personalkrediten wurde eingefroren. Im August wurden die Refinanzierungsplafonds auf 80 % und im September auf 65 % gekürzt.

Abbildung 24: Entwicklung der kurz- und langfristigen Zinssätze

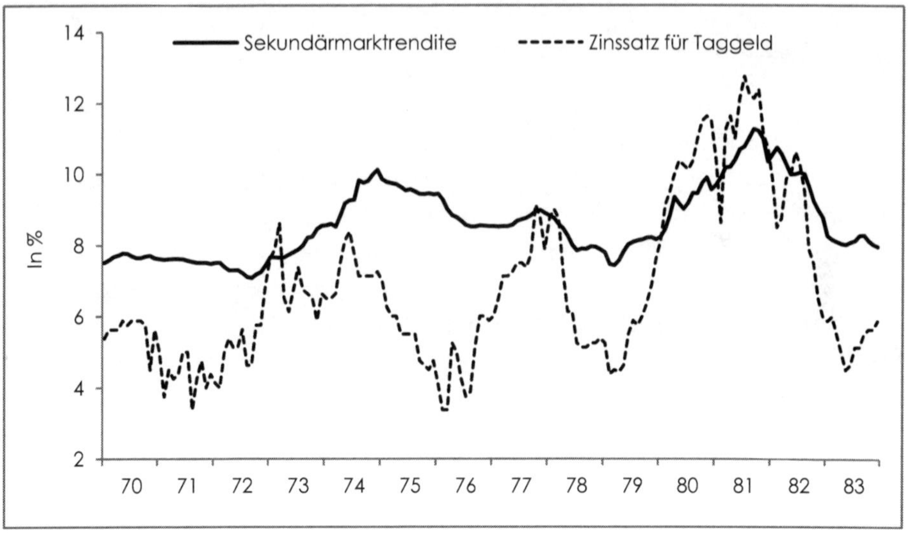

Quelle: WIFO-Datenbank

Die führenden Industrieländer begegneten dem 2. Ölpreisschock anders als dem ersten. Nicht mehr die Rezessionsbekämpfung, sondern Inflationsbekämpfung stand im Vordergrund. Vor allem sollte verhindert werden, dass die primäre Ölverteuerung sekundäre Preis-Lohnsteigerungen auslöste und die Inflationsrate auf Dauer hochtrieb.

Ab 1979 begann weltweit eine Hochzinsphase, die bis weit in die 1980er-Jahre anhielt. Das galt vor allem für die Deutsche Bundesbank (Beyer et al., 2008, S. 16). Sie erhöhte ihre Zinssätze von Anfang 1979 bis Mitte 1980 kräftig. Nach einem kurzen, vergeblichen Versuch, die heimischen Zinssätze niedrig zu halten, zog die OeNB gleich.

Hatten die kurzfristigen Sätze von 1971 bis 1976 fast durchwegs unter der Inflationsrate gelegen, so zogen sie nach dem 2. Ölpreisschock sofort mit der Teuerung mit und lagen fast zwei Jahre erheblich darüber. Der Realzinssatz (Zinssatz minus zentrierter 12-Monatsinflationsrate) erreichte von Juli 1981 bis Oktober 1981 mit über 6 % ein reales Hoch.

Von Anfang 1980 bis Ende 1982 bestand eine inverse Zinsstruktur: Die kurzfristigen Sätze lagen über den langfristigen[165]. Aber auch die langfristigen Sätze stiegen: Von 8 % Mitte 1978 auf über 11 % im Herbst 1981. Die kurzfristigen Sätze sanken in der Rezession 1982 (ein Jahr verspätet, denn der Konjunkturgipfel wurde bereits Anfang 1980 überschritten), aber die langfristigen blieben relativ hoch. (In der ökonomischen Literatur wurde das teilweise damit erklärt, dass die USA eine scharf restriktive Geldpolitik verfolgten, gleichzeitig aber ein hohes Budgetdefizit in Kauf nahmen.)

5.2.10 Die Geldkapitallücke

Die Notenbank war daran gewöhnt, das für eine wachsende Wirtschaft nötige Basisgeld durch den Erwerb von Gold und Devisen zu schaffen. Die Inlandskomponente wurde hauptsächlich dazu verwendet, kurzfristige Schwankungen auszugleichen. Die Devisenverluste der Notenbank in den Jahren 1976 und 1977 machten jedoch eine Neuorientierung des Geldschöpfungsprozesses nötig. Sie voll auf das Geldangebot durchschlagen zu lassen und auf die Mechanismen zu vertrauen, die von der monetären Zahlungsbilanztheorie beschrieben werden, schien den Währungshütern zu riskant. Sie entschieden sich daher, die Geldschöpfung von der Auslandskomponente auf die Binnenkomponente zu verlagern. Dabei wurde das Schwergewicht auf Offen-Markt-Operationen gelegt. Die Verlagerung von der Auslands- zur Inlandskomponente erschien den Währungsbehörden nur als zweitbeste Lösung.

In den Jahren 1978 und 1979 taucht in den Darstellungen der Notenbank der Begriff »Geldkapitallücke« auf: Die von den Kreditunternehmungen an Nicht-Banken gewährten Schillingkredite (nicht-titrierte Kredite und Netto-Wertpapierkäufe) überstiegen das Mittelaufkommen der Kreditunternehmungen aus Schillingeinlagen von inländischen Nicht-Banken. Diese Lücke wurde als Folge einer geringen Spartätigkeit der privaten Haushalte interpretiert. Die Notenbank wäre nur beschränkt imstande,

165 Das gilt meist als ein Zeichen für eine restriktive Geldpolitik.

das geringe Aufkommen an privaten Ersparnissen durch Refinanzierung der Kreditunternehmungen (Wechseleskont, Lombarddarlehen, Offen-Markt-Käufe) zu ersetzen.

Diese Interpretation wurde von verschiedenen Autoren in Frage gestellt. Handler/Schebeck (1981) erklärten die Geldkapitallücke aus der Zahlungsbilanz (Leistungsbilanzdefizit minus Kapitalimporte der Nicht-Banken), Winckler (1983) aus der Refinanzierung von Exportforderungen durch die Kontrollbank. Beide leiten ihre Ergebnisse aus Bilanzdaten ab. Durch Umformung tautologischer Formeln versuchen sie Anhaltspunkte für kausale Interpretationen zu gewinnen.

Eine alternative Interpretation knüpft an den Geldschöpfungsprozess an. In einer geschlossenen Wirtschaft ist die Kreditgewährung der Kreditunternehmungen an Nicht-Banken die einzige Quelle der Geldschöpfung, wenn Nicht-Banken keinen Zugang zur Notenbank haben. In diesem Fall besteht, wie das Lehrbuchbeispiel des Kreditschöpfungsmultiplikators zeigt, stets eine Geldkapitallücke, weil über das zusätzlich geschaffene Geld (in der Ausgabenkette) teilweise in Form von Bargeld disponiert wird.

In einer offenen Volkswirtschaft entstehen zusätzliche Bankeinlagen nicht nur durch Kreditgewährung der Kreditunternehmungen, sondern auch durch einen Einnahmenüberschuss der Nicht-Banken gegenüber dem Ausland (aus der laufenden Zahlungsbilanz und Kreditaufnahmen im Ausland). Ist der positive Auslandssaldo groß genug, übertrifft der Einlagenzuwachs die Kreditausweitung. Die Kreditunternehmungen legen den Geldkapitalüberschuss entweder im Ausland an oder (wenn sie keine Nettoposition in ausländischer Währung anstreben) verkaufen die Devisen an die Notenbank und verwenden die zusätzliche Primärliquidität, um ihre Notenbankverschuldung abzubauen.

Die geringe Kreditaufnahme der Nicht-Banken im Ausland in der zweiten Hälfte der 1970er-Jahre hat zwei Ursachen: Zum einen blieben zinsinduzierte Kapitalimporte aus, da die heimischen Zinssätze niedrig waren. Zum anderen bewirkte die Konsolidierung des Bundesbudgets, dass der Bund seinen Kreditbedarf im Inland decken konnte. Die an anderer Stelle beschriebene Verlagerung der Nachfragestimulierung vom Bundesbudget zur Exportfinanzierung implizierte, dass der Bedarf der Nicht-Banken (des Bundes) an Auslandskrediten geringer und der des Kreditapparats größer wurde.

5.2.11 Auslandsverflechtung

Ende der 1960er-Jahre war die Auslandsverflechtung der heimischen Kreditunternehmungen noch sehr gering. Die kurzfristigen Auslandsaktiva betrugen 1983 nur

12,3 Mrd. S, die kurzfristigen Auslandspassiva 10,9 Mrd. S., am Ende der Regierung Kreisky erreichten die Forderungen bereits 274,4 Mrd. S und die Verpflichtungen 397,7 Mrd. S, das 20- und 40-Fache der Werte von Anfang 1970. Zu Beginn der Periode war die Nettoposition noch leicht aktiv (1,6 Mrd. S), zu Ende hingegen mit 123,9 Mrd. S passiv (das entsprach etwa den Währungsreserven der Notenbank).

Den Kreditunternehmungen wurden bereits in den 1960er-Jahren bestimmte Kapitaltransaktionen mit dem Ausland erlaubt, doch machten sie davon zunächst nur wenig Gebrauch. Das änderte sich mit den Währungsturbulenzen der 1970er-Jahre. Zum einen legten die schwankenden Wechselkurse Kurssicherungsgeschäfte nahe, die Transaktionen auf ausländischen Geldmärkten erfordern. Zum anderen waren spekulative Kapitalbewegungen zu befürchten. Die komfortable außenwirtschaftliche Position Österreichs, die sich nicht zuletzt in der Schillingaufwertung von 1970 spiegelte, ließ zunächst eher Kapitalzuflüsse erwarten, die den restriktiven Kurs der Geldpolitik konterkarierten. Die OeNB schloss daher im Mai 1971 ein Gentlemen Agreement mit den Kreditunternehmungen, worin sich diese verpflichteten, die Kapitalimporte zu begrenzen. Dieses Abkommen wurde mehrmals verlängert, doch mussten die zur Kurssicherung nötigen ausländischen Gelder zugelassen werden. Mitte 1972 verpflichteten sich die Kreditunternehmungen, 1,5 Mrd. S im Ausland zu veranlagen (oder in Kassenscheinen anzulegen). Die Devisenbewirtschaftung wurde verschärft (teilweise Rücknahme früherer Liberalisierungsschritte).

Abbildung 25: Die kurzfristige Auslandsposition der Kreditunternehmungen

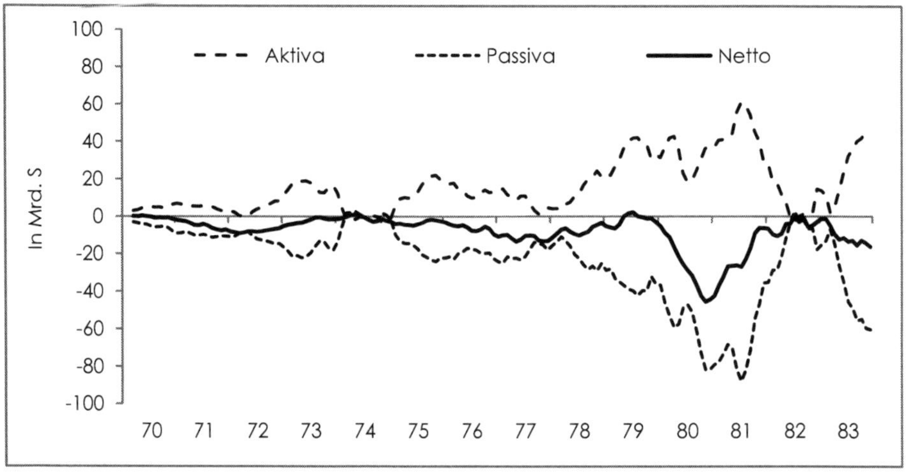

Quelle: WIFO-Datenbank

Dramatisch zugenommen haben die kurzfristigen Auslandstransaktionen in der zweiten Hälfte der 1970er-Jahre. Zwischen den Veränderungen der valutarischen Bestände der Notenbank und der kurzfristigen Auslandsposition der Kreditunternehmungen bestand ein negativer Zusammenhang.

Eine stichhaltige Erklärung der kurzfristigen Kapitalbewegungen fehlt. Zu einem guten Teil scheinen sie einfach den Bedarf der Wirtschaft an Kurssicherungsgeschäften widerzuspiegeln, der sich aus den Währungsturbulenzen der 1970er-Jahre ergab. Für diese Annahme spricht, dass die wellenförmige Entwicklung hauptsächlich von den Termingeldern geprägt wurde und sich gleichmäßig auf Aktiva und Passiva erstreckte. Spekulative Kapitalbewegungen dürften zumindest in der ersten Hälfte der 1970er-Jahre keine große Rolle gespielt haben, da der Schilling im Gegensatz zur D-Mark im »Windschatten« der internationalen Spekulation stand. Auch wurden in der ersten Hälfte der 1970er-Jahre Gentlemen Agreements zwischen den Kreditunternehmungen und den Währungsbehörden mit dem Ziel abgeschlossen, spekulative Kapitalzuflüsse hintanzuhalten.

Abbildung 26: Die kurzfristige Auslandsposition von Kreditunternehmungen und OeNB

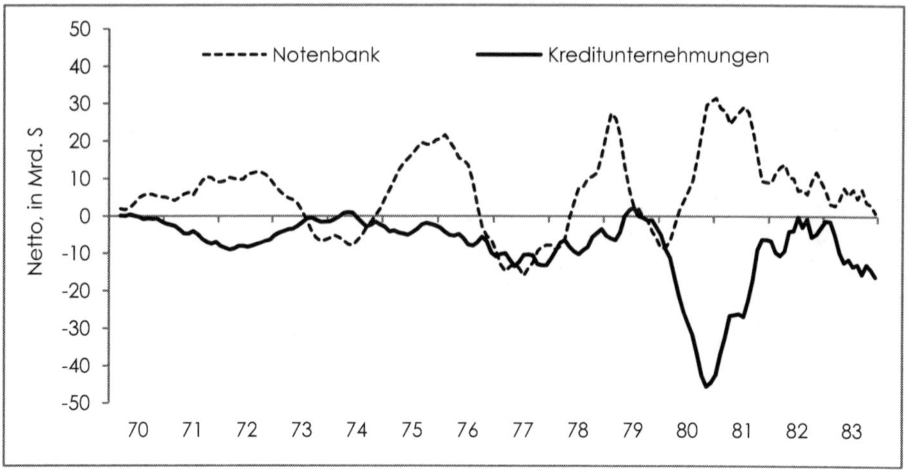

Quelle: WIFO-Datenbank

Ähnlich wie die langfristigen Kapitalimporte in den 1960er-Jahren bestimmten in den 1970er-Jahren die kurzfristigen Kapitaltransaktionen der Kreditunternehmungen die Entwicklung der Währungsreserven der Notenbank. Dem Zuwachs der Notenbank an valutarischen Reserven stand eine Zunahme der kurzfristigen Auslandsschulden der

Kreditunternehmungen gegenüber. Zwischen den monatlichen Veränderungen dieser Größen bestand eine negative Korrelation.

Bis gegen Ende der 1960er-Jahre waren kurzfristige Kapitaltransaktionen mit dem Ausland bedeutungslos. Zwar wurde schon in den 1960er-Jahren die Devisenbewirtschaftung etwas gelockert. Das Festpreissystem von Bretton Woods bot anscheinend wenig Anreiz, kurzfristige Auslandspositionen zu halten[166]. Trend und kurzfristige Schwankungen der Währungsreserven der Notenbank wurden wie beschrieben hauptsächlich von langfristigen Kapitalimporten bestimmt.

Das änderte sich in den 1970er-Jahren. Ende 1983 waren die Kreditunternehmungen netto deutlich an das Ausland verschuldet. Die Ausweitung der kurzfristigen Auslandsposition verlief in Wellen.

166 Bemerkenswerterweise verzichteten die Kreditunternehmungen darauf, ihre überschüssigen flüssigen Mittel kurzfristig im Ausland anzulegen.

6 Die Evolution der Kreditwirtschaft

Die Geldpolitik kann die Realwirtschaft nicht direkt beeinflussen, sondern nur über bestimmte Transmissionsmechanismen (z.B. die Zinsschiene). Wie diese wirken, hängt maßgeblich von Umfang und Struktur der Finanzwirtschaft ab[167]. Deren wichtigster Teil und zugleich Teil des Geldschöpfungsprozesses sind die Kreditunternehmungen. Dem Kreditwesen und seiner Verflechtung mit dem Rentenmarkt wird daher ein eigenes Kapitel gewidmet[168].

Wie in den anderen Kapiteln werden drei Perioden der wirtschaftlichen Entwicklung in den Industrieländern unterschieden:

- Das »Golden Age« von 1955 bis Ende der 1960er-Jahre, gekennzeichnet durch ein historisch einmaliges Wirtschaftswachstum und Vollbeschäftigung;
- die turbulenten 1970er-Jahre, gekennzeichnet durch Schocks, Inflation und einen Paradigmenwechsel in Wirtschaftstheorie und -politik;
- und der Neoliberalismus nachher, gekennzeichnet durch den Washingtoner Konsens »liberalize, privatize and stabilize« (von Ökonomen des »mainstream« »great moderation«[169] genannt).

Die drei Perioden umfassen ein halbes Jahrhundert. In diesem Zeitraum entwickelte sich in den Industrieländern (und nicht nur dort) der Finanzkapitalismus. Schularick/Taylor (2012) ermittelten für 14 Industrieländer monetäre Kennzahlen seit 1870. Danach blieben das Verhältnis der Bilanzsumme der Kreditunternehmungen zum BIP[170] und das Verhältnis der Kredite zur Geldmenge bis zum Zweiten Weltkrieg annähernd konstant. Im Zweiten Weltkrieg und unmittelbar danach schrumpften beide Kennzahlen. Seither stiegen sie jedoch kontinuierlich, wobei die Vorkriegsrelationen

167 Darunter werden der Wertpapiermarkt, die Kreditwirtschaft und die Versicherungswirtschaft verstanden. In der Fachliteratur wird der Begriff meist auf den Wertpapiermarkt beschränkt. Dementsprechend wird zwischen Bank- und Marktfinanzierung unterschieden.

168 Die Versicherungswirtschaft wird hier nicht behandelt. Die Lebensversicherungen entwickelten sich später als andere Formen des Geldvermögens.

169 Die Bezeichnung wurde gewählt, da niedrige Inflationsraten mit nur geringen Schwankungen der Produktion um den Trend zusammen trafen. Der Trend selbst ließ sich nach diesem Theoriekomplex nicht durch Nachfragesteuerung beeinflussen. Die steigende Arbeitslosigkeit in Europa wurde als »natürlich« (NAIRU) angesehen.

170 Bestandsgrößen werden häufig mit der Stromgröße BIP normiert (z.B. Kapitalkoeffizient, Kassenhaltungskoeffizient). Gemessen am realen Kapitalstock, der etwa das Drei- bis Vierfache des BIP ausmacht, war die Quote entsprechend niedriger.

um 1970 überschritten wurden. Miller et al. (2013, 112) untersuchten einen extremen Fall: In Großbritannien betrug die Bilanzsumme der Kreditunternehmungen bis zum Zweiten Weltkrieg nur die Hälfte des BIP, vor der Finanzkrise 2008 aber bereits das 5-Fache. Nach Phillippon/Reshef (2013) war der Anteil der Wertschöpfung der Banken in den Industrieländern seit den 1980er-Jahren der höchste seit 150 Jahren und zeigte ungeachtet der Verbriefung von Krediten eine anhaltend steigende Tendenz.

Das historisch einmalige Wachstum der Bilanzsummen kann formell[171] aus der Ausweitung des Geldvermögens[172] und ihrer Vermittlung durch die Kreditunternehmungen erklärt werden. Mit zunehmendem Wohlstand und den ihn begleitenden sozialen Umschichtungen wuchs die Sparfähigkeit breiter Bevölkerungsschichten. Das Sparen verschob sich zugunsten von Wirtschaftseinheiten, die ihre Ersparnisse nicht oder nur teilweise in realen Investitionen anlegten, wie die Angestellten und Beamten oder die in freien Berufen Tätigen. Auch entstand eine neue Rentierklasse, die von Vermögenserträgen lebt[173]. Diese Schichten erwarben Geldvermögen, das von den Finanzmärkten in verschiedenen Formen angeboten wurde. Der größte Teil ihrer Finanzierungsüberschüsse (Ersparnisse) wurde über die Finanzinstitute (Intermediäre) den Einheiten mit Finanzierungsdefiziten (Investoren) zugeführt. Gleichzeitig sank die Zahl der »kleinen« Selbständigen dramatisch (insbesondere in der Landwirtschaft und im Einzelhandel). Damit schrumpfte die Zahl der Einkommensbezieher, die ihre Ersparnisse hauptsächlich im eigenen Betrieb investierten.

Übersicht 21: Bilanzen der Kreditunternehmungen
Wachstum in %

	Auslandsaktiva	Inlandsaktiva	Bilanzsumme	BIP nominell
1953/1969	23,3	13,5	13,8	8,7
1969/1983	24,4	14,2	15,5	9,2
1983/1998	6,9	6,1	6,3	4,9

Quelle: WIFO-Datenbank

Die Kreditunternehmungen – der weitaus wichtigste Finanzintermediär – begnügten sich nicht mit der einfachen Vermittlung zwischen Sparern und Investoren. Sie stei-

171 Mooslechner (1997, S. 1) bezeichnete den dahinter liegenden Strukturwandel als Übergang von der »Produktionswirtschaft zur Vermögenswirtschaft«.

172 Zum Begriff siehe Fußnote 181.

173 Sie wurde in den Befragungen über Vermögensverhältnisse nicht oder zumindest nicht hinreichend erfasst.

gerten vielmehr ihre wechselseitige Verflechtung. Dadurch entstanden lange und nur schwer überschaubare Intermediarisierungsketten[174], einem Pyramidenspiel vergleichbar. Gleichzeitig wuchs die Abhängigkeit von den Wertpapiermärkten. Beide Faktoren senkten den Anteil der Primäreinlagen an der Bilanzsumme. Die hohen »non-core liabilities« erhöhten die Krisenanfälligkeit (Hahm et al., 2012).

Übersicht 22: Brutto-Auslandsposition der Industrieländer
In % des BIP

	Industrieländer[1]	Stichprobe[2]	Österreich[3]
1870		47	
1960		18	
1970	22,5		
1975			39
1980		36	51
1987	50,0		
1990		63	70
1998			97
2000		114	148
2004	150,0		186
2007			286

1 Laut Lane/Milesi-Ferretti (S. 234)
2 Laut Obstfeld/Taylor (S. 52f); ab 1980 IWF, vorher nur Aktiva
3 1975 laut OeNB (1976); 1980, 1990 laut IWF (Obstfeld/Taylor, S. 235f); ab 1995 laut OeNB/GFR

Das Pyramidenspiel entwickelte sich über die nationalen Grenzen hinweg. Die Brutto-Auslandsposition der Staaten wuchs langfristig ähnlich wie die Bilanzsumme der Banken. Die statistisch am besten gesicherte Darstellung bieten Lane/Milesi-Ferretti (2007, S. 234). Danach stieg die Brutto-Auslandsposition (Durchschnitt von Aktiva und Passiva) der Industriestaaten von 22,5 % des BIP 1970 auf etwa 150 % 2004. Bis zur Finanzkrise nahm die Quote weiter zu, insbesondere in Großbritannien, der Schweiz und

174 Die Intermediarisierung lässt sich unter anderem wie folgt charakterisieren: Wenn die Sparer ihre Ersparnisse direkt den Investoren zur Verfügung stellen, besteht Intermediarisierungsgrad Null. Im Kerngeschäft der Banken (der Entgegennahme von Depositen und der Kreditgewährung an die Realwirtschaft) besteht Intermediarisierungsgrad Eins. Gegenwärtig ist die internationale Kreditwirtschaft durch ein nur schwer überschaubares Netz von Intermediarisierungen verflochten.

in den Niederlanden (Obstfeld, 2012, S. 4). Der Wert vor dem Ersten Weltkrieg (47 % nach Obstfeld/Taylor, 2004, S. 52/53) wurde erst in den 1980er-Jahren überschritten. Ein Großteil der Auslandsverflechtung entfiel auf die Kreditunternehmungen[175]

Die Ausweitung der Finanzwirtschaft galt in der »mainstream«-Literatur lange Zeit als wachstumsfördernd. Nach der Finanzkrise war man klüger. Cecchetti/Kharroubi (2012) fanden zwischen dem Wirtschaftswachstum und der Tiefe der Finanzwirtschaft eine ∩-förmige Beziehung. Der optimale Punkt (wenn das Kreditvolumen annähernd so groß war wie das BIP) wurde in den Industrieländern überschritten[176]. Hahn (2004) bezweifelte schon vor der Finanzkrise den »finance-growth nexus«.

Die heimische Kreditwirtschaft wurde durch nationale Normen und Ereignisse geprägt, folgte aber im Großen und Ganzen wie in vielen Details dem internationalen Trend. Ihre Bilanzsumme, die unmittelbar vor dem Zweiten Weltkrieg schätzungsweise 0,75 % des BIP betragen hatte, stieg bis zum Ausbruch der Finanzkrise 2008 auf das 3,8-fache. Der Anteil der inländischen Primäreinlagen an der Bilanzsumme sank von 58,4 % (Maximum 1962) auf 25,4 % (2008).

Abbildung 27: Bilanzsumme der Kreditunternehmungen[1]

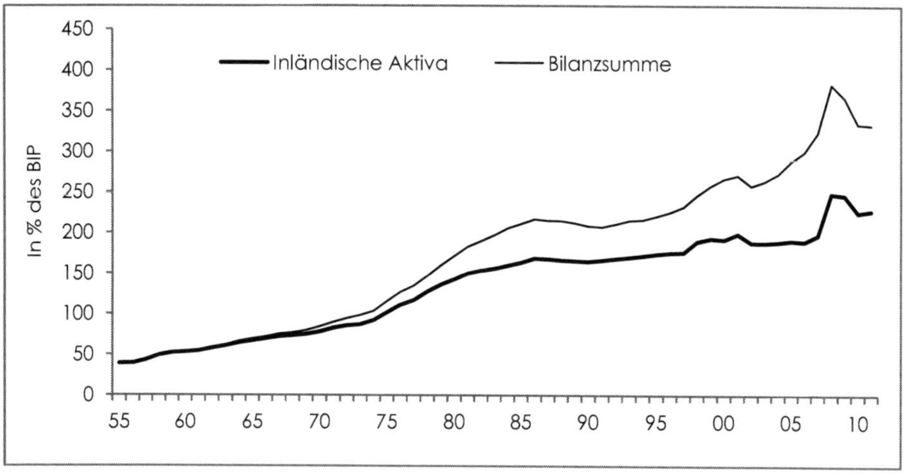

Quelle: WIFO-Datenbank

1 Die Differenz zwischen Inlandsaktiva und Bilanzsumme entspricht den Auslandsaktiva.

175 Ein viel zitiertes Beispiel boten die europäischen Banken. Sie erwarben in den USA nach der Jahrtausendwende riskante CDO-Wertpapiere und refinanzierten sich kurzfristig auf dem US-Geldmarkt.

176 Einer der Gründe mag darin liegen, dass die Risken komplexer Instrumente nur schwer geschätzt werden konnten (Shleifer/Vishny, 2009, S. 4).

Die Bilanzsumme wuchs nicht zuletzt deshalb so stark, weil sich die Kreditunternehmungen (und nicht nur sie) zunehmend im Ausland engagierten. Die Brutto-Auslandsposition der heimischen Wirtschaft stieg von 39 % des BIP 1975 auf 286 % 2007, die Auslandsaktiva der Kreditunternehmungen nahmen im gleichen Zeitraum von 13 % auf 30 % der Bilanzsumme zu.

Ein Teil der Auslandsaktiva entstand durch Beteiligungen. Die in Österreich tätigen Kreditunternehmungen errichteten nach der »Wende« Töchter in den ostmitteleuropäischen Ländern. Diese gewährten Kredite an lokale Kunden und finanzierten sie größtenteils aus Primäreinlagen lokaler Geldvermögensbesitzer. Konsolidiert man die Bilanzen der Mütter und der Töchter, so erhält man einen relativ hohen Anteil der Primäreinlagen (2008 40,6 % der erweiterten Bilanzsumme). Das förderte die Stabilität des heimischen Finanzsystems[177]. Probleme mit den osteuropäischen Töchtern ergaben sich jedoch auf der Aktivseite. Faule Kredite erforderten hohe Abschreibungen.

Soweit die grobe Charakteristik. Die Detailbeschreibung in den drei unterschiedenen Abschnitten lässt sich wie folgt zusammenfassen:

Im »Golden Age« wurden die durch die Kriegs- und Nachkriegsereignisse dezimierten Bestände an Geldvermögen wieder aufgefüllt. Das Geldvermögen wuchs rascher als der reale Kapitalstock. Die privaten Sparer legten ihre Ersparnisse hauptsächlich auf Sparkonten ein. Das begünstigte die mehrstufigen Sektoren, die hauptsächlich Ersparnisse des »kleinen Mannes« verwalten. Wichtige Aufgabenbereiche moderner Finanzintermediäre wie der Geldmarkt und die Auslandsbeziehungen wurden wieder entwickelt. Das noch geltende deutsche Kreditwesengesetz beschränkte die Konkurrenz. Gegen Ende des »Golden Age« erreichte die relative Bilanzsumme der Kreditunternehmungen wieder annähernd den Vorkriegsstand, die Einlagen überschritten ihn bereits.

Die darauf folgende Periode fiel in die Kreisky-Ära. Die Spareinlagen blieben die wichtigste Form der Geldanlage. Dazu mag beigetragen haben, dass das anonyme Sparbuch ein beliebtes Instrument war, Kapitalerträge der Besteuerung zu entziehen. Gleichzeitig erlaubte die teilweise Liberalisierung des internationalen Kapitalverkehrs den Kreditunternehmungen, Auslandspositionen aufzubauen und auszuweiten. Dementsprechend stark wuchsen ihre Bilanzsummen. Hand in Hand damit setzte ein Verdrängungswettbewerb ein, der die bestehende Wettbewerbsordnung aushöhlte. Der Kampf um Marktanteile wurde hauptsächlich durch die Errichtung von Zweigstellen und die Ausweitung der Produktpalette geführt, denn die Soll- und Habenzinsabkommen sowie die Politik konstanter Nominalzinssätze beschränkten den Preiswettbe-

177 Siehe Beirat für Wirtschafts- und Sozialfragen (2009).

werb. Das Kreditwesengesetz 1979[178] hob die behördliche Mengen- und Preisregulierung auf und machte alle Kreditunternehmungen zu Universalbanken. Die öffentliche Hand blieb wichtigster Eigentümer und haftete für die Verbindlichkeiten wichtiger Sektoren.

In den 1980er-Jahren begannen die Sparer ihr Geldvermögen zu diversifizieren. Sie legten weniger auf Sparkonten ein und investierten mehr in Finanzprodukte, die von anderen Finanzintermediären (Investment-Zertifikate, Lebensversicherungen) oder vom Kapitalmarkt angeboten wurden. Viele private Haushalte besaßen bereits so viel Geldvermögen, dass sich Portefeuille-Entscheidungen lohnten. Dazu trug bei, dass zum ersten Mal seit Generationen Geldvermögen in größerem Umfang vererbt wurde. Die Diversifizierung des Geldvermögens folgte dem internationalen Trend zum »asset management« (Greenwood/Scharfstein, 2013). Die Bilanzsumme der Kreditunternehmungen stagnierte vorübergehend.

In den 1990er-Jahren bot die Wende in den mittel- und osteuropäischen Staaten den heimischen Banken (und der Realwirtschaft) neue Wachstumschancen. Die Finanzmarktregeln wurden schrittweise EU-konform gestaltet. Das Eigentum und die Haftung der öffentlichen Hand wurden aufgegeben. Mit Ausnahme der Genossenschaften erhielten alle Banken die Rechtsform von Aktiengesellschaften. 1999 schuf die Einführung des Euro einen großen Binnenmarkt in einheitlicher Währung. Damit wurde ein neues Kapitel der österreichischen Finanzgeschichte aufgeschlagen.

Das Schwergewicht der folgenden Abschnitte liegt auf der Ära Kreisky (Kernperiode genannt). Zur Verdeutlichung des Strukturwandels wird die langfristige Entwicklung in Grafiken und Übersichten abgebildet. Die Perioden vor und nach der Kernperiode dienen als Prolog und Epilog, wobei die erste Periode relativ ausführlich beschrieben wird, weil sich die damalige Kreditwirtschaft grundlegend von der heutigen unterschied[179].

Die heimische Kreditwirtschaft wurde auch von anderen Autoren über längere Zeiträume beschrieben (ausführlich z.B. von Braumann, 2002). Die vorliegende Studie entstand nach der Finanzkrise 2008 und ist daher kritischer, wenngleich nicht so kritisch wie der »fundamentale Keynesianismus«[180]. Auch braucht sie als historische Studie nicht die Signalwirkungen ihrer Aussagen zu beachten.

---

178 Kreditwesengesetz vom 24. 1. 1979, BGBl. No. 63.

179 Die statistischen Daten für den untersuchten Zeitraum waren dürftig und nicht immer widerspruchsfrei. Viele Sachverhalte mussten daher geschätzt werden.

180 Siehe hiezu die Kritik am pragmatischen Monetarismus in Abschnitt 2.3.3 sowie Schulmeister (2009).

6.1 Die Ausgangslage: Rudimentäre, aber stark wachsende Finanzmärkte

Inflation und Geldabschöpfung hatten in der Nachkriegszeit den Bestand an Spareinlagen stark dezimiert. Ende 1951, am Beginn der Stabilisierungspolitik, betrugen die Spareinlagen nur 3,0 % des BIP, verglichen mit 28,5 % 1937, dem letzten Jahr der Ersten Republik. 1952 wurde die Nachkriegsinflation gestoppt, 1955 folgte die Rekonstruktion der Bankbilanzen. Das Regime relativ stabiler Preise schuf die Voraussetzung für die Bildung von in Nominalwerten ausgedrückten Geldvermögen (im Folgenden einfach Geldvermögen genannt[181]). Das Bankenrekonstruktionsgesetz 1954 entlastete die Kreditunternehmungen von den faulen Krediten aus der Zeit der deutschen Annexion und ermöglichte die Erstellung von Schillingeröffnungsbilanzen zu Tageswerten per 1. 1. 1955.

Übersicht 23: Das Schrumpfen des Geldvermögens
Nicht-finanzielle Sektoren, ohne Anteilsvermögen

	Spareinlagen[1]	Einlagen insgesamt[2]	Banknoten	Rentenwerte[3]	Lebensversicherungen[4]
			In Mio. S		
1937	2.800	3.980	849	2.715	236
1951	2.275	11.174	8.032	861	179
1955	10.226	25.897	13.026	5.536	245
			In % des BIP		
1937	27,0	38,4	8,2	26,2	2,3
1951	3,1	15,2	10,9	1,2	0,2
1955	9,1	22,9	11,5	4,9	0,2

Quelle: Zusammenstellung des Autors
1 Davon etwa 80 % private Haushalte
2 Sicht, Termin- und Spareinlagen
3 1937: Pfandbriefe und Kommunalobligationen plus die Abgeltung der Staatsschulden der Republik Österreich durch die Reichsanleihe von 1938, II. Ausgabe.
4 Prämien: 1937 Jahresdurchschnitt, 1951 und 1955 Jahresendstand

181 Zum Geldvermögen nach den geltenden Definitionen gehören auch die Anteile am Reinvermögen (Eigenkapital) von Kapitalgesellschaften und damit auch die Selbstfinanzierung ihrer Investitionen. Das Anteilsvermögen wurde in früheren Darstellungen der Geldstromrechnung ausgeklammert (z.B. von Ehrlicher, 1985, S. 120), und das zum Teil aus guten Gründen. Die Aktienmärkte waren dünn und die Kurse spiegelten nicht den inneren Wert der Unternehmungen wider. Das Anteilsvermögen der privaten Haushalte war bis Anfang der 1990er-Jahre unbedeutend (lt. Mooslechner, 1997, S. 57 nur 2 % des Geldvermögens.)

Zu diesem Zeitpunkt war das Finanzsystem »unterentwickelt«, nicht nur gemessen am hypertrophen Finanzkapitalismus der Jahrtausendwende, sondern auch gemessen an den damals in den Industrieländern üblichen Standards. Die Rückständigkeit spiegelte sich darin, dass die Finanzwirtschaft im Verhältnis zur Realwirtschaft sehr klein war. Und dieser verhältnismäßig kleine Wirtschaftsbereich war stark fragmentiert und reguliert.

Inflation und Geldabschöpfung hatten in der Nachkriegszeit das in Nominalwerten ausgedrückte Geldvermögen (in diesem und im nächsten Abschnitt kurz Geldvermögen genannt) stark dezimiert; das betraf nicht nur die Spareinlagen[182], noch stärkere Einbußen erlitten der Rentenmarkt und die Lebensversicherungen. Die Gesamteinlagen der Kreditunternehmungen hielten sich besser, denn die für Transaktionszwecke benötigten Scheckeinlagen erreichten schon nach dem Währungsschutzgesetz 1948 annähernd die Vorkriegsrelationen und wuchsen danach so wie das BIP.

Die Dezimierung des relativen Geldvermögens traf vor allem die privaten Haushalte. Auf diesen Sektor entfielen laut Geldstromrechnung (später Gesamtwirtschaftliche Finanzierungsrechnung – GFR genannt) zwei Drittel des Brutto-Geldvermögens (ohne Finanzintermediäre)[183]. Was gesamtwirtschaftlich mehr ins Gewicht fiel: Dem Brutto-Geldvermögen der privaten Haushalte standen nur Verpflichtungen in Höhe von etwa einem Drittel gegenüber[184], vorwiegend langfristige Kredite der Wohnbauförderung und der Bausparkassen. Die Verschuldungsquoten waren niedriger als in den meisten anderen EU-Ländern und vor allem in den USA. Lange Zeit blieben sie ziemlich konstant. Die Finanzierungsüberschüsse der privaten Haushalte deckten die strukturellen Finanzierungsdefizite des Staates und der nicht-finanziellen Kapitalgesellschaften[185].

---

182 Zu Ende des Zweiten Weltkriegs waren die Spareinlagen viel höher. Die Einkommensbezieher konnten infolge des Gütermangels ihre Einkommen nicht voll verbrauchen. Die »geräuschlose« Kriegsfinanzierung mobilisierte die derart erzwungenen Ersparnisse. 1937 entsprach das Volumen der Spareinlagen etwa dem von 1929. Während der Weltwirtschaftskrise blieb es weitgehend unverändert.

183 Mooslechner (1997, S. 1) und OeNB/GFR. Nach Einführung des Euro sank der Anteil auf etwa die Hälfte.

184 Verschuldungsquoten seit Beginn der 1990er-Jahre finden sich in Mooslechner (1997, S. 75/76) und in OeNB/GFR ab 1995.

185 Die Finanzierungssalden dieser Sektoren schwankten kurzfristig stark. In einzelnen Jahren waren sie sogar positiv.

Geldstromrechnung

Über die Struktur des Geldvermögens und seine Verteilung nach Sektoren informiert die Geldstromrechnung (Gesamtwirtschaftliche Finanzierungsrechnung – GFR). Nach Vorarbeiten des WIFO (WIFO, 1964; Tichy, 1965/2) wird sie von der OeNB laufend ab dem Jahr 1995 ermittelt. Frühere Schätzungen erarbeiteten Novotny/Mooslechner (1984) und Mooslechner (1997). Die Abgrenzung der Sektoren wirft Probleme auf. Nach den derzeit geltenden Definitionen werden Betriebe und Anstalten der öffentlichen Hand, die zu mehr als der Hälfte durch Eigeneinnahmen finanziert werden, zum Unternehmenssektor gezählt (früher waren sie in den öffentlichen Budgets enthalten). Zum Sektor »private Haushalte und Organisationen ohne Erwerbszwecke« gehören auch die selbstständig Erwerbstätigen (Einzelfirmen) und große Organisationen wie der Gewerkschaftsbund, die Kirchen und die Caritas. In den Fassungen von 2012 und 2013 wurden die nicht-finanziellen Transaktionen mit den finanziellen verknüpft. Danach entfiel 2012 auf den Sektor »Private Haushalte …« etwa die Hälfte der Betriebsüberschüsse aller nicht-finanziellen Unternehmungen. Zusammen mit den Vermögenserträgen trugen sie 28 % zur Nettowertschöpfung dieses Sektors bei. Von der privaten Sparquote in Höhe von 7,7 % des verfügbaren Einkommens entfielen 38,8 % auf Netto-Investitionen und Grundstückkäufe. Zu berücksichtigen ist ferner: Nach den Definitionen der GFR zählt das Eigenkapital der Kapitalgesellschaften als Anteilsrecht zum Geldvermögen der Kapitaleigner, nicht jedoch das Eigenkapital der öffentlichen und privaten Haushalte.

Die Entwertung des Geldvermögens schlug sich in den Bilanzen der Kreditunternehmungen nieder. Ende 1955, nach Erstellung der Schillingeröffnungsbilanzen, betrug ihre Bilanzsumme 40 % des BIP. In der Zwischenkriegszeit wurde sie statistisch nicht erfasst. Die relative Bilanzsumme der Aktienbanken[186] war 1937 mit 18 % des BIP annähernd so groß wie 1955, doch hielten sie wenig Spareinlagen und wurden daher von deren Erosion nur wenig betroffen. Besonders stark schrumpfte die Bilanzsumme der Hypothekenanstalten. Sie betrug 1937 7,7 % des BIP (Hofmann, 1949, S. 39), 1955 hingegen nur 2,7 %.

Nimmt man an, dass sich die Bilanzsumme der Kreditunternehmungen insgesamt ebenso entwickelte wie Einlagen plus Bankobligationen, kommt man für 1937 auf eine Bilanzsummenquote von etwa 75 %[187]. Das entspricht, nebenbei bemerkt, dem von Schularick für 14 Industriestaaten in der Zeit von 1880 bis 1937 ermittelten Durchschnittswert[188].

---

186 Die Bilanzsumme der Aktiengesellschaften betrug 1937 laut Archiv der OeNB (AdNB, Nr.342/1947 V) 1.886 Mill. S. Ebenso Österreichisches Institut für Konjunkturforschung (WIFO-Monatsbericht 6/1938): Aktienbanken + Sonderinstitute - Girozentrale der Sparkassen.

187 Die Bilanzsumme der Kreditunternehmungen war 1937 vermutlich niedriger als im Hochkonjunkturjahr 1929. Zwar hielten sich die Sparkassen und auch andere Spareinlagen-intensive Sektoren wie die Kreditgenossenschaften dank anhaltend steigender Spareinlagen relativ gut. Die Bilanzsumme der Aktienbanken, deren Kreditoren hauptsächlich aus Kontokorrenteinlagen bestanden, schrumpfte jedoch in der Weltwirtschaftskrise wegen hoher Wertberichtigungen (unter anderem von Krediten an Osteuropa).

188 Hinweise auf die durch die Hyperinflation und die Weltwirtschaftskrise geprägte Entwicklung zwischen den beiden Weltkriegen bietet der WIFO-Monatsbericht 6/1938.

Für die Zeit unmittelbar vor dem Ersten Weltkrieg schätzte Good (1986, S. 184) die Bilanzsumme aller Finanzintermediäre in Österreich auf das 1,53-fache des BIP. Dem entspricht für die Kreditunternehmungen ein Wert von etwa 1. Das war im internationalen Vergleich ein relativ hoher Wert, was darauf hindeutet, dass die Fremdfinanzierung von Unternehmungen (damals wie heute) hauptsächlich durch Bankkredite erfolgte.

Bereits unmittelbar nach Stabilisierung des Preisniveaus begannen die Spareinlagen kräftig zu steigen. Mitte der 1960er-Jahre erreichten Bilanzsumme und Einlagen der Kreditunternehmungen wieder annähernd den relativen Stand der Vorkriegszeit. Auf dem Rentenmarkt wurde diese Marke in den 1970er-Jahren und in der Lebensversicherung (Deckungsstock) Anfang der 1980er-Jahre überschritten.

Übersicht 24: Auffüllung der Geldvermögensbestände
Nicht-finanzielle Sektoren, ohne Anteilsvermögen

	1937	1955	Niveau 1937 erreicht im Jahr
	In % des BIP		
Spareinlagen	27,0	9,1	1965
Einlagen insgesamt	38,4	22,9	1964
Pfandbriefe und Kommunalobligationen	5,9	1,5	1975
Renten insgesamt	26,2	4,9	1977
Deckungsstock der Lebensversicherungen	4,7	–	1982

Quelle: Berechnungen des Autors

Die Zuwächse an Spareinlagen erscheinen extrem hoch, wenn man sie in Prozent des niedrigen Bestands ausdrückt (1954 über 50 %). Gemessen am BIP und am hohen Investitionsbedarf waren sie jedoch gering. Das Schwergewicht der Investitionsfinanzierung lag im »Golden Age« auf den Ersparnissen der öffentlichen Hand. Diese finanzierte Investitionen in der Verwaltung und in den Betrieben aus zum Teil zweckgebundenen Steuern und steuerähnlichen Abgaben. In einzelnen Jahren erzielte sie sogar Finanzierungsüberschüsse.

Die Auffüllung der Geldvermögensbestände und damit die Ausweitung der Bilanzsummen der Kreditunternehmungen vollzogen sich unter bestimmten Rahmenbedingungen, die sich selbst unter dem Einfluss wachsenden Geldvermögens änderten. Dieser Prozess wird im Folgenden auf Grund von nachstehenden Merkmalen beschrieben:

- Verdrängungswettbewerb
- Geringe Marktliquidität

- Mangel an langfristigem Kapital
- Fehlen eines Geldmarktes
- Trägheit der Ertragsraten

Auf die wechselseitigen Beziehungen zwischen diesen Merkmalen wird später eingegangen.

6.1.1 Segmentierung und Regulierung

Die Kreditwirtschaft war (und ist) in Sektoren[189] organisiert. Die großen Sektoren (Aktienbanken, Bankiers, ländliche und gewerbliche Kreditgenossenschaften, Sparkassen und Postsparkasse) entstanden schon im 19. Jahrhundert (siehe Kasten in diesem Abschnitt). Nach dem Zweiten Weltkrieg kamen einige Spezialbanken hinzu, wie die Oesterreichische Kontrollbank (OeKB) und die Investitionskredit-AG (Investkredit). Die Sektoren blieben bis heute bestehen, verloren jedoch im Laufe der Zeit an Trennschärfe. Im »Golden Age« unterschieden sie sich hinsichtlich des Kundenkreises, der regionalen Reichweite, der Art der Bankgeschäfte und der Rechtsform.

Privateigentum und private Risikoträger spielten so gut wie keine Rolle. Die beiden größten Aktienbanken, die Creditanstalt-Bankverein AG und die Länderbank AG, waren verstaatlicht[190] und damit mittelbar auch deren Beteiligungen. Die einzige private Aktienbank, die BAWAG, gehörte dem Gewerkschaftsbund. Von den privaten Bankiers hatten nur wenige die deutsche Annexion überlebt; die meisten Bankstellen waren aus rassischen Gründen geschlossen worden. Die Landes-Hypothekenanstalten waren öffentlich-rechtliche Körperschaften. Die Postsparkasse wurde als Amt des Bundes geführt. Im Sparkassensektor hatten die Vereinssparkassen keine und die städtischen Sparkassen[191] Gemeinden als Eigentümer. Die Bundesländer und die Gemeinden hafteten für die Verbindlichkeiten ihrer Kreditinstitute, der Bund für die der PSK. Die Kapitaleinlagen der Genossenschaften durften nur verzinst werden (keine Dividenden), und die Haftungen der Genossenschaftler waren begrenzt[192].

---

189 Die Notenbankstatistik ordnete den mehrstufigen Sektoren ihre Spitzeninstitute zu. Abgrenzungsprobleme ergaben sich unter anderem: Die OeKB wurde unter Aktienbanken erfasst, obschon sie ein Institut mit Sonderaufgaben war. Nach den Bankenfusionen ab 1990 wurde die Bank Austria zeitweise den Sparkassen und später den Aktienbanken zugerechnet.

190 Die Teilprivatisierung 1955 änderte nicht die Entscheidungsverhältnisse.

191 Von den 174 Sparkassen waren 132 Gemeindesparkassen, 33 Vereinssparkassen und 9 Bezirkssparkassen (Krasensky, 1961, S. 167).

192 Bis Anfang der 1950er-Jahre war die unbeschränkte Haftung die Regel (Klauhs, 1983, S. 125). 1981 hafteten die Genossenschafter aller (Geld-)Raiffeisenkassen nur noch beschränkt.

Sektorstruktur[193]

Im 19. Jahrhundert entstanden neben den »gewinnorientierten« Aktienbanken und Bankiers »gemeinnützige« Formen: die ländlichen und die gewerblichen Kreditgenossenschaften, die Sparkassen und die Hypothekenanstalten. Eine Sonderstellung nahm die staatliche Postsparkasse ein. Die Aktienbanken versorgten vor allem die Industrie und andere große Unternehmungen mit Bankdienstleistungen. Sparkassen und Kreditgenossenschaften verwalteten die Ersparnisse des »kleinen Mannes« und betreuten Klein- und Mittelbetriebe. Die gemeinnützigen Institute unterlagen ursprünglich erheblichen rechtlichen und faktischen Beschränkungen. Die Sparkassen etwa durften nur Einlagen bis zu einer bestimmten Höhe entgegennehmen und verzinsten sie degressiv. Die Hypothekenanstalten wurden von Beamten der Landesregierung geführt und verrechneten nur den Zinssatz für Pfandbriefe an die Kreditnehmer weiter. Die Raiffeisenkassen vergaben Kredite ausschließlich an die Landwirtschaft. Viele der ursprünglichen Beschränkungen der gemeinwirtschaftlichen Sektoren wurden später gelockert und der Bereich der Überschneidungen wurde größer. In der Zwischenkriegszeit wurden Spitzeninstitute für die Sparkassen und die Genossenschaften gegründet: die Sektoren wurden mehrstufig. Wichtige Merkmale blieben jedoch bis zum Kreditwesengesetz 1979 (manche auch noch später) erhalten[194].

Die Eigentümerstruktur bedeutete, dass es (fast) keinen Eigentümer gab, der Gewinnmaximierung anstrebte und das Management dementsprechend durch Boni motivierte. Die gemeinwirtschaftlichen Sektoren bekannten sich ihrer Tradition entsprechend überdies zu metaökonomischen Zielen. Die Sparkassen betrachteten es als ihre Aufgabe, die Bürger zum Sparen zu erziehen[195], und boten für Einlagen ein »faires« Entgelt. Die Genossenschaften sollten den Gemeinsinn fördern. Die Satzungen der Landes-Hypothekenanstalten verpflichteten bis zum Kreditwesengesetz 1979 explizit zur Berücksichtigung ihres gemeinnützigen Zwecks. Das hinderte freilich das Management der Kreditunternehmen nicht, aggressiv um Marktanteile zu kämpfen. Spätestens ab den 1970er-Jahren entstand ein Verdrängungswettbewerb, wie im nächsten Abschnitt noch ausführlich dargelegt wird.

Im »Golden Age« beschränkten noch formelle und informelle Normen den Wettbewerb zwischen den Sektoren und zwischen den Instituten eines Sektors sowie zwischen verschiedenen Finanzprodukten. Zu den formellen Normen zählten die in den Statuten und Gesetzen verankerten Beschränkungen für »gemeinnützige« Sektoren sowie die Regulierungen auf Grund des Reichsgesetzes über das Kreditwesen und anderer einschlägiger Wettbewerbsregeln des Deutschen Reichs.

---

193 Die historische Entwicklung des österreichischen Bankwesens wird in den Beiträgen zu den beiden Krasensky-Festschriften (Österreichische Bankwissenschaftliche Gesellschaft, 1968; Fuchs/Scheithauer, 1983) behandelt.

194 Den Sparkassen z.B. wurde schon zu Beginn des 20. Jahrhunderts erlaubt, Girokonten (Scheckeinlagen) zu führen, doch blieb diese Einlagenkategorie bis zum Zweiten Weltkrieg bedeutungslos.

195 Pale (1983, S. 197).

Die noch geltenden deutschen Bestimmungen[196] entsprachen den ordnungspolitischen Vorstellungen einer gelenkten Wirtschaft. Danach musste die Errichtung von Bankhauptstellen und Filialen vom Finanzministerium bewilligt werden. Die Genehmigung konnte verweigert werden, wenn kein örtlicher oder gesamtwirtschaftlicher Bedarf bestand. Die Zinssätze unterlagen einem »Zwangskartell« in Gestalt von Soll- und Haben-Zinsabkommen. Die Habenzinssätze für Einlagen durften nicht überschritten (Obergrenze) werden, die Sollzinssätze für Buchkredite wurden als Zuschläge zur Bankrate festgesetzt. Die normierten Soll- und manchmal auch die Haben-Zinssätze wurden den (meist nur geringfügigen) Änderungen der Bankrate angepasst.

Die Abkommen bis zum Zeitpunkt der Schillingeröffnungsbilanz beschrieb Thomayer (1955). Wieweit sie eingehalten wurden, ist nur beiläufig bekannt, denn die Währungsbehörden verzichteten bis in die 1980er-Jahre auf eine Zinsstatistik. Das dem Generalrat vom 11. 9. 1969 vorgelegte Exposé »Erwägungen zu einer Erhöhung des Diskont- und Lombardsatzes« ließ deshalb diese Frage offen. Durch Spezialgesetze an die Bankrate gebunden waren auf der Sollseite nur die Kosten bestimmter geförderter Kredite wie Ausfuhrförderungskredite oder Bürgeskredite. Anzunehmen ist, dass auch die Konditionen für nicht geförderte Kredite größtenteils kostenorientiert erstellt wurden, wobei sich die Soll-Zinssätze zumindest als Richtgröße[197] anboten.

Einschlägige Informationen könnten die Archive der großen Kreditunternehmungen liefern. In einer historischen Studie (Rathkolb et al., 2005) ermittelten die Autoren die Zinsstruktur der Creditanstalt Ende 1954. Danach wurden 60 % der Kredite (ohne Zwischenbankeinlagen und zinslose Gelder) zum Normalsatz laut Abkommen von 8 % (1½ % über der Bankrate plus 3 % Provisionen) vergeben, weitere 30 % zu 6,5 % bis 7,75 %. Auf der Einlagenseite wurden 63 % der Sichteinlagen zum Normalsatz von 0,5 % verzinst, weitere 22 % zu 2,5 % bis 3,5 %. Höhere »Bonifikationen« erhielten nur Großeinleger. Für Spareinlagen und Festgelder galten fast ausschließlich die Normalsätze.

Die Orientierung an den Kosten und die Politik nominell konstanter Zinssätze bedeutete, dass der Markt für Buchkredite »rationiert« war[198]. Die Kreditunternehmungen vergaben Kredite nur an Kreditwerber, die bestimmte Bonitätskriterien erfüllten und ausreichende Sicherheiten anbieten konnten. Wer die Kriterien nicht erfüllte, erhielt keinen Kredit, auch wenn er bereit war, höhere Zinsen zu bezahlen. Wenn sich die Marktlage änderte, wurden die Bonitätskriterien angepasst, etwa in der Form, dass mehr oder weniger Kredite zu begünstigten Sätzen angeboten wurden.

196 Eine ausführliche Dokumentation findet sich in Hofmann (1949).

197 Das Sollzinsabkommen wurde von den mehrstufigen Sektoren nicht anerkannt.

198 Zum Begriff siehe Jaffee/Stiglitz (1990).

Die informellen Normen, die das Verhalten der Kreditunternehmungen prägten, werden an verschiedenen Stellen der Arbeit beschrieben. Zum Geschäftsmodell der großen Institute zählte unter anderem das Hausbankprinzip, wonach Firmen alle Geldgeschäfte über ein Kreditinstitut abwickeln ließen. Die Hausbank wurde nur gewechselt, wenn gewichtige Gründe vorlagen (und nicht schon, wenn eine Bankdienstleistung anderswo wohlfeiler angeboten wurde). Die Hausbanken entsandten Vertreter in den Aufsichtsrat von Kapitalgesellschaften[199] und konnten sich über die in den Handelsbilanzen nicht ersichtlichen stillen Reserven der Kreditnehmer informieren. Dadurch wurde die in der ökonomischen Literatur vielzitierte Informationsasymmetrie zwischen Gläubigern und Schuldner reduziert (das galt insbesondere für die Konzernunternehmungen der Kreditunternehmungen). Dass die Kreditprüfung in den 1970er-Jahren laxer wurde von renommierten Unternehmungen wurden keine Bilanzen verlangt, steht auf einem anderen Blatt.

Übersicht 25: Sektoren der Kreditwirtschaft
Anteil an der Bilanzsumme in %[1]

	Banken	Bausparkassen	Landes-Hypothekenanstalten	Mehrstufige Sektoren				Sonderkreditinstitute
				Raiffeisenkassen	Sparkassen	Volksbanken	Insgesamt	
1955	43,2	–	6,7	8,8	24,0	4,9	37,7	12,5
1969	30,4	3,8	6,9	18,0	28,0	6,6	52,6	6,4
1983	38,1	4,0	4,8	16,7	24,3	4,6	45,6	7,6
1990	36,1	3,6	5,5	18,0	24,8	4,3	47,1	7,7
1998	24,5	3,5	5,3	19,5	36,0	4,3	59,8	6,9

Quelle: Butschek (1999)

1 Die Fusion der Länderbank mit der Zentralsparkasse in den 1990er-Jahren ließ den Anteil der Sparkassen zu Lasten der Aktienbanken um etwa 10 Prozentpunkte sinken. (Erst nach der Jahrtausendwende ordnete die Notenbankstatistik die Bank Austria dem Bankensektor zu.)

Von der stürmischen Geldvermögensbildung zogen in dieser Phase vor allem die mehrstufigen Sektoren Nutzen. Sie verwalteten die Ersparnisse des »kleinen Mannes«, und ihre Einlagen bestanden größtenteils aus Spareinlagen. Der hohe Zufluss an Pri-

199 Die Vertretung von Bankdirektoren in Kontrollgremien von Firmen war schon in der Monarchie üblich. Nach Good (1986, S. 188) hatten 10 Direktoren der Wiener Banken 23 bis 43 Aufsichtsratsmandate.

märmitteln erlaubte es ihnen, rudimentäre Bankstellen auszubauen, mit ständigem Personal auszustatten und das Leistungsangebot zu differenzieren. Das galt vor allem für die Raiffeisenkassen. Einige Sparkassen wurden zu groß, als dass sie sich auf die Dauer mit den traditionellen Beschränkungen des Sektors abfinden wollten.

Vorerst profitierten die Spitzeninstitute von der kräftigen Expansion der Basis über den Liquiditätszug der mehrstufigen Sektoren. Die Girozentrale, die Genossenschaftliche Zentralbank und die genossenschaftlichen Landeszentralen gingen zunehmend dazu über, ihre nicht durch Mindestreserven gebundenen Mittel direkt zu veranlagen und nicht als Zwischenbankeinlagen den Großbanken zur Verfügung zu stellen. Ihre Veranlagungsstruktur näherte sich jener der Großbanken.

Die Anteilsgewinne der mehrstufigen Sektoren glichen zum Teil ihre Marktanteilsverluste in der Nachkriegszeit aus (Tichy, 1977)[200]. Sie waren in der Hauptsache Ende der 1960er-Jahre abgeschlossen. Die in obiger Übersicht ausgewiesenen Anteilsgewinne der Banken entstanden aus dem Auslandsgeschäft (die sektorale Verteilung der Primäreinlagen wird in Übersicht 30 wiedergegeben).

6.1.2 Geringe Marktliquidität

Liquidität ist ein komplexer Begriff. Die OeNB veröffentlichte in den »Mitteilungen« Kennzeichen der aktuellen und potentiellen Liquidität, wobei jeweils zwischen einer Inlands- und einer Auslandskomponente unterschieden wurde[201].

Die Inlandsliquidität war im »Golden Age« sehr hoch (die Auslandsliquidität spielte noch keine Rolle). Die Kreditunternehmungen hielten relativ große Beträge an Notenbankgeld und verfügten über Handelswechsel und lombardfähige Rentenwerte, die im Bedarfsfall von der Notenbank refinanziert werden müssen oder üblicherweise refinanziert werden. Die aktuelle Liquidität (Kassenliquidität in Form von Banknoten und Giroguthaben bei der Notenbank) schwankte kurzfristig extrem stark infolge von Liquiditätsschüben[202], doch zeichnete sich schon im »Golden Age« ein deutlich sinkender Trend ab. Im Durchschnitt der Berichtsperiode betrug sie 9 %, ein Vielfaches späterer Perioden.

200 Seidel (2008) belegte, dass die mehrstufigen Sektoren neue Sparerschichten gewannen (und nicht bloß auf Grund ihres hohen Anteils an Sparkonten überdurchschnittlich expandierten).

201 Modifiziertes Konzept, veröffentlicht ab 1971 in den Mitteilungen der OeNB.

202 Die Liquiditätsschübe werden in Abschnitt 5.1.2 beschrieben.

Übersicht 26: Kassenliquidität der Kreditunternehmungen
In % der Verpflichtungen[1]

	Mittel der Monatswerte	Standardabweichung
1955/1969	9,0	2,07
1970/1983	5,4	1,04
1984/1995	3,6	0,40

Quelle: Berechnungen des Autors
1 1955/1965 zurückverkettet

Hohe Guthaben bei der Notenbank werden von den Kreditunternehmungen aus verschiedenen Gründen gehalten. Sie können die Folge einer Vertrauenskrise in der Kreditwirtschaft (counterpart risks) sein wie nach dem weltweiten Finanzmarktkollaps 2008. Sie können ferner ein Zeichen für pessimistische Ertragserwartungen der Wirtschaft sein, mit der Folge, dass Impulse der Währungsbehörden wirkungslos verpuffen (oder bloß Blasen auf den Märkten für Vermögenswerte bilden[203]). Schließlich können die Währungsbehörden die Kreditunternehmungen verpflichten, hohe Mindestreserven zu halten.

Im »Golden Age« stützen sich die Kreditunternehmungen vor allem deshalb[204] stark auf die Notenbank, weil die von den Finanzmärkten selbst generierte Liquidität (in der rezenten Geldliteratur[205] »innere Liquidität« genannt) gering war. Ein Finanzsystem verfügt dann über eine hohe innere Liquidität, wenn umfassende Geldmärkte (durch Kreditschöpfung und Veranlagung von flüssigen Mitteln) bestehen und wenn die Märkte für langfristige Anlagen tief und möglichst »komplett« sind.

203 Ein prominentes, Theorie und Politik prägendes Beispiel lieferte die US-Wirtschaft von Anfang 1938 bis 1941 (siehe Gordon, 1980, S. 111). Damals vermochten eine kräftige Ausweitung der Geldmenge und kurzfristige Zinssätze knapp über Null der lahmenden Konjunktur keinen Auftrieb zu geben. Erst die ab Ende 1941 stark steigenden Rüstungsausgaben brachten die US-Wirtschaft auf Hochtouren. Daraus folgerte der »mainstream«-Keynesianismus nach dem Zweiten Weltkrieg, dass sich die Fiskalpolitik besser zur Konjunkturstimulierung eignete als die Geldpolitik (sie wurde mit dem Bemühen »pushing on a string« verglichen).

204 Die Mindestreservesätze wurden zwar mehrfach zwecks Liquiditätssteuerung geändert, doch verfügten die Kreditunternehmungen zumeist über Überschussreserven. Auch nahmen sie – wie sich in den 1970er-Jahren herausstellte – bei lebhafter Kreditnachfrage zeitweilig pönalisierte Fehlbeträge in Kauf.

205 Der »inside liquidity« wird die von der Notenbank bereit gestellte »outside liquidity« gegenübergestellt (Tirole, 2011). Sie hängt nicht nur von der mikroökonomischen Struktur der Finanzmärkte ab, sondern auch von den makroökonomischen Rahmenbedingungen und vom Vertrauen der Marktteilnehmer in die Stabilität des Systems.

Beide Voraussetzungen waren zu Beginn der Berichtsperiode nicht gegeben. Buchkredite ließen sich nur schwer vermarkten, für Wertpapiere bestand kein leistungsfähiger Sekundärmarkt, und ein Geldmarkt nach ausländischen Vorbildern fehlte. Die schrittweise Entwicklung dieser beiden Märkte wird in den folgenden beiden Abschnitten beschrieben.

6.1.3 Der Mangel an langfristigem Kapital

Die weitaus wichtigste Anlageform für die Kreditinstitute waren die nicht-titrierten Kredite. Der Block an Buchkrediten reagierte nur träge auf Änderungen in den Marktbedingungen. Zwar gewährten die Aktienbanken ihren Kunden anfangs hauptsächlich kurzfristige Kredite (siehe Abbildung 34). Diese wurden in der Regel prolongiert, konnten jedoch zurückgezogen werden, wenn sie nicht mehr gerechtfertigt erschienen oder wenn die Kreditunternehmungen knapp an liquiden Mittel waren. Aber Kreditrestriktionen wirkten auch im kurzfristigen Bereich nur verzögert. Wenn die Kreditnehmer keine neuen Kredite erhielten, nutzten sie zunächst die bestehenden Kreditrahmen und Promessen stärker aus (diese machten etwa ein Sechstel des Kreditvolumens der Kreditunternehmungen aus).

Auf den internationalen Finanzmärkten mobilisierten die Banken seit den 1980er-Jahren zunehmend Buchkredite unter dem Motto »originate and distribute«. Sie verkauften ihre Buchforderungen (darunter auch Hypothekarkredite geringer Qualität) an eine von ihnen geschaffene Zweckgesellschaft, die sich durch Ausgabe strukturierter Wertpapiere (Collateralized Debt Obligation: CDO) refinanzierte. In Österreich boten Pfandbriefe und Kommunalobligationen frühe Beispiele für die Verbriefung von Buchforderungen. Im Gegensatz zu der erwähnten internationalen Praxis wurden im Pfandbrief jedoch nur erstklassige Hypotheken verbrieft und die Originatoren behielten die Kredite in den Büchern (und trugen damit das Ausfallsrisiko)[206].

Die Verbriefung von Buchforderungen hielt sich jedoch im »Golden Age« in engen Grenzen. Bankobligationen wurden fast nur in Form von Pfandbriefen und Kommunalobligationen begeben, wozu einzig die Landes-Hypothekenanstalten und die Creditanstalt berechtigt waren. Die mehrstufigen Sektoren finanzierten ihr starkes Wachstum so gut wie ausschließlich durch Einlagen und Eigenkapital. Die von diesen Sektoren ausgegebenen Bankobligationen machten 1969 weniger als 1 % ihrer Bilanzsumme aus. Ihr Anteil an den gesamten Bankobligationen betrug 4,7 %.

---

206 Die Verbriefung von Buchforderungen in den 1980er-Jahren galt als eine wichtige Finanzinnovation. Ihr Nachteil war, dass die Intermediarisierungsketten länger und unüberschaubarer wurden (Shleifer/Vishny, 2009, S. 4). Shin (2009, S. 8/9) empfahl daher den Pfandbrief als Finanzierungsinstrument.

Einer stärkeren Mobilisierung der Buchkredite stand entgegen, dass der Wertpapiermarkt noch wenig ergiebig war. 1955 machte der Bestand an im Inland emittierten Rentenwerten erst 4,9 % des BIP aus (verglichen mit über 60 % an der Jahrtausendwende). Der Kreditapparat führte dem Markt für festverzinsliche Wertpapiere zunächst mehr Mittel zu, als er in Form von Bankobligationen beanspruchte. Seine Wertpapieranlagen betrugen Ende 1959 10,3 % der Bilanzsumme, die Bankobligationen (fast ausschließlich Pfandbriefe und Kommunalobligationen) nur 3,6 %. Die Wertpapiere waren weitgehend illiquid, und zwar auch dann, wenn sie nicht steuerbegünstigt erworben wurden. Da der Kapitalmarkt erst entwickelt wurde, waren die jährlichen Tilgungen gering. Ein Sekundärmarkt existierte nur in Ansätzen.

Die innere Liquidität der langfristigen Wertpapiere wurde schrittweise größer. Der Anteil der Tilgungen am Bestand an Rentenwerten stieg von 2,6 % 1960 auf 9,2 % zu Ende des Jahrzehnts. Gleichzeitig belebte sich der Sekundärmarkt nicht zuletzt dank verstärkter Marktpflege. (Die von der Wirtschaftspolitik angestrebte relative Stabilität der Anleihezinssätze bot solange keinen Kaufanreiz, als größere Bestände an Wertpapieren nicht verkauft werden konnten.) Ab November 1964 war der Wertpapierhandel bereits so groß, dass die Länderbank Renditen für Rentenwerte veröffentlichte.

Die Beziehungen zwischen dem Wertpapiermarkt und den Kreditunternehmungen wurden im »Golden Age« durch konventionelle Vorstellungen beeinflusst. Ebenso wie die Notenbank als Bank der Banken (und nicht als Bank des Staates) konzipiert wurde, sahen die Kreditunternehmungen ihre Hauptaufgabe darin, die Wirtschaft mit Krediten und Bankdienstleistungen zu versorgen. Eine ertragsorientierte Substitution von Buchkrediten durch Rentenwerte fand kaum statt[207]. Daran änderte auch die Förderung des Wertpapiermarkts durch die Wirtschaftspolitik nichts[208]. Die relativ hohen Anlagen zu Beginn der Periode kamen im Verhandlungsweg zustande. Die ersten Anleihen des Bundes und der Elektrizitätswirtschaft konnten nur zu einem geringen Teil im Publikum untergebracht werden. Sie wurden daher vom Kreditapparat »vorfinanziert«.

Die Kreditunternehmungen versorgten nicht nur die Wirtschaft mit Krediten, sondern sie besaßen auch hohe Beteiligungen an nicht-finanziellen Unternehmungen. Ihnen gehörte etwa ein Viertel der Aktiengesellschaften. Die Verflechtung mit der Realwirtschaft wurde in der älteren bankwissenschaftlichen Literatur ausführlich diskutiert, unter anderem von März (1968) und Good (1986). Kritisch vermerkt wurde, dass die Aktienbanken eine führende Rolle in der Kartellierung der Wirtschaft spielten. An-

207 Das galt, wenn auch eingeschränkt, in der internationalen Finanzwirtschaft bis zur Gegenwart; siehe Gambacorta/Marques-Ibanez (2011, S. 141).

208 Wertpapiere konnten steuerschonend erworben werden und unterlagen nicht den Kreditkontrollabkommen.

dererseits förderte das Eigentum an Wirtschaftsunternehmungen das Verständnis der Banken für die Probleme der Realwirtschaft. Wie immer die gesamtwirtschaftlichen Folgen beurteilt wurden: Die Aktienbanken sahen in den Konzernunternehmungen ein wichtiges Geschäftsfeld und wehrten sich gegen Vorschläge, sie auf Depositenbanken zu beschränken[209]. Erst ab den 1980er-Jahren wurden Konzernbetriebe als Belastung empfunden und verkauft.

Ein Weg, dem Mangel an langfristigem Kapital zu begegnen, bestand darin, langfristiges Kapital[210] zu importieren und kurzfristige Auslandsguthaben zu erwerben. Langfristiges Auslandskapital nahmen der Bund und die Wirtschaft auf. Als Gegenposten stiegen die valutarischen Reserven der Notenbank (die Leistungsbilanz war ausgeglichen). Es handelte sich freilich um geborgte Reserven, und die gesamtwirtschaftlichen Kosten des »Swaps« (gemessen an der Differenz zwischen kurz- und langfristigen Zinssätzen) waren relativ hoch.

Gleichzeitig förderte die Wirtschaftspolitik das Angebot an langfristigem Kapital aus heimischen Quellen mit Prämien und Steuerbegünstigungen. Ausmaß und Form der Subventionen wurden wiederholt geändert. Ab 1958 galt ein Jahrzehnt lang: Private Haushalte konnten Beiträge zu Bausparkassen und Versicherungsprämien in bestimmten Grenzen als Sonderausgaben geltend machen und damit ihr steuerpflichtiges Einkommen schmälern. Selbständige und Körperschaften konnten begünstigte Wertpapiere bis zu 10 % ihres Gewinns steuerfrei erwerben. Lohnsteuerpflichtige erhielten für Käufe bis zu 50.000 S eine Prämie von 15 %. Sie lukrierten damit eine Anleiherendite von über 10 %[211]. Die Rendite von im Steuerabzugsverfahren erworbenen Wertpapieren hing vom Grenzsteuersatz ab. Sie war im Allgemeinen viel höher. Dennoch wurde von den Begünstigungen nur wenig Gebrauch gemacht (Tichy, 1964/1).

Die staatliche Förderung erhielten Anleger, wenn sie bereit waren, sich längerfristig zu binden (im Fall der Anleihen diese bis zur Tilgung zu behalten). Auf diese Weise wurde versucht, den Bedarf der Investoren an langfristigen Finanzierungsmitteln möglichst durch langfristig gebundene Mittel der Anleger zu decken. Den Kreditunternehmungen sollte eine »übermäßige« Fristentransformation erspart bleiben.

---

209 Siehe hiezu »Das Bankengutachten« in Seidel (2005, S. 551). Das Gutachten sah eine Trennung in Depositenbanken und Investmentbanken vor. Finanzminister Kamitz lehnte das ab. Dem Vernehmen nach wollte er verhindern, dass die »indirekt« verstaatlichten Unternehmungen mit den »direkt« verstaatlichten zusammengeführt werden. Die Trennung blieb auch während der Alleinregierung Kreisky bestehen.

210 Der Mangel an langfristigem Kapital gilt zusammen mit der Beschränkung, ausländisches Kapital nur in fremder Währung zu erhalten, als ein Kennzeichen unterentwickelter Finanzmärkte.

211 Bei einem Ausgabe- und Rückzahlungskurs von 100, einer Nominalverzinsung von 7,5 % und einer 10-jährigen Laufzeit betrug die Rendite 10,3 %.

6.1.4 Das Fehlen eines Geldmarktes

»Da ein funktionsfähiger Geldmarkt fehlt, können kurzfristige Liquiditätsüberschüsse oft nicht ertragbringend angelegt werden. Im Bedarfsfall fällt es schwer, rasch kurzfristige Mittel zu bekommen.« (Tichy, 1965/1, S. 54.)

Bis Mitte der 1960er-Jahre gab es keinen leistungsfähigen Geldmarkt. Zwar war die Zwischenbankverflechtung relativ hoch (Anteil an der Bilanzsumme etwa ein Fünftel). Ihr fehlten jedoch wichtige Merkmale entwickelter Geldmärkte wie die Freiwilligkeit, eine große Zahl von Marktteilnehmern und jederzeit markträumende Zinssätze. Der größte Teil der Zwischenbankeinlagen (über 70 %) entfiel auf die mehrstufigen Sektoren (Sparkassen, Kreditgenossenschaften). Weitere nur mittelbar ertragsorientierte Zwischenbankguthaben ergaben sich aus Kapitalbeteiligungen (z.B. der Aktienbanken an Regionalbanken oder der großen Sektoren an Teilzahlungsinstituten und Bausparkassen). Über Anlage suchende freie Liquidität verfügten nur wenige Institute. Auf dem bescheidenen Zwischenbankmarkt waren die Aktienbanken strukturelle Schuldner. Sie borgten sich liquide Mittel hauptsächlich von den Spitzeninstituten der mehrstufigen Sektoren (außerdem von den Landes-Hypothekenanstalten), wobei die Konditionen von Fall zu Fall in Gesprächen zwischen den Top-Managern vereinbart wurden und sich an längerfristigen Geschäftsbeziehungen orientierten[212].

Den Anstoß für die Entwicklung eines »echten« Geldmarktes gab die Lockerung der Devisenbewirtschaftung. Grenzüberschreitende Kapitalströme unterlagen bis Ende der 1950er-Jahre einer strengen Bewirtschaftung. Auslandsaktiva hielten fast ausschließlich die Aktienbanken. Die Einführung der Ausländer-Konvertibilität im Jahre 1958 und des Liberalisierungskodex der OECD Anfang der 1960er-Jahre schufen die rechtlichen Voraussetzungen, die Devisenbewirtschaftung zu lockern. Devisenhändler erhielten 1959 Zugang zu den internationalen Geldmärkten. (Außerdem wurden langfristige Kapitalimporte und Importfinanzierungen liberalisiert.)

Die ausländischen Geldmärkte wurden zunächst nur wenig beansprucht. Offensichtlich mussten erst internationale Kontakte aufgebaut und das Vertrauen der Finanzwelt gewonnen werden[213]. Obschon noch gering, reagierten die kurzfristigen (und

212 In der Liquiditätsklemme, die 1952 infolge der Währungsstabilisierung entstanden war, warfen die Banken den Spitzeninstituten die »unseriöse« Ausnutzung kurzfristiger Konstellationen vor.

213 1953, nach der Stabilisierung der Währung, aber noch vor dem Staatsvertrag, nahm die Creditanstalt einen »Postkredit« zum Ausbau des öffentlichen Fernsprechnetzes bei einem Schweizer Bankenkonsortium auf. Um den Kredit zu erhalten, musste sie Gold verpfänden, das von der OeNB zur Verfügung gestellt wurde.

daher reservewertigen) Auslandsbestände schon früh auf Änderungen der Kassenliquidität. In der Liquiditätsklemme 1960 nahmen die Kreditunternehmungen netto 1,31 Mrd. S kurzfristige Auslandsgelder auf, vom Liquiditätsüberschuss 1963 legten sie einen ähnlich hohen Betrag kurzfristig im Ausland an. (Zum Vergleich: In diesem Jahr schöpfte die Notenbank 780 Mill. S durch Ausgabe von Offen-Markt-Transaktionen ab.) Ab 1965 wuchs die Verflechtung mit den internationalen Geldmärkten rasch. Ende 1969 waren die kurzfristigen Auslandsforderungen (12,4 Mrd. S) etwa so hoch wie die inländische Kassenliquidität (13,7 Mrd. S), die kurzfristigen Auslandsverpflichtungen (10,93 Mrd. S) erreichten das 4-fache der Refinanzierungen bei der Notenbank (2,76 Mrd. S).

Nachdem die Kreditunternehmungen Zugang zu den internationalen Geldmärkten erhalten hatten, trachteten die Währungsbehörden auch den heimischen Geldmarkt zu entwickeln. In der zweiten Hälfte der 1960er-Jahre entstand ein heimischer Markt, auf dem kurzfristige Gelder zu bekannten Ertragsraten gehandelt wurden. Die Oesterreichische Kontrollbank veröffentlichte ab November 1966 kurzfristige Zinssätze. In den drei Jahren bis November 1969 war der Taggeldsatz mit 4½ % im Schnitt um 1 Prozentpunkt höher als in der BRD, er schwankte aber viel weniger (Standardabweichung 0,32 Prozentpunkte gegenüber 1,49 Prozentpunkten in der BRD).

Der »echte« heimische Geldmarkt war anfangs nur dünn und seine Ertragsraten wurden daher in den »Mitteilungen« der OeNB nicht erwähnt. Die in den Bilanzen ausgewiesenen Zwischenbankeinlagen (und -kredite) bestanden, wie schon gesagt, hauptsächlich aus den »Pflichteinlagen« der Mitglieder mehrstufiger Sektoren. Einen Hinweis bietet die Zwischenbankverflechtung der Aktienbanken und Bankiers. Diese hatten Ende 1969 per Saldo 8,05 Mrd. S Einlagen und kurzfristige Kredite von anderen Kreditunternehmungen. Das war etwas weniger, als der Kreditapparat insgesamt auf den ausländischen Geldmärkten aufgenommen hatte.

Der heimische Geldmarkt bestand fast ausschließlich aus Zwischenbankeinlagen. In wichtigen Industrieländern waren (und sind) kurzfristige Staatsschuldentitel ein zentrales Instrument der Geldmärkte. Die Chance, einen Markt für Bundesschatzscheine aufzubauen, wurde an der Wende zu den 1960er-Jahren vertan: Als der Bund 1958 antizyklisch agierte, deckte er das relativ hohe Budgetdefizit zu einem ziemlich großen Teil mit kurzfristigen Schatzscheinen. Sie konnten leicht untergebracht werden, denn die Kreditunternehmungen verfügten rezessionsbedingt über hohe flüssige Mittel. Als sich jedoch 1960 die Liquidität anspannte und die Kreditunternehmungen Schatzscheine einlösen wollten, war der Bund hiezu nicht imstande und drängte auf Prolongation der Papiere. Das Problem wurde erst in der ersten Hälfte der 1960er-Jahre schrittweise bereinigt (Heimerl, 1965). Die Schatzscheine waren jedoch für längere Zeit als Geldmarktinstrument diskreditiert. Die Kreditunternehmungen waren nicht an der Entwicklung eines funktionsfähigen Schatzscheinmarktes interessiert, da er die Einlagen von Großkunden konkurriert hätte[214].

6.1.5 Die Politik stabiler Nominalzinssätze

Die Währungsbehörden strebten konstante Nominalzinssätze an. Sie wurden darin von den Ökonomen unterstützt (Zinskonstanz als Merkmal des Austro-Keynesianismus). Der Eckzinssatz für Spareinlagen war durch das Habenzinsabkommen seit 1955 unverändert mit 3½ % festgeschrieben. Der Diskontsatz wurde konjunkturpolitisch nur wenig variiert. Dadurch hielt man die Finanzierungskosten für Buchkredite annähernd stabil. Auch auf den noch kleinen Märkten mit markträumenden Zinssätzen, die in der zweiten Hälfte der 1960er-Jahre entstanden (Sekundärmarkt für Anleihen und Geldmarkt), erwiesen sich die Ertragsraten als träge.

Die Wirtschaftspolitik strebte eine »Konstanz der nominellen Zinssätze« an. Sie wurde unter anderem als Voraussetzung für die Entwicklung des Rentenmarktes angesehen. Zwar schwankte die monatliche Sekundärmarktrendite in der zweiten Hälfte der 1960er-Jahre (zuvor wurden keine Renditen im hohen Frequenzbereich ermittelt) zwischen 6,4 % und 7,8 %. Die oberen Werte wurden aber erst gegen Ende der Periode erreicht, nachdem die Steuerbegünstigung für Unternehmungen eingeschränkt worden war. Trotz dieses Sondereffekts war die Standardabweichung der Renditen mit 0,42 Prozentpunkten viel niedriger als später. Noch stabiler waren die Konditionen für Buchkredite (Tichy, 1964/2).

Übersicht 27: Sekundärmarktrendite
Durchschnittliche Monatsnotierungen in %[1]

	Mittelwert	Standardabweichung
1965/1969	7,1	0,42
1970/1983	8,6	1,01
1984/1998	6,9	1,32

Quelle: Berechnungen des Autors
1 Verkettung von Reihen aus verschiedenen Quellen

214 Der Beirat für Wirtschafts- und Sozialfragen befasste sich gegen Ende der 1960er-Jahre in einer Arbeitsgruppe mit der Frage, wie die Stellung des Staates als Schuldner gestärkt werden könnte. Einige Experten argumentierten, dass die Kreditunternehmungen Kredite an die Wirtschaft bevorzugten, weil damit verschiedene einträgliche Nebenleistungen verknüpft waren. Die Arbeitsgruppe kam jedoch zu keiner einhelligen Auffassung, und der Entwurf wurde »schubladisiert«.

Die Dominanz der Mengenanpassung galt im Übrigen nicht nur für die Finanzwirtschaft, sondern auch für die Realwirtschaft. Im »fix price – flexible quantities«-Regime fingen Firmen kurz- bis mittelfristige Differenzen zwischen Angebot und Nachfrage größtenteils durch Schwankungen in den Lagern und Auftragsbeständen auf[215]. Die Listenpreise wurden vorwiegend kostenorientiert erstellt, die Marktlage wurde nur in Nebenbedingungen (Rabatten, Aufschlägen für prompte Lieferung) berücksichtigt. Die Preispolitik förderte die Trägheit der Preise. Die amtlich geregelten und die von den Sozialpartnern in der Paritätischen Kommission für Preis- und Lohnfragen akkordierten Preise wurden auf Grund der Kosten und normierter Gewinnzuschläge festgesetzt. Sie ließen sich schon aus verfahrenstechnischen Gründen nur in größeren Zeitabständen anpassen. Die Kalkulationsnormen stammten zum Teil noch aus der Kriegswirtschaft. Wieweit sie Monopolgewinne beschränkten, ist fraglich[216].

Abbildung 28: Entwicklung der Diskontsätze in Österreich und der BRD

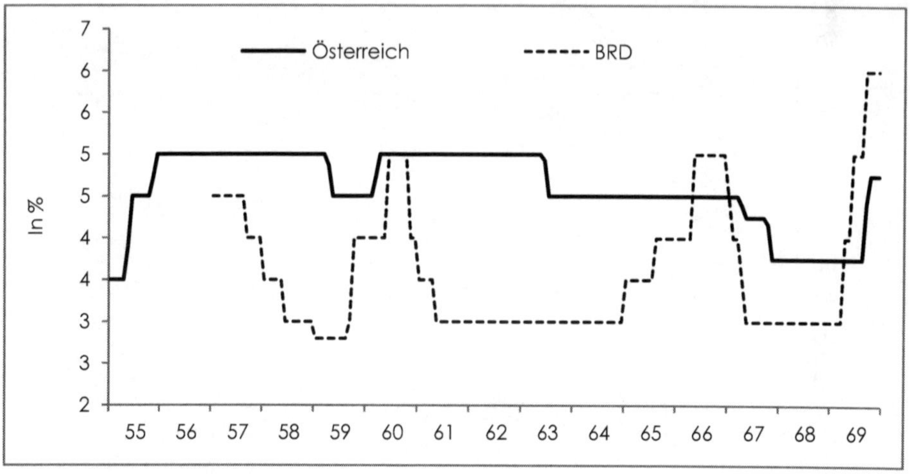

Quelle: WIFO-Datenbank

Die Politik relativer Zinskonstanz konnte verfolgt werden, weil sich die grenzüberschreitenden Kapitalflüsse in engen Grenzen hielten und maßgeblich von anderen Faktoren als von Zinsdifferenzen bestimmt wurden. Die Zinssätze in Österreich und

215 Harrod (1956) dokumentierte diesen Sachverhalt für die Nachkriegswirtschaft Großbritanniens. Er schloss daraus, dass die Preise kein guter Konjunkturindikator wären (sie reagierten zu spät).

216 Die Preise sind auch gegenwärtig noch träge, wenngleich nicht so sehr wie in der beschriebenen Periode. (Die Häufigkeit von Preisänderungen wurde erst an der Jahrtausendwende erhoben.)

in der BRD entwickelten sich im »Golden Age« weitgehend unabhängig voneinander. Die Diskontrate schwankte in Österreich viel weniger. Und diese Schwankungen waren mit den deutschen Diskontsätzen nicht korreliert. Erst in der zweiten Hälfte der 1960er-Jahre zeichnete sich ein annähernder Gleichlauf ab.

Auch auf dem Rentenmarkt bestand bis Ende der 1960er-Jahre kein Zusammenhang zwischen den Renditen beider Länder. Heimische Wertpapiere wurden fast ausschließlich von Inländern gehalten (extremer »home bias«). Die Käufe von Ausländern schwankten stark und fielen nur in einzelnen Jahren ins Gewicht.

Abbildung 29: Entwicklung der Sekundärmarktrendite in Österreich und der BRD

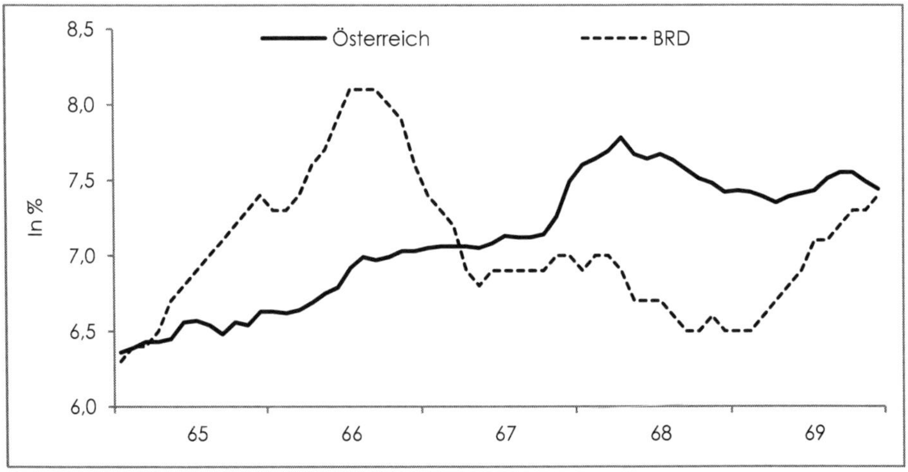

Quelle: WIFO-Datenbank

Freilich: Ganz vernachlässigen konnte Österreich die internationale Zinsentwicklung nicht. Mit der Liberalisierung des langfristigen Kapitalverkehrs nahmen potente österreichische Schuldner die wohlfeileren Buchkredite im Ausland auf. Schebeck/Thury (1971, S. 432) fanden, dass die Auslandsnettoposition der Kreditunternehmungen zunehmend als Substitut zur Zentralbankverschuldung fungierte, wobei Differenzen zwischen dem Diskontsatz und den ausländischen Geldmarktsätzen eine Rolle spielten. Auf den Liquiditätsausgleich über die internationalen Geldmärkte wurde in Abschnitt 6.1.4 ihingewiesen. Die Reaktionen auf internationale Zinsdifferenzen waren jedoch verhältnismäßig gering, so dass sich die Geldpolitik in der Hauptsache an binnenwirtschaftlichen Kriterien (der Inflationsrate und der Auslastung des Produktionspotentials) orientierten konnte. Und das nicht nur im »Golden Age«, sondern bis zum »großen Schock« 1979, als hohe Devisenverluste eine grundsätzliche Neuorientierung der heimischen Geldpolitik veranlassten.

Im Bretton-Woods-System bestand in allen Industrieländern Spielraum für eine nationale Zinspolitik, wie Obstfeld/Taylor (1994) an Hand ökonometrischer Analysen internationaler Daten nachwiesen. Er war jedoch in Österreich besonders groß, wenngleich nicht vollkommen; unter anderem deshalb, weil Österreich im »Windschatten« der internationalen Spekulation stand. Die spekulativen Kapitalbewegungen, die das Bretton-Woods-System unterliefen, konzentrierten sich auf die Hauptwährungen.

6.2 Die Entfaltung des Finanzkapitalismus

6.2.1 Starke Ausweitung der Bilanzsummen

Die lebhafte Geldvermögensbildung nach Herstellung innerer und äußerer finanzieller Stabilität wurde im »Golden Age« als zeitlich befristeter Aufholprozess interpretiert[217]. Die Besitzer von Geldvermögen füllten ihre dezimierten Bestände wieder auf, zunächst die kurzfristigen und allmählich auch die langfristigen. Danach wäre zu erwarten gewesen, dass sich die (gemessen am BIP) relative Bilanzsumme der Kreditunternehmungen nach einer Anpassungsfrist auf einem Niveau einpendelt, das etwa dem Vorkriegswert entspricht. Tatsächlich stiegen beide Kennzahlen weit darüber hinaus. Der »Finanzkapitalismus« entfaltete sich auch in Österreich.

Übersicht 28: Geldvermögen der privaten Haushalte
Jahresendstände

	1960	1970	1980	1990	1995	1998
			In % des BIP			
Mooslechner (1997)	33,2	45,7	65,4	87,6	115,5	–
	–	–	–	–	122,9	127,0
OeNB (2007)	–	–	–	–	–	141,8[1]
Spareinlagen	18,9	33,1	51,8	62,0	64,5	62,2
			In % des Geldvermögens			
Spareinlagen	56,8	72,5	79,1	70,8	55,9	44,0

Quelle: Zusammenstellung und Berechnungen des Autors

1 Die starken Korrekturen erklären sich aus der vollständigeren Erfassung der Anteilsrechte an Kapitalgesellschaften.

217 Das Thema wurde kursorisch in Seidel (2005, Abschnitt 5.2.3: Auffüllung der dezimierten Geldvermögensbestände S. 553ff) behandelt.

Die privaten Haushalte stockten ihr Geldvermögen bis zur Finanzkrise 2008 kontinuierlich auf. In der Kernperiode legten sie ihre Ersparnisse noch überwiegend im Kreditapparat an. Die Spareinlagen (und auch die Termineinlagen) nahmen bis Anfang der 1980er-Jahre stark zu[218]. Gleichzeitig wurden die Auslandskontakte intensiviert. Beides schlug sich in den Bilanzsummen der Kreditunternehmungen nieder. Die Inlandsaktiva verdoppelten sich, die Auslandsaktiva stiegen auf das 8-fache.

Die Dynamik der Kreditwirtschaft kann durch absolute und durch relative Differenzen der mit dem BIP normierten Bilanzdaten (Quoten) ausgedrückt werden. Nach beiden Kennzahlen expandierte die Kreditwirtschaft bis Anfang der 1980er-Jahre ungewöhnlich stark. Die relativen Zuwächse waren etwas und die absoluten deutlich größer als im »Golden Age«.

Übersicht 29: Bilanzen der Kreditunternehmungen

	Auslandsaktiva	Inlandsaktiva	Bilanzsumme
		Bestand in % des BIP	
1955	0,7	41,0	41,6
1969	5,0	78,5	83,5
1983	42,0	158,4	200,4
1998	56,5	189,0	245,6
2000	74,0	189,9	263,9
		Zuwachs pro Jahr in Prozentpunkten	
1955/1969	0,3	2,7	3,0
1969/1983	2,6	5,7	8,3
1983/1998	1,0	2,0	3,0
1983/2000	1,9	1,9	3,7

Quelle: Berechnungen des Autors

6.2.2 Verdrängungswettbewerb

Die Kreditunternehmungen weiteten ihre Bilanzsumme unter Bedingungen aus, die Handler/Mooslechner (1986, S. 766) als »Bilanzsummenfetischismus« kritisierten. Kennzeichnend hiefür war der Kampf um Marktanteile im Inland und das Forcieren des Auslandsgeschäfts. In diesem Abschnitt wird der Verdrängungswettbewerb auf

218 Verschiedene Aspekte des Spareinlagenbooms werden in Abschnitt 6.2.4 erörtert.

dem heimischen Markt beschrieben; die Auslandsverflechtung wird in Abschnitt 6.2.7 behandelt.

Als Ziel der Geschäftspolitik galt, den Marktanteil auszuweiten oder zumindest zu halten. Tatsächlich blieben die Anteile der großen Sektoren annähernd stabil. Auf die mehrstufigen entfielen 1983 59,0 % der Primäreinlagen, gegenüber 59,5 % 1969. Der Verdrängungswettbewerb ging jedoch zu Lasten der Rentabilität (und der Eigenkapitalquote). Die Zinsspanne und das ordentliche Betriebsergebnis waren niedriger als in den meisten Industrieländern und zeigten eine rückläufige Tendenz. Das wird in Handler/Mooslechner (1986) ausführlich dargelegt.

Übersicht 30: Primäreinlagen nach Sektoren

	Aktienbanken	Bausparkassen	Landes-Hypothekenanstalten	Mehrstufige Sektoren			Volksbanken	Sonder-Kreditinstitute
				Insgesamt	Raiffeisenkassen	Sparkassen		
			Anteil an den gesamten Primäreinlagen in %					
1955	41,3	–	4,5	42,6	10,0	27,3	5,3	11,6
1969	25,4	5,8	3,1	59,5	17,1	34,9	7,4	6,3
1983	23,1	8,8	2,0	59,0	21,3	30,9	6,8	7,1
1990	25,1	8,2	2,6	57,2	22,3	28,9	6,0	6,9
1998	24,7	9,3	3,7	61,8	24,5	31,5	5,8	0,6

Quelle: Butschek (1999)

Den Kampf um Marktanteile führten die Kreditunternehmungen durch Errichtung von Filialen; damit versuchten sie ihre »Einlagenkapazität« zu steigern. Da das nur beschränkt möglich war (bis zum Kreditwesengesetz 1979 musste die Aufsichtsbehörde Filialgründungen bewilligen), wurden ergänzende Strategien entwickelt. Dazu einige Beispiele:

Die BAWAG, die kein eigenes Filialnetz hatte, sicherte sich ihren Anteil am wachsenden Topf an Spareinlagen, indem sie mit Unterstützung der Gewerkschaften das kollektive Sparen in den Betrieben organisierte. Die verstaatlichten großen Aktienbanken suchten den »kleinen Sparer« zu gewinnen, indem sie Personalkredite zu günstigen Bedingungen anboten (Konsumkredite wurden damals von der Öffentlichkeit noch als problematisch angesehen). Die Spitzeninstitute der mehrstufigen Sektoren weiteten ihre Geschäftsfelder aus. Dazu zählte unter anderem das Auslandsgeschäft[219].

219 Nach Klauhs (1983, S. 144) baute der Raiffeisensektor ein Korrespondenzbankennetz auf.

Ihre Mitglieder sollten den Kunden die gleichen Bankdienstleistungen vermitteln können wie die Filialen der Aktienbanken. Die hoch subventionierten Bausparkassen schmälerten das Kerngeschäft der Hypothekenbanken.

Die Einführung des Computers ab Ende der 1960er-Jahre förderte expansive Strategien. Die Etablierung von Rechenzentren hatte zunächst nur wenig Einfluss auf die Produktpalette[220]. (Finanzinnovationen wie der Markt für Derivate oder der Hochfrequenzhandel setzten sich erst später durch.) Die elektronische Datenverarbeitung reduzierte jedoch den Bedarf an Arbeitskräften im Rechnungswesen. Die Kreditunternehmungen schulten die frei werdenden Arbeitskräfte um und setzten sie zur Kundenbetreuung ein. (Unter den damaligen Labor Relations galten Entlassungen als ein Zeichen für Unternehmensschwäche und nicht wie später als ein Zeichen für Effizienz.)

Die Währungsbehörden trachteten ihre Entscheidungen möglichst im Einvernehmen mit der Kreditwirtschaft zu treffen. Deren Interessen bekamen dadurch ein starkes (für manche Kritiker zu starkes) Gewicht (siehe z.B. die Eigenkapitalregeln im Kreditwesengesetz 1979). Die Wirtschaftspolitik förderte die Tendenz zur Universalbank, indem sie die Beschränkungen der gemeinwirtschaftlichen Sektoren und der Postsparkasse im Kreditgeschäft lockerte. Die Raiffeisenkassen durften laut Genossenschaftsgesetz-Novelle 1974 im beschränkten Umfang Nicht-Mitgliedern Kredite erteilen, ohne die Ermäßigung der Körperschaftsteuer zu verlieren (Klauhs, 1983, S. 130). Den Landes-Hypothekenanstalten wurde gestattet, Kredite auch außerhalb ihres Stamm-Bundeslandes zu vergeben[221]. Die Emission von Bankschuldverschreibungen wurde auch den mehrstufigen Kreditunternehmungen zugestanden[222].

Die Postsparkasse (PSK) war nach dem Zweiten Weltkrieg zunächst als Amt des Bundes geführt worden, verlor aber ständig Marktanteile im Spargeschäft und konnte ihre Funktion als Drehscheibe für den intersektoralen Zahlungsverkehr nur unzulänglich erfüllen. Mit dem PSK-Gesetz 1969 wurde ein eigener Wirtschaftskörper geschaffen, der sich auf dem Markt besser behaupten sollte. Die Beschränkungen im Kreditgeschäft wurden durch das Gesetz und seine Novellen 1981 und 1983 gelockert. 1976 erwarb die PSK eine eigene Bank und konnte über sie die gleichen Leistungen anbieten wie die Aktienbanken (Nößlinger, 1983).

220 Der Generaldirektor einer Großbank erklärte in einer Rede auf der »Betriebswirtschaftlichen Woche«, Banken wären konservativ und die Bankgeschäfte änderten sich nur über große Zeiträume.

221 Bis zum Kreditwesengesetz 1979 durften Kredite in anderen Bundesländern nur mit Zustimmung der »zuständigen« Landes-Hypothekenanstalten vergeben werden. Filialen wurden nur im eigenen Bundesland errichtet (Janauer, 1983, S. 100).

222 1970 wurde die Genossenschaftliche Zentralbank zur Begebung von Anleihen ermächtigt (Klauhs, 1983, S. 136), etwa zur gleichen Zeit auch die Girozentrale (Pale, 1983, S. 208).

Das Regulierungskorsett blieb – abgesehen von der Lockerung der Devisenbewirtschaftung – bis zum Kreditwesengesetz 1979 erhalten. Bis dahin galt das deutsche Kreditwesengesetz, das nach dem »Anschluss« in Österreich eingeführt worden war. Die deutschen Vorschriften blieben so lange in Kraft, nicht etwa weil sie den österreichischen Verhältnissen gut entsprachen (gegen manche Vorschriften bestanden verfassungsrechtliche Bedenken), sondern weil sich Sozialpartner und staatliche Wirtschaftspolitik nicht auf ein neues Kreditwesengesetz einigen konnten (eine detaillierte Beschreibung der Verhandlungsrunden bietet Schöpfer, 1980). Das Regelwerk war jedoch der Dynamik der Kreditwirtschaft nicht gewachsen: Es »platzte aus allen Nähten«. Die Obergrenze des Habenzinsabkommens wurde durch »graue« Zinssätze überschritten. Die Untergrenze des Sollzinsabkommens wurde durch Zinssubventionen des Bundes und der Länder unterlaufen. Etwa 40 % aller Direktkredite waren subventioniert[223]. Sonderkreditaktionen wurden nicht nur für Projekte mit hohen externen Effekten eingerichtet, sondern waren ein beliebtes Instrument der staatlichen Wirtschaftsförderung[224] (zum Teil ersetzten sie die steuerlichen Begünstigungen in Form vorzeitiger Abschreibungen). Die Aufsichtsbehörden fanden es zunehmend schwierig, Anträge auf Gründung neuerer Filialen zurückzuweisen. Die Bankstellendichte nahm zu.

Erst 1979 trat ein neues Kreditwesengesetz gemeinsam mit dem Wertpapieremissionsgesetz[225] in Kraft. Das KWG 1979 folgte dem Trend zur Universalbank und verstärkte ihn. Es förderte den Wettbewerb, indem es die Bewilligungspflicht für Filialgründungen aufhob und eine weitgehend freie Zinsbildung zuließ. Alle Kreditunternehmungen durften sich nunmehr Banken nennen und die »üblichen« Bankgeschäfte betreiben. Der größte Teil der Kreditwirtschaft bestand nun aus Universalbanken. Daneben gab es einige Spezialbanken wie die Kontrollbank, die Investkreditbank und die Bausparkassen.

Weitere legistische Maßnahmen ergänzten die durch das KWG 1979 geschaffene Wettbewerbsordnung. Die gemeinnützigen Sektoren verloren ihre steuerlichen Begünstigungen. Das Sparkassenregulativ und die Satzungen der Kreditgenossenschaften wurden den neuen Verhältnissen angepasst.

Die Kreditunternehmungen nutzten die Aufhebung der Mengen- und Preisregulierung: Im Zeitraum 1977/1982 nahm die Zahl der Zweigstellen um 319 pro Jahr zu, 2,2-mal so stark wie 1970/1977. Die großen Wiener Banken bauten ein flächende-

223 Nach einer Sondererhebung der OeNB (Mitteilungen 1979, S. 427–432) machten die subventionierten Kredite 1977 etwa 40 % der Fremdmittelversorgung aus, ebenso viel wie 1965.

224 Die Bundesländer und die Fachministerien errichteten eigene Förderungstöpfe. Die Banken halfen ihren Kunden sich in der Förderungslandschaft zurecht zu finden.

225 Wertpapieremissionsgesetz vom 24. 1. 1979, BGBl. No. 65.

ckendes Filialnetz auf[226]. Da kein neues Habenzinsabkommen zustande kam, begann der (legale) Preiswettbewerb[227], hauptsächlich in Form von bilateralen Vereinbarungen. Die Sparer begannen um möglichst günstige Konditionen zu feilschen. Kritiker (Diwok, 1982) schrieben den aggressiven Wettbewerb dem Umstand zu, dass die Zinssätze und die Filialgründungen gleichzeitig freigegeben wurden. Besser wäre es gewesen, zuerst den Zinswettbewerb und erst später Filialgründungen zuzulassen. Dem lag die nicht unplausible Annahme zugrunde, die Kreditunternehmungen hätten neue Zweigstellen vor allem deshalb errichtet, weil die eingefrorenen Zinssätze Preiskonkurrenz nicht zuließen[228]. Tatsächlich blieb eine hohe Bankstellendichte auf lange Sicht trotz zunehmender Flexibilität der Zinssätze ein wichtiges Merkmal der heimischen Kreditwirtschaft.

Abbildung 30: Jährliche Zunahme der Zahl der Zweigstellen

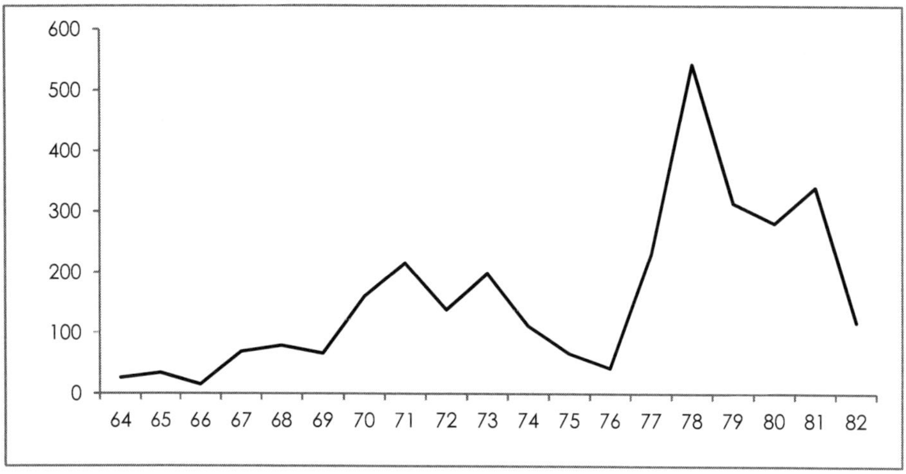

Quelle: WIFO-Datenbank

226 Die Zahl der Bankstellen von fünf Wiener Großbanken stieg von 61 im Jahre 1970 auf 234 (1980) (Handler/Mooslechner, 1986, S. 771).

227 Der Anteil der flexiblen und damit markträumenden Zinssätze nahm auch in der internationalen Finanzwirtschaft zu (Tobin, 1981, S. 36).

228 Das Angebot war »rationiert«. Die Banken wären bereit gewesen, zu den geltenden Zinssätzen mehr Einlagen entgegenzunehmen.

6.2.3 Das Kerngeschäft der Banken

Das Kerngeschäft der Banken[229] bilden Einlagen und Buchkredite. Das legt nahe, diese beiden Bilanzposten näher zu betrachten. Dabei werden Kreditausweitung und Einlagenzuwachs als ein sich wechselseitig aufschaukelnder Prozess verstanden, dessen Stärke von der Investitionsneigung der Unternehmungen und vom Anlageverhalten des Publikums bestimmt wurde[230].

6.2.4 Das Einlagenwachstum

Die Spareinlagen und die Einlagen insgesamt wuchsen in der Kernperiode 1970/1983 stärker als das BIP. Ihr Anteil an der Bilanzsumme sank dennoch. Die Kreditunternehmungen begnügten sich nicht mit dem Einlagenwachstum, sondern zogen andere Finanzierungsquellen stärker heran. Das Kerngeschäft verlor schon in dieser Phase an Bedeutung. Höhe und Wachstum der Spareinlagen lassen sich durch verschiedene Vergleiche verdeutlichen.

Abbildung 31: Entwicklung der Spareinlagen

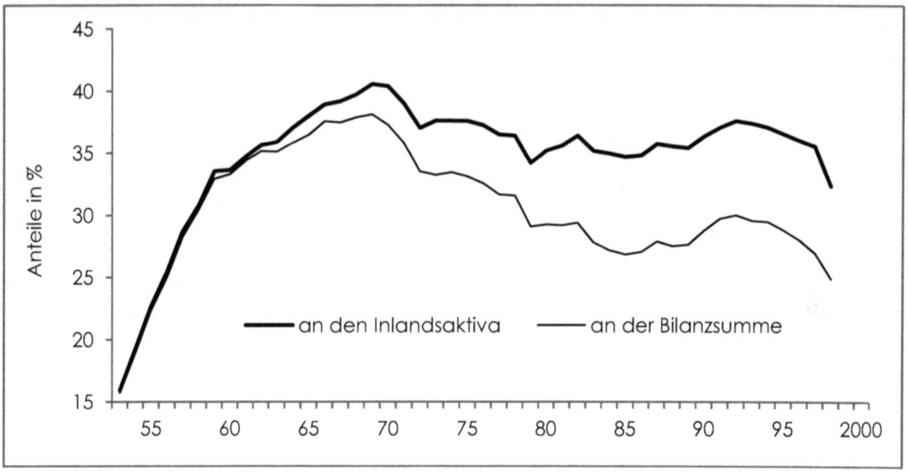

Quelle: WIFO-Datenbank

229 Ab diesem Kapitel werden entsprechend dem KWG 1979 die Begriffe Kreditunternehmungen und Banken alternativ verwendet.

230 Die Beziehung zwischen Kreditausweitung und Einlagenzuwachs wurde in den älteren Lehrbüchern unter den Begriffen »Topftheorie« versus »Kreditschöpfungstheorie« behandelt. Statt einseitiger Kausalität kann man eine wechselseitige Abhängigkeit unterstellen. Tobin (1981) z.B. modellierte in seiner Vorlesung anlässlich der Verleihung des Nobel-Preises das Angebot an und die Nachfrage nach Finanzierungstiteln (Geldvermögensarten) unter Gleichgewichtsbedingungen.

Zunächst eine Parallele zu Deutschland. Nach Ehrlicher (1985, S. 124) legten dort die privaten Haushalte nach dem Zweiten Weltkrieg ihre Ersparnisse zu zwei Dritteln auf Konten der Kreditunternehmungen ein und erwarben nur für ein Drittel Rentenwerte. Vor dem Ersten Weltkrieg hingegen war das Verhältnis umgekehrt. Ähnliches mag auch für Österreich gelten (Vergleichsdaten fehlen). Die Erklärung aus den Anlagepräferenzen der Sparer (bei gegebenem Geldvermögen) greift jedoch zu kurz. Schon im Laufe der 1970er-Jahre stieg sowohl das in Spareinlagen als auch das in anderen Formen angelegte relative Geldvermögen über die Vorkriegswerte.

Übersicht 31: Entwicklung der Einlagen bei den Banken

	Einlagen[1]				BIP
	Insgesamt	Spareinlagen	Sichteinlagen	Termineinlagen	nominell
	Wachstum pro Jahr in %				
1958/1969	12,5	14,9	8,2	8,8	8,1
1969/1983	13,4	14,2	8,7	14,2	9,2
1983/1998	5,6	5,5	8,5	2,0	4,9

Quelle: WIFO-Datenbank
1 Jahresendstände

Dass die Spareinlagen stärker zunahmen als das BIP, war umso bemerkenswerter, als die Wirtschaft kräftig wuchs. Für alle Formen des Geldvermögens und damit auch für die Spareinlagen gilt: Der mit dem BIP normierte Bestand steigt, wenn aus gegebenem Einkommen gespart wird (positive Sparquote). Und er sinkt, wenn die Wirtschaft bei gegebenem Geldvermögen wächst. Gleichgewicht besteht, wenn die Spareinlagen und das BIP gleich stark zunehmen[231].

231 Die Zunahme des Bestands *(GV)* entspricht dem Sparen *(Sp)*.

$$GV_t - GV_{t-1} = Sp_t$$

Division durch (BIP) ergibt

$$\frac{GV_t}{Y_t} - \frac{GV_{t-1}}{Y_{t-1}} = \frac{Sp_t}{Y_t}$$

wobei Ø gleich $1+w_y$ (Wachstumsrate von Y_{t-1}) ist. Bezeichnet man die mit Y normierten Koeffizienten mit Kleinbuchstaben, so erhält man

$$gv_t - gv_{t-1} = \frac{gv_{t-1}}{Ø} - gv_{t-1} + sp_t$$

und schließlich

Zerlegt man die Spareinlagen in diese beiden Komponenten[232], so erhält man: Die Sparquote stieg von etwas über 2 % des BIP Mitte der 1950er-Jahre auf fast 7 % Anfang der 1980er-Jahre[233]. Dadurch konnte die Schmälerung der Bestandsquote infolge des kräftigen Wirtschaftswachstums (und der Inflation) mehr als wettgemacht werden. Danach gingen sowohl das Wirtschaftswachstum als auch die Quote des Geldsparens zurück (zwischen beiden Größen mag ein kausaler Zusammenhang bestehen[234]). Beide Komponenten hielten sich dann die Waage.

Einen weiteren Vergleich legt eine populäre Interpretation nahe: Die Notenbank und nicht nur sie identifizierten in ihren Kommentaren den Zuwachs auf Sparkonten mit dem Sparen der privaten Haushalte[235]. Das traf kurzfristig nur beschränkt zu. Die Sparquote aus verfügbaren persönlichen Einkommen laut VGR[236] entsprach in der Kernperiode annähernd der entsprechenden Quote der Sparkonten (bei starken und teilweise gegenläufigen jährlichen Schwankungen). Vorher und nachher war die private Sparquote höher, wenngleich vermutlich aus verschiedenen Gründen. Im »Golden Age« waren die aus eigenen Erträgen finanzierten Realinvestitionen der Einzelfirmen sehr hoch[237], ab Mitte der 1980er-Jahre verlagerte sich das Geldsparen zu höherwertigen Sparformen.

Schließlich: Das Sparen der privaten Haushalte wurde seit Mitte der 1970er-Jahre zur wichtigsten externen Finanzierungsquelle der Investitionen. Die lange Zeit dominante Sparquote der öffentlichen Haushalte (der Überschuss der laufenden Einnahmen über die laufenden Ausgaben) erreichte 1972 ihren Höhepunkt. Seither ging sie stark zurück und wurde Mitte der 1990er-Jahre sogar negativ. (Parallel mit der Sparquote sank die Investitionsquote der öffentlichen Haushalte, hauptsächlich weil Infrastrukturinvestitionen in Körperschaften ausgelagert[238] wurden, die zum Unternehmenssektor zählten.)

$$gv_t - gv_{t-1} = \frac{w_y}{1+w_y} \times gv_{t-1} + sp_t$$

232 Die hier geschilderte Beziehung zwischen Beständen und Strömen gilt für alle Bestandsgrößen. Ein prominentes Beispiel bietet die »Staatsschuldenarithmetik«.

233 Den Spareinlagen wurden jährlich Zinsen zugeschlagen. Der Zinssatz lag jedoch durchwegs unter der Wachstumsrate des BIP.

234 Ähnliches gilt für den Rückgang der Sparquote in jüngster Zeit (2012). Modigliani (1985) erklärte den positiven Zusammenhang zwischen Sparquote und Wirtschaftswachstum aus der Lebenszyklus-Hypothese.

235 Das galt unter anderem für die Interpretation der »Geldkapitallücke« Ende der 1970er-Jahre.

236 Gemäß SNA, dem alten System der Volkswirtschaftlichen Gesamtrechnung (VGR).

237 Zu den persönlichen Einkommen zählen auch die Gewinne aus selbstständiger Erwerbstätigkeit.

238 Mit der Auslagerung entstanden Anteilsrechte des Staates an Kapitalgesellschaften und damit zusätzliches Geldvermögen.

6.2.5 Anhaltend hohe Kreditausweitung

Die Expansion der inländischen Aktiva wie Passiva lässt sich aus dem Zusammenwirken einer hohen Geldkapitalbildung mit einer lebhaften Kreditnachfrage der rasch wachsenden Wirtschaft interpretieren. Dabei werden Kreditausweitung und Einlagenzuwachs in erster Annäherung als ein sich wechselseitig aufschaukelnder Prozess verstanden. Auf die kausalen Beziehungen zwischen ihnen sowie zwischen Finanzierungen und Güterströmen wird in Abschnitt 5.2.10 eingegangen[239].

Nachdem die Inflationserwartungen gebrochen waren, begannen die Haushalte, wie erwähnt, wieder Geldvermögen zu bilden. Die Zuwächse an Spareinlagen waren extrem hoch, wenn man sie am niedrigen Bestand misst. Das einzelne Kreditinstitut vermochte seinen Einlagenzuwachs zwar nur in Grenzen zu steuern. Es vertraute jedoch darauf, dass der Kuchen der Einlagen insgesamt größer würde und andere Finanzierungsquellen verfügbar wären[240]. Dieses Vertrauen stützte sich auf die Erfahrungen seit Beendigung der Nachkriegsinflation 1952[241]. Unter diesen Bedingungen floss die durch zusätzliche Kredite geschaffene Kaufkraft zu einem Großteil wieder in die Kreditwirtschaft zurück. In den herkömmlichen Geldmengenbegriffen (Handler, 1977) ausgedrückt: M3 stieg in der Kernperiode (ebenso wie im »Golden Age«) stärker als M2 und diese stärker als der Bargeldbedarf des Publikums[242].

Übersicht 32: Entwicklung der monetären Aggregate

	1955/1969	1969/1983	1983/1998
		Wachstum pro Jahr in %	
Bargeld	7,3	7,7	3,6
Kreditvolumen	14,3	13,5	6,8
Geldmenge M1	7,1	7,4	6,7
Geldmenge M2	7,6	9,1	5,3
Geldmenge M3	11,3	11,5	5,4

Quelle: WIFO-Datenbank

239 Einfache Tests lassen einen Vorlauf der Kreditausweitung erkennen, doch hängen die Ergebnisse von der konkreten Spezifikation ab.

240 Institute mit einem hohen Marktanteil konnten erwarten, dass sich ihre Kreditgewährung auch in ihren Einlagen niederschlägt.

241 Seine Bedingungen wurden jedoch nicht hinterfragt. Die meisten Haushalte hatten nur geringe Ersparnisse oder benötigten sie kurzfristig für Anschaffungen, sodass sich eine Strukturierung des Portefeuilles nicht lohnte. Auch waren viele an das Sparbuch gewöhnt (die Anonymität machte es zusätzlich attraktiv) und misstrauten anderen Anlageformen.

242 Zur Begriffsdefinition siehe Fußnote 131.

Abbildung 32: Bargeldanteil am BIP

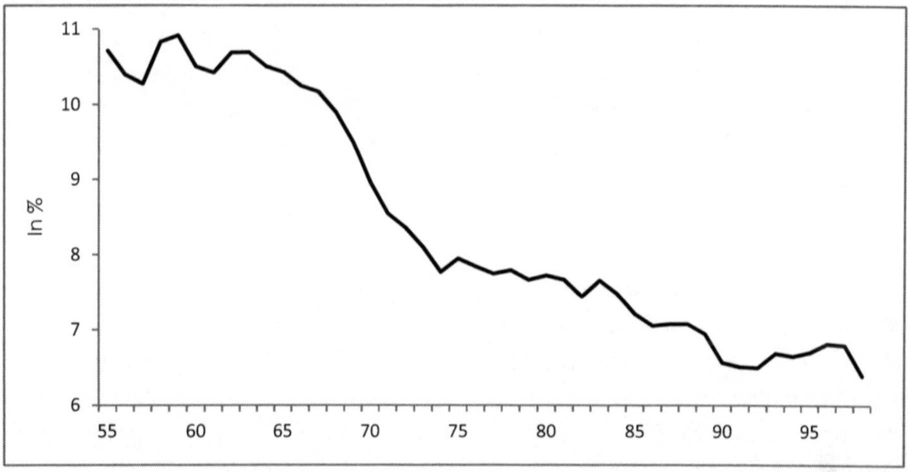

Quelle: Berechnungen des Autors

Abbildung 33: Wachstum von Buchkrediten und BIP

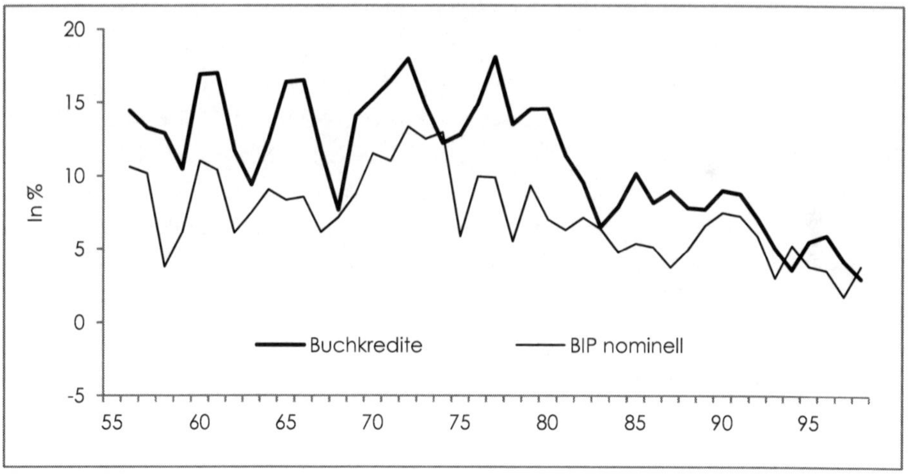

Quelle: WIFO-Datenbank

Dazu kam: Die Wirtschaftssubjekte brauchten infolge der Verbreitung des bargeldlosen Zahlungsverkehrs weniger Bargeld. Gegen Ende der 1960er-Jahre wurden Gehaltskonten eingeführt. Bis dahin zahlten die Arbeitgeber Löhne und Gehälter in Bargeld aus. Der Anteil des Bargelds am BIP lag bis 1967 zwischen 10 % und 11 % und danach zwischen 6 % und 7 %, wogegen der Anteil der Sichteinlagen annähernd konstant blieb (von kurzfristigen Verschiebungen von und zu Termineinlagen abgesehen). Das Verhältnis von Bargeld zu Buchgeld wird häufig als Indiz für die Ausbreitung der Schattenwirtschaft verwendet. Im hier betrachteten Zeitraum dominierte hingegen die Änderung der Zahlungsgewohnheiten für legale Transaktionen.

Unter diesen Bedingungen übertraf die Ausweitung der Buchkredite fast ständig das Wirtschaftswachstum: In der Kernperiode ebenso wie im »Golden Age« um durchschnittlich 5 Prozentpunkte. Erst danach wurde die relative Kreditausweitung schwächer.

Die Kreditausweitung hatte sich im »Golden Age« noch im Rahmen des Einlagenzuwachses gehalten. Die meisten Spitzenmanager, die Mitte der 1950er-Jahre den Banken vorstanden, waren in der Depression der 1930er-Jahre aktiv gewesen und disponierten demgemäß vorsichtig. Die geringen Kreditausfälle im »Golden Age« und der Generationswechsel im Management förderten eine freizügigere Kreditvergabe. Seit dem Wachstumsknick Mitte der 1970er-Jahre übertraf die Kreditausweitung das ohnehin noch kräftige Einlagenwachstum. In der ökonomischen Literatur[243] wird häufig eine Kreditausweitung dann als überzogen betrachtet, wenn sie das Geldmengenwachstum übersteigt (und aus anderen Quellen als Einlagen finanziert werden muss). Die österreichische Problematik war etwas komplexer. Bis in die 1980er-Jahre war ein namhafter Teil der Großindustrie direkt oder indirekt (über Beteiligungen verstaatlichter Banken) verstaatlicht[244]. Diese Unternehmungen passten sich nur zögernd dem weltweiten Strukturwandel an und beanspruchten hohe Kredite[245]. Auch finanzierten die Kreditunternehmungen Projekte, ohne die Bonität sorgfältig zu prüfen. Die Länderbank wurde 1982 zahlungsunfähig und musste vom Bund saniert werden[246]. Die Erträge aller Banken wurden durch hohe Abschreibungen belastet. Die Verstaatlichte Industrie und die Creditanstalt erhielten in der ersten Hälfte der 1980er-Jahre staatliche Hilfen (in der EU hätte das gegen die Wettbewerbsregeln verstoßen). Dadurch wurde Zeit für eine dauerhafte Sanierung gewonnen. Finanzminister Lacina begann mit der Sanierung und Privatisierung der Verstaatlichten Industrie. Eine umfassende

243 Z. B. von Hahm et al. (2012).

244 Bundeskanzler Kreisky pflegte deshalb Anfang der 1980er-Jahre ausländischen Gästen zu erklären, in Österreich gäbe es keine großen Kapitalisten, sondern nur kleine, und damit könne man leben.

245 Anfang der 1980er-Jahre sagte der Finanzminister zu, für Kredite an die Verstaatlichte Industrie gerade zu stehen.

246 Nach den damaligen Bewertungsregeln mussten Forderungen erst abgeschrieben werden, wenn sie nicht mehr einzubringen waren. Die Bilanzlücke der Länderbank wurde zunächst dadurch geschlossen, dass ihr der Bund eine unverzinste Forderung zur Verfügung stellte. In ähnlicher Weise behielt die Kontrollbank Forderungen an Länder, die ihren Zahlungsverpflichtungen nicht nachkommen konnten, zum Nennwert in den Büchern mit dem Argument, dass Staatsbankrotte selten wären.

Finanzkrise konnte im Gegensatz zu den nordischen Staaten vermieden werden. Braumann (2002) betitelte deshalb seine Darstellung »Die Liberalisierung des österreichischen Finanzsektors – eine Analyse des Erfolgs«.

Mit der Ausweitung der Buchkredite wuchs die Bereitschaft der Banken zur Fristentransformation. Gegen Ende der 1950er-Jahre war etwa die Hälfte der Buchkredite kurzfristig (Laufzeit bis 3 Monate) und nur 30 % langfristig (Laufzeit über 5 Jahre). Schon in den 1960er-Jahren kehrten sich die Verhältnisse um. Anfang der 1980er-Jahre war bereits mehr als die Hälfte langfristig. Gleichzeitig mit der Fristigkeit der Aktiva nahm jene der Passiva zu. Der Anteil der Spareinlagen und damit der »Bodensatz« an Einlagen stiegen. Und die Netto-Beanspruchung des Rentenmarktes sicherte den Kreditunternehmungen auch formell längerfristige Fremdmittel, wenngleich in bescheidenem Umfang. Insgesamt war jedoch die Fristentransformation beachtlich, wenn man sie an den formellen Laufzeiten misst.

Dennoch wurde sie mit mehr Augenmaß betrieben als im Höhepunkt des Finanzkapitalismus an der Jahrtausendwende und war daher weniger der Kritik ausgesetzt. Die Investitionskredit AG z.B. finanzierte ihre langfristigen Kredite an die Wirtschaft hauptsächlich mit langfristigen Finanzierungsinstrumenten (diese waren freilich auf dem Markt schwer unterzubringen und wurden daher teilweise von der Notenbank übernommen). Kurzfristig finanziert wurden hingegen zeitweilig langfristige Auslandsforderungen (siehe Abschnitt 5.1.5).

Abbildung 34: Buchkredite nach unterschiedlicher Fristigkeit

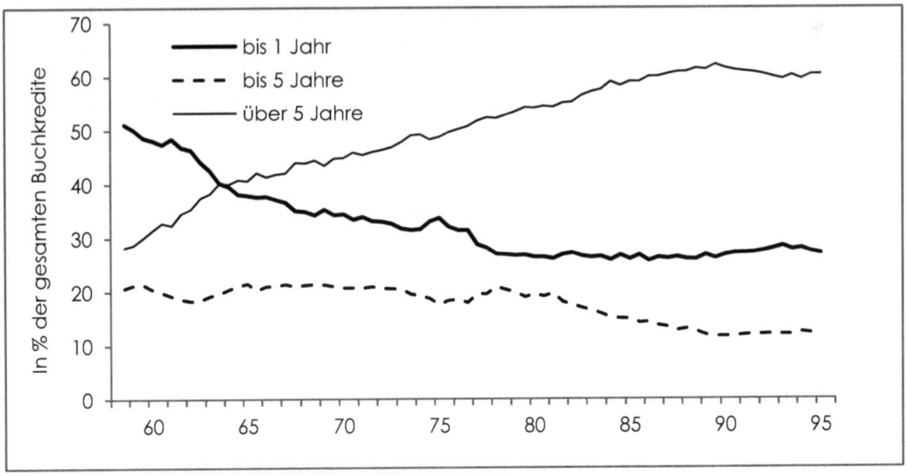

Quelle: WIFO-Datenbank

6.2.6 Liquiditäts- und Solvenzrisken

Mit der stürmischen Ausweitung der Bankbilanzen hielten weder die (von der Notenbank bereitgestellte) äußere Liquidität noch das Eigenkapital Schritt. Die Kassenliquidität der Banken (Guthaben bei der Notenbank und Bargeld in den Kassen) wies schon seit Mitte der 1960er-Jahre einen deutlich sinkenden Trend auf. Die knappen Zinsspannen legten den Banken nahe, die ertragslosen Guthaben bei der Notenbank möglichst knapp und nur soweit zu halten, als Mindestreserven vorgeschrieben wurden. Die Währungsbehörden nahmen auf die Ertragslage der Banken Rücksicht, indem sie in bestimmten Grenzen Bundesschatzscheine als Mindestreserven akzeptierten. Bei Bedarf beschafften sich die Banken liquide Mittel auf den nationalen und internationalen Geldmärkten. Dass diese Finanzierungsquellen austrocknen könnten, wurde nicht erwogen.

Abbildung 35: Kassenliquidität der Banken[1]

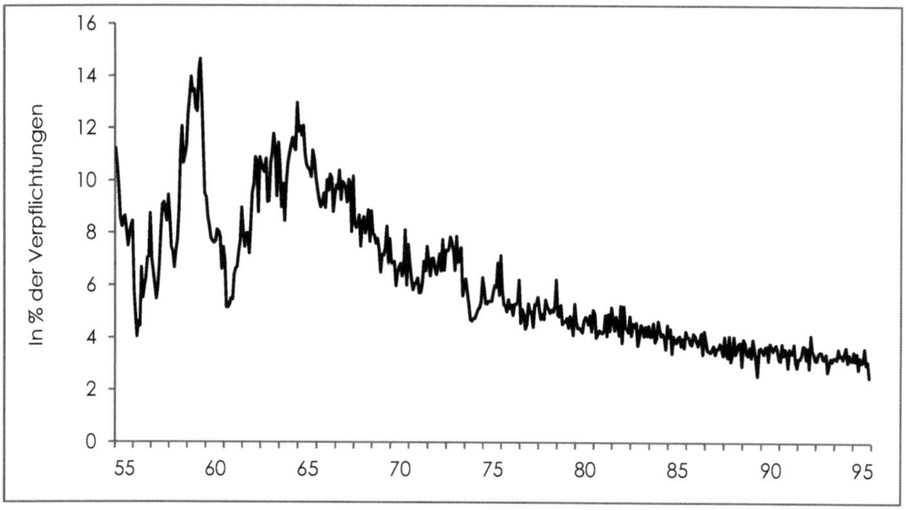

Quelle: WIFO-Datenbank
1 1955/1965 zurückverkettet.

Hohe Eigenkapitalpolster erschienen bis in die 1970er-Jahre infolge der geringen Insolvenzen, der Trägheit der Spareinlagen sowie der Fortschritte im Risikomanagement (z.B. durch Diversifizierung) entbehrlich. Mitte der 1950er-Jahre waren die Kreditunternehmungen relativ gut mit Eigenkapital ausgestattet. Die Bankenrekonstruktion 1954 hatte ihre Bilanzen endgültig von den »bad debts« aus dem Zweiten Weltkrieg entlastet[247]. Das gegen Ende der 1950er-Jahre in den Monatsmeldungen der Banken ausgewiesene Eigenkapital betrug 7,0 % der Bilanzsumme. Dem entsprach ein Hebel (Leverage) von 14,2. Mit der starken Ausweitung der Bilanzen danach hielt die Eigenkapitalausstattung nicht Schritt. Im Zeitraum 1969/1983 nahm das Eigenkapital um durchschnittlich 10,4 % pro Jahr zu, die Bilanzsumme aber um 15,5 %. Die Eigenkapitalquote erreichte 1982/1985 mit 2,5 % einen Tiefstand. Erst die Kreditwesengesetz-Novelle 1986 verpflichtete die Banken, mehr Eigenkapital zu halten.

Abbildung 36: Eigenkapital der Kreditunternehmungen

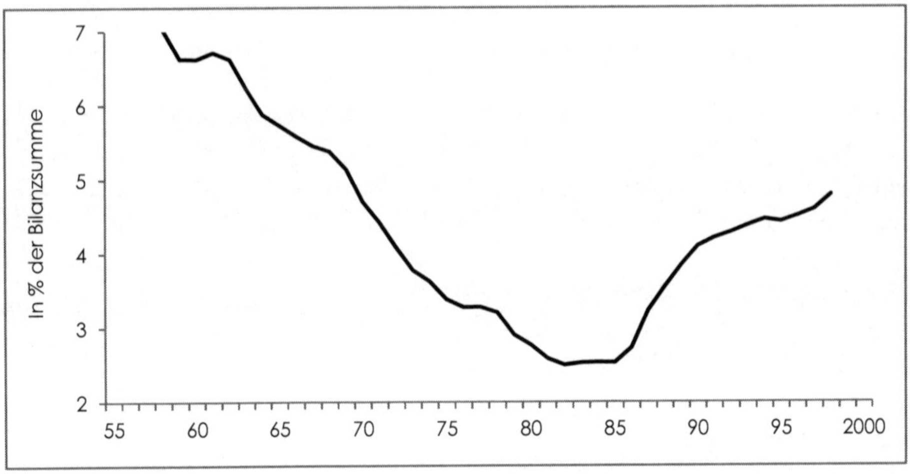

Quelle: WIFO-Datenbank

Eigenkapital wurde zunächst fast ausschließlich aus unverteilten Gewinnen gebildet (in den gemeinwirtschaftlichen Sektoren in Form von Reserven). Die Gewinnausschüttungen waren nur gering, und auf dem Markt wurde Haftungskapital erst in den 1980er-Jahren aufgenommen. Die Wachstumsrate des Eigenkapitals entsprach daher annähernd der Nettorendite (nach Abzug der Steuern). Die so ermittelte Eigenkapitalrendite schwankte um 10 %. Das war ein »branchenüblicher« Satz. Er wurde jedoch nur infolge der rückläufigen Eigenkapitalquote erreicht. Die Rendite des Gesamtkapitals hatte deutlich sinkende Tendenz. Nur zu Beginn des »Golden Age« erreichte sie ähnliche Werte wie die vom Beirat für Wirtschafts- und Sozialfragen (2009, S. 69) ausgewiesene »return on assets« vor der Finanzkrise. (Der starke Einbruch Anfang der 1980er-Jahre wurde durch Wertberichtigungen fauler Kredite verursacht.)

247 Siehe Seidel (2005, S. 547ff).

Die ungezügelte Ausweitung der Bilanzsummen wurde dadurch erleichtert, dass die aufsichtsrechtlichen Beschränkungen (wohl um die Zustimmung zum Gesetz zu erhalten) im KWG 1979 großzügig gefasst wurden. § 11 des Gesetzes setzte die erforderliche Eigenkapitalquote von den damals aktuellen 2 % auf 4 % hinauf, musste sie aber mit vielen Einschränkungen versehen (unter anderem brauchten die Auslandsaktiva nicht mit Eigenkapital unterlegt zu werden, wenn ihnen entsprechende Passiva gegenüberstanden). Großkredite konnten in der Größenordnung von bis zu 7 % der Verpflichtungen gewährt werden. Als sich die Schwächen des KWG 1979 herausstellten, wurde das Kreditwesengesetz 1986 novelliert (siehe Abschnitt 6.3.1).

6.2.7 Zunahme der Auslandsverflechtung

Die Auslandsverflechtung der Banken nahm in der Kernperiode sprunghaft zu. 1969 entfielen erst 6 % der Bilanzsumme auf Auslandsaktiva, 1983 bereits 21 %; ihr Anteil am BIP stieg von 5 % auf 42 %. Über Auslandsbeziehungen verfügten anfangs fast ausschließlich die Aktienbanken (sie besaßen 1955 92 % aller Auslandsaktiva). Erst später folgten auch die übrigen Sektoren. 1990 betrug der Anteil der Aktienbanken 58 %, jener der Sparkassen 27 %.

Übersicht 33: Auslandsaktiva nach Sektoren

	Insgesamt	Aktienbanken und Bankiers	Landes-Hypothekenbanken	Raiffeisensektor	Sparkassensektor	Volksbankensektor	Bausparkassen	Sonderbanken
	Anteil an der Bilanzsumme in %							
1955	1,4	3,0	0,2	0,3	0,2	0,3	–	–
1969	6,0	15,8	0,9	1,0	3,1	0,4	0,1	0,3
1983	21,0	34,8	0,5	6,9	21,1	6,3	0,7	14,6
1986	22,3	36,6	1,2	7,5	23,0	7,5	0,4	15,7
1990	20,9	33,7	3,7	5,9	22,9	6,6	0,2	19,6
1998	23,0	28,3	11,4	11,1	31,5	7,9	1,4	22,9

Quelle: Butschek (1999)

Die ausländischen Geldmärkte wurden nicht nur zwecks Refinanzierung von Exportkrediten beansprucht. Zwei andere Ursachen sind zu erwähnen: Zum einen wurden seit dem Ende des Bretton-Woods-Systems 1973 Kurssicherungsgeschäfte abgeschlossen.

(Um die Kurse von Exportforderungen zu sichern, wurden kurzfristige Auslandsschulden aufgenommen.) Zum anderen reagierten die Banken auf die Verknappung des Basisgeldes mit der Aufnahme ausländischer Gelder.

Übersicht 34: Auslandsposition der Gesamtwirtschaft 1975

	Aktiva	Passiva	Saldo
		In Mrd. S	
OeNB	121,0	2,0	119,0
Kreditunternehmungen	99,0	100,0	- 1,0
Öffentliche Stellen	3,0	27,0	- 24,0
Wirtschaftsunternehmungen und Private	60,0	127,0	- 67,0
Insgesamt	283,0	256,0	27,0
		In % des BIP	
OeNB	17,4	0,3	17,1
Kreditunternehmungen	14,2	14,4	- 0,1
Öffentliche Stellen	0,4	3,9	- 3,4
Wirtschaftsunternehmungen und Private	8,6	18,2	- 9,6
Insgesamt	40,7	36,8	3,9

Quelle: OeNB (1976, S. 403–405)

Auf die Kreditunternehmungen entfiel Mitte der 1970er-Jahre etwas mehr als ein Drittel der Auslandsaktiva der Gesamtwirtschaft (OeNB, 1976, S. 403–405). Die Auslandsposition der anderen Sektoren war einseitig. Die Notenbank hatte fast nur Aktiva, die öffentliche Hand fast nur Passiva. Im Sektor »Wirtschaftsunternehmungen und Private« waren die Passiva mehr als doppelt so hoch wie die Aktiva. Wie sich die Auslandsposition der heimischen Wirtschaft in den internationalen Rahmen einfügte, ist Übersicht 22 zu entnehmen.

6.2.8 Verzahnung von Banken und Kapitalmarkt

Der Rentenmarkt wuchs in der Kernperiode etwas rascher als das Volumen an Spareinlagen. In absoluten Größen ausgedrückt: Ende der 1960er-Jahre betrugen die Inlandsemissionen 58 Mrd. S, Ende 1983 bereits 497 Mrd. S. Die Wiederauffüllung der Bestände brauchte infolge des niedrigen Ausgangsniveaus Zeit. Der (relative) Vorkriegswert der Pfandbriefe und Kommunalobligationen wurde 1975 und der sämtlicher Rentenwerte vermutlich erst 1977 erreicht. Immerhin: Nach Handler (1980) war der heimische Rentenmarkt bereits Anfang der 1980er-Jahre etwa so entwickelt wie in vergleichbaren Industrieländern.

Übersicht 35: Entwicklung von Rentenbestand und Spareinlagen[1]

	Rentenbestand	Neuemissionen von Rentenwerten	Spareinlagen	BIP nominell
		Wachstum pro Jahr in %		
1955/1969	16,7	-	17,2	8,1
1960/1969	12,3	16,4	14,1	8,0
1969/1983	15,4	24,0	13,2	9,2
1983/1998	8,5	18,1	5,8	4,9

Quelle: Berechnungen des Autors
1 Jahresendstände

Das Angebot an Rentenwerten übertraf zumeist die Nachfrage. Der Bund und andere öffentliche Haushalte nahmen in den Rezessionsjahren höhere Budgetdefizite in Kauf, die größtenteils durch Wertpapieremissionen gedeckt wurden. Um den heimischen Rentenmarkt nicht zu überfordern, wurden Auslandsschulden aufgenommen. Dass langfristiges Kapital dennoch knapp war, spiegelte sich in einer relativ großen Zinsspanne zwischen kurz- und langfristigen Anlagen[248]. Diese Zinsspanne war, zumindest gemessen an den ex-post-Werten, sehr groß. Der über die letzten 60 Monate gebildete Durchschnitt[249] der kurzfristigen Zinssätze lag um 249 Basispunkte unter der Sekundärmarktrendite. Das große Zinsgefälle deutet auf eine hohe Risikoprämie hin, nicht etwa weil die Bonität der Gläubiger bezweifelt wurde, sondern weil Rentenwerte illiquid waren und dafür ein hoher Preis bezahlt werden musste. Erst in den 1980er-Jahren wurde die Spanne zwischen den kurzfristigen und langfristigen Ertragsraten geringer, wozu die Nettokäufe des Auslands beitrugen.

248 Das Zeitprofil der Zinssätze (yield curve) wird in der Literatur häufig (z.B. von Gürkaynak/Wright, 2012) aus den Erwartungen der kurzfristigen Zinssätze über die Laufzeit der Rentenwerte und einer Risikoprämie erklärt.

249 Kurzfristig schwankte die Relation, weil die Geldpolitik die von ihr bestimmten Zinssätze konjunkturpolitisch variierte (in den 1970er-Jahren kam es zweimal zu einer Inversion des Zinsprofils). Die Länge von 60 Monaten wurde gewählt, weil Anleihen meist nach 5 Jahren gekündigt werden konnten.

Abbildung 37: Sekundärmarktrendite und durchschnittlicher Taggeldsatz[1]

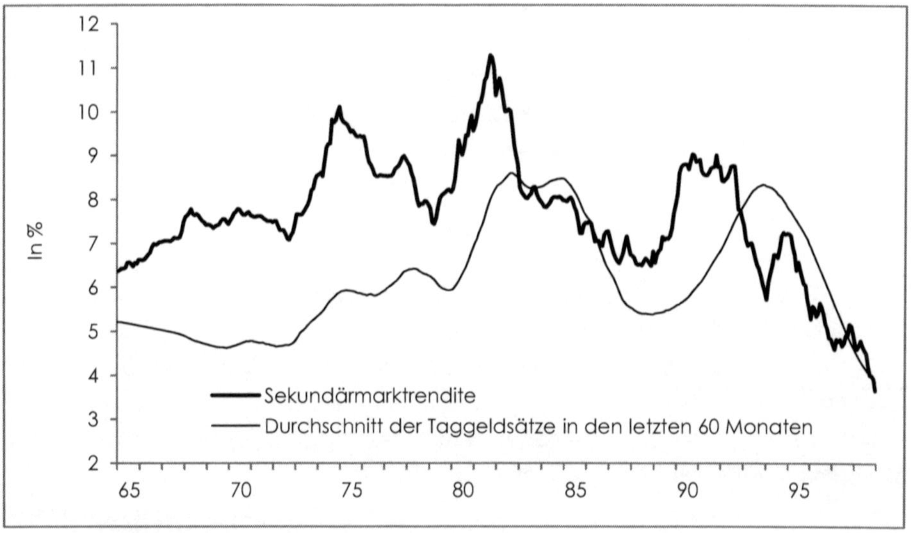

Quelle: WIFO-Datenbank

1 Unter der Annahme einer Kündigungsmöglichkeit der Anleihe nach 5 Jahren. Durchschnitt der letzten 60 Monate. 1955/1969 zurückverkettet mit Diskontrate.

Aus dieser Konstellation ist das Wertpapieremissionsgesetz 1979 zu verstehen. Laut diesem mussten Neuemissionen vom Bundesminister für Finanzen nach Anhörung des Kapitalmarktausschusses genehmigt werden. Der Ausschuss schätzte die Aufnahmefähigkeit des Marktes zu den gegebenen Renditen. Danach setzte der Finanzminister Prioritäten. Die Anleiheemissionen des Bundes wurden zu den vereinbarten Konditionen zu festen Quoten von einem Garantiesyndikat heimischer Banken übernommen. Wenn das geplante Angebot nur schwer unterzubringen war, wurde in erster Linie das Volumen der Neuemissionen gekürzt. Dann behalf man sich mit einem Emissionskurs unter pari. Und erst bei längeren und stärkeren Ungleichgewichten wurde der Nominalzinssatz angepasst. Vranitzky (1983, S. 228) sprach von einer Hierarchie der Strategien.

Die Beziehungen zwischen dem Rentenmarkt und den Banken änderte sich im Zeitablauf. Am Beginn des »Golden Age« hatten die Banken den schwächelnden Wertpapiermarkt gestützt. In dem Maße, wie dieser ergiebiger wurde, konnten sie ihre Vorleistungen abbauen. Der Anteil der festverzinslichen Wertpapiere an den Aktiva der Banken sank bis Ende 1969 auf 7,3 %. Danach pendelte er sich auf diesen Wert ein. Gleichzeitig beschafften sich die Banken bis Mitte der 1990er-Jahre zunehmend langfristige Mittel in Form von Bankobligationen. Dazu trug bei, dass die mehrstufigen

Sektoren 1970 das Emissionsrecht erhielten. Anfang der 1980er-Jahre entfiel mehr als die Hälfte des Rentenbestands auf Bankobligationen.

Der Wertpapiermarkt wurde intermediarisiert, nicht zuletzt, weil die Kreditwirtschaft ab Mitte der 1970er-Jahre stark vom Bund beansprucht wurde und sich durch Eigenemissionen fristenkonform refinanzierte. Das ist jedoch nur eine Teilerklärung. Die Kreditunternehmungen erwarben nicht nur Staatspapiere, sondern auch Bankobligationen. Der Wertpapiermarkt wurde damit ähnlich wie in der BRD (Ehrlicher, 1985, S. 126) zu einem Interbankmarkt. Laut Haschek (1983, S. 70) hielten die Banken 38 % der von anderen Banken emittierten Wertpapiere. Auf diese Weise entstand eine größere Vielfalt des Rentenmarktes. Die Emittenten konnten ihr Angebot den Bedürfnissen bestimmter Abnehmerkreise anpassen. (Bundesobligationen wurden nicht öffentlich zur Zeichnung aufgelegt, sondern direkt im Kreditapparat placiert.) Und die Wertpapierbesitzer konnten ihre Portefeuilles effizient strukturieren[250].

Der grenzüberschreitende Wertpapierhandel war bis gegen Ende der 1970er-Jahre gering, wenn man von Schüben in einigen Jahren absieht. Seither erfasste die Globalisierung auch den Wertpapiermarkt. Im Laufe der 1980er-Jahre kauften Ausländer stets mehr heimische Wertpapiere als Inländer ausländische.

6.3 Die Globalisierung der Finanzmärkte[251]

In der zweiten Hälfte der 1980er-Jahre kam das Bilanzsummenwachstum der Banken vorübergehend zum Stillstand. Das hat mehrere (einander nicht ausschließende) Gründe.

6.3.1 Höheres Eigenkapital

Die Kreditwesengesetz-Novelle 1986 schrieb ein höheres Eigenkapital vor. Das sogenannte Haftkapital wurde mit 4,5 % der Bilanzsumme (einschließlich der Auslandsaktiva) plus 2,25 % der Eventualverbindlichkeiten festgelegt (Handler/Mooslechner, 1986). Außerdem merzte die Novelle andere Schwächen des KWG 1979 aus. Die höheren Eigenkapitalerfordernisse wurden zum Teil durch

250 Der Wertpapiermarkt bestand nach seiner Wiederbelebung aus Anleihen i. e. S. (Einmalemissionen) sowie aus Pfandbriefen und Kommunalobligationen (Daueremissionen). Die einen beschränkten sich auf den Bund und die E-Wirtschaft, die anderen waren den Hypothekenanstalten (und der Creditanstalt) vorbehalten.

251 Diese Kurzdarstellung stützt sich hauptsächlich auf Glauninger et al. (2001), sowie auf Veröffentlichungen der OeNB (1999), OeNB (2004), Mooslechner et al. (2006).

Ausgabe von Partizipationsscheinen erfüllt. Gleichzeitig schränkten Banken ihre Ausleihungen ein[252].

Abbildung 38: Kreditentwicklung

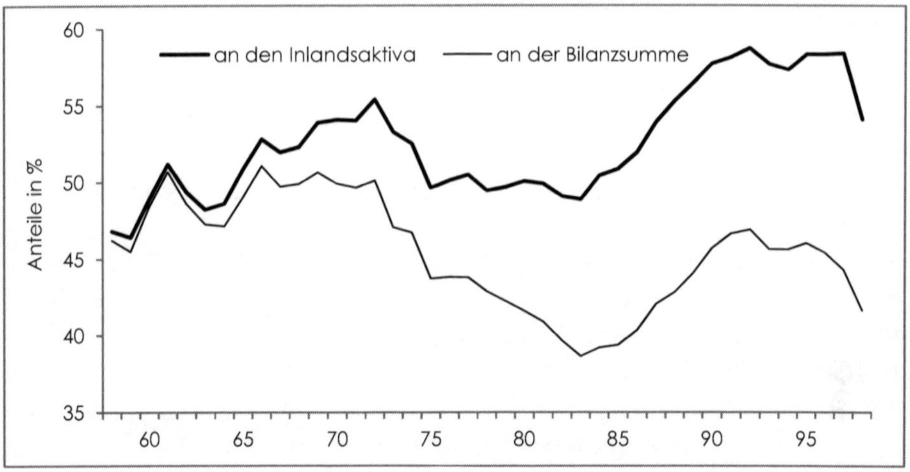

Quelle: WIFO-Datenbank

Das Wachstum der Bilanzsummen wurde hauptsächlich zu Lasten der Auslandsposition eingeschränkt. Schon vor der Kreditwesengesetz-Novelle 1986 war das Auslandsengagement der Banken an Grenzen gestoßen. Notenbankpräsident Koren schränkte 1982 die exzessive Exportförderung der Kontrollbank ein, rechtzeitig bevor die Kreditwürdigkeit Österreichs Schaden erlitt[253]. Die Krise 1983 in vielen Entwicklungsländern bewirkte, dass die syndizierten Kredite zeitweise immobilisiert waren[254]. Nicht zuletzt drängte die Notenbank die Banken, langfristige Exportkredite nicht kurzfristig zu refinanzieren.

252 Nach der »Ostöffnung« in den 1990er-Jahren weiteten die Banken ihre Bilanzsummen wieder stärker aus, doch wurde gleichzeitig die Eigenkapitalbasis verbreitert.

253 Die Großindustrie profitierte von der Exportförderung mehr als von Budgetdefiziten (diese kamen vor allem der Bauwirtschaft zugute).

254 Der Internationale Währungsfonds (IWF) setzte 1983 die Kreditunternehmungen der Industrieländer unter Druck. Wenn sie größere Verluste vermeiden wollten, müssten sie ihre Forderungen an krisengeschüttelte Entwicklungsländer prolongieren und frisches Geld bereit stellen. Österreichische Banken erhielten von internationalen Großbanken entsprechende Aufforderungen, denen sie nolens volens nachkamen.

Auch die Kreditausweitung ließ nach. 1982/83 dämpfte die Rezession die Kreditnachfrage. Zugleich wurde die Kreditpolitik angesichts der bereits erwähnten Strukturverwerfungen vorsichtiger.

6.3.2 Änderung der Sparformen

Die Spareinlagen verloren als Geldanlage zugunsten höherwertiger Sparformen an Bedeutung[255]. Das hatte zum Teil spezifisch österreichische Ursachen. Den Anstoß, die Struktur des Geldvermögens zu optimieren, mögen die hohen Zinssätze auf dem Rentenmarkt gegeben haben. Zugleich minderten die Einführung der KESt und später die Einschränkung der Anonymität die Attraktivität des Sparbuchs für Schwarzgeld[256]. Auch spricht manches dafür, dass sich die Konzentration der Geldvermögen verstärkt hat (siehe Mooslechner et al., 2006). Zum ersten Mal seit Generationen wurde Vermögen in größerem Umfang vererbt[257] (zumeist an Erben, die bereits relativ alt und wohlhabend waren). Unternehmer, die rasch erfolgreich waren, verkauften ihre Firmen und legten das so erworbene Geldvermögen Ertrag bringend an. (Nach dem Zweiten Weltkrieg entstanden viele Einzelunternehmungen aus bescheidenen Anfängen. Diese Firmen wurden zumeist an Nachfolger übergeben, auch wenn sie später als Kapitalgesellschaften organisiert wurden[258].)

Die Diversifizierung der Portefeuilles wurde durch die internationale Verbreitung des »asset management« gefördert[259]. Banken hatten schon bisher die Verwaltung großer Geldvermögen (etwa von Spitzensportlern nach Ende ihrer Karriere) übernommen. Nunmehr gewann die Verwaltung von Geldvermögen geringerer Höhe durch

---

255 Nach Mooslechner (1997, S. 160) entfielen 1990 noch 62,2 % des Geldvermögens der privaten Haushalte auf Einlagen (auf die Spareinlagen allein 57,8 %). Nach OeNB/GFR sank der Anteil bis 1998 auf 54,8 % und bis 2007 auf 42,6 % (31,1 %).

256 Anfang der 1980er-Jahre fanden die Finanzbehörden bei einer niederösterreichischen Bankstelle Sparbücher mit relativ großen Beträgen, die offenbar der Besteuerung entzogen waren. Die Kapitalertragsteuer als Endbesteuerung wurde 1993 eingeführt. Seit 1984 gab es verschiedene Formen einer Zinsertragsteuer.

257 Nach Modigliani (1985) entfiel in den USA und in Großbritannien etwa ein Viertel des Vermögens auf Erbschaften. Nach Mooslechner (1997, Schaubild S. 69) war das Geldvermögen von Haushalten mit Erbschaften um mehr als die Hälfte höher als jenes der übrigen Haushalte.

258 In Salzburg verwaltete zeitweilig die Interessenvertretung Firmen, bis der Erbberechtigte volljährig wurde.

259 Nach Greenwood/Scharfstein (2013) kennzeichneten die US-Finanzwirtschaft seit den 1980er-Jahren zwei Entwicklungen. Das »asset management« ermöglichte eine breitere Streuung von Finanzvermögen und förderte damit den Zugang privater Haushalte zum Wertpapiermarkt. Und die Ausweitung des Konsumkredits (und ihre Finanzierung über die Schattenbanken) erlaubte es, den Konsumpfad zu optimieren.

andere Finanzintermediäre wie Investment-Fonds, Pensionskassen und Lebensversicherungen an Bedeutung. Die Sparer überließen damit in weit gesteckten Grenzen die Disposition über ihre Ersparnisse professionellen Managern, die ihr Anlageportefeuille mit »best practice« Techniken zu optimieren suchten. Das angestrebte Ziel, besser als der Durchschnitt der Märkte abzuschneiden, wurde zwar verfehlt, doch ersparte sie den Sparern die Mühe, eigene Portefeuilles zu strukturieren.

Übersicht 36: Bilanzsummen der Finanzintermediäre

	1988	1998	1988	1998
	In % des BIP		Anteile in %	
Banken	231,0	252,3	91,3	81,6
Versicherungen	14,5	25,3	5,7	8,2
Investmentfonds	7,6	29,2	3,0	9,4
Pensionskassen	–	2,5	–	0,8
Summe	253,1	309,2	100,0	100,0

Quelle: OeNB (1999, Tabellenanhang)

6.3.3 Rückzug des Staates

Ein wichtiges Merkmal dieser Periode war der Rückzug des Staates aus der Kreditwirtschaft (und darüber hinaus aus der Wirtschaft insgesamt). Dieser Rückzug hatte verschiedene Dimensionen:

Zu Ende der Kernperiode war die Kreditwirtschaft (gemessen an der Bilanzsumme) zu 60 % in öffentlicher Hand. In den folgenden zwei Jahrzehnten wurde sie bis auf einige unbedeutende Spezialbanken privatisiert. Die neuen Eigentümer trachteten den »shareholder value« zu maximieren. Für Banken, die früher öffentlich-rechtlichen Körperschaften gehört hatten, hafteten die Eigentümer für deren Verbindlichkeiten. Diese Haftungen wurden für das Neugeschäft aufgehoben (die EU betrachtete sie als Wettbewerbsverzerrungen). Die Privatisierung begleitete eine Änderung der Rechtsform. Die Postsparkasse, die Sparkassen und die Landes-Hypothekenanstalten wurden Aktiengesellschaften.

Der Wertpapiermarkt war lange Zeit behördlich gesteuert. Nach dem Wertpapier-Emissionsgesetz 1979 musste der Bund die Auflegung von Anleihen genehmigen. (Für Daueremissionen legte er den Rahmen fest.) Das Kapitalmarktgesetz 1989 hob diese Steuerungsmöglichkeit auf. Für Bundesanleihen wurde ein Auktionssystem mit einem

»underwriting«-Anteil unter Einbeziehung ausländischer Banken in das Bietverfahren eingeführt (OeNB, 2004, S. 92/93).

Die Zinsspanne im Inlandsgeschäft blieb nach wie vor unbefriedigend. Österreich hatte eine der höchsten Bankstellendichten in Europa (OeNB, 1999, S. 88/89). Erst ab Mitte der 1990er-Jahre wurden per Saldo Bankstellen geschlossen (OeNB, 2004, S. 56). Radikalkuren wie in einigen skandinavischen Ländern, wo die Zahl der Bankstellen dramatisch eingeschränkt wurde, hätten der gewachsenen Struktur der heimischen Kreditwirtschaft widersprochen und wurden nicht erwogen.

Die Firmenstruktur der Kreditwirtschaft blieb bis Ende der 1980er-Jahre unverändert. Schon zu Anfang dieses Jahrzehnts fanden Bankkreise, dass Österreich zu viele Banken mittlerer Größe hätte. Um sich auf den internationalen Märkten behaupten zu können, wären Zusammenschlüsse zu Großbanken nötig[260]. 1990 begann (wenn auch überwiegend aus anderen Gründen) die Welle von Fusionen und Übernahmen mit der Verschmelzung von Länderbank und Zentralsparkasse der Gemeinde Wien. Die so geschaffene Bank Austria erwarb 1997 die Creditanstalt, die größte und traditionsreichste Aktienbank. Das war eine parteipolitisch brisante Aktion. Länderbank und Zentralsparkasse gehörten zur »roten«, die Creditanstalt zur »schwarzen« Reichshälfte. Als Gegengewicht kam es im gleichen Jahr zu einer Konzentration im verbleibenden Bereich der Sparkassen. Die Erste österreichische Spar-Casse übernahm die GiroCredit, die Nachfolgerin der Girozentrale der österreichischen Sparkassen AG.

Bankenfusionen 1990/2000

1990	Fusion Zentralsparkasse mit Länderbank	Bank Austria
1992	Fusion Girozentrale mit ÖCI	GiroCredit
1994	Bayrische Landesbank Beteiligung	BAWAG
1997	Übernahme Creditanstalt	Bank Austria
1997	Die Erste österreichische Spar-Casse - Bank AG Fusion mit GiroCredit Bank AG der Sparkassen	Erste Bank der oesterreichischen Sparkassen AG
1997	Umwandlung PSK in AG	PSK (AG)
2000	Übernahme durch HypoVereinsbank	Bank Austria

Quelle: Glauninger/Magerl/Mooslechner (2001, S. 63)

260 Dem Autor wurde vom Generaldirektor einer Großbank Anfang der 1980er-Jahre erläutert, welche Banken mittlerer Größe zusammengeführt werden sollten.

Bis zur Jahrtausendwende war der Anteil von ausländischen Eigentümern im Bankwesen gering. Die Übernahme der Bank Austria durch die bayrische HypoVereinsbank im Jahr 2000 leitete eine Internationalisierung ein. Nach der Jahrtausendwende kam es zur Fusion der BAWAG mit der PSK und der Übernahme dieser Bankengruppe durch einen internationalen Hedgefonds. 2007 übernahm die italienische Unicredit die Bank Austria. Die traditionsreiche Creditanstalt scheint nicht mehr im Firmennamen auf.

6.3.4 Ostengagement und EU-Beitritt

In den 1990er-Jahren prägten zwei äußere Ereignisse die österreichische Wirtschaft im Allgemeinen und die Finanzwirtschaft im Besonderen: Der Beitritt Österreichs zur EU (1995) und die Wende in den kommunistischen Ländern Ostmitteleuropas Ende der 1980er-Jahre. Der ins Auge gefasste Beitritt zur EU veranlasste die Wirtschaftspolitik schon frühzeitig, die Finanzwirtschaft den dort geltenden Regeln anzupassen.

Die Wende in Ostmitteleuropa (CEEC) Anfang der 1990er-Jahre beendete die Randlage Österreichs in der westlichen Welt. Österreichische nicht-finanzielle Unternehmungen weiteten die Exporte aus und verlagerten arbeitsintensive Produktionsteile in die CEEC (OeNB, 1999, S. 98). Die Banken nutzten ihre guten Marktkenntnisse und errichteten frühzeitig Niederlassungen. Der Internationale Währungsfonds (IWF) sah darin einen wichtigen Beitrag zur Verbesserung der Ertragslage der Banken. Die Risken eines hohen Engagements[261] in den osteuropäischen Staaten wurden unterschätzt[262]. »This time is different«[263]. Nach der Finanzkrise sprang die Wirtschaftspolitik helfend ein. Über Initiative der österreichischen Bundesregierung erhöhte die EU ihre Stützungen für Länder mit Zahlungsbilanzschwierigkeiten. Die G–20-Länder stockten ihre Mittel beim IWF auf, sodass dieser zusätzliche Kredite bereit stellen konnte. Das bewahrte die osteuropäischen Länder vor der drohenden Zahlungsunfähigkeit. In der Folge konzentrierten die heimischen Banken ihr Osteuropaengagement auf Länder mit hinreichender Bonität. Gegen einen völligen Rückzug sprach, dass dem CEEC-Raum ein großes Wachstumspotential zugeschrieben wurde.

Beide externen Ereignisse trugen dazu bei, dass die Bilanzsummen der Banken in den 1990er-Jahren wieder wuchsen. Die beschriebenen Änderungen in den Spargewohnheiten wurden durch andere Finanzierungsquellen wettgemacht. Die neuerliche Ausweitung der Bilanzsumme erschien umso unbedenklicher, als das Finanzsystem für

261 Gemessen an der Größe der Banken und des Landes.

262 In den 1930er-Jahren waren diese Risken tatsächlich schlagend geworden, in den 1980er-Jahren beinahe.

263 Titel eines Buches über die Geschichte internationaler Finanzkrisen von Reinhart/Rogoff (2009).

hinreichend stabil gehalten wurde. Der IWF stellte in einer Prüfung (2003/04) dem österreichischen Finanzsystem ein gutes Zeugnis aus. Es wäre gesund, gut beaufsichtigt und widerstandsfähig gegenüber Schocks. Er teilte damit den bis zur Finanzkrise weit verbreiteten Optimismus. Dank besserer Daten und dank besserer Datenanalyse ließen sich die Risken der Finanzmärkte beherrschen. Die Großbanken wandten »best practices« im Risikomanagement an (OeNB, 2004, S. 20 und S. 100).

Probleme wurden weniger darin gesehen, dass der heimische Markt »overbanked« war. Kritisch vermerkt hingegen wurde, dass die Banken einem ständigen Ertragsdruck ausgesetzt waren, der von anderen Finanzintermediären und vom Kapitalmarkt ausging. Als Abhilfe wurde empfohlen (OeNB, 2004, S. 105/106), die handlungsbeschränkenden und segmentierenden Regulierungen abzubauen.

Zur Zeit der Abfassung dieses Kapitels (September 2013) lässt sich die »Finanzmarktstabilität« noch nicht beurteilen. Größere staatliche Hilfen benötigen einige Problembanken, die wenig Erfahrungen im internationalen Geschäft hatten und von ihnen nicht beherrschbare Risken eingingen (vor allem die Hypo Alpe-Adria Bank). Die großen »Systembanken« scheinen sich relativ gut zu behaupten (hohe Abschreibungen schmälerten allerdings die Erträge).

Literatur

Amable, Bruno (2003), An Overview of Financial Systems' Diversity, OeNB Workshop, Juni 2003.

Androsch, Hannes (1989), »Zwei Jahrzehnte wechselvoller Verbundenheit«, in: Clement, W./Socher, K. (Hg.), Stephan Koren 1919–1988: Wirtschaftsforscher und Wirtschaftspolitiker in Österreich, Wien, S. 183ff.

Arbeiterkammer Wien (2012), »75 Jahre General Theory of Employment, Interest and Money«, Wirtschaftswissenschaftliche Tagungen, Band 17.

Barro, R. J./Sala-i-Martin, X. (1995), Economic Growth, New York.

Baumgartner, J./Glatzer, E./Rumler, F./Stiglbauer, A. (2005), How Frequently Do Consumer Prices Change in Austria?, European Central Bank, Working Paper Series, No. 523.

Beirat für Wirtschafts- und Sozialfragen (1964), Untersuchung über die Preis- und Einkommensentwicklung, Die Sozialpartner, Nr. 1, Wien.

Beirat für Wirtschafts-und Sozialfragen (2009), Österreich und die internationale Finanzkrise, Die Sozialpartner, Nr. 83, Wien.

Beyer, A./Gaspar, V./Gerberding, C./Issing, O. (2008), Opting Out of the Great Inflation: German Monetary Policy after the Break Down of Bretton Woods, National Bureau of Economic Research, Working Paper, No. 14596, Dezember 2008.

Blaas, W./Guger, A. (1985), »Arbeitsbeziehungen und makroökonomische Stabilität im internationalen Vergleich«, in: Gerlich et al. (Hg.): »Sozialparterschaft in der Krise. Leistungen und Grenzen des Neokorporatismus in Österreich«, Böhlau, Wien, S. 255ff.

Blanchard, Olivier (2000), »What Do We Know about macroeconomics that Fisher and Wicksell Did Not?, The Quarterly Journal of Economics, 115(4), S. 1375–1409.

Blinder, A. S./Reis, R. (2005), Understanding the Greenspan Standard, Federal Reserve Bank of Kansas City, Symposium, August 2005.

Blinder, A. S./Ehrman, M./Fratzscher, M./Haan, J. De/Jansen, D. (2008), »Central Bank Communication and Monetary Policy: A Survey of Theory and Evidence«, Journal of Economic Literature, 46:4, S. 910–945.

Blinder, Alan S. (1998), Central Banking in Theory and Practice, The MIT Press, Cambridge, Massachusetts.

Bordo, M./Erceg, Ch./Levin, A./Michaels, R. (2007), Three Great American Disinflations, NBER Working Paper, No. 12982.

Bordo, M./Filardo, A. (2005), »Deflation And Monetary policy In A Historical Perspective: Remembering The Past Or Being Condemned To Repeat It?«, Economic Policy, Oktober 2005, S. 799–844.

Borio, C./Disyata, P. (2011), Global imbalances and the financial crisis: link or no link?, BIS Working Papers, No 346, Mai 2011.

Brandl, B./Traxler, F. (2008), »Das System der Lohnführerschaft in Österreich«, Wirtschaft und Gesellschaft, 34(1).

Braumann, Benedikt (2002), »Die Liberalisierung des österreichischen Finanzsektors — eine Analyse des Erfolgs«, in: Oesterreichische Nationalbank, Finanzmarktstabilitätsbericht 4, S. 108–123.

Bronfenbrenner, M./Holzman, F.D. (1963), »Survey of Inflation Theory«, American Economic Review, 53(4), S. 593–661.

Butschek, Felix, (1996), Vom Konflikt zur Konsensorientierung. Die Kammer für Arbeiter und Angestellte und die österreichische Wirtschaftspolitik 1920–1995, Kammer für Arbeiter und Angestellte für Wien (Hg.).

Butschek, Felix (1999), Statistische Reihen zur österreichischen Wirtschaftsgeschichte, WIFO, Juli 1999.

Canova, Fabio (2009), »What explains the Great Moderation in the US?«, Journal of the European Economic Association, 7(4), S. 697–721.

Cecchetti, St. G./Kharroubi, E. (2012), Reassessing the impact of finance on growth, BIS Working Papers, No. 381, Juli 2012.

Chaloupek, G./Marterbauer, M. (2008), Was bleibt vom Austro-Keynesianismus? Dauerhafte Wirkungen der postkeynesianischen Wirtschaftspolitik in Österreich 1970–1995, Metropolis.

Chaloupek, G./Mesch, M. (Hg., 1993), Der Wandel des wirtschaftspolitischen Leitbilds seit den siebziger Jahren, Wien.

Clarida, R./Gali, J./Gertler, M. (1999), »The Science of Monetary Policy: A New Keynesian Perspective«, Journal of Economic Literature, 37(4), S. 1661–1707.

Clarida, R./Gertler, M. (1997), »How the Bundesbank Conducts Monetary Policy«, mit Kommentar von Rudiger Dornbusch, in: Romer, C./Romer, D. (Hg.), Reducing Inflation: Motivation and Strategy, S. 363–412.

Coibion, O./Gorodnichenko, Y. (2011), »Monetary Policy, Trend Inflation, and the Great Moderation: An Alternative Interpretation«, American Economic Review, 101(1), S. 341–370.

Cukierman, Alex (2008), »Central bank interdependence and monetary policymaking institutions - Past, present and future«, European Journal of Political Economy, 24(4), S. 722–736.

Deutsche Bundesbank (2007), Monetary policy over fifty years, Konferenz anlässlich des 50. Jahrestages der Deutschen Bundesbank, Frankfurt am Main, 21. September.

Diwok, Fritz (1982), Struktur des Bankwesens in Österreich, Knapp, F. (Hg.), Frankfurt am Main.

Dornbusch, R./Sturzenegger, F./Wolf, H. (1990), »Extreme Inflation: Dynamics and Stabilization«, Brookings Papers on Economic Activity, 2:1990, S. 1–84.

Dornbusch, Rudiger (1983), »Flexible Exchange Rates and Interdependence«, IMF Staff Papers Vol 30, No. 1, S. 3–30.

Dornbusch, Rudiger (1986), Exchange Rate Economics, NBER Working Paper, No. w2071, https://papers.ssrn.com/sol3/papers2.cfm?abstract_id=344850 [10.03.2017].

Ehrlicher, Werner (1985), »Stürmisches Wachstum trotz rudimentärer Finanzmärkte«, in: Kramer, H./Butschek, F. (Hg.), Vom Nachzügler zum Vorbild(?), Wien-Stuttgart, WIFO-Gustav Fischer Verlag, S. 111–128.

European Central Bank (2006), Monetary policy: a journey from theory to practice, ECB colloquium held in honour of Otmar Issing.

Farnleitner, Johann (1992), »Die Rolle der Wettbewerbspolitik in der Handelskammerorganisation«, Wirtschaftspolitische Blätter, 39, S. 97ff.

Fischer, Stanley (1987), »Monetary Policy«, in: Dornbusch, R./Layard, R. (Hg.), The Performance of the British Economy, S. 6–28.

Flanagan, R./Soskice, D. W./Ulman, L. (1983), Unionism, Economic Stabilization, and Incomes Policies: European Experience, Washington.

Friedman, Milton (1969), The Optimum Quantity of Money and other Essays.

Fuchs, K./Scheithauer, M. (1983), Das Kreditwesen in Österreich, Festschrift für Hans Krasensky, Manz, Wien.

Gali, J./Gertler, M. (2007), »Macroeconomic Modeling for Monetary Policy Evaluation«, Journal of Economic Perspectives, 21(4), S. 25–45.

Galvao, A. B. C./Marcellino, M. (2010), Endogenous Monetary Policy Regimes and the Great Moderation, CEPR Discussion Paper Series, No. 7827.

Gambacorta, L./Marques-Ibanez D. (2011), »The bank lending channel: lessons from the crisis«, Economic Policy, 26(66), S. 135–182, https://ideas.repec.org/a/bla/ecpoli/v26y2011i66p135-182.html [10.03.2017]

Gaspar, V./Kashyap, A. K. (2006), Stability first: Reflections inspired by Otmar Issing's success at the ECB's chief economist, ECB Colloquium.

Gerlach, St./Jordan, T. J. (2011), Tactics and Strategy in Monetary Policy: Benjamin Friedman's Thinking and the Swiss National Bank, CEPR Discussion Paper Series, No. 8547, August 2011.

Gerlach, Stefan (1997), Monetary policy issues in the Nordic countries after 1992, BIS Policy Papers, Oktober 1997.

Glauninger, U./Magerl, Ch./Mooslechner, P. (2001), »Österreichs Bankensystem im Umbruch: Neue Fragen auf alte Antworten?«, in: Festschrift für Heinz Handler, Wien, S. 46–77.

Good, David F. (1986), Der wirtschaftliche Aufstieg des Habsburgerreiches 1750–1914, Böhlau, Wien-Köln-Graz.

Goodfriend, M./King, R. (2005), The Incredible Volcker Disinflation, NBER Working Paper, No. 11562, August 2005.

Goodfriend, Marvin (2007), »How the World Achieved Consensus on Monetary Policy«, Journal of Economic Perspectives, 21(4), S. 47–68.

Gordon, Robert J. (1980), »Postwar Macroeconomics: The Evolution of Events and Ideas«, in: Feldstein, M. (Hg.), American Economy in Transition, Chicago, S. 101–162.

Greenwood, R./Scharfstein, D. (2013), »The Growth of Finance«, Journal of Economic Perspectives, 27(2), S. 3–28.

Guger, A., /Walterskirchen, E. (1985), Barriers To Employment Policy-Fiscal and Monetary Policy in the Keynes-Kalecki Tradition, WIFO Working Papers, (14).
Gürkaynak, R. S./Wright, J. H. (2012), »Macroeconomics and the Term Structure«, Journal of Economic Literature, 50:2, S. 331–367.
Hahm, J.-H./Shin, H. S./Shin, K. (2012), Non-Core Bank Liabilities and Financial Vulnerability, Mimeo, Princeton University.
Hahn, Franz R. (2004), Sektorale Vermögensrechnung für Österreich, Studie des Österreichischen Instituts für Wirtschaftsforschung mit finanzieller Unterstützung des Jubiläumsfonds der Oesterreichischen Nationalbank, WIFO, Wien.
Handler, H./Mooslechner, P. (1986), »Hintergründe und ökonomische Aspekte der Novellierung des Kreditwesengesetzes 1986«, WIFO-Monatsberichte, 59(12), S. 762–781.
Handler, H./Schebeck, F. (1981), »Die Geldkapitallücke und ihre wirtschaftspolitische Bedeutung«, WIFO-Monatsberichte, 54(11), S. 617–629.
Handler, Heinz (1977), »Geldpolitik, Geldbasis und Geldmenge«, WIFO-Monatsberichte, 50(1), S. 37–46.
Handler, Heinz (1980), »Institutionen und Strukturen des österreichischen Kapitalmarktes«, WIFO-Monatsberichte, 53(2), S. 51–68.
Handler, Heinz (1985), »Capital Mobility Versus Sterilization Policy: A Time Series Approach for Austria«, Empirica, 12(2), S. 163–190.
Hansen, Alvin (1941), Fiscal Policy and Business Cycles, New York.
Harrod, Roy F. (1956), »The British Boom 1954–5«, Economic Journal, 66(March), S. 1–16.
Haschek, Helmut H. (1983), »Aktienbanken, Universalbanken und Spezialkreditunternehmen. Überlegungen zu einer Systemanalyse des österreichischen Kreditwesens«, in: Fuchs/Scheithauer, S. 67–90.
Heimerl, Werner (1965), »Entwicklung und Struktur der Finanzschuld des Bundes«, WIFO-Monatsberichte, 38(5), S. 193–171.
Hetzel, Robert L. (1998), Arthur Burns and Inflation, Federal Reserve Bank of Richmond, Economic Quarterly, Volume 84/1.
Hicks, John Richard (1955), »Economic Foundations of Wage Policy«, The Economic Journal, 65, No. 259, S. 389–404.
Hofmann, Walter (1949), Handbuch des gesamten Kreditwesens, Knapp, F. (Hg.), Frankfurt am Main.
Issing, Otmar (2009), In search of monetary stability: the evolution of monetary policy, BIS Working Paper, No. 273, März 2009.
Jaffee, D./Stiglitz, J. (1990), »Credit Rationing, in: Friedman«, B. M./Hahn, F. H. (Hg.), Handbook of Monetary Economics, Vol. 2, S. 837–888.
Janauer, Walter (1983), »Die österreichischen Landes-Hypothekenbanken«, in: Fuchs/Scheithauer, S. 91–118.
Judd, J. P./Rudebusch, G. D. (1998), »Taylor's Rule and the Fed: 1970–1997«, FRBSF Economic Review, 1998, No. 3, S. 3–16.
Kaldor, Nicholas (1985), The Scourge of Monetarism, Oxford University Press.

Karlhofer, F./Tálos, E. (Hg., 2005), Sozialpartnerschaft. Österreichische und Europäische Perspektiven, LIT-Verlag, Wien.

Keynes, John Maynard (1936), The General Theory of Employment, Interest and Money, MacMillan, London.

Kienzl, Heinz (1993), »Gesamtstabilität, der Weg und das Ziel – Einkommenspolitik und Währungspolitik seit 1951«, in: Weber/Venus (Hg.), Austro-Keynesianismus in Theorie und Praxis, Stiftung Bruno Kreisky Archiv, Studienreihe Bd. 1, Wien, S. 63–74, https://scholar.google.at/scholar?cluster=4065381335549909435&hl=de&as_sdt=2005&sciodt=0,5 [10.03.2017].

Klauhs, Hellmuth (1983), »Die Raiffeisen-Geldorganisation«, in: Fuchs/Scheithauer, S. 119–155.

Knapp, Horst (1996), »Big Bargain« und andere Beiträge aus vier Jahrzehnten, Kausel, A. (Hg.), Deuticke, Wien.

Knell, M./Stix, H. (2004), Three Decades of Money Demand Studies. Some Differences and Remarkable Similarities, OeNB, Working Paper, No. 88.

Krasensky, Hans (1961), »Geld- und Kreditpolitik«, in: Tautscher, A. (Hg.), Handbuch der österreichischen Wirtschaftspolitik, Bastei-Verlag, Wien, S. 159–182.

Krugman, Paul (1995), Currencies and Crises, MIT Press, https://ideas.repec.org/b/mtp/titles/0262611090.html [10.03.2017].

Krugman, Paul (2007), Einleitung zur Allgemeinen Theorie der Beschäftigung, des Zinses und des Geldes von John Maynard Keynes, http://www.keynes-gesellschaft.de [10.03.2017].

Kydland, F./Prescott, E. C. (1977), »Rules Rather Than Discretion: The Inconsistency of Optimal Plans », Journal of Political Economy, Vol. 85, No. 3, S. 473–491.

Laidler, David (2007), Success and Failure of Monetary Policy since the 1950s, Deutsche Bundesbank, Konferenz zum 50. Jahrestag.

Lamfalussy, Alexandre (1981), »Rules versus Discretion«: An Essay on Monetary Policy in an Inflationary Environment, BIS Economic Papers, No. 3, Basel.

Lane, Ph. R./Milesi-Ferretti, G. M. (2007), »The external wealth of nations mark II: Revised and extended estimates of foreign assets and liabilities, 1970–2004«, Journal of International Economics, 73(2), S. 223–250, https://ideas.repec.org/a/eee/inecon/v73y2007i2p223-250.html [10.03.2017].

Leibenstein, Harvey (1966), Allocative Efficiency vs. »X-Efficiency«, American Economic Review, 56, No. 3.

Llewellyn, John (1983), »Resource Prices and Macroeconomic Policies: Lessons from Two Oil Price Shocks«, OECD Economic Studies, 1983, No. 1, S. 197–211.

Lucas, Robert E. Jr. (2003), »Macroeconomic Priorities«, American Economic Review, 93(1), S. 1–14.

Mankiw, N. Gregory (2006), The Macroeconomist as Scientist and Engineer, Harvard Institute of Economic Research, Discussion Paper, No. 2121, Juli 2006.

März, Eduard (1968), Österreichische Industrie- und Bankpolitik in der Zeit Franz Josephs I., Wien.

Miller, M./Zhang, L./Li, H. (2013), »When bigger isn`t better: bailouts and bank reform«, Oxford Economic Papers, 65, (suppl._1), S. i7-i41.

Milward, Alan S. (1984), The Reconstruction of Western Europe 1945–51, University of California Press, Berkeley - Los Angeles.

Mishkin, Frederic S. (2007), Will Monetary Policy Become More of a Science?, NBER Working Paper, No. 13566, Cambridge, Massachusetts, October 2007.

Modigliani, Franco (1985), Life Cycle, Individual Thrift and the Wealth of Nations, Lecture to the memory of Alfred Nobel, 9. Dezember 1985.

Mooslechner, P./Nowotny, E. (1980), Gesamtwirtschaftliche Finanzierung und öffentliche Verschuldung, Dr. Stigleitner-Schriftenreihe des Österreichischen Forschungsinstitutes für Sparkassenwesen, Band 20, Wien.

Mooslechner, P./Schürz, M./Wagner, K. (2006), Geldvermögensverteilung in Österreich, Diskussionspapier, OeNB.

Mooslechner, Peter (1982), »Neuberechnung der WIFO-Wechselkursindizes«, WIFO-Monatsberichte, 55(7), S. 424–433.

Mooslechner, Peter (1997), Die Geldvermögensposition privater Haushalte in Österreich: Studie des Österreichischen Instituts für Wirtschaftsforschung im Auftrag der Bank Austria AG, Wien.

Muellbauer, John (2009), Household Decisions, Credit Markets and the Macroeconomy: Implications for the Design of Central Bank Models, BIS Annual Conference 2009.

Neck, Reinhard (1981), »Die Stellung der Verbände in der österreichischen Wirtschaftsordnung«, in: Schriftenreihe des Vereins für Socialpolitik, S. 277ff.

Nelson, E./Schwartz, A. J. (2007), The Impact of Milton Friedman on Modern Monetary Economics: Setting the Record Straight on Paul Krugman's »Who Was Milton Friedman?«, Federal Reserve Bank of St. Louis, Working Paper, 2007-048D.

Nelson, Edward (2001), UK Monetary Policy 1972–97: A Guide Using Taylor Rules, CEPR Discussion Papers, No. 2931, August 2001.

Nelson, Edward (2006), The Great Inflation and Early Disinflation in Japan and Germany, Federal Reserve Bank of St. Louis, Working Paper, 2006-052E, September 2006.

Nelson, Edward (2009), Milton Friedman and U. K. Economic Policy: 1938–1979, Federal Reserve Bank of St. Louis, Working Paper, 2009-017A.

Neudörfer, Walter (1968), »Die Kreditkontrollabkommen und ihre Problematik«, in: Fuchs/Scheithauer (1983), S. 186–197.

Neumann, Manfred (2006), Pre-committment and Guidance: Lessons from the Bundesbank's History, ECE colloquium 2006.

Nößlinger, Kurt (1983), »100 Jahre P.S.K.«, in: Fuchs/Scheithauer (1983), S. 173–193.

Obstfeld, M./Rogoff. K. S. (1999), Foundations of International Macroeconomics, The MIT Press, Cambridge, Massachusetts, London, England.

Obstfeld, M./Taylor, A. M. (2004), Global Capital Markets: Integration, Crisis, and Growth, Cambridge University Press, New York.

Obstfeld, M./Taylor, A. M. (1997), »Nonlinear Aspects of Goods-Market Arbitrage and Adjustment: Heckscher's Commodity Points Revisited«, Journal of the Japanese and International Economies, 11(December), S. 441–479.

Obstfeld, Maurice (2012), »Does the Current Account Still Matter?«, American Economic Review, 102(3), S. 1–23.

OECD (1961), The Problem of Rising Prices, Paris.

OECD (1988), Why Economic Policies Change Course: Eleven Case Studies

OeNB (1971/1), Mitteilungen.

OeNB (1971/2), Präsident Schmitz anlässlich der Generalversammlung der OeNB am 21. April 1971, Mitteilungen, Beilage zu Heft 4.

OeNB (1972), Mitteilungen.

OeNB (1973), Mitteilungen, Heft 1, Beilage II.

OeNB (1999), Berichte und Studien 3.

OeNB (2004), The Austrian Financial Markets: A Survey of Austria's Capital Markets, Revised Edition 2004.

OeNB/GFR, Gesamtwirtschaftliche Finanzierungsrechnung der jeweiligen Jahre.

Okun, Arthur M. (1978), »Efficient Disinflationary Policies«, American Economic Review, 68, No. 2, S. 348–352.

Pale, Karl (1983), »Die Rolle des Sparkassensektors in der österreichischen Kreditwirtschaft«, in: Fuchs/Scheithauer (Hg.), S. 195–213.

Pech, Helmut (2002), »Zur Entstehung währungspolitischer Strategien«, in: Liebscher, K. (Hg.), Vom Schilling zum Euro, Festschrift für Adolf Wala, Manz, 2002, S. 111–123.

Pech, Helmut (2006), »Gesichter einer Zentralbank – Ein Streifzug durch den Normenwandel«, in: Karl Waldbrunner – Pragmatischer Visionär für das neue Österreich, S. 325–342.

Perry, Georg L. (1980), »Inflation in Theory and Practice«, Brookings Papers on Economic Activity, 11(1), S. 207–241.

Phillippon, Th./Reshef, A. (2013), »An International Look at the Growth of Modern Finance«, Journal of Economic Perspectives, 27(2), S. 73–96.

Pollan, Wolfgang (1992), »Preisregelung in Österreich«, Wirtschaftspolitische Blätter, 39(1), S. 33ff.

Pollan, Wolfgang (2002), The Procedures of the Parity Commission and of Its Sub-Committee on Wages, WIFO Working Papers, No. 1284, September 2002.

Pollan, Wolfgang (2005), How Large are Wage Differentials in Austria?, WIFO Working Papers, No. 265, Wien.

Primiceri, Giorgio E. (2006), Why Inflation Rose and Fell: Policy-Makers' Beliefs and U. S. Postwar Stabilization Policy, Quarterly Journal of Economics, 121(3), S. 867–901.

Radcliffe Committee (1959), Committee on the Working of the Monetary System, Report, London, HMSO.

Rathkolb, O./Venus, Th./Zimmerl, U. (Hg., 2005), Bank Austria Creditanstalt, 150 Jahre österreichische Bankengeschichte im Zentrum Europas, Paul Zsolnay Verlag, Wien.

Reinhart, C. M./Rogoff, K. S. (2009), This Time Is Different: Eight Centuries of Financial Folly, Princeton University Press.

Rieger, Philipp (1993), »Die Rezeption keynesianischer Ideen in Österreich - Erinnerung eines Zeitzeugen«, in: Weber, F./Venus, Th. (Hg.), S. 118ff.

Robinson, J./Wilkinson, F. (1977), »What has become of employment policy?«, Cambridge Journal of Economics, 1(1), S. 5–14.

Sachverständigenrat zur Begutachtung der gesamtwirtschaftlichen Entwicklung, Verschiedene Jahrgänge, Mainz.

Scharpf, Fritz W. (1987), Sozialdemokratische Krisenpolitik in Europa, Campus, Frankfurt am Main – New York.

Schebeck, Fritz (1971), »Die Komponenten des Geldmengenwachstums«, WIFO-Monatsberichte, 44(4), S. 140–162.

Schebeck, F./Thury, G. (1971), »Die Reservehaltung der Kreditunternehmungen. Eine ökonometrische Studie«, WIFO-Monatsberichte, 44(11), S. 419–436.

Schebeck, F./Thury, G. (1987), »Dynamic Specification of the Demand for Money in Austria«, Empirica, 14(1), S. 25–54.

Schlesinger, Helmut (1989), »Stabilitätsorientierte Notenbankpolitik bei flexiblen Wechselkursen: Die Erfahrungen der zurückliegenden zehn Jahre«, in: Clement, W./Socher, K. (Hg.), Stephan Koren, Wirtschaftsforscher und Wirtschaftspolitiker in Österreich, 1919–1988, S. 131–151.

Schlesinger, Helmut (2002), »Die Ankerwährungsfunktion der D-Mark im Spannungsfeld der europäischen Integration«, in: Liebscher, K. (Hg.), Vom Schilling zum Euro, Festschrift für Adolf Wala, Manz, S. 79–94.

Schöpfer, Gerald (Hg., 1980), Phänomen Sozialpartnerschaft, Festschrift für Hermann Ibler zum 75. Geburtstag, Böhlau, Wien-Köln-Graz.

Schularick, M./Taylor, A. M. (2012), »Credit Booms Gone Bust: Monetary Policy, Leverage Cycles, and Financial Crises, 1870–2008«, American Economic Review, 102(2), S. 1029–1061.

Schulmeister, St. (2009), »Der »Aufbau« der großen Krise durch »business as usual« auf Finanzmärkten«, in: Chaloupek, G./Kromphardt, J. (Hg.), Finanzkrise und Divergenzen in der Wirtschaftsentwicklung als Herausforderungen für die Europäische Währungsunion, Schriften der Keynes-Gesellschaft, Band 3, Metropolis, Marburg, http://www.metropolis-verlag.de/Finanzkrise-und-Divergenzen-in-der-Wirtschaftsentwicklung-als-Herausforderung-fuer-die-Europaeische-Waehrungsunion/773/book.do [10.03.2017].

Seidel, Hans (1978), »Der effektive Wechselkurs des Schilling«, WIFO-Monatsberichte, 51(8).

Seidel, Hans (1993), Der Beirat für Wirtschafts-und Sozialfragen, WIFO - Gustav Fischer Verlag, Stuttgart.

Seidel, Hans (2005), »Von der Schaltereröffnung bis zum Staatsvertrag. Die Creditanstalt-Bankverein im ersten Nachkriegsjahrzehnt«, in: Rathkolb/Venus/Zimmerl (Hg.).

Seidel, Hans (2005), Österreichs Wirtschaft und Wirtschaftspolitik nach dem Zweiten Weltkrieg, Wien.

Seidel, Hans (2008), »Die österreichische Kreditwirtschaft 1945–1955«, in: Geld und Kapital, Jahrbuch 2005/6 der Gesellschaft für mitteleuropäische Banken- und Sparkassengeschichte.

Shiller, Robert J. (2007), »Low Interest Rates and High Asset Prices: An Interpretation in Terms of Changing Popular Economic Models«, Brookings Papers on Economic Activity, 2:2007, S. 111–132.

Shin, Hyun Song (2009), Financial Intermediation and the Post-Crisis Financial System, www.bis.org/events/conf090625/hyunshinpaper.pdf.

Shleifer, A./Vishny, R. W. (2009), Unstable Banking, NBER Working Paper, No. 14943.

Shleifer, Andrei (2009), »The Age of Milton Friedman«, Journal of Economic Literature, 47(1), S. 123–135.

Socher, Karl (1989), »Die Hartwährungspolitik unter Stephan Koren«, in: Clement, W./Socher K. (Hg.), Stephan Koren, Wirtschaftsforscher und Wirtschaftspolitiker in Österreich, 1919–1988, S. 167–179.

Streissler, Erich (1973), Die schleichende Inflation als Phänomen der politischen Ökonomie, Basler wirtschaftswissenschaftliche Vorträge Nr. 8, Zürich.

Streissler, Erich (1982), »Das Ende des Keynesianismus«, Wirtschaftspolitische Blätter, 29(3).

Svensson, Lars (2002), Monetary Policy and Real Stabilization, Federal Reserve Bank of Kansas City, Symposium, August 2002.

Svensson, Lars (2007), What have economists learned over the past 50 years? Deutsche Bundesbank, Konferenz zum 50. Jahrestag, Pressenotiz.

Svensson, Lars (2009), Remarks on »Inflation expectations, uncertainty, and monetary policy«, BIS Working Paper, No. 276, S. 37–47.

Svensson, Lars (2009), Evaluating Monetary Policy, CEPR Discussion Paper Series, No. 7481.

Taylor, John, B. (1993), Discretion versus Policy Rules in Practice, Carnegie-Rochester conference series on public policy. Vol. 39. North-Holland.

Thomayer, Eleonore (1955), »Die Entwicklung des Zinssatzes seit 1945 und die in diesem Zusammenhang getroffenen Abkommen«, in: Österreichisches Bank-Archiv 3, S. 239–247.

Tichy, G./Handler, H./Suppanz, H. (1969), »Die Aufwertung der D-Mark und die Folgen für Österreich«, WIFO-Monatsberichte, 42(11), S. 450–457.

Tichy, Gunther (1964/1), »Die Entwicklung des Marktes für festverzinsliche Wertpapiere«, WIFO-Monatsberichte, 37(2), S. 52–58.

Tichy, Gunther (1964/2), »Der steuerbegünstigte Erwerb von Wertpapieren«, WIFO-Monatsberichte, 37(7), S. 273–277.

Tichy, Gunther (1964/3), »Die Kreditzinsen der Sparkassen«, WIFO-Monatsberichte, 37(11), S. 404–409.

Tichy, Gunther (1965/1), »Kosten und Motive der österreichischen Auslandsverschuldung«, WIFO-Monatsberichte, 38(2), S. 49–55.

Tichy, Gunther (1965/2), »Die Geldstromrechnung im Rahmen der volkswirtschaftlichen Gesamtrechnung«, Wirtschaftspolitische Blätter, 12(2), S. 102–106.

Tichy, Gunther (1970), »Währungspolitische Zielfunktionen und die Ziele der österreichischen Währungspolitik«, Zeitschrift für Nationalökonomie, 30, S. 327–356.

Tichy, Gunther (1977), »Zu einigen wichtigen Strukturmerkmalen des österreichischen Kreditapparats«, Österreichisches Bankarchiv, 25(9), S. 322–340.

Tichy, Gunther (1984), »Strategy and Implementation of Employment Policy in Austria«, Kyklos, 37(3), S. 363–386.

Tichy, Gunther (1988), »Hartwährungspolitik – ein irreführendes Schlagwort zur Maskierung einer überholten Politik«, Wirtschaftspolitische Blätter, 35(1), S. 35–46.

Tietmeyer, Hans (2006), The art of central banking, ECB colloquium, Frankfurt am Main.

Tirole, Jean (2011), »Illiquidity and All Its Friends«, Journal of Economic Literature, 49(2), S. 287–325.

Tobin, James (1980), »Stabilization Policy Ten Years After«, Brookings Papers on Economic Activity, 1:1980, S. 19–71.

Tobin, James (1981), Money and Finance in the Macro-Economic Process, Lecture to the Memory of Alfred Nobel, 8. Dezember.

Traxler, F./Pernicka, S. (2007), »The State of the Unions: Austria«, Journal of Labor Research, 18(2), S. 207–232.

U.S. Government Printing Office (1981), Austrian Incomes Policy: Lesson for the United States, Hearing before the Joint Economic Committee, Congress of the United States, 2. Juni, Washington.

Uher, J. (1993), »Entstehung und politische Durchsetzung des Wirtschaftsprogramms 1968«, in: Weber/Venus (Hg.), S. 37–62.

United Nations (1949), National and International Measures for Full Employment, Report by a group of experts appointed by the Secretary General of the United Nations, New York.

Vranitzky, Franz (1983), »Der österreichische Kapitalmarkt«, in: Fuchs/Scheithauer (1983), S. 215–233.

Walsh, Carl E. (2006), The contribution of theory to practice in monetary policy: recent developments, ECB colloquium, Frankfurt am Main.

Walterskirchen, Ewald (2011), Langfristige Perspektiven von Keynes und die aktuelle Wirtschaftsentwicklung, Keynes-Tagung der Arbeiterkammer Wien.

Weber, F./Venus, Th. (Hg., 1993), Austro-Keynesianismus in Theorie und Praxis, Wien.

WIFO (1963), »Import- und Zollschutz der österreichischen Industrieproduktion«, WIFO-Monatsberichte, 36 (11), S. 416–422.

WIFO (1964), Arbeitsgruppe für vorausschauende volkswirtschaftliche Gesamtrechnung, 1964, Grundlagen und Konzepte der Geldstromrechnung, mimeo.

Winckler, Georg (1983), »Exportfinanzierung, Geldkapitallücke und Geldpolitik«, Bankarchiv, 31(3), S. 73–86.

Woodford, Michael (2008), »How Important is Money in the Conduct of Monetary Policy?« Journal of Money, Credit and Banking, 40(8), S. 1561–1598.

Worswick, George David Norman (1995), Lessons for the East from Stabilisation in the West, in: Saunders, Ch. (Hg.), Eastern Europe in Crisis and the Way Out, S. 78–122.

Abbildungsverzeichnis

Sachregister